Tilo von dem Borne

Schule und Elternhaus

Tilo von dem Borne

Schule und Elternhaus

Gemeinsam erziehen

Erziehung zur Leistung oder zum Menschsein –
ein Gegensatz?

Waldorfschule? – Entscheidungshilfen

Schulreife

Autorität des Erziehenden

Konflikte

Schulprobleme heute

Urachhaus

Zum Autor:

Tilo von dem Borne, Jahrgang 1945, Waldorfschüler, Studium der Chemie und Biologie, Pädagogik und Philosophie. Seit 17 Jahren Waldorflehrer, Mitglied im Gründungskollegium der Waldorfschule Erlangen.

Die Deutsche Bibliothek – CIP-Einheitsaufnahme

Borne, Tilo von dem:
Schule und Elternhaus : gemeinsam erziehen ; Erziehung zur Leistung oder zum Menschsein – ein Gegensatz?,
Waldorfschule? – Entscheidungshilfen, Schulreife, Autorität des Erziehenden, Konflikte, Schulprobleme heute / Tilo von dem Borne. – Stuttgart: Urachhaus, 1994

ISBN 3-8251-7007-1

Umschlaggestaltung: Rudolf P. Gorbach, Gauting-Buchendorf.
Satz: Friedmut Kröner, Heidelberg.
Druck: PDC, Paderborn

Inhalt

Geleitwort

Seit Mitte der siebziger Jahre ist eine stattliche Anzahl von Publikationen erschienen, welche die Idee der Pädagogik Rudolf Steiners und ihre praktische Verwirklichung in den Bemühungen der Waldorfschulen einer breiten Öffentlichkeit in vielfältiger Weise zugänglich zu machen suchten. Dies reichte von eingängigen Darstellungen (Christoph Lindenberg) und der »Erziehung zur Freiheit« (F. Carlgren) über Schulmonographien (Rudolf-Steiner-Schule Bochum, Hiberniaschule) bis zu Bemühungen, diese Pädagogik auch an staatlichen Schulen durchzuführen (E. Bühler) und anderes mehr. Neben all diesen einprägsamen Beispielen konnten aber auch kritische Äußerungen nicht ausbleiben, daß nämlich Ideal und praktizierte Wirklichkeit nicht immer deckungsgleich seien. Wie sollten sie auch? Denn dann wäre das ideale Ziel vermutlich allzu niedrig angesetzt. Kritik hat allerdings eine wichtige Aufgabe: Sie kann das Bewußtsein schärfen, sie fordert dazu auf, das eigene Tun bewußter zu durchdringen und neu zu greifen.

In diesem Kontext verstehe ich den Beitrag von Tilo von dem Borne mit seiner »Schulsprechstunde«: bewußt zu machen, Forderungen herauszuarbeiten, die für das Gelingen einer sich an der kindlichen Entwicklung orientierenden Pädagogik an Elternhaus *und* Schule zu stellen sind. Jede menschliche Entwicklung ist mit Krisen, Schwierigkeiten, Einbrüchen, aber auch mit Aufschwung, Weitung, Reifung verbunden. Im Beziehungsgeflecht von Zeitgegebenheiten, individuellen Strebungen des Kindes, den gefährdenden Irritationen, den Erwartungen der Erzieher (Eltern und Lehrer), ihren Hoffnungen gilt es Orientierung und Richtung zu halten, eine um so schwierigere Aufgabe, je mehr alle Verbindlichkeiten in eben diesen Grundorientierungen schwinden – oder schon ganz verschwunden sind. An diesem Pol setzt der Autor an: Er arbeitet deutlich die Voraussetzungen heraus, die als Mindestvoraussetzungen zwischen Elternhaus und Schule bestehen sollten, um den Erziehungsvorgang gedeihlich zu gestalten. Neben den »antierzieherischen Mächten«, die es in unserer Zeit reichlich gibt, vertritt er entschieden die Position des »Erzieherischen«. In sich ist diese Linienführung stimmig.

Dennoch mag es dem einen oder anderen vielleicht erscheinen, daß das Pendel zu weit ausschwinge, was die daraus abgeleiteten Forderungen mit dem Ziel, Reibungen, Verletzlichkeiten, Mißverständnisse zu vermeiden, betrifft. Die Waldorfpädagogik war von Steiner als eine Pädagogik für unsere Zeit und unsere Menschheit angelegt und intendiert. Da gibt es der inneren Natur nach wenig, was auf Ab- und Ausgrenzungen zielt. Im Alltag, von dem dies Buch handelt, kann es freilich für das Erleben der Beteiligten gelegentlich anders sein. Dem vorzubeugen, dienen Elternabende und Gespräche, die vom Autor dargestellt werden.

Jede Zeit bringt Aufgaben, Lasten, Anforderungen. Sie sind vom Wesen des Menschen gesucht, weil sie in tieferem Sinne Seele und Geist etwas »bringen«. Die äußere Welt hängt mit dem Ich aufs Intimste zusammen, sie ist letztlich Teil meines Ich, nicht nur in dem, was mir individuell zustößt, sondern auch in dem, was die Zeit konstituiert. Dieses Verständnis liegt der Waldorfpädagogik zugrunde – eine Verstehensweise, die in der Menschheit erst anfänglich buchstabiert werden kann. Eine solche Bemühung, etwas weiter zu kommen, stellt in einer Weise auch die nötige Schrift Tilo von dem Bornes dar.

Stefan Leber
Bund der Freien Waldorfschulen

Lese-Anweisung

Vor dem Leser entfaltet sich hier eine Sicht der Dinge, die durchaus subjektiven Charakter hat: die Darstellung einer Erziehungswirklichkeit, die keinen Anspruch auf Vollständigkeit oder Ausgewogenheit erheben kann. Die Beschreibung der Schulwirklichkeit entspringt einerseits der eigenen Erfahrung, ist andererseits von exemplarischem Charakter. Bewegt haben mich vor allem alle Hindernisse, die sich einer dem Kind förderlichen Erziehung in den Weg stellen – sie ergeben sich zumeist aus unserer menschlichen Schwäche und Unvollkommenheit, aus den Bedingungen unseres geistfeindlichen Zeitalters. Sicher ist manche Schule, mancher Unterricht ganz anders, als ich sie aus eigener Erfahrung oder aus Gesprächen kenne, und doch folgen sie dem gleichen Ziel – menschengemäße Erziehung möglich zu machen. Manche Zeile kann die Betroffenheit sicher nicht verhehlen, mit der ich täglich registrieren muß, welche Gedankenlosigkeit, welch unsinnige Gewohnheiten dazu führen, daß unsere Kinder unmenschlichen, zerstörerischen Einflüssen ausgesetzt sind. Es ist die Trägheit des Herzens, die dies möglich macht. Wir müssen einander die Augen öffnen.

Der Leser, der eine detailliertere Information zur Waldorfpädagogik sucht, sei auf die weiterführende umfangreiche Literatur verwiesen.

Erziehung in unserer heutigen Welt

Haben Ideale des Menschseins noch Bedeutung?

Wir sind Menschen.

Sind wir Menschen – oder werden wir erst zu Menschen? Sicher letzteres. Über dem Eingang eines zoologischen Gartens las ich einmal die Inschrift: »Das Übergangsglied zwischen Tier und Mensch sind wir.« Daß ein Kind, das mit allem physisch Notwendigen versorgt, aber ohne jeglichen menschlichen Kontakt aufwächst, sich nur zu einem tierähnlichen Wesen entwickeln kann oder gar stirbt, ist bekannt. Der heranwachsende Mensch bedarf des täglichen Umgangs mit Wesen seiner Art. Er braucht Zuwendung, Wärme und Liebe, er braucht einen Lebensraum, in dem er sich zurechtfinden kann, der ihm Verhaltenssicherheit gibt, und er muß sich am Vorbild des Erwachsenen orientieren können. Über sein reflektorisches Instinktverhalten hinaus erforscht das Kleinkind täglich die Umwelt und macht sie sich in kleinen Lernschritten zu eigen, wobei es das Tun der Erwachsenen nachahmt. Die Eltern stehen vor der Frage, wie sie das Kind auf diesem Weg ins Leben begleiten und unterstützen können, ihnen ist die Verantwortung für die Erziehung des Kindes auferlegt.

Wie soll diese Erziehung aber aussehen, woran soll sie sich orientieren, auf welches Ziel soll sie ausgerichtet werden? Frühere Generationen hatten es in gewisser Weise leichter mit diesem Problem. Sie führten ein von Traditionen bestimmtes Leben. Die Kinder wurden vom Leben erzogen – in der Lebensgemeinschaft der Familie, des Dorfes, geprägt vom väterlichen Beruf, der sich auch oft weiter vererbte. Die moderne Gesellschaft hat diese Bindungen von Sitte und Tradition aufgehoben. In einer offenen Menschengemeinschaft ist das Individuum in zunehmendem Maße in seinen Wertvorstellungen auf sich gestellt. Das bringt vielfach Unsicherheit. So orientieren wir uns heute am Rat der Fachleute, an der öffentlichen Meinung, an den Ansichten von Freunden. Für die Erziehung ist eine Erziehungswissenschaft zuständig. Über Erziehungsfragen informieren die Medien rundum.

War die Pädagogik bis in die dreißiger Jahre noch stark von philosophischen Überlegungen geprägt und auf Ideale des Menschseins ausgerichtet, trat nach dem zweiten Weltkrieg ein völliger Umschwung ein. Auch in dem Bestreben, sich vom Wahnsinn des Nationalsozialismus zu lösen, wurde die Pädagogik zur wissenschaftlichen Disziplin. Psychologie und Lerntheorie beherrschten das Feld, bestimmten, wie »gelernt« werden sollte, die Erziehung trat in den Hintergrund, über das Was entschieden Politik und Wirtschaft. Dies trifft auch heute noch weitgehend zu.

Einen neuen, starken Impuls setzten die 68er Jahre. Ein Aufbruch zur Freiheit begann. Im öffentlichen Leben wurde gegen die Autoritäten angerannt. A. Neills »Grüne Wolke«[1] brachte eine pädagogische Lawine ins Rollen: die antiautoritäre Erziehung. (Die Absolventen von Summerhill wanderten als Erwachsene zumeist ins gutbürgerliche Lager ab und wandten sich nicht überwiegend sozialen Berufen zu, wie Neill gehofft hatte). Die Vorstellung, Kinder ohne Repression in Freiheit zu erziehen, sie möglichst früh zu eigenverantwortlichem Handeln zu bringen, findet sich noch heute in modifizierter Form wieder. Viele Eltern haben ein ungutes Gefühl dabei, wenn sie »Gewalt« über ihre Kinder ausüben, und meinen, sie ihrer »Macht« zu unterwerfen, wenn sie durch Korrekturmaßnahmen unerwünschtes Verhalten zu beeinflussen suchen. »Das ist mir ja nicht so recht«, sagen sie zu ihrem Sprößling, der genüßlich mit der Gabel die Politur des Klaviers zerkratzt.

Diese Unsicherheit in Fragen der Erziehung ist tiefgehend. Wann und wie soll ich als Mutter oder Vater eingreifen, soll Strenge walten lassen, Strafe verhängen? Die *Erziehung durch die Tat* ist der Erziehung *durch das Wort* gewichen. Wir behandeln unsere Kinder wie Erwachsene, die körperlich noch etwas wachsen müssen, und rechnen dabei mit ihrer Vernunft. Im »Gespräch« versuchen wir, dem Kind sein Fehlverhalten verständlich zu machen, und übersehen dabei, daß es sehr lange dauert, bis ein Mensch gelernt hat, seine Gefühle zu kontrollieren und vernünftig zu handeln.

Das Kind – und auch der Jugendliche – lebt noch ganz in seinen Gefühlen. Sein Verhältnis zu Mitmenschen und Umwelt wird viel stärker durch Empfindungen als durch gedankliche Betrachtung geprägt. Durch Erlebnisse entwickelt sich im Kinde Lebensfreude, Begeisterung, Liebe zu Menschen, Tieren, zur Natur. Die eigene Tätigkeit schafft eine lebendige Beziehung zwischen ihm und der Welt, beim Spiel ebenso wie bei der neugierigen Erforschung des Unbekannten. Oft aber müssen wir erleben, daß sich diese elementare Lebens- und Entdeckerfreude schnell verliert. Schon im Kindergarten und während der ersten Schuljahre erlahmt der Wissensdurst.

Was sind die Ursachen dafür? Eine der Hauptursachen ist sicher unsere technisierte Welt, die für die Lebens- und Entdeckerfreude des Kindes nur wenig Raum läßt. In wenigen Jahrzehnten ist die Erlebniswelt der Kindheit ungeheuer verarmt. Es hat weniger körperliche Bewegung, weniger Sinnesfreude und -betätigung, erfährt dafür aber eine frühzeitige Beanspruchung des Denkens. Dem Kind bietet sich heute eine *Ersatzwelt* an, die so attraktiv und bequem gestaltet ist, daß das Erleben der echten Welt kaum noch stattfindet. Die Arbeit der Eltern entzieht sich der Wahrnehmung des Kindes und kann somit keine Lebensschulung sein. Nicht einmal im Haushalt können die Kinder der Mutter oder dem Vater nacheifern, können sie den Großen bei der Arbeit helfen. Der häusliche Bereich ist weitgehend technisiert und automatisiert. Es gibt kaum elementare Eindrücke, die eine vielgestaltige seelische Empfindungsfähigkeit entwickeln könnten: Knopfdruck-Erlebnisse überwiegen: Ein knisterndes Feuer im Ofen wird ersetzt durch die Drehung am Thermostat, das Erlebnis des Spiels unter freiem Himmel weicht dem passiven Konsumieren von Bild und Ton beim stundenlangen Sitzen vor dem Fernseher. Computerspiele und Monster haben in den Kinderzimmern Einzug gehalten.

Hier geht es nicht darum, nostalgisch Klagelieder anzustimmen, sondern Tatkraft zu entwickeln und dem Kind Lebensraum zu schaffen. Statt gewissenhaft die andauernde Diskussion der Fachleute darüber zu verfolgen, ob und wie schädlich oder förderlich dieser Welt- und Erlebnisersatz für Kinder ist, sollte lieber der Stimme des eigenen Gewissens vertraut werden. Alles muß unternommen werden, um den immer noch vorhandenen Reichtum und die Schönheit der Welt den Kindern zugänglich zu machen. Keine Diskussionen über Raumfahrt und Science Fiction Filme, sondern hinaus unter den Sternenhimmel! Ehrfürchtiges Staunen bereichert die Kinderseele tausendmal mehr als jedes raffinierte Computer-Spiel »Raumschiff Orion«. Hinein in die Farbigkeit der Märchenwelt, wo es noch den Wandel vom Unglück ins Glück, von der Dummheit zur Weisheit gibt, wo das Mitleid und die Menschenliebe den ewigen Kontrast zum Bösen bilden. Keine Supermänner, die von einer Sensation zur anderen jagen, mühelos siegend, abgelöst von Monstern und Kampfmaschinen, wahrliche Ausgeburten von – ja von wem eigentlich? Welche Welt lassen wir an unsere Kinderherzen und -seelen heran? Wir lassen all dies geschehen – manchmal immerhin mit schlechtem Gewissen.

Die Bestätigung für den geistigen Ursprung des Menschen sah Goethe im Streben nach Wahrheit, Schönheit und Güte.

In der Wissenschaft streben wir mit unserem Denken nach Wahrheit. In der Kunst suchen wir mit unserer Empfindung den Quell der Schönheit. In der Religion finden wir für unser Wollen und Tun den Ursprung des Guten.

Wahrheit	Schönheit	Güte
Wissenschaft	Kunst	Religion

Ideale und ihre Bereiche der Entfaltung – ist diese Welt des wahrhaftig Menschlichen gänzlich in Vergessenheit geraten?

In unserem Leben ist die Wissenschaft bestimmend geworden – als eine Wissenschaft, die annimmt, auch alle Geheimnisse des Lebens und des Geistes seien durch stoffliche Vorgänge zu erklären. Die Kunst wurde von ihrer Aufgabe, Schönheit als aufbauendes Element dem menschlichen Dasein einzufügen, entbunden und bezieht eher einen gesellschaftskritischen Standpunkt. Das religiöse Leben erleidet eine Aushöhlung. Eine Erkenntnismethode, die nur anerkennen kann, was wissenschaftlich beweisbar ist, läßt die geistige Verantwortung des Menschen aus dem Auge verlieren und beraubt uns gleichzeitig einer ethischen Orientierung. Kunst und Religion, Schönheit und Güte haben in den heutigen Erziehungsvorstellungen kaum noch Platz. Wir stehen vor der Frage, wie wir einen Menschen durch Entfaltung all seiner Kräfte und Fähigkeiten zum Menschen erziehen können und wie wir dies in unserer heutigen Welt tun. Soll das Ergebnis der angepaßte Homo technicus sein, der sich nahtlos in den Kreislauf von Produktion und Konsumtion einschließlich einer organisierenden Freizeitindustrie einfügt, oder der Homo erectus, der über einer vom Menschen geschaffenen Welt der Technik zu einer geistigen Welt aufragt? Die letzten zwanzig Jahre haben Zweifel in uns wachsen lassen, ob wir mit unserer rationalen Orientierung an Naturwissenschaft und Technik, die Seitenblicke nicht zuließ, auf dem richtigen Wege sind. Die klassischen Elemente von Feuer, Wasser, Luft und Erde geraten aus ihrem schöpfungsgewollten Gefüge, die ökologischen Konsequenzen sind nicht mehr zu verleugnen. Die Entdeckung der Leistungsfähigkeit des menschlichen Verstandes hatte eine fatale Folge: Auch wir sind aus dem schöpfungsgewollten menschlichen Gefüge geraten. Willenlos lassen wir vieles geschehen, was unsere Daseinsgrundlage in Frage stellt. Schon lange registrieren wir die Warnsignale unseres Gefühls, aber unser wissenschaftlich geschultes Denken verlangt noch nach den letzten

Beweisen. Bei der forcierten Erziehung zu diesem Denken wurde die Erziehung des Fühlens und des Wollens vernachlässigt. Das menschliche Denken versucht, sich den Erfordernissen der künstlichen Intelligenz der Computer anzupassen (z. B. in der Sprachwissenschaft), das menschliche Fühlen wird substituiert durch Medien-Erlebnisse. Die Willenskräfte des Menschen erlahmen und müssen sich nur noch auf wenigen Gebieten betätigen. Das Fleisch, der Muskel, wird schwach; an seine Stelle tritt die Maschine.

Ein einfaches Bild mag dies verdeutlichen:

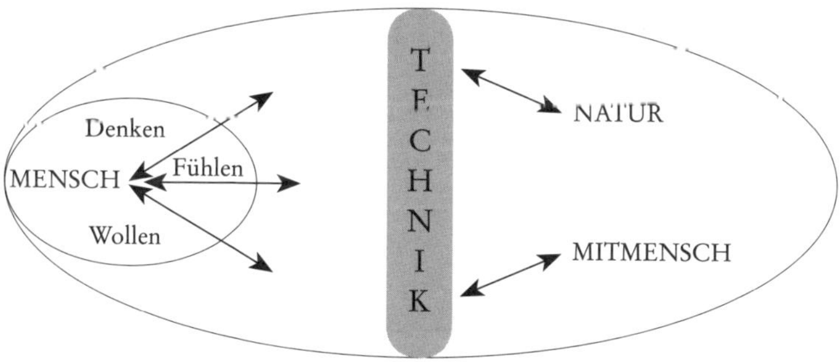

Mit seinen Sinnen nimmt der Mensch die Naturerscheinungen wahr. Seine Empfindungen werden davon ebenso wie sein Denken angeregt. Aus seinen Erkenntnissen über die Natur steuert er seine Handlungen, die wieder auf die Natur zurückwirken. In diesem Prozeß hat sich die Technik entwickelt. Die Sinneswahrnehmungen wurden erweitert, vertieft. So wurden beispielsweise große Fortschritte in der Diagnostik durch den Computer-Tomographen möglich. Die Willenskräfte des Menschen wirken nicht mehr unmittelbar durch seine Taten auf die Welt, sie werden durch den Einsatz von Maschinen in ihren Auswirkungen verstärkt. Menschliches Handeln erleidet so ein Verantwortungsdefizit durch Maßlosigkeit. Umweltverschmutzung, Vernichtung des tropischen Regenwaldes, Straßenverkehrsopfer und vieles andere sind die Folge. Die Natur vermag sich kaum noch der menschlichen Empfindung bemerkbar zu machen, und die Sinne richten sich mehr und mehr gefiltert durch Medien auf die Natur. Das Fühlen reagiert auf diese Scheinwelt, während das Denken sich mehr und mehr auf das durch Technik gewonnene Bild der Natur richtet. Wie eine Wand hat sich die Technik zwischen Mensch und Natur geschoben, eine »Mechanisierung des Geistes, Vegetarisierung der Seele, Animalisierung des Leibes«[2] greift um sich. Es muß unser Anliegen sein, für den Erziehungsprozeß das Verhältnis von Mensch, Natur, Kultur und Technik neu zu überdenken und zu verstehen.

Vorüberlegungen

Welche Erziehung und Bildung erwarten wir von der Schule?

Was erwarte ich von der Schule für mein Kind? Welchen Stellenwert haben für mich Lernen – Erziehung – Bildung? Ich will dem Kind alle Wege offenhalten, um den richtigen Beruf zu finden – aber wie weit läßt sich ein Berufsziel durch die Schulbildung ansteuern? Gibt es neben der Lebenserfüllung im Beruf auch noch andere erstrebenswerte Ziele? Kann die moderne Berufswelt überhaupt noch die Tätigkeit ermöglichen, die dem Dasein Sinn gibt, oder liegen die Bereiche der Selbstverwirklichung auf ganz anderen Gebieten? Fragen über Fragen beschäftigen die Eltern, wenn die Kinder den bedeutsamen Schritt ins Schulleben vor sich haben.

Viele erlauben sich einen vorsichtigen Idealismus: Sie halten Erziehungsziele, die das menschliche Dasein bereichern und vertiefen, durchaus für erstrebenswert, andererseits sind sie Realisten genug, sich dem Leistungsgedanken, der das Schulleben heute weitgehend bestimmt, notgedrungen anzuschließen. Von allen menschlichen Eigenschaften wird in diesem Zusammenhang die Intelligenz am höchsten bewertet. Die intellektuelle Leistungsfähigkeit unserer Kinder scheint der ihre Zukunft bestimmende Faktor zu sein. Um diese zu stärken, werden alle pädagogischen Hebel in Bewegung gesetzt.

Das Berufsleben fordert der Schule bestimmte Weichenstellungen ab. Der Unterrichtsstoff nimmt an Volumen zu, das Anspruchsniveau steigt laufend. Viele Anstrengungen der Schule, sich der Ausbildung von sozialen und künstlerischen Fähigkeiten (neben den intellektuellen) verstärkt zuzuwenden, scheitern beim Kampf um die besten Startsprossen auf der sozialen Aufstiegsleiter. Der Unterricht ist auf den wirtschaftlichen und beruflichen Erfolg ausgerichtet. So scheinen die Erziehungsmethoden und -ziele von außen – durchaus rational – festgelegt. Die moderne Arbeitswelt stellt ihre Forderungen, die Lerntheorie klärt, was machbar ist. Die Vernachlässigung manches Lebensgebietes im Erziehungs- und Bildungsprozeß hinterläßt jedoch im heranwachsenden Menschen Entwicklungsdefizite, die oft nur schwer, manchmal gar nicht mehr ausgeglichen werden können. Ein Mensch, der den Kosmos der Musik nicht in der Jugend kennen- und liebengelernt hat, wird schwerlich als Erwachsener den Zugang zu ihr finden. Das Kind, das in der Religion, in der Ehrfurcht nicht das Eingebundensein des Menschen in die göttliche Schöpfung erfahren hat, kann diese Empfindungsqualität (deren Nichtvorhandensein uns mit der Schöpfung so achtlos umgehen läßt) später nicht mehr entwickeln. Hinzu kommt heute die häßliche Umwelt, die »Unwirtlichkeit der Städte«[3], die die Menschen seelisch verkümmern läßt, um so mehr, wenn ihr Schönheitssinn kaum noch entwickelt ist. Dann werden die Sünden des Städtebaus, die Verschandelung der Natur hingenommen, weil man nichts anderes gewöhnt ist, oder aber auch, weil der Verstand kein Bedürfnis nach Schönheit hat. Es kann nicht darum gehen, den Kindern schon im Bilderbuch zu zeigen, wie trostlos die Welt heute ist, sondern ihr Gefühl und ihr Empfinden für eine »schöne, heile Welt« zu schulen. Erst das Ideal ist ein wahres Ziel.

Heute leben wir in wirtschaftlich-sozialen Verhältnissen, die eine Zweidrittel-Gesellschaft hervorgebracht haben. Die Hochrechnungen der Zukunftsforscher sind nicht aufgegangen: Der Wohlstand hat sich gemehrt, die Arbeitszeit wurde verkürzt, die »Freizeit« (genutzt wozu?) verlängert, aber nur zugunsten eines Teiles der Gesellschaft, zu Lasten des anderen, der immer noch zunimmt und weiter verarmt. Die vorhandene Arbeit ist nicht gerecht verteilt. Schon ist Arbeitslosigkeit ein weitverbreitetes Problem. Unsere Gesellschaft leidet an einer sozialen Krankheit, die Fähigkeit des Menschen zum Altruismus, zur Brüderlichkeit ist unterentwickelt.

Der Wissenschaftsbetrieb schließlich – die Domäne des Verstandes – dient dem technisch Machbaren oft mehr als der Lösung der großen Probleme. Der forschende Geist richtet sich auf genau abgesteckte Untersuchungsgebiete, die die Sicht für große Zusammenhänge und die Verantwortung für das Ganze nicht erkennbar werden lassen. »So haben wir eine Wissenschaft, nach der niemand sucht, und ein wissenschaftliches Bedürfnis, das von niemandem befriedigt wird.«[4]

Wohin wir auch blicken: beängstigende Zukunftsperspektiven tun sich auf.

Welcher Fähigkeiten bedürfen die kommenden Generationen, um in dieser Zukunft existieren zu können? Wie muß sich unser Denken wandeln, das uns in diese skizzierte Lage gebracht hat? Welche seelischen Kräfte brauchen wir, um bestehen zu können und den Mut nicht zu verlieren, angesichts solch gewaltiger Aufgaben? Welche Willensstärke ist dazu notwendig? Drei Sätze, die eigentlich mit einem Ausrufezeichen zu betonen sind!

Zurück auf den Boden der uns heute bekannten Tatsachen: Es gilt, sich dem Leistungswettbewerb in Schule und Ausbildung wie auch dem anschließenden Konkurrenzkampf im Berufsleben zu stellen. Also Erziehung zur Leistungsfähigkeit, zum Durchsetzungsvermögen, zur Anpassungsfähigkeit?

Wer eigentlich setzt diese Normen in dieser »Leistungsgesellschaft«? Ist die meßbare Leistung staatlich verordnet, oder wird sie von der Wirtschaft verlangt? Offensichtlich treffen in der Schule die unterschiedlichsten Wert- und Zielvorstellungen aufeinander und sollen sich trotz mancher Widersprüchlichkeit möglichst optimal realisieren. Ausgangspunkt für Erziehung, Bildung – und auch für das Lernen muß jedoch der Mensch sein, wie er ja eben auch erst zum Menschen werden soll.

Wie betrachtet man aber nun das Kind, das am Anfang dieses

Weges steht, schon wenn es in den Kindergarten kommt? Viel ist gestritten und geschrieben worden über die Fragen, inwieweit die Umwelt das Kind »prägt« und welchen Einfluß die Erziehungsbemühungen von Elternhaus und Schule haben.

Schon das Verhalten des Säuglings und Kleinkindes zeigt uns jedoch, daß jedes Kind ganz individuelle Eigenschaften und Bedürfnisse hat, und daß wir es nicht als unbeschriebenes Blatt betrachten können. Es beginnt seinen Lebensweg schon mit ganz eigenen Anlagen und Begabungen. Welcher Reichtum, welche Kräfte ruhen in jedem Menschen! Die Erziehung muß darauf gerichtet sein, diesen Reichtum und diese Kräfte entfalten zu helfen.

Das Prinzip der Hilfe zur Selbsthilfe hat auch hier Gültigkeit und entspricht dem Ideal der eigenen Lebensführung in Freiheit. Auf die Phase der Erziehung durch andere muß die Phase der Selbsterziehung folgen. Den Heranwachsenden in seinem Urteilsvermögen und in seinen Willenskräften so zu fördern und seiner Gefühlswelt die Verbindung zur Sinnenwelt – der Natur wie der vom Menschen geschaffenen Welt – so offenzuhalten, daß er aus eigener Kraft diese Zukunft bewältigen kann, das stellt sich uns – der vorausgehenden Generation – als Aufgabe.

Dies ist der Versuch, das Individuum einem durchaus realen, aber auch idealen Bild des Menschen zuzuführen – eben »Erziehung aus Menschenerkenntnis«[5]. Daß dies Ansinnen keineswegs mit den realistischen, praktischen Lebensforderungen unserer Zeit kollidieren muß, zeigt die Entwicklung der Waldorf-(Rudolf-Steiner)-Schulen seit 1919.

Was ist so ganz anders an diesen Schulen? Warum wird die Waldorfschule oft so kontrovers diskutiert, als unchristliche Schule diskriminiert, häufig auch als Schule der Versager wie auch der Bessergestellten apostrophiert? Warum ist sie für manchen Betrachter eine alternative Schule, für den anderen eine demokratische Unternehmung der Selbstverwaltung, dann wieder eine Weltanschauungsschule mit mystischem Hintergrund?

Man hört Positives: kein Lernstreß, künstlerische Ausbildung, menschliches Miteinander von Eltern, Lehrern, Schülern, Zuhause für die Schüler, freudig akzeptierter und gestalteter Lebensraum.

Man hört Negatives: Heranzüchtung lebensuntauglicher Zauderlinge, Vereinnahmung für eine Lebensanschauung, Streitigkeiten zwischen Lehrern und Eltern, an Lebensenttäuschung grenzende Erfahrung mancher Familien mit der Waldorfschule.

Dieses Buch soll den Leser mit der gelebten Praxis der Waldorfschulen vertraut machen und einen ersten Einblick in die Grundlagen der durch Rudolf Steiner erarbeiteten Pädagogik geben, um dann die Eltern mit ihrem Kind durch die Schulzeit mit allen möglicherweise auftretenden Problemen zu begleiten.

Soll mein Kind auf eine Waldorfschule gehen?

Erste Informationen

Die beste Schule für mein Kind! Welche Eltern würden sich nicht diesem Wunsch anschließen wollen. Aber ist diese Frage nach der besten Schule überhaupt zu entscheiden? Vielleicht unter gleichartigen Schulen, unter dem Aspekt des meßbaren Erziehungserfolges, abzulesen an Durchschnittsnoten und Prüfungserfolgen. Wer sich aber die Frage nach der Persönlichkeitsbildung oder der durch die Schule beeinflußten Lebenseinstellung stellt, bemerkt, daß er in einer größeren Verantwortung steht. Die Erziehenden sollten sich erst selbst eine individuelle Vorstellung davon machen, wie und wozu sie ihr Kind erziehen wollen. Somit wird eine ganz andere Frage entscheidend: Welche Schule stimmt in ihrer pädagogischen Konzeption und Zielvorstellung mit den eigenen Erziehungsansichten weitgehend überein? Wie wurde das Kind bisher erzogen, und wie stellt man sich seine Menschwerdung in der Zukunft vor? Die größten Probleme entstehen für Kind, Eltern und Lehrer dann, wenn keine Übereinstimmung im pädagogischen Vorgehen zu erzielen ist. Dies zeigt sich vor allem auf dem Gebiet der Autorität, der Leistung, der Effizienz im Erziehungsgeschehen. Es wird also notwendig sein, sich rechtzeitig so umfassend und objektiv über einen Schultyp zu informieren, wie dies nur irgend möglich ist.

Über die Waldorfschulen liegt eine reichhaltige Literatur vor, die eine umfassende Information erlaubt (siehe Hinweise auf Seite 351). Die Existenz von heute über 150 Waldorfschulen in den alten und neuen Bundesländern (siehe Seite 355) gibt interessierten Eltern aber auch die Möglichkeit, sich persönlich ein Bild vom Leben und Arbeiten einer solchen Schule zu machen.

Die Elternschaft einer Waldorfschule begibt sich mit den Lehrern auf einen jahrelangen Weg in der Begleitung des Kindes und wird oft erst allmählich mit dem pädagogischen Vorhaben, zum lebenstüchtigen Menschen zu erziehen, bekannt und vertraut. Diesem Zweck dienen verschiedene Veranstaltungen und Unternehmungen, die auch der Öffentlichkeit zugänglich sind. In Vorträgen werden bestimmte Probleme des Unterrichts, der kindlichen Entwicklung oder Fragen aus der didaktischen Praxis dargestellt. Einmal im Jahr findet ein *Informationsabend* für die Eltern von Schulanfängern statt. Oft werden auch Wochenendveranstaltungen durchgeführt, die in seminaristischer und praktischer Arbeit bestimmte Fragestellungen behandeln. Solche Themen können sein: Der künstlerische Unterricht in der Waldorfschule, Vom Umgang mit den Medien, Erziehungsprobleme in der Pubertät usw.

Ein solcher Abend kann in komprimierter Form die zwölfjährige Waldorfschulzeit zu beschreiben versuchen. Nur ansatzweise wird es möglich sein, das pädagogische Grundkonzept auf der Basis der Menschenkunde Rudolf Steiners zu umreißen. Sicher aber wird es gelingen, dem Zuhörer einen Gang durch die Unterstufe (Klassen 1–4), Mittelstufe (Klassen 5–8) unter der Obhut des Klassenlehrers und die Zeit der Oberstufe (Klassen 9–13), in der neben einem Klassenbetreuer die Fachkollegen den gesamten Unterricht übernehmen, zu schildern. Jede Schule wird sich in ihrer ganz individuellen Gestalt darstellen und aufzeigen, welche Sprachen unterrichtet werden, welche künstlerischen und handwerklichen Epochen angeboten werden, welche Abschlußmöglichkeiten bestehen (zumeist Mittlere Reife und Abitur). Es wird darüber zu reden sein, welche Organisationsform sich die Schule gegeben hat – meistens die des eingetragenen Vereins, manchmal die der Genossenschaft. Wie wird die Selbstverwaltung von Lehrern und Eltern gehandhabt? Welche Entwicklungsstufe hat die Schule erreicht; ist es eine Neugründung, eine Schule im Aufbau, eine lange bestehende

Schule, die doch auch bestimmte Zukunftspläne hat? Schließlich werden die Eltern erfahren, mit welchen finanziellen Belastungen sie zu rechnen haben, wie neben dem Schulbetrieb z. B. ein Neubau finanziert werden soll. Oft wird es auch möglich sein, die pädagogische Arbeit anhand von Epochenheften (die den Unterricht begleitenden, von den Schülern selbst gestalteten Hefte mit Texten, Bildern, Grafiken, Tabellen usw.), Werkstücken, Handarbeiten und Bildern zu erläutern. Schließlich ist zu erfahren, welche Aufnahmekapazitäten in den verschiedenen Jahrgangsstufen – besonders natürlich in der ersten Klasse – gegeben sind.

Die Jahresfeste gliedern das Schuljahr und führen die ganze Schulgemeinschaft von Kindern, Eltern und Lehrern bei gemeinsamen Schulfeiern zusammen. Ein Teil dieser Feiern wird auch für die Öffentlichkeit abgehalten, eine Gelegenheit, die menschliche und räumliche Atmosphäre der Schule kennenzulernen. Bei öffentlichen »Monatsfeiern« (eine Bezeichnung, die sich traditionsgemäß aus Zeiten erhalten hat, zu denen tatsächlich monatlich gefeiert wurde) können die Zuschauer durch die Schülerdarbietungen auch einen Eindruck davon bekommen, womit sich die Kinder im Unterricht beschäftigen.

Viele Kinder kommen neu zur Waldorfschule, weil ihre Eltern im nachbarschaftlichen Gespräch die Schulfrage bewegt haben. Diese ersten Erfahrungsberichte von Waldorfeltern lassen sich noch durch weiterführende Gespräche am Rande von Veranstaltungen vertiefen oder durch die Kontaktaufnahme mit dem Elternrat oder Elternbeirat einer Schule, der sich häufig der Beratung von neuen Eltern annimmt, ergänzen.

Auf diese Weise wird in den Menschen, die die Schulfrage für ihr Kind bewegen, ein Bild einer Waldorfschule entstehen – sicher an jedem Ort wieder anders und sicher in einem ständigen Wandel begriffen –, das erste Antworten auf die wichtige Frage ermöglicht, wie weit diese Schule mit den eigenen Ansichten übereinstimmt. Ergibt sich aus dem, was gelesen, gehört, gesehen und erfahren wurde, eine tragfähige Grundlage, um gemeinsam mit den Lehrern für Jahre die Erziehung des Kindes verantwortungsvoll zu gestalten?

Die Übereinstimmung in den essentiellen Erziehungsfragen kann den Eltern und Lehrern die Kraft und das Vertrauen geben, die mit Sicherheit sich einstellenden Konflikte so zu bewältigen, daß das gemeinsame Bemühen um das Kind positiv wirkt. Manche Enttäuschung stellte sich für die Eltern nicht ein, wenn diese Übereinstimmung weitreichender wäre. Der Stichwortkatalog: kein Leistungsdruck, kein Sitzenbleiben, keine Noten bis in die Oberstufe, freie Schule, Selbstverwaltung, Förderung der Kreativität, Fremdsprachen vom ersten Schuljahr an, umfassende künstlerische und handwerkliche Bildung, mag bei manchen zu einer positiven Resonanz führen, birgt aber die Gefahr zu großer Vereinfachung in sich und kann kräftig fehlinterpretiert werden. Eine Reise durch die pädagogische Provinz als Eltern und Lehrer gemeinsam machen zu wollen, kann nur erfolgreich sein, wenn Einigkeit über das Reiseziel, die Zwischenstationen, den Großteil der Unternehmungen und die »Spielregeln« besteht.

Darüber hinaus fordert die Schulgemeinschaft ihre Mitglieder auch noch im persönlichen Einsatz bei der Gestaltung des Schullebens. Noch mehr Engagement ist notwendig beim stufenweisen Aufbau einer neuen Schule. Schließlich ist eine Waldorfschule kein privatwirtschaftliches Unternehmen, das gewinnorientiert mit Erziehung handelt, sondern ein Unternehmen im Dienst der Menschenbildung (die durchaus im gemeinsamen Tun auch bei den Erwachsenen weitergeht), das von der Initiativkraft aller getragen wird.

Die Frage der Wertorientierung

Allen Belastungen, die sich im menschlichen – oft allzumenschlichen – Bereich ergeben, ist dieses Unternehmen durch zwölf bis dreizehn Jahre ohnehin ausgesetzt. Schwer verständlich ist für viele die Tatsache, daß diese Reise unter bestimmter autoritätsorientierter Leitung durchaus in die freie Persönlichkeitsentfaltung führt.

Und schwer verständlich, daß die Waldorfpädagogik ein Erziehungskonzept ist, das wertkonservativen Charakter zu haben scheint: ein Flair von »zurück zur Natur«, eine Wiederbelebung alter kindlicher Spielkultur, eine Ablehnung der Technik für die kindliche Umwelt. Da wird im Unterricht die Arbeit des Bauern, des Müllers, des Bäckers genau betrachtet, es gibt eine ganze Epoche über das Leben der Handwerker. Und schließlich ist da immer die Rede von der Autorität der Erzieher gegenüber dem Kind, da werden die Ideale des Schönen, Wahren und Guten als Erziehungsorientierung beansprucht.

Orientiert sich die Waldorfschule an den Werten von gestern und vorgestern? Die Werte von vorgestern: Da stehen vor uns Vaterlandsliebe, Pflichterfüllung, Ordnung und Zucht, Strenge in der Erziehung und verordnete Autorität. Als Produkt erscheint »Der Untertan« (Heinrich Mann), alles hinweggefegt vom demokratischen Umbruch. Nach dem Kaiserreich kommt es auch in den Erziehungsvorstellungen zu einem Neuanfang. In der Reformpädagogik besinnt man sich auf den Menschen als Ausgangspunkt und Ziel des Erziehungsbemühens. Und in dieser Zeitepoche nimmt auch die Waldorfschule 1919 ihren Anfang.

Zum damaligen Schulwesen mit seinen einschnürenden Regeln und Normen bildete die Waldorfschule einen sehr deutlichen Kontrast. In dieser Schule atmeten die Kinder und Lehrer sehr viel freier.

Heute erscheint manches in den Arbeitsformen der Waldorfschule im Vergleich zur öffentlichen Schule ungewöhnlich und mag veraltet wirken, so z. B. der Verzicht auf Schulbücher und audiovisuelle Unterrichtsmittel.

Das gleiche gilt für die lehrerzentrierte Arbeitsweise und den Frontalunterricht in den ersten Schuljahren. Die erste Aufgabe im Anfang der Schulzeit ist jedoch die Erziehung des Kindes zum

Schüler. Es muß erst einmal ein Arbeitsklima hergestellt werden, in dem sich freudige Aufnahmebereitschaft und Anteilnahme entwickeln können. So kann das Kind dem Lehrer als begeisterndem Vermittler der Schönheit und des Reichtums der Schöpfung folgen.

Die Frage der Wertorientierung ist heute, da wir uns gegen den Sog erneuten nationalen »Bauchdenkens« zu stemmen versuchen, wieder von großer Bedeutung. Sind nicht viele Werte mißbraucht worden, in Zeiten, in denen die Parole hieß: »am deutschen Wesen soll die Welt genesen«, hat nicht ein irrationaler Autoritätsglaube ein ganzes Volk in den Abgrund der Unmenschlichkeit geführt?

Nach dem Ende dieser »tausend Jahre« haben wir uns der Rationalität der Wissenschaft anvertraut, haben auch den intimen und sensiblen Bereich der Erziehung zum Gegenstand einer rational-empirischen Wissenschaft gemacht.

»Die Forderung, daß Auschwitz nicht noch einmal sei, ist die allererste an Erziehung«, schrieb Adorno 1969 den Eltern und Erziehern in den (deutschen) Zielkatalog. Wie haben wir alle in den letzten 50 Jahren versucht, diese Forderung in die Tat umzusetzen? War es richtig, viele Werte von gestern und vorgestern über Bord zu werfen? War der Versuch, antiautoritär zu erziehen, dazu geeignet, diese Forderung zu erfüllen?

Es ist sicher das Ziel der Waldorfpädagogik, den Menschen zum Menschen zu erziehen. Wir müssen eher die Kunst und die Religion befragen denn die Wissenschaft, welche Werte und Ideale das Bild des wahrhaften Menschen mitbestimmen und damit unsere Erziehungsziele.

Natürlich kann es nicht darum gehen, daß wir versuchen, die uns negativ erscheinenden Zeiterscheinungen zu verdrängen, daß wir den Bewohner einer schönen und heilen Inselwelt in unserem Erziehungsbemühen als Zielvorstellung haben, der in der bösen, von Technik beherrschten Welt leben muß.

Wir sind die Menschen unseres Zeitalters und unserer Kultur und Zivilisation. In der Begegnung mit eben dieser Welt reifen wir zur Persönlichkeit, entwickeln unsere Individualität, in und an dieser Welt formt sich unser Ich. Wir müssen dieser Welt gewachsen sein. Wir machen den Prozeß einer individuellen, aber auch an Zeit und Raum gebundenen Lebens- und Welterfahrung durch.

Dieser Prozeß muß detailliert betrachtet werden.

Was wir mit unseren Sinnen erfahren, in der Begegnung mit der Natur und unseren Mitmenschen, hinterläßt einen Eindruck in unserer Empfindung, in unserer Seele. Alle Eindrücke, die wir durch die Organe des Leibes vermittelt bekommen, sind vorübergehend. »Mein Auge empfindet die Farbe an der Rose nur so lange, als die Rose ihm gegenübersteht und es selbst geöffnet ist … Meine Seele müßte das Rot der Rose immer von neuem wahrnehmen, um es im Bewußtsein zu haben, wenn sie es nicht durch die Erinnerung behalten könnte. Das, was nach dem äußeren Eindruck zurückbleibt, was von der Seele behalten werden kann, kann unabhängig von dem äußeren Eindruck wieder *Vorstellung* werden. Durch diese Gabe macht die Seele die Außenwelt so zu ihrer eigenen Innenwelt, daß sie diese dann durch das *Gedächtnis* – für die Erinnerung – behalten und unabhängig von den gewonnenen Eindrücken mit ihr weiter ein eigenes Leben führen kann. Das Seelenleben wird so zur *dauernden Wirkung* der vergänglichen Eindrücke der Außenwelt … Was ich aber im Geist als Wahrheit über die Rose erkannt habe, das geht mit der Gegenwart nicht vorüber.«[6]

Durch Wahrnehmung, Erinnerung und Vorstellung ermöglichen wir eine dauerhafte Verbindung zu unserer Umwelt, schaffen eine Urteilsgrundlage, die unser Handeln bestimmt, mit dem wir wiederum die Welt verändern.

»Durch die Erinnerung bewahrt die Seele das Gestern; durch die Handlung bereitet sie das Morgen vor …

Als Bewahrerin des Vergangenen sammelt die Seele fortwährend Schätze für den Geist auf. Daß ich das Richtige von dem Unrichtigen unterscheiden kann, das hängt davon ab, daß ich als Mensch ein denkendes Wesen bin, das die Wahrheit im Geiste zu ergreifen vermag. Die Wahrheit ist ewig; und sie könnte sich mir immer wieder an den Dingen offenbaren, auch wenn ich das Vergangene immer aus dem Auge verlöre und jeder Eindruck für mich ein neuer wäre. Aber der Geist in mir ist nicht allein auf die Eindrücke der Gegenwart beschränkt; die Seele erweitert seinen Gesichtskreis über die Vergangenheit hin. Und je mehr sie aus der Vergangenheit zu ihm hinzuzufügen vermag, desto reicher macht sie ihn. So gibt die Seele an den Geist weiter, was sie vom Leibe erhalten hat. – Der Geist des Menschen trägt dadurch in jedem Augenblicke seines Lebens zweierlei in sich. Erstens die ewigen Gesetze des Wahren und Guten und zweitens die Erinnerung an die Erlebnisse der Vergangenheit. Was er tut, das vollbringt er unter dem Einfluß dieser beiden Faktoren. Wollen wir einen Menschengeist verstehen, so müssen wir deshalb auch zweierlei von ihm wissen: erstens, wieviel von dem Ewigen sich ihm offenbart hat, und zweitens, wieviel Schätze aus der Vergangenheit in ihm liegen.

... man findet ihre *Wirkungen* in den Fähigkeiten, die sich der Mensch erworben hat.«[6]

Die Art und Qualität der Erlebnisse, die wir durch die Erziehung vermitteln, entscheiden darüber, wie der erwachsene Mensch in seinen Taten auf die Umwelt und den Mitmenschen zurückwirken wird.

Wären wir die Bürger eines künstlichen Planeten, einer Weltraumstation, genügte es, wenn wir in der Erziehung die Begegnung mit dieser reinen Welt der Technik vermittelten. Wir könnten darüber hinaus auch noch das menschliche Zusammenleben in dieser Welt ein wenig im Auge haben.

Für das Kind, das seine Fähigkeiten des Wollens, des Fühlens und Denkens erst ausbilden will, müssen wir noch andere Gesichtspunkte beachten. Lassen wir das Kind die Schönheit und die lebendige Vielfalt des Erdenkosmos erleben und richten wir sein Streben auf die höchsten menschlichen Tugenden, so veranlagen wir einen seelischen Reichtum in ihm, auf den später der erwachsene Mensch immer zurückgreifen kann.

Es ist gänzlich unbestritten, daß wir als Erzieher unsere größere Lebenserfahrung nutzen, um sie in der Erziehung des Kindes wirksam werden zu lassen. Dies ist möglich, indem wir allen Reichtum des Welterlebens und Welterkennens in uns aufschließen, indem wir für das Kind der Vermittler der Welt sind. Die Erziehung durch das Leben selbst, durch die so geartete, von der Technik überformte Umwelt, kann nicht mehr die Kräfte im Heranwachsenden mobilisieren, die seine menschlichen Fähigkeiten voll entfalten sollen.

Die Menschen vergangener Epochen lebten in einem direkten Kontakt zu ihrem Lebensraum, in ihrem Verhältnis zur Natur, Zivilisation und zum menschlichen Beziehungsgefüge von Familie, Dorfgemeinschaft usw. Das Kind wurde durch das Leben erzogen, als Erwachsener konnte es Schätze, die in der Kindheit zur Persönlichkeitsentwicklung gelegt worden waren, als Mensch seiner Zeit, der nicht in einem vom Verstand bestimmten Verhältnis zur Umwelt lebte, mit seiner spezifischen Seelenkonfiguration für sich nutzbar machen. Heute, wo die Ratio bestimmendes Element unseres Lebens ist, wo die Rückwirkung des menschlichen Handelns vor der natürlichen Umwelt eine trennende Mauer der technischen Welt geschaffen hat, kann der Mensch die Keime, die in seine kindliche Seele gelegt wurden, eben nur durch diese Ratio zum Aufblühen bringen. Rudolf Steiner formuliert dies so:

»Das ganze Erziehungssystem des Menschen muß ein anderes werden. Wir müssen den Menschen dahinbringen, daß er eine starke, *bewußte* (Hervorhebung vom Autor) Kraft entwickelt, dasjenige, was er in der Jugend in sich aufnimmt, im späteren Alter wie durch eine elementare Erinnerung wiederzuerleben ... Vorläufig handeln die Menschen noch überall gegen diese Anforderung. Die Menschen sind z. B. stolz darauf, ›Anschauungsunterricht‹ zu treiben ... Und sie legen einen großen Wert darauf, nur ja nicht dem Kinde solche Dinge im Unterricht zu offenbaren, die ... über das Fassungsvermögen des Kindes hinausgehen ...

... Je mehr man sorgen kann im Unterrichte dafür, daß das Kind nicht bloß banal aufnimmt dasjenige, was es versteht – denn das verschwindet mit dem kindlichen Alter, daran kann ein späteres

Lebensalter weder Freude noch Begeisterung entwickeln – , desto mehr tut man für die spätere Entwickelung des Menschen; denn dasjenige, was aufgenommen wird bloß aus der Wärme des Unterrichtenden heraus, das ist dasjenige, was, wiederbelebt, Lebenskräfte gibt.

... In früheren Zeiten hat es genügt, sich, ich möchte sagen, dem Leben zu überlassen ... Nunmehr handelt es sich darum, daß die Menschen wirklich dazu übergehen, Sinn für das Wesen des anderen Menschen zu entwickeln. Das wird von selbst angeregt dadurch, daß man seine Gedanken in die Richtung bringt, die durch die Geisteswissenschaft angeregt wird.«[7]

Solange diese Erde, diese Natur unsere Lebensgrundlage ist, muß die Erziehung darauf gerichtet sein, den künftigen Menschen dazu zu befähigen, in Frieden mit dieser Erde leben zu können.

Solange wir im Menschen ein Wesen sehen, das in der Begegnung mit dem Menschen seine höchsten Tugenden zu entfalten vermag, müssen wir in der Erziehung menschlichen Idealen nachstreben.

Diese Fähigkeit können wir nur veranlagen in der Begegnung mit der Natur, jene nur in der Begegnung mit dem Menschen.

Die Begegnung mit dem Wirklichkeits-Ersatz durch das Medium der Technik erzeugt nur einen Menschen-Ersatz.

Das »Problem«, ein Waldorfschüler zu sein

Lange Fahrtwege?

Als Waldorf-Familie gehört man zu einer Minderheit, die für viele Menschen ungewöhnliche Ansichten hat und erstaunliche Überzeugungen vertritt. Diese Menschen beschäftigen sich außer mit der Waldorfpädagogik vielleicht auch noch mit anderen Arbeitsgebieten der Anthroposophie (der von Rudolf Steiner begründeten Geisteswissenschaft): Sie orientieren sich an der anthroposophischen Medizin, interessieren sich für eine besondere Ernährung auf der Grundlage einer biologisch-dynamischen Wirtschaftsweise oder setzen sich mit dem Gedankengut der Sozialwissenschaft und dem Impuls der Sozialen Dreigliederung Rudolf Steiners auseinander. Es müssen jedoch keineswegs nur die Eltern sein, die erstaunt bis mißtrauisch betrachtet werden. Auch die Kinder einer »Waldorf«-Familie sind oft in der Ausnahmesituation, selbst wenn diese »nur« bemüht ist, die Erziehungsarbeit der Schule zu Hause konsequent zu unterstützen und zu ergänzen. Das fängt mit äußeren Dingen an: Viele Kinder haben einen weiten Schulweg zurückzulegen (der Einzugsbereich mancher Schulen erreicht einen Durchmesser von 80–100 km!), das bedeutet frühes Aufstehen und bringt es mit sich, daß nur ein Teil des Schulweges mit den Schulkameraden zurückgelegt wird. Für viele Familien wird das »Transportproblem« – vor allem bei mehreren Kindern – im Laufe der Jahre immer schwieriger. Unterschiedliches Unterrichtsende der Kinder, zeitweilige Nachmittagsepochen und dauernde Nachmittagsstunden erfordern eine aufwendige Organisation. Der Wochenstundenplan eines

Schülers der Oberstufe kann zeitweilig 50 Stunden erreichen. Machbar ist dies durch die tatkräftige gegenseitige Unterstützung der Eltern: Fahrgemeinschaften werden gebildet, Buslinien in privater Regie organisiert, eine Schulküche versorgt die Kinder in den Mittagspausen, im Hort und in Hausaufgaben-Betreuungsstunden werden Wartezeiten überbrückt.

Über den eigentlichen Unterricht hinaus pflegt die Schule ein reiches kulturelles Leben. An Nachmittagen und Abenden finden Konzerte, Theateraufführungen und Vorträge statt, dazu kommen noch die Jahresfeste. All dies will also auch genau bedacht sein, wenn die Entfernungen groß sind.

Spielkameraden am Wohnort

Viele Schulen unterrichten auch an Samstagen – welch ein Nachteil in den Augen der Altersgenossen am Wohnort, die eine andere Schule besuchen! Für viele Waldorf-Kinder gliedert sich das Alltagsleben in zwei unterschiedliche Bereiche: den der Schule (der – wie später zu schildern sein wird – dem Kind eine vertraute, geliebte Heimat werden kann) und den am Wohnort. Mancher Waldorfschüler hat zu Hause (fast) nur Freunde, die nicht auf seine Schule, noch weniger in seine Klasse gehen. Die nachbarschaftlichen Gemeinsamkeiten, die oft auch durch die Erlebnisse in der Schule mitgeprägt werden, fallen hier geringer aus. Für vieles, was dem Kind in »seiner« Waldorfschule wichtig ist, hat das Nachbarkind kein Verständnis – die Werte-Skala fällt ganz anders aus. Der Nachbar kann kein Verständnis dafür entwickeln, wie wichtig es für das Kind ist, beispielsweise bei der Monatsfeier in einem kleinen englischen Spiel eine Rolle darzustellen. Umgekehrt weiß das Waldorfkind nichts damit anzufangen, welche Erfolge der Nachbar beim Diktat vorzuweisen hat. Besuche von Klassenkameraden sind selten. Oft ergeben sie sich aus dem Bemühen, die Erziehung der Kinder in allen Lebensbereichen konsequent zu handhaben.

Wenn Eltern sich darum bemühen, dem Kind einen ihm gemäßen Lebensraum zu schaffen, muß dies mit mancherlei scheinbarem Verzicht bezahlt werden: Verzicht auf die Dauerbeschäftigung Fußball – statt dessen aber abwechslungsreiches Spiel, das den ganzen Körper beansprucht und keinen solchen Akzent auf kämpferisches Durchsetzungsvermögen setzt; Verzicht auf Fernsehen – statt dessen aber vielseitige Tätigkeiten aller Sinne, eigene, tätige Beschäftigung mit Natur und Umwelt, Mensch und Tier. Was haben die Kinder eigentlich früher ohne Fernsehen gemacht, warum muß denn so unausweichlich dieses elektronische Faszinosum die Kinder davon abhalten, Lebensfreude in einer echten Welt zu erfahren? Verzicht auf andere Medien: statt musikalischer Dauerberieselung selbst Musik machen oder wenigsten singen (– es ist auffallend, wie wenig das Gehör unserer Kindergartenkinder und Schulanfänger differenziert ist!); statt Computerspielen in displaygerechten Rasterblöcken und Einheits-Unfarben: Malen, Zeichnen, Gesellschaftsspiele, Geschicklichkeitsspiele, die nicht nur Reflexe des Knopfdruckfingers trainieren; statt Lebensersatz – Leben. Es ist nicht von der Hand zu weisen, daß es Kinder, die nicht mit Kinderfernsehen, Kindermoden aller Art, organisierter technischer Beschäftigungstherapie (oft von »namhaften« Pädagogen empfohlen) aufwachsen, in der Gruppe Gleichaltriger schwer haben. Viele Gesprächsthemen fallen für sie aus. Wovon sie erzählen könnten, ist den anderen fremd oder oft nicht sensationell genug. Trotzdem lassen sich immer Bereiche finden, die allen Kindern zugänglich sind. Die oft auseinanderliegenden Wohnorte der Klassenkameraden machen die Pflege von Bekanntschaften und Freundschaften unter den Kindern einer Klasse zu einer Aufgabe für die Eltern, die viel Organisationstalent, Phantasie und Aktivität erfordert.

Bei vergleichender Betrachtung von Waldorfschülern und Schülern öffentlicher Schulen fällt Kindern wie Eltern auf, daß sich die Gegenstände, mit denen sich die Kinder in der Schule beschäftigen, ebenso wie das Lerntempo deutlich unterscheiden. Vor allem in den ersten beiden Schuljahren wird an der öffentlichen Schule beim Lesen, Schreiben und Rechnen ein größeres Lernpensum absolviert. Umgekehrt beschäftigen sich die Kinder der Waldorfschule mit englischen und französischen Texten und Liedern, betreiben eifrig Handarbeit und Eurythmie. Dennoch können Eltern, die mit der Waldorfpädagogik nicht so vertraut sind, hier in Zweifel geraten oder sehen sich – sehr häufig die alleinerziehende Mutter oder der alleinerziehende Vater – in eine Verteidigungsposition gedrängt. Warum können die Kinder noch immer nicht schreiben und lesen? Die gleichaltrigen Kinder anderer Schulen können schon viel besser rechnen! Ist diese Waldorfschule nicht doch so etwas wie eine Schule für unterentwickelte Kinder – oder eine Eliteschule für besonders vermögende Familien? Warum sollen die Kinder eigentlich nicht fernsehen und mit Plastikmonstern spielen?

Meinungen der Nachbarn – Meinungen der Verwandten

Ein Teil der Erziehungsenergie, die Vater und Mutter aufwenden, muß oft der Nachbarschaft oder Verwandtschaft gewidmet werden, die beschwichtigt werden muß, wo man um Verständnis werben muß dafür, daß beispielsweise bestimmte Geschenke an das Enkelkind – aus pädagogischen Gründen! – nicht erwünscht sind.

Es kann oft lange dauern, bis sich dieses Verständnis bei der Verwandtschaft einstellt, denn diese handelt doch aus besten Absichten heraus und möchte dem Enkelkind oder der kleinen Nichte doch nur Gutes tun – und schließlich: Stellt sich die angehende Waldorf-Familie nicht oft gegen Dinge, die ganz allgemein üblich sind?

Alleinerziehende haben da oft einen schweren Stand. Sie haben sowieso schon große Probleme, ihren Berufsalltag so zu organisieren, daß sie ihrer Erziehungsaufgabe möglichst gerecht werden können, und dann müssen sie ihre Entscheidung für eine andere

Schule und andere Erziehung, in die sie sich erst selbst hineinfinden müssen, auch noch pausenlos verteidigen. Um jedoch mit der Waldorfpädagogik vertraut zu werden, bedarf es wiederum besonderer Aktivitäten und größeren Zeitaufwandes.

Wie kann konkret in solchen Situationen gehandelt, wie auf Fragen in dieser Richtung reagiert werden? Vor allem: Wie kann die Wahl der Waldorfschule begründet werden, die man doch gefühlsmäßig voll bejaht? Gerade in dieser Anfangssituation sind daher Gespräche mit den »alteingesessenen« Waldorfeltern sehr hilfreich.

Was bedeutet »Schulreife«?

Konkrete Schritte zur Schulanmeldung

Irgendwann hat sich aus aller Beschäftigung mit der Frage nach der richtigen Schule eine konkretere Vorstellung ergeben; die Eltern beginnen, mit dem Gedanken vertrauter zu werden, ihr Kind könnte auf eine Waldorfschule gehen. Vielleicht hat sich dieser Entschluß gerade aus der Begegnung mit »Waldorf-Kindern« ergeben? Und trotzdem ist diese Vorstellung für viele noch von Unsicherheit geprägt. Soll man sich wirklich aus dem allgemeinen Strom herausstellen, sich auf Unbekanntes einlassen, so ideal auch vieles klingen mag? Schließlich gibt es auch Risiken und negative Erfahrungen, von denen man hier und da lesen kann. Von »Waldorf-Geschädigten« ist da sogar einmal die Rede.

Bedauerlicherweise kommt es immer wieder zu solchen Enttäuschungen, die auch in der einschlägigen Literatur ihren Niederschlag finden (Beckmannshagen u. a.). Aus den unterschiedlichsten Motiven heraus wird hier zu Recht und zu Unrecht gegen die Waldorfschulen argumentiert. Zu Recht, wo es um Fehlentscheidungen und Fehlverhalten der Lehrer geht, zu Unrecht da, wo Eltern die Erwartungen, die sie an die Schulen und Lehrer stellen, nicht erfüllt sehen, aber auch gar nicht einfordern können, da ihre Vorstellungen auf eine andere Erziehung, andere Schule, eben auf andere Grundwerte abzielen. Die Waldorfpädagogik ist ein Angebot, das anzunehmen jedem freigestellt ist. Die Erziehungswirklichkeit lebt und verändert sich an den Schulen im gemeinsamen konstruktiven, durchaus kritischen Bemühen von Eltern und Lehrern.

Vielleicht werden Eltern, die eine Schulentscheidung für ihr

Kind treffen wollen, auch den Wunsch hegen, die in Frage kommenden Lehrer oder den Lehrer kennenzulernen und mit ihm über die Aufnahme ihres Kindes in seine Klasse zu sprechen. Einem Kennenlernen steht sicher nichts im Wege – die entscheidenden Gespräche sollten jedoch in der Weise geführt werden, wie es die jeweilige Schule vorgesehen hat. Nicht der eine Lehrer nimmt das Kind in die Klasse auf, viele Menschen werden mit diesem Kind zusammen leben und arbeiten in der Waldorfschule, die eine bestimmte Pädagogik vertritt. Und *dies* ist die entscheidende Frage. Es kann nicht darum gehen, daß sich ein Lehrer *seine* Klasse zusammenstellt und *seine* Kinder auswählt. Die Frage der Schulreife, der Klassenzusammensetzung, der Zusammenarbeit von Schule und Elternhaus wird wohl in der Regel von Lehrern mit den Eltern besprochen, die eigens mit dieser Aufgabe von der Schule beauftragt sind. Mit dem Schulbüro ist der Organisationsablauf zu besprechen und ein Termin für ein Aufnahmegespräch zu vereinbaren.

In den letzten Jahren konnten die Schulen dem Wunsch vieler Eltern, ihr Kind aufzunehmen, nicht entsprechen, da die Nachfrage einfach zu groß war. Oft ergab sich die Situation, daß die Zahl der Anmeldungen die Kapazität einer Klasse um mehr als die Hälfte überstieg. So gesehen gibt es – gemessen am immer noch wachsenden Interesse – zu wenig Waldorfschulen. Dabei nahm in den letzten Jahren die Zahl der Neugründungen von Waldorfschulen rapide zu. Folglich wurde es auch immer schwieriger, die entsprechende Anzahl von Lehrern für die Waldorfschulen zu gewinnen und auszubilden. Gleichzeitig verschärfte sich die finanzielle Situation der Schulen, die Zuschüsse an öffentlichen Mitteln wurden in allen Bundesländern verringert, die Genehmigungen zum Betrieb einer Schule erschwert. – Unter diesen Umständen stellten die Eltern natürlich immer wieder die Frage, wovon es abhängt, ob ihr Kind »genommen« oder »abgelehnt« wird. Gibt es bestimmte Voraussetzungen für die Aufnahme eines Kindes in die Waldorfschule, was sind die Kriterien, nach denen diese Aufnahme entschieden wird?

Die Waldorfschulen stehen grundsätzlich jedem normal begabten Kind offen. Für die Aufnahme ist nicht entscheidend, welcher Nationalität das Kind ist, welcher Religionsgemeinschaft die Familie angehört oder welcher Lebensanschauung oder politischen Überzeugung sie zuneigt. Das finanzielle Leistungsvermögen spielt ebenfalls keine Rolle. Die Höhe des Schulgeldes wird erst festgelegt, nachdem ein Kind in die Schule aufgenommen worden ist. Auch Kinder, deren Eltern keinen finanziellen Beitrag leisten können, sind auf der Waldorfschule.

Die Frage, ob ein Kind einen Waldorfkindergarten besucht hat oder ob die Eltern Anthroposophen sind, spielt durchaus eine – wenn auch nicht die allein entscheidende Rolle. Die meisten Eltern, deren Kinder einen Waldorfkindergarten besuchten, haben damit bereits auch schon ihre Wahl für die Waldorfschule getroffen, wenn eine solche am Ort ist. Dies ist natürlich bei der Entscheidung über die Schulaufnahme zu berücksichtigen, kann aber trotzdem nicht als Anspruch gewertet werden. Gleiches gilt für das Kind von Eltern, die in ihrer Lebensführung anthroposophisch orientiert sind.

Entscheidend werden immer zwei Kriterien sein:

- Ist der von den Eltern gewünschte Einschulungstermin der richtige, ist das Kind im Sinne der Menschenkunde schulreif,
- entspricht das Angebot der Schule den Hoffnungen und Erwartungen der Eltern, was die Erziehung ihres Kindes, was die Menschenbildung betrifft?

Fragen zur Schulreife

In der letzten Zeit wurde in den Medien die Frage der Schulreife häufiger diskutiert, oft mit dem Ergebnis, daß die Schulreifetests zuwenig eindeutige Aussagen zuließen, folglich also überflüssig seien. Entscheidend wird damit allein das Alter des Kindes – vor dem

Hintergrund der Leistungsorientierung eine verständliche Ansicht, unverantwortlich jedoch, wenn man von der Individualität des Kindes ausgeht. Die Zurückstellung um ein Jahr – und um nichts anderes geht es normalerweise – schenkt dem Kind noch einen Zeitraum des Kindheits-Daseins, in dem es weiter heranreifen kann, in dem seine Spannung und Vorfreude auf die Schule wachsen können (die Eltern werden ja hoffentlich nie mit der Schule gedroht haben: »Na warte, wenn du erst in die Schule kommst . . .«). Nicht einmal als Verzögerung in der Verfolgung welcher Karriere auch immer wird sich dieses Jahr jemals bemerkbar machen. In der Praxis ist viel häufiger der Fall zu beobachten, daß ein Kind, weil es zu früh eingeschult wurde, Nachteile erleidet, unglücklich ist, keine Schulfreude entwickelt. Selten erweist sich eine Zurückstellung als Fehlentscheidung, sichtbar werdend an Unterforderung und Langeweile im Unterricht. Immer wird man in dieser Frage beachten müssen:

- die körperliche Entwicklung – und damit die Belastbarkeit
- die seelische Entwicklung – und damit die Orientierung auf die eigene Person (»ich will jetzt aber essen, spielen, hinausgehen«), die Möglichkeit, andere Kinder mit ihren Bedürfnissen wahrzunehmen und anzuerkennen (also gruppenfähig zu werden in einem Verband, der sehr viel mehr Abstimmung verlangt als die Kindergartengruppe), die Fähigkeit, auf mehrere Bezugspersonen (Lehrer) eingehen zu können
- die geistige Entwicklung – und damit die Interessenlage, Aufmerksamkeit, Wißbegier und Wachheit.

Am schwersten wird es wohl das Kind haben, das körperlich zart, empfindungsmäßig wenig in den menschlichen Umkreis geöffnet, intellektuell aber schon sehr wach ist. Ein so divergierender Entwicklungsstand führt oft zu Problemen in der Schule, dem Kind wird zuwenig Lerninhalt intellektueller Natur geboten, es langweilt sich und versucht, die Aufmerksamkeit durch Verhaltensauffälligkeiten auf sich zu lenken.

Was von einem Schulkind (idealerweise) erwartet wird, werden muß, *was* Schulreife eigentlich bedeutet – und es sei zunächst dahingestellt, ob irgendwelche Schulreife-Tests diesbezüglich über ein Kind verläßliche Aussagen treffen können –, wollen wir vorsichtig einzugrenzen versuchen.

Unser Schulkind ist körperlich, seelisch und geistig gesund, es ist fröhlich, unbeschwert und phantasievoll, interessiert und aufmerksam, arbeitet fleißig, zuverlässig und ausdauernd, verhält sich freundlich, höflich und hilfsbereit, ist folgsam, offen, ehrlich und beherzt. Es »ist«, »arbeitet«, »verhält sich«. Vielleicht zögert mancher Leser bei dieser Wunschliste, bei manchen Attributen. Verkehrt man sie jedoch ins Gegenteil ... faul, unzuverlässig, unfolgsam ..., wird manches deutlich.

Wir hätten als Eltern und Lehrer gegen ein solches Schulkind wohl kaum etwas einzuwenden. Welche dieser Eigenschaften würden uns beim Kleinkind/Kindergartenkind erfreuen? Wir stoßen auf Eigenschaften, die dem Kind in die Wiege gelegt werden: gesund, freundlich, wach bzw. aufmerksam. Alle anderen Eigenschaften sind auch Ergebnis unserer Erziehungsbemühungen und können sich erst später – eben im Schulkindalter – äußern. Wir müssen sie also wollen und zum Ziel unserer Erziehungsanstrengungen machen. Ein Kind ist unbeschwert, wenn wir es von den Problemen der Erwachsenenwelt freihalten und ihm das Vertrauen in eben diese Welt vermitteln und stärken. Es ist interessiert und aufmerksam, wenn wir es mit der Welt bekanntmachen, seinen Wissensdurst aber nicht immer erschöpfend befriedigen, sondern sein Interesse am Leben erhalten und beleben; es ist freundlich, höflich, beherzt und hilfsbereit, wenn wir ihm selbst so begegnen. Auch zu Fleiß und Ausdauer müssen wir es anhalten. An uns liegt es, ob ein Kind unseren Anweisungen Folge leistet oder nicht, ob wir unseren (vernünftigen) Willen durchsetzen oder das Kind den seinen (noch nicht vernünftigen).

Die Ausprägung der genannten Eigenschaften hängt davon ab, inwieweit das Kind in seinen Seelenkräften harmonisch entwickelt ist, was also seine Fähigkeiten des Wollens (also des In-die-Tat-Umsetzens), des Fühlens und des Denkens betrifft. Betrachten wir die genannten Eigenschaften, so wird folgendes deutlich:

- Es geht um eine Lenkung der Willensäußerungen weg von der reinen Impulsivität:
  folgsam, fleißig, ausdauernd, zuverlässig, aufmerksam;
- es geht sehr wesentlich um eine Einwirkung auf das Fühlen, die Empfindungsebene:
  folgsam (dem Wunsch des anerkannten Erwachsenen entsprechend), fröhlich, unbeschwert, freundlich, höflich, hilfsbereit, ehrlich, offen, phantasievoll, interessiert, fleißig, ausdauernd, aufmerksam und zuverlässig;
  diese Eigenschaften entwickeln sich am und für den Mitmenschen;
- es geht um die Aktivierung des Denkens:
  phantasievoll, interessiert;
  diese Eigenschaften entwickeln sich vornehmlich an der Sache.

Für das Schulkind ist die Frage entscheidend, welches Verhältnis besteht zwischen und zu ICH – DU – WIR – WELT.

- Wie weit ist eine Ich-Empfindung in dem Kind entwickelt und welchen (ausschließlichen) Raum nimmt diese ein?
- Wie stark erlebt es das Gegenüber der anderen Menschen, das Du mit anderen Absichten und Wünschen?
- Wie weit ist seine Fähigkeit entwickelt, die Spielregeln einer Gruppe zu beachten, sich so in diese einzugliedern?
- Welche Bereitschaft besteht, sich den gesamten Erlebnisraum zu öffnen, der Welt zuzuwenden?

Gestaltet werden kann und konnte dieses Verhältnis
- durch Wahrheit in der menschlichen Begegnung
- durch Liebe und Güte im Erleben des Du
- durch die Erfahrung der Schönheit in der Schöpfung.

Anpassung – ungeliebtes Wort, zu Recht mit großem Mißtrauen beäugter Begriff. Widerspricht doch die Anpassung der Vorstellung vom frei und selbstverantwortlich handelnden Individuum. Trotzdem – der Begriff existiert in der pädagogischen und psychologischen Diskussion. Menschliches Zusammenleben ist in anarchischer Form nicht vorstellbar. Anpassung tut not – in Grenzen. Dies bedeutet: Ein Konsens über die Form des Zusammenlebens muß herstellbar sein. Konsens im eigentlichen Wortsinn: die Empfindung, daß ein bestimmtes Verhalten der Entwicklung und dem Wohlbefinden der Gemeinschaft dienlich ist. Eine Schulklasse muß zu einer solchen Konsens-Gemeinschaft zusammenwachsen und von Lehrern und Eltern geformt werden – dann ist menschenbildender Unterricht möglich. Eigentlich selbstverständlich – und doch heute oft nur schwer erreichbar.

Konkret gesprochen, die Kinder müssen lernen:
- sich pünktlich zum Unterricht zusammenzufinden
- einen bestimmten Sitzplatz einzunehmen und (in der Regel) einen Tisch mit dem Nachbarn zu teilen
- ihre Arbeitsmaterialien (Hefte, Schreibwerkzeuge, Instrumente, Turnschuhe etc.) zuverlässig parat zu haben
- im eigenen und gemeinsamen Bereich Ordnung zu halten
- während des Unterrichts nicht zu schwätzen, herumzulaufen, zu raufen, sich auf dem Boden zu wälzen, zu essen
- die vom Lehrer gewünschten Tätigkeiten auszuführen, gemeinsam mit den anderen oder alleine
- zu warten – geduldig, es sind noch viele andere da!
- aufmerksam zuzuhören, nicht dazwischenzureden, zu schreien, zu rufen
- nicht passiv schweigend alles an sich vorüberziehen zu lassen, sich notfalls auch Gehör zu verschaffen
- Hilfsbereitschaft, Bescheidenheit, Pflichtgefühl.

Ein sicher nicht vollständiges, aber sehr umfassendes Vorhaben.

Diese »guten Gewohnheiten« können die Kinder zunächst nicht durch Einsicht erlernen. Sie übernehmen sie eher der Lehrerin und dem Lehrer zuliebe, in Anerkenntnis ihrer/seiner Autorität. Natürlich muß sich dieses Verhältnis zwischen Lehrer und Schüler im Laufe der Jahre verändern, der wachsenden Urteilsfähigkeit der Schüler muß Rechnung getragen werden. Darauf wird später noch eingegangen. Aber selbst wenn Zuwendungs- und Rücksichtnahmefähigkeit im einzelnen vorhanden sind, so erprobt doch jede Klasse das Terrain mit dem neuen Lehrer und ist erst zufrieden und arbeitswillig, wenn sie ihn als Autorität anerkennen kann. Letztlich bedeutet dies für jeden auf seine Weise – Lehrer wie Schüler – die Achtung vor der Persönlichkeit des anderen. Ist eine solche Atmosphäre der gegenseitigen Achtung erreicht – möglich gemacht durch den zuvor beschriebenen Konsens –, könnte der Unterricht beginnen. Natürlich beginnt er äußerlich betrachtet vorher. Aber genau in diesem Unterrichtsgeschehen finden die notwendigen sozialen Lernprozesse statt, findet die menschliche Anpassung statt, bildet sich der Konsens heraus.

Erst wenn die Unterrichtsinhalte im gemeinsamen Tun erlebt werden, kann Menschenbildung stattfinden, kann der Unterricht die Kräfte des Wollens, Fühlens und Denkens erreichen, stärken und ausbilden.

Das Aufnahmegespräch – lernen für eine Elternprüfung?

Das Aufnahmegespräch bietet die Möglichkeit – wenigstens in den Grundzügen – die Frage abzuklären, ob die Erwartungen der Eltern, die sie bezüglich des Schuldaseins ihrer Kinder hegen, sich möglichst weitgehend erfüllen können. Es geht um die schon erwähnte Übereinstimmung in Erziehungsfragen. Die Vorstellung: »Mein Kind soll im Leben möglichst viel erreichen« (die in dieser eindeutigen und zugleich vereinfachten Form von Eltern selten ausgesprochen wird), muß hinterfragt werden. Um das Erreichen welcher Ziele geht es? Wohlstand, Karriereberuf, Glück und Zufriedenheit? Der Grundsatz: »Die im Kind veranlagten Gaben zur Entfaltung bringen, Entwicklungshilfe leisten« muß ebenfalls erläutert werden und darf nicht als Kontrastprogramm zu notwendiger Leistung und durchaus auch Anpassungsfähigkeit im Leben als Erwachsener aufgefaßt werden.

Kritischerweise wird die Waldorfpädagogik oft als idealistische Erziehung gesehen, die für das rauhe Leben nicht tauglich mache. So gesehen könnte man sie auch als Gewächshaus-Pädagogik bezeichnen. Genau dies ist sie auch, zumindest in den Jahren der Kindheit. Was aber spricht dagegen, daß das empfindliche Pflänzchen Mensch zunächst sorgsam behütet und geschützt in einer sonst rauhen Welt aufwächst, um alle Kräfte entwickeln zu können, die später vonnöten sein werden? Natürlich wird im Anschluß an das Gewächshausdasein eine Phase der Akklimatisierung nötig sein.

Die Vorstellung, zu höchster Leistung nach dem Konzept eines »Gelobt-sei-was-hart-macht« oder zum geschickten Einsatz der Ellenbogen erziehen zu müssen, verträgt sich natürlich nicht mit dem beschriebenen Gedanken der Entwicklungshilfe. Hier werden andere Kräfte als die Ellenbogen mobilisiert: eine innere Standfestigkeit.

Ist eine Übereinstimmung in der Frage der Erziehungsziele herstellbar, bleibt immer noch die Abstimmung der Erziehungsmittel.

Die heutige Elterngeneration versteht sich nicht unbedingt als Wegweiser für das Verhalten ihrer Kinder. Zwar trifft man nur noch selten auf die Verfechter der antiautoritären Erziehung, doch begegnet man in Gesprächen häufig einer Haltung des (ungewollten) laissez-faire. Mütter und Väter scheuen sich dann, ein Verhalten ihrer Kinder, das sie nicht billigen können, zu korrigieren, und empfinden dies als Machtausübung gegenüber dem schwachen Kind. Diese »schwachen« Kinder entwickeln sich dann nicht selten zu wahren Beherrschern ihrer Eltern. Kinder brauchen jedoch Orientierungshilfen, ja sie sehnen sich im Grunde danach. Sie bedürfen der Korrektur durch die Erziehenden, und zwar nicht nur dann, wenn sie körperlichen Schaden nehmen könnten. Wir müssen sie auch vor seelischen und geistigen Bedrohungen in Schutz nehmen – und deren gibt es viele im Medien-Zeitalter. Alle halbherzigen Versuche, Kinder vor dem Video- und Fernseh-Wahnsinn zu bewahren (jeder Bericht über das Fernseh-Verhalten von Kindern und Jugendlichen, dem dabei festgestellten »Konsum« an Gewalt, Horror und Pornofilmen müßte uns alarmieren!) sind zum Scheitern verurteilt. Nur mit deutlicher Konsequenz kann etwas erreicht werden. Und das verlangt eine innere Stärke von den Eltern. Wir sollten nicht aus Bequemlichkeit nachgeben! Wir müssen unsere Kinder wieder zu erziehen lernen. *Das »wohlerzogene« Kind muß neu definiert werden*: Es geht nicht um die Vermittlung von Konventionen – das muß hier ganz deutlich werden –, sondern um die Abwehr der Kräfte, die die Welt der Kindheit mit gewaltigen finanziellen Interessen als Markt mit großen Zuwachsraten erobern wollen. Ein Gang über die Nürnberger Spielwarenmesse zeigt, daß den Spielwarenhändlern gleich die Fernsehtermine für die Werbung oder die Auftritte der Monster, Turtles und Gameboys mitgeteilt werden, weil nach der Sendung die Wünsche der Kinder nach Erfüllung drängen. Bei dieser Offensive wird – wie in der Welt der Erwachsenen – auf die Faszination des Schrecklichen, Scheußlichen gesetzt.

Es geht hier um die Sicherung eines Lebensraumes, in dem das heranwachsende Kind positive Kräfte aufnehmen kann, Freude und Begeisterung an allem, was diese Welt noch an Schönem, Wahrem und Gutem bietet. Dabei soll ihnen gar nicht hysterisch alles Mögliche verboten werden; sie müssen vielmehr andere Bereiche kennenlernen, und dazu bietet die Waldorfschule viele Anregungen.

Nicht immer läßt sich das Kind in liebevoller Zuwendung lenken und anleiten. Oft wird es auch nötig sein, Strenge (hoffentlich liebevolle Strenge) walten zu lassen. Die Strafe steht zur Diskussion.

Nach vielerlei negativer Erfahrung mit der Strafe und Strenge in der Erziehung fällt es heute schwer, sich mit diesem Thema unvoreingenommen auseinanderzusetzen. Oft wird befürchtet, durch zu große Strenge in der Kinderseele Schäden anzurichten – durchaus zu Recht. Aber wir müssen uns auch klar darüber sein, daß erzieherisches Untätig-Sein ebenfalls große Schäden anzurichten vermag! Die Waldorfpädagogik setzt auf die Autorität des Erziehenden, er geleitet das Kind durch die Jahre des Heranreifens zum selbständig urteilenden und handelnden Menschen.

Dies wird deutlich bereits im ersten Schuljahr. Der Sozialisationsprozeß in diesen ersten Monaten des Schuldaseins stellt viele Kinder vor große Probleme. Sehr viel hängt davon ab, wie es gelingen wird, das Kind in die Klassengemeinschaft zu integrieren. Wird es mit Freude und voller Erwartung, was jeder Tag Neues bringt, in die Schule gehen, oder werden sich bei ihm die typischen Seelen-Bauchschmerzen einstellen, wenn auf dem Stundenplan bestimmte Fächer (und damit Lehrer) stehen? Wird es vielleicht gar in Gänze zum Schulverweigerer? In vielen Punkten bietet sich dem Lehrer schon zu Beginn der Schulzeit ein Spiegelbild des Familienlebens, der Gewohnheiten. Das Kind muß lernen, nicht mehr allein im Mittelpunkt der Zuwendung und des Interesses seitens der Bezugsperson zu stehen. Der Lehrer sieht sich 30 oder 35 Kindern gegenüber, von denen ihn vielleicht ein Dutzend zunächst ganz für sich allein bräuchte. Irgendwann muß der Zustand hergestellt sein, daß alle Kinder das tun, was der Lehrer von ihnen verlangt (worum er sie freundlich und liebevoll bittet, worauf er mit aller zielstrebigen Konsequenz beharrt). Was man da plötzlich alles nicht mehr darf, wenn einem gerade der Sinn danach steht! Was würde man alles nicht gern tun, um den Lehrer mit sich zu beschäftigen, den jubelnden Beifall der Klassenkameraden zu erheischen. Man darf nicht herumlaufen, mit anderen Kindern reden, auf den Bänken herumklettern, aus dem Fenster schauen, auf dem Boden herumkrabbeln, Wände und Möbel bemalen, essen und trinken, hinausspazieren, an der Tafel herummalen, Papierflieger segeln lassen, mit Puppen und Stofftieren spielen ... Die Kinder müssen wie das berühmte Kamel durchs Nadelöhr. In manchen Klassen ist dies kaum ein Problem, bei anderen dauert es über das erste Schuljahr hinaus, bis dieser erste notwendige Schritt getan ist. Die Stunde muß sich zu einem geordneten Ablauf fügen. In ihm haben dann aller Bewegungsdrang, alle Tätigkeitsfreude Platz. Wenn aus dem »Urchaos« die Harmonie des Miteinander möglich wird, kann der eigentliche Unterricht beginnen und seine Wirkung auf die Kinder entfalten. Dann kann man erleben, wie sich Freude beim »Arbeiten« in den Kinderherzen ausbreitet. Die Selbstverwirklichung in ungebremsten Eigenaktivitäten des einzelnen Kindes – jeder für sich und keiner mit allen – hinterläßt nur Enttäuschung und Nervosität. Voller Hingabe, mit glühenden Wangen können die Kinder atemlos einer Geschichte lauschen, wenn diese Arbeitsstimmung in einer Klasse erreicht ist. Die gleiche Geschichte, ebenso lebendig vom Lehrer erzählt, kann (ohne diese Atmosphäre) ein Außer-sich-Sein der Kinder bewirken: da wird pausenlos kommentiert, Pantomime oder Schauspiel geboten, wird anderen Kindern, die so gern zuhören würden, alle Freude zunichte gemacht.

Kann der künftige Erstkläßler dieses Sich-Fügen und Hineinfügen leisten? Hier entscheidet sich die Frage der Schulreife und der Erziehungsgewohnheiten!

Oft wird das Aufnahmegespräch – gerade dann, wenn eine Auslese unter den vielen Interessenten getroffen werden muß – als eine Art Aufnahmeprüfung für Kind und Eltern mißverstanden. Je nachdem, wie die Vorinformationen der Eltern beschaffen sind, werden dem Kind dann bestimmte Verhaltensweisen eingeschärft und vorgeschrieben, damit es einen möglichst guten Eindruck macht. Ebenso bekunden die Eltern Überzeugungen, die nicht unbedingt mit ihren Lebensgewohnheiten übereinstimmen: Das Kind malt nur mit Wachsfarben, im Hause wird nicht ferngesehen, jeden Abend gibt es eine Gutenacht-Geschichte. Genug der potemkinschen Dörfer. Mit solchen Versuchen, die Hürde des

Aufnahmegesprächs zu überwinden, ist niemandem gedient, nicht den Eltern, nicht den Lehrern, am wenigsten dem Kind. Der Konflikt wäre so vorprogrammiert. Es muß klar ausgesprochen werden, welches Erziehungsangebot die Schule machen kann, und welche Hoffnungen und Erwartungen sie in die Eltern setzt in bezug auf die gemeinsame jahrelange Erziehungsaufgabe. Von den Eltern, der Mutter, dem Vater sollte offen ausgesprochen werden, wo sie den Ansatzpunkt für eine solche Zusammenarbeit und wo sie die Basis für das gemeinsame Vorhaben sehen. Nur so kann der »kleinste oder größte gemeinsame Nenner« gefunden werden, der Voraussetzung für eine verantwortliche Erziehung des Kindes ist, nur so kann das Projekt »Lernen am Kinde« hoffnungsvoll begonnen werden.

Das Aufnahmegespräch und die Vorstellung des Kindes können beide nur erste Hinweise geben, ob das Kind in seiner körperlichen, seelischen und geistigen Entwicklung den Entwicklungsstand erreicht hat, der für die Anforderungen des Schullebens vorausgesetzt werden muß. Hier wird auch noch der Eindruck des Schularztes eine wichtige Rolle spielen.

Zur Sinnesentwicklung

Da unsere Lebensgewohnheiten dem Kind wenig Gelegenheit bieten, am direkten Kontakt mit der Umwelt zu lernen, ist es in mancherlei Hinsicht, wenn es in die Schule kommt, gewissermaßen unterentwickelt. Dies betrifft seine körperliche Geschicklichkeit, vor allem aber auch seine Sinne. Verschiedentlich wurden – da dieser Mangel allgemein bekannt ist – im Vorschulalter Versuche unternommen, die Sinne des Kindes besonders zu schulen. Neben dem Hör- und Sehsinn wurde beispielsweise der Geruchssinn und der Tastsinn geübt.

Da die Sinne des Menschen seine Tore zur Welt sind, ist die Frage sehr entscheidend, über welche Möglichkeiten der Kontaktaufnahme, des bewußten Sich-in-Verbindung-Setzens der voll entwickelte Mensch überhaupt verfügt. Die Forschung hat in den vergangenen Jahren herausgearbeitet, daß die menschliche Fähigkeit der Wahrnehmung der Außen- und Innenwelt sich nicht allein durch die bekannten fünf Sinne erfassen läßt. Rudolf Steiner hat eine Sinneslehre ausgearbeitet, die von zwölf Sinnen ausgeht. Sie lassen sich in drei Gruppen einteilen:

1. Die unteren Sinne ermöglichen dem Menschen Wahrnehmungen in seiner eigenen Leiblichkeit:

   Lebenssinn:
   Wahrnehmung von physischen Vorgängen im Körper, Empfindung von Unbehagen und Wohlsein.

   Bewegungssinn:
   Wahrnehmung der eigenen Bewegung, aber auch hinausgreifend in die Umwelt: das Auge folgt einer Bewegung, die sich z. B. in den Formen eines Gegenstandes oder in den Formen der Schrift ausdrückt.

   Gleichgewichtssinn:
   Nicht nur für die eigene Körperhaltung ist dieser Sinn wichtig, er wirkt sich auch aus in der Wahrnehmung harmonischer Verhältnisse von Maßen (Goldener Schnitt) und musikalischen Eindrücken. Er beeinflußt unser Urteilsvermögen überhaupt.

   Tastsinn:
   Die Gegenstände drücken sich in unsere Haut ein. Die Veränderung wird mithin im eigenen Leib registriert.

2. Die mittleren Sinne geben dem Menschen Kunde von der Beschaffenheit seiner Umwelt:

Wärmesinn:
Ermöglicht dem Körper Reaktionen auf die äußeren Wärmeverhältnisse.

Geschmackssinn:
Im übertragenen Sinne mögen hier auch ästhetische Urteile beeinflußt werden.

Geruchssinn:
Vermittlung von sympathischer und antipathischer Neigung bis hin in den sozialen Bereich.

Sehsinn:
Das wichtigste Verbindungsglied zwischen Außenwelt und innerer Empfindung. Auch: Wir sehen etwas vor unserem »inneren« Auge.

3. Die oberen Sinne ermöglichen dem Menschen Wahrnehmungen über die materielle Begegnung mit Mensch und Umwelt hinaus:

Hörsinn:
Einerseits auch Verbindungsglied zwischen innen und außen, andererseits das Tor zum Mitmenschen und seinen Gedanken. Erstaunlich: Dieses Tor zur Außenwelt können wir »schließen«, indem wir unsere Konzentration auf einen anderen Sinn lenken, z. B. beim Lesen (Sprachsinn, Gedankensinn), bei starken Schmerzen ist unsere ganze Wahrnehmung auf den Lebenssinn konzentriert usw.

Wort- und Sprachsinn:
Der Sprachsinn läßt uns die Botschaft empfangen, die durch die Sinnerfüllung der Buchstaben und Wörter bzw. der Laute möglich wird (gelesenes und gesprochenes Wort).

Begriffs- und Gedankensinn:
Der Gedankensinn erlaubt es uns, die Wege eigenen und fremden Denkens erkennend abzuschreiten, die Welt unserer Begriffe zu erweitern.

Ichsinn:
Der Ichsinn ermöglicht uns die Wahrnehmung der Persönlichkeit des anderen über das Mosaik hinaus, das uns alle anderen Sinneswahrnehmungen liefern. Er ist die Voraussetzung für die Begegnung von Mensch zu Mensch.

Im Vorschulalter ergeben sich für die unteren und mittleren Sinne des Kindes vielfältige Schulungsmöglichkeiten. Beim Aufnahmegespräch und bei der Vorstellung des Kindes stellt sich heraus, inwieweit das Leben diese Schulung vorgenommen hat.[8] Hieraus ergeben sich Kriterien für die Schulaufnahme. In den ersten Monaten des Schulbesuchs wird die Beobachtung der Sinnesreife beim Kind zur Grundlage für ein therapeutisches Eingreifen. So lassen sich in der Heileurythmie über den Bewegungsorganismus durch gezielte Übungen Sinnesbahnen, die kaum beansprucht waren, verschüttet waren, neu beleben. Der Sinnesmensch wird wieder für die Umwelt erreichbar.

Heute begegnen uns im Einschulungsalter oft Kinder, die über ein erstaunlich abstraktes Denkvermögen verfügen. Sie erscheinen uns als Wesen, die in ihrer Gesamtkonfiguration so geartet sind, daß sie die Welt hauptsächlich denkend betrachten, auf allen anderen Sinnesbahnen aber wenig Aktivität entwickeln können. Hier muß die Schule einen Lernprozeß mit dem Kind nachholen, den es früher selbstverständlich am Leben selbst erfuhr.

Bildung sozialer Fähigkeiten

Erst im Laufe des ersten Schuljahres wird man jedoch feststellen können, ob das Kind tatsächlich mit diesem völlig neuen und schwierigen Lebensabschnitt zurechtkommt. Aus diesem Grunde wird häufig dieses 1. Schuljahr teilweise oder ganz als Probezeit betrachtet, nach deren Ablauf erst ein verbindlicher Schulvertrag mit den Eltern geschlossen wird. In den letzten Jahren hat sich gezeigt, daß die geistige Entwicklung der Kinder selten, die sozialen Fähigkeiten hingegen immer häufiger Probleme im Schulleben verursachen. Das Denken der Kinder ist oft schon erstaunlich wach und rege, die Kräfte des Fühlens und Wollens dagegen sehr häufig nur schwach entwickelt. Den höchsten Stellenwert hat in unserer Gesellschaft das, was man gewöhnlich als Intelligenz bezeichnet. So wird das logische Denkvermögen bevorzugt entwickelt und gefördert, möglichst schon im lehrreichen Spielzeug für die Kinder. Der Erlebnisraum, in dem die Kinder ihre ersten Lebenserfahrungen sammeln, ist dadurch zusätzlich verarmt. Sie haben zu wenig Begegnungsmöglichkeiten (primäre Erfahrungsmöglichkeiten) sowohl mit der Umwelt – vor allem der Natur – wie auch mit Menschen. Sie leben in Kleinfamilien, oft sind die Eltern beide berufstätig, der Anteil der Mütter und Väter, die ihre Kinder alleine erziehen (müssen) ist heute sehr groß. Einen großen Teil des Tages verbringen die Kinder allein oder alleingelassen mit Spielen, die keine Begegnungen mit anderen Kindern schaffen, oder mit technischem Spielzeug, das sie davon abhält, ihren Körper zu kräftigen, die Sinne zu beanspruchen und zu entwickeln, sich in gesunder Abwechslung zu bewegen, den Umgang mit anderen Kindern zu lernen. Die Kindheit wird heute nicht mehr draußen unter freiem Himmel in der Spielgruppe verbracht. Das Kasperletheater findet im Fernsehen statt, und Abenteuer erleben die Kinder nicht im gemeinsamen phantasievollem Spiel, sondern im Kinderprogramm der Medien. So können Stunden der eigenen Untätigkeit vergehen. Das Leben vollzieht sich – vermittelt durch Auge und Ohr – im

Kopf. Das bringt kein echtes Erleben und echtes Empfinden, sondern lediglich Erlebnisersatz und Empfindungsersatz. Was ist der Unterschied zwischen einem Lagerfeuer mit Rauch in der Nase, verbrannter Zunge für den Ungeduldigen, der die Kartoffel am Stecken zu früh probiert, und einem spannenden Fernsehfilm, Fortsetzung der Comic-Serie sowieso... Nirgendwo muß sich ein Kind heute anstrengen. Mühelos lassen sich die Knöpfe der Fernbedienung eines Spielzeugautos oder eines Gameboys betätigen. Unter dem Kopfhörer ist sich das Kind (und später) der Jugendliche mit Märchenkassetten bzw. gehörschädigender Popmusik selbst und seinem Erfahrungs- und Empfindungsersatz willenlos überlassen. Es mag für die Eltern beruhigend sein, die Kinder so beschäftigt zu wissen; die tiefgreifende »Lähmung aller Lebenskräfte«, die Abgestumpftheit und Apathie werden in ihrer weitreichenden Wirkung immer noch nicht genügend gesehen.

Schon im Kindergarten und erst recht in der Schule wird man dann aus dieser Scheinwelt herausgerissen, in der man jahrelang träge herumhing. Plötzlich muß man selbst agieren, tätig werden, Willenskraft aufbringen, mit anderen Kindern sich abstimmen und auseinandersetzen. Immer häufiger finden sich in den Anfangsklassen der Schule Kinder, für die all das, was in früheren Zeiten selbstverständlich war, nicht mehr vorausgesetzt werden kann, weil sie es nicht erfahren und nicht gelernt haben. Sie sind übermäßig auf ihre eigenen Bedürfnisse und Wünsche fixiert, die immer prompt und mühelos erfüllt wurden, und haben in den Erwachsenen nicht den Erziehenden erlebt, dessen Führung sie sich anvertrauen konnten. Die Erwachsenen ihrerseits weichen oft dieser Verantwortung aus und streben ein »partnerschaftliches« Verhältnis zu den Kindern an. So ist es möglich, daß die Kinder erstmals in der Schule in ihrem Verhalten an Grenzen stoßen. Bisher haben sie nur erlebt, daß ihre Eltern sie gewähren ließen, oder daß sie durch bestimmte Verhaltensweisen die Erfüllung ihrer Wünsche erzwingen konnten.

Vom Lernen haben die Eltern zwar schon oft gesprochen. Sie meinten damit meistens das, was in einem Lehrplan aufgeführt sein mag. Zuerst jedoch müssen die Kinder etwas ganz anderes lernen: nämlich überhaupt Schulkinder zu werden. Dies ist für unsre heutigen Kinder oft sehr schwierig. Es bedeutet nämlich, Verhaltensweisen zu lernen, die unabdingbare Voraussetzung für jegliche Art von Unterricht sind. Das Schulleben unterscheidet sich in diesem Punkt vom Familienleben und auch vom Kindergarten ganz wesentlich. Das »wohlerzogene Kind« vergangener Epochen fand sich leichter in den geregelten Abläufen des Schulalltages zurecht, als es manchem Kind heute möglich ist, das noch wenig Eingrenzung durch die menschliche Umwelt erfahren hat.

Wie so oft erfolgte auf die konventionelle Erziehung, bei der aus der Form eine Leerform geworden war (man erinnert sich der Auswüchse eines Herrn Schreber, der Gerade-Halte-Apparate – bei Tisch anzulegen – erfand), eine Überreaktion in die anderer Richtung: dem Kind sollten keinerlei Fesseln auferlegt werden, es sollte in Freiheit zur Freiheit (?) erzogen werden. Die antiautoritäre Erziehung schloß noch normative Zielvorstellungen ein, beinhaltete beispielsweise den Faktor Verantwortung. Heute begegnet man jedoch häufig dem bereits erwähnten »laissez-faire«-Stil in der Erziehung: Dem Kind werden bestenfalls da Grenzen gesetzt, wo es das Wohlbehagen des Erwachsenen beeinträchtigt (»jetzt langt's mir aber«) oder da, wo aus unreflektierten Untergründen sich beim Erziehenden das Gefühl einstellt, daß diese Verhaltensweise (ein Kind traktiert z. B. beim Einkauf, wo sein Unwille erregt wird, die Verkäuferin mit Schimpfworten) wohl doch nicht so ganz akzeptabel sei. Dies wäre dann der »Finde-ich-aber-nicht-so-gut«-Erziehungsstil. Wir begegnen heute nicht selten dem kleinen Tyrannen, der Eltern und Familie um den kleinen Finger wickelt mit Endlos-Diskussionen oder mit an Hysterie grenzenden Verhaltensweisen (Heul- und Schreikrämpfe, absolute Verweigerung ... usw.).[9] Als Eltern und Lehrer stehen wir dann vor einem Rätsel, wohin sich – trotz bester Absichten – die Kinder schon im

Kindergartenalter entwickelt haben. Die Fälle – und von solchen muß man sprechen – häufen sich, wo Kinder durch Erziehung bereits in diesem Alter nicht mehr erreichbar scheinen. Schon bei der Schulaufnahme wird dieses deutlich, die Kinder weigern sich, auf die Bitte von Eltern oder Lehrern hin ein Bild zu malen oder eine Frage zu beantworten. Noch sind dies Ausnahmefälle.

Vielleicht stellt sich nun im Gespräch mit den zukünftigen Lehrern des Kindes heraus, daß die Eltern den Eindruck haben, vieles nicht bedacht zu haben, »falsch« gemacht zu haben. Dann ließe sich gewiß noch manches korrigieren, denn oft ist ja auch die Verzweiflung über solche Verhaltensweisen groß. Vielleicht haben die Eltern aber auch das Gefühl, daß ihre Ansichten über Erziehung nicht gutgeheißen werden.

Wichtig für das Aufnahmegespräch und weitere Gespräche wäre es gerade dann, die unterschiedlichen Standpunkte herauszuarbeiten, um festzustellen, ob die Eltern ein wachsendes Verständnis für das Angebot und Anliegen der Waldorfschule entwickeln können. Dann entscheiden sie sich allerdings für einen gemeinsamen Weg des Lernens aneinander. Lehrer und Eltern müssen den Willen haben, aufeinander zuzugehen. Dabei kann ihnen von seiten der Schule vielerlei Hilfe angeboten werden. Wenn sie dabei auch das Vertrauen in diese menschenwürdige Pädagogik aufbringen und sich mit deren Anliegen verbinden, dann kann dies für sie selbst und für die Kinder eine ungeahnte Bereicherung sein.

Die Schule beginnt

Die Aufnahmefeier

Die Aufnahmegespräche ziehen sich über einige Wochen hin, bis feststeht, welche Kinder die Gemeinschaft der 1. Klasse bilden werden. Die Eltern werden davon unterrichtet, ob es möglich ist, ihr Kind aufzunehmen, und können im Falle einer positiven Entscheidung die finanziellen Dinge regeln. An vielen Schulen wird für die Festlegung des Schulgeldes ein Durchschnittsbetrag, der sich bei zwei und mehr Kindern verringert, als Orientierung zugrunde gelegt. Abweichend davon wird im Gespräch die individuelle Höhe des Schulgeldes (z. B. als Prozentsatz des Einkommens der Familie) festgesetzt. Manchmal werden auch Überlegungen angestellt, in welcher Weise sich die Eltern finanziell am Aufbau und Ausbau einer Schule beteiligen können. Soweit es das Leistungsvermögen der Schulgemeinschaft zuläßt, kann das Schulgeld in besonderen Fällen auch gestundet oder erlassen werden.

Vor dem großen Tag der Aufnahme der neuen Klasse in die Schule hat sich vielerorts ein erster Elternabend eingebürgert, der die Eltern darüber informiert, wie der äußere Ablauf der ersten Schulwochen sein wird, welche Arbeitsmaterialien benötigt werden, wie der Stundenplan aussehen wird, welche Lehrer unterrichten werden, wann zum Hauptunterricht andere Fächer hinzutreten u. ä. Erste Fahrgemeinschaften können sich bilden, die Verkehrsverbindungen können besprochen werden. Der Ablauf der Aufnahmefeier wird erläutert. Bei dieser Aufnahmefeier begegnen viele Eltern zum ersten Mal der Atmosphäre ihrer Waldorfschule – geprägt durch die Räumlichkeiten ebenso wie durch die Menschen.

Für manche ist diese Atmosphäre neu und fremd. Das muß sie auch, denn sie ist abgestellt auf die Wahrnehmungs- und Empfindungsebene der Kinder und nicht der Erwachsenen.

Gespräche mit meinen Schülern in höheren Klassen haben mir gezeigt, daß die sechsjährigen Kinder diese Aufnahmefeier außerordentlich bewußt erleben, vielleicht viel wacher und aufmerksamer als die Generationen vor ihnen. Vieler Einzelheiten erinnern sie sich noch nach Jahren sehr deutlich. – Diese Feier soll ein heiteres, für die Eltern und Lehrer vielleicht auch ein besinnliches Ereignis sein. Heiter für die Kinder mit Musik und Gesang, geprägt von einer Geschichte, die den Beginn des Lebens in einer Menschengemeinschaft ins Bild setzt, Besinnung schaffend für die Eltern und Lehrer, die sich mit den Kindern an diesem Tag zu einer Schicksalsgemeinschaft verbinden.

Nichts soll von außen diese Einstimmung beeinträchtigen, weswegen auch oft darum gebeten wird, die lückenlose Dokumentation aller Lebensschritte des Sprößlings auf einen anderen Zeitpunkt zu verschieben. Die Camcorder und das Blitzlichtgewitter nebst Verschlußgedonner der Spiegelreflexkameras dürfen erst später auf die Kleinen niedergehen. Dann können auch die obligaten Schultüten mit aufs Bild, die hoffentlich nicht von solcher Suggestion sind, daß das Kind nichts anderes mehr sieht und dauernd darin herumkramt. Es hat auch etwas für sich, wenn sie – wie mancherorts gehandhabt – gar nicht mit in die Schule gebracht werden und das Kind vielleicht mit einem Sträußchen oder einer Blume aus der Hand seines Lehrers nach Hause geht.

Die versammelte Schulgemeinschaft nimmt die Neuen in ihrer Mitte auf. Vorn bildet sich das Halbrund der 1. Klasse, der Lehrer begrüßt jedes Kind, wenn es nach vorne kommt. Welch unterschiedliche Menschlein gehen da (allein) zum neuen, unbekannten Lehrer hin und zu den vielen anderen Kindern in der Klasse. Manches Kind will die Hand des Vaters oder der Mutter gar nicht loslassen, viel Zuspruch ist nötig, bis es sich nach vorn traut. Andere stürmen geradezu los, als könnten sie es nicht erwarten. Mancher sieht den Lehrer gar nicht, sondern nur die anderen Kinder. Ängstlichkeit und Mut, Selbstvertrauen und Keckheit, ganz unterschiedliche Verhaltensweisen sprechen sich hier aus – aber all diese Individualitäten werden eine Klassengemeinschaft bilden.

Kinder und Lehrer werden sich tatsächlich zu einer Schicksalsgemeinschaft verbinden, die ein Stück des Lebensweges gemeinsam zurücklegt, in Harmonie und Auseinandersetzung, in Antipathie und Sympathie. Es entsteht eine Lebensgemeinschaft nicht nur für das Wissen, das sich jeder aneignen kann – es ist vor allem in den ersten Zeiten des Zusammenfindens eine soziale Lerngemeinschaft. Welche Fähigkeiten bringen da die Kinder mit, und wie weit hat das Leben in der Familie sie schon gemeinschaftsfähig gemacht? Wie schwer wird es manchem Kind fallen, die Zuwendung des Erwachsenen mit so vielen anderen Kindern teilen zu müssen und seine Wünsche einmal zurückzustellen.

Da sitzen nun diese kleinen Menschlein, manche sich ängstlich nach den Eltern umsehend, andere neugierig die anderen Kinder betrachtend oder den Menschen, der der eigene Lehrer sein wird. Mit unterschiedlicher Aufmerksamkeit lauschen sie vielleicht einem Lied oder Musikstück oder wenden sich der Geschichte zu, die der Lehrer erzählt. Die Stimmung einer solchen Feier spiegelt viel von dem wider, was den Lebens- und Empfindungsraum des ersten Schuljahres prägt: Heiterkeit, aber auch Besinnlichkeit. Vor Eltern und Lehrern sitzt eine Kinderschar – und in jedem einzelnen Kind liegt der Keim, aus dem sich eine selbstverantwortlich handelnde Persönlichkeit entwickeln will und soll. Diese Kinder werden allmählich in unsere Welt hineinwachsen, und es ist die Aufgabe der Eltern und Lehrer, die Bedingungen dabei so zu gestalten, daß dieses Werden des Weltenbürgers von freudigem Tätigsein vorangetrieben wird. Viele Eltern fühlen hier die Gewißheit, daß das, was ihnen hier entgegenkommt, von einem tiefen Wissen um das kindliche Wesen getragen ist.

Für die Erwachsenen endet die Feier vielleicht mit einem gemeinsamen Lied. Die Klasse wird oft hinter der Lehrerin oder dem

Lehrer herziehen und dem Raum zustreben, der das erste Zuhause im neuen Schuldasein werden soll. Zum ersten Mal betreten die Kinder ein Schulzimmer, ihren Klassenraum, und jeder bekommt einen Platz an einem Schultisch – den er mit einem anderen Kind teilt (!) – zugewiesen. Da soll nun jedes Kind brav auf dem Stühlchen sitzen und dem Lehrer lauschen, der zu den Kindern spricht. Das ist wahrscheinlich an diesem ersten Tag für die meisten Kinder noch kein Problem, aber schon bald werden sie neugierig ausprobieren, was man noch alles in der Schule treiben darf oder eben nicht darf. Dazu haben sie in den nächsten Wochen und Monaten des ersten Schuljahres, das tags darauf beginnt, reichlich Gelegenheit.

Der erste Schultag – hochgespannte Erwartungen

Endlich ist er da, der große Tag, von dem die Eltern oft gesprochen haben – und wenn dies gelungen ist, wird er mit Freude und Spannung erwartet. Nun darf man endlich alles das kennenlernen, was zur Welt der Erwachsenen gehörte. Von vielem hat man ja schon eine Ahnung – aber man möchte es viel genauer und umfassender wissen. Endlich darf man alles lernen, was »die Großen« schon können, worum man vielleicht die älteren Geschwister oder Freunde häufig beneidet hat.

In der ersten Zeit werden die Eltern ihre Kinder sicher noch täglich zur Schule bringen und sie auch wieder abholen. Man wird nach und nach Möglichkeiten finden, die tägliche Begleitung auf mehrere Schultern zu verteilen, Fahr- und Betreuungsgemeinschaften bilden sich. Das Kind aber tut seine ersten selbständigen Schritte hinaus in die Welt.

Auch jetzt gibt es einiges zu bedenken, dem man bis dahin vielleicht gar nicht so viel Bedeutung beimaß. Wenn irgend möglich, sollte der Schulweg nicht zu einem »Frachtgut-Fließband« werden: Zuhause wird das Kind ins Auto gesetzt und, oft noch mit lauter Radio-Musik und Verkehrsnachrichten berieselt, zur Schule transportiert, um dort möglichst direkt vor der Türe des Klassenzimmers abgeliefert zu werden. Schade: Was wird ihm auf diese Weise alles vorenthalten. Warum nutzt man nicht jede Gelegenheit, das Kind dieses neue Dasein erleben zu lassen: zum Beispiel einen Teil des Schulweges zu Fuß zu gehen (wo dies ohne Verkehrs- und sonstige Gefährdung möglich ist). So kann man Tageszeit und Jahreslauf, Wärme und Kälte, Sonne und Regen erleben, nimmt die Natur ringsum wahr, blickt auf Frühlingsgrün oder Herbstlaub, hört die Vögel den Morgen begrüßen, trifft die Schulkameraden, hat Gelegenheit zu Gesprächen. Ein waches, munteres Kind betritt die Klasse.

Alltag und Praxis sehen leider oft anders aus: abgehetzte Eltern und Kinder, die in letzter Minute vor der Schule erscheinen und dort ein mittleres Verkehrschaos verursachen. Es ist der typische Schulmorgen der mobilen Gesellschaft jenseits jeglicher Vernunft: aussteigende Kinder, radfahrende Kinder, rennende Kinder, Verstellen von Fußgängerstreifen, Parkstreifen, Blockaden von Ausfahrten. Unüberlegtes Handeln, denn sehr oft könnten die Kinder die letzten paar hundert Meter sehr viel weniger hektisch und sicherer zu Fuß gehen. Diese Schulwegfrage sollte gleich zu Beginn des Schuljahres besprochen und geklärt werden. Sollte nicht gleich beim Aufstehen daran gedacht werden? Alles läßt sich doch so planen, daß beispielsweise schon beim Wecken dem Kind gesagt wird: »Du kannst noch fünf Minuten liegen bleiben . . .« Vieles hängt freilich von der eigenen Disziplin ab.

Doch zurück zum ersten Schultag. Auf dem Rücken den Schulranzen, an der Hand von Vater oder Mutter betritt der Erstkläßler das Schulhaus mit erwartungsvollen Augen. Unter so vielen anderen Kindern muß man seinen Weg zur Klasse finden! Dort aber wird man vom Klassenlehrer in Empfang genommen, trifft auf die anderen Erstkläßler, kennt vielleicht manches Gesicht.

Jeder Klassenlehrer wird bemüht sein, diesen ersten richtigen Schultag festlich zu gestalten: Blumen, Bilder, vielleicht ein kleines Erinnerungsgeschenk lassen den ersten Arbeitstag in der Schule für jedes Kind zu einem (hoffentlich) fröhlichen und einprägsamen Ereignis werden. Jeder findet nach und nach seinen Platz in den Reihen der Schulbänke. Alles hat seine Ordnung. Die Gemeinschaft der Kinder wird in einem geregelten Ablauf des Vormittages Geborgenheit und Ruhe im Unterricht für die gemeinsame Arbeit finden. Das ist für manche allerdings schwierig. Viel lieber möchten sie den Lehrer ganz allein für sich in Anspruch nehmen und erwarten, daß ihre Wünsche sogleich erfüllt werden. Ein mühsames Unterfangen, sich den Gebräuchen der Schule anzuschließen, auf andere Rücksicht nehmen zu müssen, den Anweisungen des Lehrers Folge zu leisten. Oft kommt es noch zu Streit unter den Kindern. Eine große Rolle spielt das »Mein« und »Dein«. Mein Platz, mein Stuhl, jetzt will *ich* erzählen, *ich* will dem Lehrer etwas zeigen. Ein »das mag ich jetzt gar nicht tun« kommt bald hinzu. In dem Maße, in dem den Kindern die neue Welt vertraut wird, beginnen sie auch schon, sie keck zu erforschen und ihre Freiräume abzutasten. Bald wird der Lehrer alle Hände voll zu tun haben, die muntere – zu muntere – Schar beieinanderzuhalten, sie zu gemeinsamem und individuellem Tun anzuregen und anzuhalten. Die ersten Schultage jedoch – und besonders *der* erste Schultag – sind von der Neugier und Spannung der Kinder gekennzeichnet. Da sitzen sie nun und lauschen der Stimme des Lehrers. In seinen Darstellungen öffnet sich eine farbige Welt von Märchengestalten, der sich die Kinderseelen ganz hingeben können – wenn sie dies können. Manchmal ist es gar nicht leicht, die ganze Kinderschar in einer solchen Zauberstimmung einzufangen. Manches Kind meint, unbedingt die Geschichte mitgestalten zu müssen, oder muß allen verkünden, daß es dies Märchen schon kenne. Später werden alle Kinder sich gerne diesem Teil des Unterrichtes fein lauschend hingeben – dann, wenn sich ihnen eine wirkliche Welt der Phantasie erschließt, die nicht von der besetzenden, aufdringlichen, permanenten, visuellen Sensation der Comics oder der Fernsehbilder bestimmt ist.

Diese läßt kein Gegenbild zum Wort in der Kinderseele entstehen, sondern unterwandert die Bilderwelt des Kindes und setzt sich an deren Stelle. Oft ist auch zu erleben, daß gerade solchen Kindern, die sich bis dahin leider von den Medien faszinieren ließen, mit einem Mal durch die Märchen Welten aufgehen. Eine solche seelische Öffnung, ein solcher Hunger nach wahren Bildern muß genutzt werden. Das können auch die Eltern!

Die erste Schulstunde ist einem Grundelement des Schreibens und zugleich einem Grundelement der Erscheinungswelt überhaupt gewidmet: dem Runden, Geschwungenen, Weichen, Formenden und dem Strahligen, Geraden, Gestreckten. Die Kinder erfahren in der Bewegung diese beiden Gesten mit Beinen, Armen, Händen und halten den Bewegungsverlauf schließlich als »Krumme und Gerade« mit Kreide an der Tafel und auf dem Papier fest. Jedes Kind malt seine Formen in die Luft, läuft sie auf dem Fußboden, malt sie mit dem Finger auf dem Tisch. Und schließlich, wenn ihm diese Bewegung in Leib und Seele, in Fleisch und Blut sich einzuprägen beginnt, darf jeder eine solche Gerade und Krumme an der Tafel malen. Der eine wird es mit großzügiger Geste, schwungvoll, mit festem breitem Strich, der andere ängstlich und vorsichtig, klein und schmal tun – ein hingehauchtes Zeichen. Schließlich hat sich jedes Kind an der Tafel »verewigt«. Ein erstes, durchaus charakteristisches Abbild der Klassengemeinschaft ist entstanden. Wie wird sie sich ausdifferenzieren, wie kann der Lehrer dieses Zusammenwachsen fördern, was muß geschehen, damit diese Schar von Individuen zusammenwächst, so daß sie die Entwicklung des einzelnen unterstützt? Unter der liebevollen Anleitung des Lehrers soll diese Gemeinschaft und gleichzeitig jedes in ihr *an und fur sich* lernen, ein Mensch zu werden. Dem Klassenlehrer kommt dabei in den ersten acht Jahren eine außerordentlich verantwortungsvolle Aufgabe zu.

Der Klassenlehrer

Acht Jahre lang begleitet der Klassenlehrer »seine Kinder« durch die Schule. Er hat nicht nur einen Lehrauftrag, sondern vor allem einen Erziehungsauftrag. Das Lernen ist ganz in den Dienst der Erziehung gestellt. In der Auseinandersetzung mit dem Unterrichtsgegenstand und in der eigenen Tätigkeit sollen dem Kind umfassende Entwicklungsmöglichkeiten gegeben werden. Dem Klassenlehrer kommt die Aufgabe zu, die Unterrichtsinhalte, wie sie entwicklungsgemäß vom Lehrplan vorgesehen sind, einer Individualisierung zu unterziehen – gemäß seinen Möglichkeiten und Intentionen und gemäß der spezifischen Lage der Kinder. Insofern ist es durchaus berechtigt, von einer Schicksalsgemeinschaft von Klasse und Lehrer zu sprechen.

In der täglichen Begegnung muß es dem Lehrer gelingen, die Achtung und vielleicht sogar Sympathie der Kinder zu gewinnen. Nur in der Übergangszeit vom Kindergarten- zum Schulkind können noch die Kräfte der Nachahmung genutzt werden. Mehr und mehr kommt es darauf an, die Kinder im täglichen Unterricht zu begeistern im Anschauen der Schönheit der Welt, sie staunend mit ihren Geheimnissen bekanntzumachen. Es läßt sich lernen, solche Schönheit zu erkennen und damit auch eine Empfindung für Qualität zu bekommen. Und wo der Arbeitseifer in der Sache sich einmal zu gering entwickelt, da kann die Freude des Lehrers oder ein gelungenes Werk das Kind beflügeln. Dann heißt es: »Dies Bild habe ich für dich gemalt, diese Aufgabe habe ich extra noch für dich gerechnet.« Das Kind arbeitet für den Lehrer, weil es ihm eine Freude bereiten will. Genauso können sich natürlich auch die Eltern an den Hausaufgaben erfreuen. Wo ein abstrakter Aufruf zur Pflichterfüllung nichts erreichen kann, wirken Freude – oder Enttäuschung oft Wunder. So wie sich das Kind selbstverständlich von den Eltern durch diese Welt führen lassen will, zu denen es vertrauensvoll, im Gefühl sicherer Geborgenheit aufblickt – denn sie wissen, was richtig ist –, so möchte es auch dem Lehrer folgen können.

Dieses Verhältnis beschreibt Rudolf Steiner mit dem Begriff der »anerkannten Autorität«. Es wird den Lehrern und Eltern nicht leicht gemacht, diese klar umrissene Führungsrolle für das Kind zu übernehmen. Solches Handeln setzt eine klare Entscheidung voraus: »Ich bestimme, was für das Kind richtig ist.« Die Sorge, das Kind nicht zu unterwerfen oder zu unterdrücken, hat zu der Vorstellung geführt, es könne selbst über sich entscheiden und damit Verantwortung für sich übernehmen. Ein verheerender Irrtum. Selbstbestimmung kann nur durch die (mühsam) entwickelte menschliche Persönlichkeit geleistet werden.

In dieser Grundüberzeugung, das Schulkind bis zur Pubertät mit aller verantwortungsbewußten Bestimmtheit an der Hand zu führen, ist mancher Konfliktstoff zwischen Schule und Elternhaus verborgen. Deshalb muß klar sein: Die Eltern müssen hier eine Entscheidung fällen. Ein widersprüchliches Erziehungskonzept stürzt das Kind in die größten Nöte. Eltern wie Lehrer müssen sich in dieser Verantwortung für das Kind einig sein, wohl wissend, daß keiner unfehlbar ist.

Gemeinsame Verantwortung für das Kind ließe sich am besten in gegenseitigem Einvernehmen und Vertrauen verwirklichen. Das Einvernehmen könnte durch die Erarbeitung einer gemeinsamen pädagogischen Grundlage erreicht werden. Das Vertrauen erweist sich in der Praxis als ein äußerst sensibles Wesen. Eine Waldorfschule wird immer darum bemüht sein, die Eltern während der ganzen Schulzeit ihrer Kinder pädagogisch zu beraten. Diesem Ziel dienen Vorträge, Gesprächsrunden, Seminare. Dem Klassenlehrer kommt es zu, die Eltern durch alle Entwicklungsstufen ihrer Kinder hindurch mitzunehmen. Was im Unterricht bezweckt wird, mit welchen Mitteln es erreicht werden soll – darüber kann er sich bei den Elternabenden mit den Eltern abstimmen. Die Eltern ihrerseits können versuchen, den häuslichen und familiären Lebensraum ihres Kindes so zu gestalten, daß er den Erziehungsbemühungen in der Schule möglichst wenig widerspricht.

Um eine solche Abstimmung zu erreichen, sind immer wieder Gespräche mit dem Klassenlehrer notwendig – in einer Sprechstunde in der Schule oder bei einem Elternbesuch zu Hause. Dabei darf der Lehrer kaum von den Eltern erwarten, daß sie allen seinen Ratschlägen folgen wollen oder können. Häufig wird es nicht gelingen, sie von den pädagogischen Vorhaben in Gänze zu überzeugen. Die Eltern ihrerseits dürfen vom Lehrer durchaus erwarten, daß er die Interessen des Kindes ihnen gegenüber aus seiner Sicht vertritt, z. B. wenn es um das Problem des Fernsehens geht. Die Praxis zeigt, daß es notwendig, aber auch möglich ist, mit Widersprüchen und Gegensätzen zu leben. Deshalb tut Toleranz not. Als schädlich wird es sich immer erweisen, wenn das Kind Konflikte zwischen Elternhaus und Schule, noch schlimmer zwischen Eltern und Lehrer, miterlebt und miterleidet. Sein Vertrauen zum Lehrer ist gefährdet, dessen Autorität wird untergraben.

In der achtjährigen Gemeinschaft von Klassenlehrer und Klasse sehen Eltern oft eine Gefahr. Was ist, wenn ihr Kind mit diesem Lehrer unglücklich ist oder wenn der Lehrer mit ihrem Kind nicht zurechtkommt, kein positives Verhältnis zu ihm finden kann? Die Erfahrung zeigt, daß solche Fälle (sehr) vereinzelt vorkommen. Manchmal erweisen sie sich als zeitlich begrenztes Problem oder lassen sich durch gemeinsames Bemühen lösen. Für die weitaus meisten Kinder ist es jedoch eine große Hilfe, während der wichtigen Zeit bis zur Pubertät in der Schule *einen* Menschen zu haben, dem sie sich vertrauensvoll anschließen können, zu dem sie eine stabile Beziehung aufbauen können, der ihre Entwicklung aufmerksam beobachtet, ihre Stärken und Schwächen kennt und deswegen viel genauer und sachgerechter auf jedes einzelne eingehen kann. So wie der Lehrer feststellen wird, daß eine verantwortungsvolle Erziehungstätigkeit auch dann möglich ist, wenn zwischen Eltern und Lehrer ein kritisches oder gar gespanntes Verhältnis besteht, so werden die Eltern erkennen, daß in einem solchen Fall die pädagogischen Bemühungen ganz objektiv gesehen positiv auf ihr Kind wirken. Schwierig wird es, wenn der Lehrer seiner Aufgabe nicht gerecht werden kann und das Kind in ihm nicht die liebevolle Autorität erlebt oder wenn die Eltern zu einer negativen Gesamteinschätzung von Schule und Lehrer kommen. Verhängnisvoll ist vor allem immer, wenn das Kind zwischen die Fronten gerät und miterlebt, daß die Eltern Zweifel an Lehrer oder Schule haben.

Immer wieder berichten Eltern, daß die Meinung des Lehrers sehr bestimmend für das Kind ist. »Das verstehst du nicht, das geht ganz anders, das hat uns die Frau X. ganz anders erklärt.« Sind die Eltern anderer Ansicht, tun sie gut daran, das Kind nicht dahingehend zu verunsichern, daß der Lehrer sich getäuscht hat. Sie sollten alles unterlassen, was die Autorität und Kompetenz des Lehrers beim Kinde untergraben könnte und sollten alles unternehmen, um sich im Gespräch mit dem Lehrer seiner Autorität und Kompetenz zu versichern. Dies ist Thema für die Erwachsenen. Das Kind würde in seiner Empfindung zutiefst getroffen und verlöre alle Sicherheit und Orientierung – deren es im zweiten Jahrsiebt sehr bedarf –, wenn es erleben müßte, daß die Eltern vom Lehrer nichts halten. Da diese sich oft über die Wichtigkeit einer stetigen Orientierung, einer permanenten Wegweisung nicht im klaren sind, beziehen sie ihre Kinder in kritische Überlegungen und Beurteilungen mit ein, richten damit aber großen Schaden an. Welchem Passagier des Schiffes sollte es dienlich sein, wenn er sich dauernd sagen läßt, das Schiff oder der Kapitän taugen nichts? Ist dies jedoch tatsächlich der Fall, kann man nur mit klarer Entscheidung von Bord gehen, um sich und sein Kind in Sicherheit zu bringen.

Dem Klassenlehrer wird ein hohes Maß an Einfühlungsvermögen und Wandlungsfähigkeit abverlangt. Wie steht er in der zweiten, fünften oder achten Klasse vor seinen Kindern? Jedes Alter erfordert ein anderes und immer wieder neues Umgehen mit den Kindern ebenso wie mit den Unterrichtsgegenständen. Erleichtert wird dies durch das tägliche Zusammenleben mit den Kindern durch Monate und Jahre.

Jeder Mensch hat aufgrund seiner Persönlichkeitsstruktur eine unterschiedlich ausgeprägte Gabe und Neigung, mit Kindern umzugehen und sich auf ihre physischen, seelischen und geistigen Entwicklungsbedürfnisse einzustellen. Das pädagogische Instrumentarium des Erziehers muß so verinnerlicht und abgestimmt sein, daß es jedem Entwicklungsstand des Kindes gerecht wird. Dies gilt in gleicher Weise für Eltern und Lehrer. Ein Lehrer, der deutlich merkt – und dem man es deutlich anmerkt! –, daß ihm die Kleinen mit ihrer Quicklebendigkeit, ihrem Bewegungsdrang, (heute oft) ihrer Nervosität, Unausgeglichenheit und Altklugheit, ihren unglaublichen Gesten und Äußerungen (du bist blöd, fuck you) auf die Nerven gehen, sollte lieber in einer anderen Altersstufe unterrichten. Wenn er nicht mehr sehen kann, daß die Kinderseele in solchem Falle von der Umwelt überformt wurde, daß andere Fähigkeiten und Seelenkräfte erst wieder angeregt und weiterentwickelt werden müssen, daß aus dem Kind erst wieder ein Kind gemacht werden muß, um vernünftig erziehen zu können, ist er nicht in der Lage, verantwortlich zu erziehen. Sollte man Eltern, die dies nicht erkennen, vielleicht ebenfalls in einem solchen Fall empfehlen, eine andere Altersgruppe zu betreuen oder ihren Erzieher-Beruf zu wechseln?? Womit darauf aufmerksam gemacht werden soll, daß wir uns als Lehrer und Eltern in einer durchaus ähnlichen Wunschvorstellung begegnen können: »Ich wünschte mir für mein Kind einen anderen Lehrer« – »Ich wünschte mir für mein Kind andere Eltern.« Die Probleme müssen jedoch gelöst werden. Der folgende Fall dürfte erst gar nicht eintreten: Nach einem Problemgespräch zwischen Eltern und Lehrer baut sich am nächsten Tag der Zehnjährige vor seinem Klassenlehrer auf und meint: »Na, mein Vater hat es dir ja gestern ganz schön gegeben...« Welche Chancen hat der Klassenlehrer da noch, um seine Erziehungsabsichten durchzusetzen?

Der Hauptunterricht in Epochen

Wenn uns etwas fesselt oder unser Interesse im höchsten Maße beansprucht, verblaßt alles andere umher. Wir konzentrieren uns auf diese eine Sache und wollen uns ungestört mit ihr auseinandersetzen. Dieser menschlichen Fähigkeit, sich mit einem Gegenstand der geistigen Arbeit oder einer körperlichen Tätigkeit ausgiebig zu beschäftigen und sich ganz darauf einzulassen, kommt der Unterricht in Epochen entgegen. Mehrere Wochen lang arbeitet die Klasse während der ersten beiden Unterrichtsstunden im sogenannten Hauptunterricht an einem bestimmten Fachgebiet. Um die Kinder auf den eigentlichen Schulunterricht vorzubereiten und sie einzustimmen, beginnt der Morgen jedoch zunächst immer mit Tätigkeiten, die die »Lebensgeister« wecken und den ganzen Menschen rhythmisch durchwärmen. Mit Sprache und Gesang wird die Kinderschar in Bewegung gebracht. Bei den Kleinen wird die (bei manchen quirlige) Eigenbewegung in eine geordnete Gruppenbewegung übergeführt, die in eine ruhig aufnehmende Haltung einmünden soll (s. auch S. 152). In den ersten Schuljahren ist es notwendig, diese Phase der inneren und äußeren Bewegung so aufeinander abzustimmen, daß das Kind in einem harmonischen Rhythmus leben kann. Munterer Bewegungsdrang muß sich (geordnet) Äußerung verschaffen dürfen, freudige Wißbegier muß in einer Atmosphäre des ruhigen Zuhorens ihr Ziel finden können. So ergeben sich für den Hauptunterricht 100 oder gar 110 Minuten Unterrichtszeit.

Während die künstlerisch-praktischen Fächer und die Fremdsprachen in Einzelstunden von Fachlehrern unterrichtet werden, begibt sich der Klassenlehrer in Deutsch, Mathematik, Heimat- und Erdkunde, Biologie, Geschichte und den naturwissenschaftlichen Fächern mit seiner Klasse für zwei bis vier Wochen jeden Morgen in diesen beiden ersten Stunden in einen intensiven Prozeß. Der Inhalt der Epochen ist zwar vorgegeben, welche Schwerpunkte jedoch gesetzt werden, welche Fähigkeiten in *dieser* jeweiligen Klasse einer besonderen Förderung bedürfen und wodurch dies inhaltlich und methodisch erreicht werden kann, dies bestimmt die Planung einer solchen Epoche durch den Lehrer selbst. Es geht also nicht primär darum, bestimmte Inhalte zu vermitteln, die dann als abfragbares Wissen oder nachgewiesene Fähigkeit vorliegen sollen, vielmehr ist durch die vorgegebenen Unterrichtsinhalte menschliche Entwicklungsarbeit zu leisten. Mit zunehmendem Alter der Kinder wird es so auch möglich, besondere Interessengebiete der Schüler in den Unterricht mit einzubeziehen. In den ersten Jahren kann sich die Beschäftigung mit den Unterrichtsinhalten auch bis in die Nachmittagszeit so auswirken, daß die Kinder für Wochen etwa zu Naturforschern werden, die ihre Beobachtungen im Unterricht schildern, oder voller Begeisterung Pflanzen, Steine und sogar Tiere zur gemeinsamen Beobachtung mitbringen. Die Aktivität der Schüler kann in höherem Maße die Epochen bereichern, als dies bei einzelnen Stunden der Fall wäre.

Neben dem Vorteil, in Ruhe und mit viel Zeit den jeweiligen Stoff zu vertiefen, bietet der Epochenunterricht dem Lehrer auch die Möglichkeit, auf die Begabung, Interessenlage, Eigenaktivität, auf die Persönlichkeitsstruktur und das Temperament der Kinder differenziert einzugehen.

Zur Frage der Temperamente

Rudolf Steiner macht in seinen Seminarbesprechungen auf die große Bedeutung aufmerksam, die die Beachtung der temperamentsmäßigen Einfärbung des Kindes für den Erziehungsprozeß haben kann. Der Lehrer ist gefordert, in zweierlei Weise das Temperament – in all seiner Vielschichtigkeit – bei seinen Schülern zu beachten und für den Erziehungsprozeß nutzbar zu machen. Zum einen ist es Aufgabe des Erziehers, langfristig eine Harmonisierung der temperamentsbezogenen Eigenschaften im Verlaufe der Persönlichkeitsbildung anzustreben, zum andern kann er versuchen, die Seelenstimmung, die einer bestimmten Temperamentsmischung eigentümlich ist, so anzusprechen, daß er beim Schüler eine starke innere Beteiligung erreicht. Während ein Abschwächen nachteiliger Temperamentseigenschaften sozusagen durch homöopathische Wirkungen erzielt werden kann, indem z. B. die cholerische Aktion sich auf Dauer abschwächend auf die cholerische Reaktion auswirkt, ist der Choleriker gerade durch seine Tatkraft, seine Erregbarkeit empfindungsmäßig ansprechbar.

Auch wenn heute in der Psychologie von ganz unterschiedlichen Ansätzen versucht wird, die Persönlichkeitsstruktur in ihrer seelisch-charakterlichen Grundstimmung zu erfassen und zu verstehen, ist es noch immer sehr aufschlußreich und wirkungsvoll für Beobachtung und erzieherisches Handeln, von den klassischen vier Temperamenten auszugehen.

Für den Erwachsenen wird es wichtig sein, mit seinem Temperament bewußt umgehen zu können. Im Kindesalter können wir unser Bemühen darauf richten, die positiven Eigenschaften des Temperamentes zu stärken, eine Entwicklung ins Negative zu verhindern.

Beim Choleriker fordern wir seine Initiativkraft, seine Ausdauer, Begeisterungsfähigkeit und Zielstrebigkeit heraus; eine Verwandlung dieser Kräfte in Rücksichtslosigkeit, Geltungsdrang und Sturheit gilt es zu verhindern.

Den Phlegmatiker müssen wir davor bewahren, in Interesselosigkeit und Sturheit zu verfallen, indem wir seine Gelassenheit, Gründlichkeit und Zuverlässigkeit ansprechen.

Der Sanguiniker zeigt seine schönsten Eigenschaften in seinem immer wachen Interesse, seiner Heiterkeit und Geselligkeit. Bewahren müssen wir ihn vor einem Abgleiten in die Oberflächlichkeit, die auch Unzuverlässigkeit mit sich bringt.

Der Melancholiker kann sich besonders durch seine Feinfühligkeit, Rücksichtnahme und Nachdenklichkeit positiv bemerkbar machen. Hier besteht die Gefahr eines Sichverlierens in Unentschlossenheit und Trübsinnigkeit.

Während der Sanguiniker und der Choleriker in ihrem Erleben ganz dem Umkreis geöffnet sind, ziehen sich Phlegmatiker und Melancholiker in sich zurück. Die beiden letzteren bedürfen der besonderen Aufmerksamkeit durch den Lehrer. Liebevolle Zuwendung setzt ihre Schaffenskräfte frei.

Ganz unmittelbar kann die Temperamentslage im Unterricht angesprochen werden. Das zeigt Rudolf Steiner am Beispiel der Erzählungen, die der Lehrer in Bildern vor der Klasse ausbreitet. Immer gibt es eine Gelegenheit, in einem solchen Bild die Stimmung herauszuarbeiten, die dem Bedürfnis des jeweiligen Temperamentes entspricht. Der Choleriker braucht das Dramatische, der Phlegmatiker das Beschauliche, der Sanguiniker die Farbigkeit und Abwechslung, der Melancholiker das Mitgefühl und die Geborgenheit. Sogar beim Rechnen zeigen sich solche Affinitäten. Dem Melancholiker ist der Charakter des Verlustes bei der Subtraktion ganz eingängig. Der Phlegmatiker fühlt sich wohl, indem er immer aufs neue zu einer Summe addiert. Der Choleriker fühlt sich durch das Zerteilen in der Division herausgefordert. Der Sanguiniker schließlich liebt es, durch die Multiplikation schnell voranzukommen.

Wer hier vorschnell mit lexikalischem Wissen über die Oberfläche gleiten will, kann mit vertiefenden Aufgaben gefordert werden; wer sich nur langsam auf ein Sachgebiet einstellen kann, hat Gelegenheit, sich gründlich für das Thema zu erwärmen; wer eine schwächere Begabung mitbringt, hat Zeit zur übenden Betätigung. Die Eigenaktivität kann auf vielen Gebieten im Verlauf der Epoche berücksichtigt werden (wer übernimmt es, in der Himmelskunde eine Sonnenuhr zu bauen?). Durch Referate sind Exkurse zum Thema möglich.

Natürlich fragt man sich, ob bis zur nächsten Epoche nicht zuviel in Vergessenheit geraten könnte. Dieses Absinken des Gelernten unter den spontanen Bewußtseinshorizont kann jedoch durchaus produktiv genutzt werden. Zum Beginn der Fortsetzungsepoche stellt die Klasse mit dem Lehrer in der Rückschau ein Erinnerungsbild zusammen.

Jeder Unterrichtstag beinhaltet die zusammenfassende Wiederholung des Stoffes vom Vortag. Ganz absichtlich werden manche Fragen offengelassen, die die Schüler mit nach Hause nehmen, überschlafen. Erst am nächsten Tag wird im gemeinsamen Gespräch die Lösung erarbeitet.

Epochenhefte

Eine weitere Wiederholung des Unterrichtsinhaltes ergibt sich bei der Arbeit an den »Epochenheften«. Die Schüler führen ihre eigenen Berichtshefte, in denen die schriftlichen Zusammenfassungen der besprochenen Themen festgehalten sind, bereichert – je nach Fach – durch Bilder, erläuternde Zeichnungen, Landkarten, Tabellen usw. Die Texte werden in der Schule von der Tafel abgeschrieben, später diktiert, schließlich von den Schülern selbst verfaßt. Letztlich stellt ein solches Epochenheft ein selbst erarbeitetes und sorgfältig zu gestaltendes Lehr- und Schulbuch dar. In der Oberstufe bietet sich mehr und mehr auch die Möglichkeit einer individuellen Gestaltung und inhaltlichen Anreicherung.

In den unteren Klassen überwiegt jedoch die Orientierung am gemeinsamen Vorbild. So bleibt es den Kindern durchaus nicht selbst überlassen, wie sie eine Textseite gestalten oder das Thema eines Bildes umsetzen. Das Vorbild des Lehrers (Texte von der Tafel abgeschrieben, Bilder von der Tafel abgemalt) ist maßgebend. Überläßt man die Kinder bei der Bewältigung dieser Aufgaben sich selbst, erhält man ein Spiegelbild ihrer Bewußtseinsinhalte, die durch die technisierte Umwelt geprägt oder durch die Medien nahezu hypnotisch bestimmt sind: Da werden pausenlos Autos, Raketen, Comic-Adaptionen malerisch produziert, ein Kind malt vielleicht immer wieder aufs neue Delphine mit einer mechanischen Vollkommenheit. Erstaunlich ist, daß sich solche thematischen Einseitigkeiten bei den Buben sehr viel häufiger als bei Mädchen finden. Das macht deutlich, daß das männliche Geschlecht einem sehr viel höheren Anpassungsdruck in unserer Gesellschaft unterliegt als das weibliche. Diese bewußte Einschränkung der Gestaltungsfreiheit bzw. die Vorgabe durch den Lehrer basiert auf der Einsicht, daß individuelle Gestaltungskraft erst entwickelt werden muß. Um eigene Ideen anzuregen und zu bewerten, muß dem Kind zunächst einmal eine Erweiterung des Erfahrungshorizontes ermöglicht werden: Individualisierung auch auf diesem Gebiet. Es geht auch darum, der Gleichschaltungsmacht durch Umwelt und Medien (Fernsehen, Werbung, Comics) die Urteilskraft der durchaus unvollkommenen, nicht repräsentativen, subjektiven Erzieher – seien sie nun Eltern oder Lehrer – entgegenzusetzen. Individualität, Persönlichkeit kann sich am anonymen, statistisch belegten Durchschnittsmaßstab nicht entwickeln; sehr wohl aber eben durch Individualität und Persönlichkeit. Der Mensch bildet den Menschen. Zunächst geht es also bei allem Tun in der Schule (ebenso wie zu Hause) um die Vermittlung von Maßstäben, die später dem jungen Menschen als Grundlage dienen sollen, um ihn zu befähigen, sich kritisch mit der Welt auseinanderzusetzen und eine eigene Position beziehen zu können. Eltern und Lehrer müssen diese Maßstäbe setzen, so gut sie es vermögen. Sie legen fest für das Kind, was schön, was wahr, was gut ist, schon in den kleinen Dingen. Das beginnt schon bei der Erledigung der Hausaufgaben.

Erste Wochen und Monate des Schulalltags

Nach dieser etwas übergreifenden Betrachtung soll im folgenden ausführlicher auf das erste Schuljahr eingegangen werden. Es bedeutet eine große Umstellung für das Kind, plötzlich ein Schüler unter dreißig anderen zu sein. Da muß man lernen, zu warten und auch die anderen Kinder beachten. Es dauert Monate, manchmal das ganze erste Schuljahr über, bis alle Kinder wirklich zum Schulkind geworden sind. Einige müssen ihre Ängstlichkeit und Scheu überwinden, sich in einer solch großen Gruppe am gemeinsamen

Tun zu beteiligen oder gar allein zur Tafel zu gehen, um etwas hinzumalen oder ein Verslein aufzusagen. Andere fühlen sich immer dazu veranlaßt, sich vor der Klasse zu produzieren. Sie kaspern herum, rufen laut dazwischen. Immer wieder entstehen Streitigkeiten zwischen einzelnen Kindern, weil sie einander etwas wegnehmen, weil sie sich necken oder gar ärgern. Der Lehrer muß pausenlos mit großer Intensität und Aktivität auf die Kinder einwirken. Dabei ist festzustellen, daß die heutigen Kinder diesen Wandel zum Schulkind oft nur unter großen Schwierigkeiten vollziehen können. Das Bedürfnis und die Fähigkeit, das Tun des Erwachsenen nachzuahmen, verliert sich oft schon im Kindergarten. Es bedarf für den Lehrer besonderer Anstrengungen, die Kinder als ganze Klasse »einzufangen«, wenn ein Lied gesungen wird, wenn gemalt wird, wenn Formen und Buchstaben gezeichnet werden.

Einen großen Teil des Unterrichtes nimmt die Erzählung des Lehrers ein. Der Faszination der Märchenwelten können sich die Kinder hingeben. Irgendwann verstummen die letzten klugen Zwischenrufe, und dann sitzt die ganze Kinderschar mit staunenden Augen vor dem Lehrer, ganz still ist es geworden. Von den Märchen, die ihre moralische Kraft in der Kinderseele entfalten können, die die Vorstellungswelt der Kinder lebendig und farbig macht und Empfindungsdifferenzierung bewirkt, lebt der Unterricht des ersten Schuljahres. Aus den Märchen werden die Bilder gewonnen, die sich zum Buchstaben wandeln, die Märchengestalten werden von den Kindern in vielen Bildern in schönen Farben dargestellt. Bevorzugt finden dabei Wachsblocke und -stifte Verwendung, die ein flächiges Gestalten in zarten und kräftigen Farbtönen ermöglichen. So ist eine intensivere Bildwirkung möglich, als sie mit Buntstiften erzielt werden kann. Der Linien- und Krakeleindruck entsteht erst gar nicht.

Die Kinder brauchen viel Abwechslung in diesen eindreiviertel Stunden des Hauptunterrichts. Eine Tätigkeit leitet harmonisch in die andere über. An die Erzählung können sich kleine Verse anschließen, die die Klasse – begleitet von untermalenden Gesten und dem Lautcharakter der Worte entsprechenden Bewegungen – gemeinsam spricht. Beim Herausarbeiten von Lauten und Buchstaben, später Wörtern, kann sich die kindliche Freude an der Bewegung in Spielen ausdrücken. Im großen Kreis erleben die Kinder die Nachbarn, die ganze Klassengemeinschaft. Das Tun geht voraus, das Verstehen stellt sich hinterher ein: Zum Malen von Lauten, also Buchstabenbildern, tritt das Sprechen der Laute hinzu und wird dann langsam, indem sich die Laute in Wörtern wiedererkennen lassen, zum Lesen. Dabei haben die Kinder viel Zeit. Manche kommen erst in der zweiten Klasse, oder noch später, zum flüssigen Lesen. Kein Grund zur Beunruhigung für die Eltern – auch wenn sich Freunde und Verwandte wundern! Außer der Schularbeit gibt es noch viele andere Dinge, die das Kind bewältigen muß, damit alles sich gedeihlich entwickeln kann. Überall kann man helfen: Immer gibt es etwas aufzuräumen, Bilder werden aufgehängt, Malblätter und Wasserfarben sind vorzubereiten und zu verteilen, Blumen sind zu gießen. Der eigene Tisch und die Schultasche müssen in Ordnung gehalten werden. Der Klassenraum soll schön sein und schön bleiben, dabei müssen alle mithelfen. Unentwegt arbeitet der Lehrer hier an der Überwindung eines latenten Chaos. Wo er die feinen, unsichtbaren oder die hörbaren und durchaus sichtbaren Zügel locker läßt, bricht es sich Bahn. Eine warme, heitere Atmosphäre wird geschaffen, in der dann die Kinder freudig mitarbeiten.

Der Schulalltag beginnt mit dem gemeinsamen Sprechen eines Textes, der die Kinder durch die ersten vier Jahre begleitet:

Der Sonne liebes Licht,
Es hellet mir den Tag;
Der Seele Geistesmacht,
Sie gibt den Gliedern Kraft;
Im Sonnen-Lichtes-Glanz
Verehre ich, oh Gott,
Die Menschenkraft, die Du
In meine Seele mir

So gütig hast gepflanzt,
Daß ich kann arbeitsam
Und lernbegierig sein.
Von dir stammt Licht und Kraft,
Zu dir ström' Lieb' und Dank.

Empfindungen der Ehrfurcht und Dankbarkeit sowie ein Gefühl der Schaffensfreude sollen damit am Anfang der Schultage in den Kindern angeregt werden. Sie klingen in den Vokalen und Konsonanten dieses Morgenspruches von Rudolf Steiner an. Erst später kann der Inhalt verstandesmäßig erfaßt werden. Der Hauptunterricht endet mit einer Erzählung.

Es nimmt geraume Zeit in Anspruch, bis die Kinder sich in dieses neue Leben eingewöhnen. Zunächst werden sie sicher noch von ihren Eltern in die Schule begleitet, in den ersten Tagen manchmal sogar bis zum Klassenzimmer. Schritte eines Selbständigwerdens bedeuten: das Schulhaus, die Wege zu den Unterrichtsräumen, den Schulhof erkunden. Was bedeuten die Klingelzeichen? Was gehört alles in die Schulmappe? Nichts soll auch in der Schule vergessen werden. Viele Mützen, Schals, sogar Mäntel bleiben nach der Schule an den Haken hängen. Da müssen die Erwachsenen immer aufmerksam mithelfen. Alles muß seine Ordnung haben. Eine Kinderschar, die wohlsortiert vor der Klasse wartet, um den Raum mit dem Lehrer zu betreten, bringt schon eine ruhige, ausgeglichene Stimmung für den Unterricht mit. In den Pausen darf man sich munter bewegen, doch danach geht es im geordneten Zug wieder in die Klasse. Ruhe und Ordnung geben dem Kind einen Orientierungsrahmen, in dem es sich sicher fühlt. Für das erwachsene Individuum mögen diese Begriffe auch einen negativen Beigeschmack haben, wurden sie doch zum politischen Machtinstrument der Freiheitsberaubung. Sollten wir uns deshalb scheuen, die Kinder zum Gehorsam zu erziehen? Hier muß das eine vom andern unterschieden werden. Vor allem, daß diese Erziehung zum Gehorsam nicht auf Angst, sondern auf Vertrauen und Liebe gegründet sein muß. Das schafft einen Raum, in dem das Kind sich aufgehoben fühlt.

Häufig geschieht das Hineinwachsen in den Schulalltag vorsichtig abgestuft und ausbalanciert. Erst nach einigen Wochen treten dann nach und nach die anderen Schulstunden zum Hauptunterricht hinzu. Wie viele Stunden kann das Kind schon bewältigen und wie viele neue Eindrücke verarbeiten? Es ist gar nicht so leicht, sich auf immer neue Lehrer einzustellen. So folgt jetzt langsam auf den Hauptunterricht eine Sprachstunde; Musik, Eurythmie und Handarbeit treten hinzu. Das bringt täglich neue Erlebnisse und Herausforderungen. Ist es doch für manche gar zu verlockend, beispielsweise in dem großen, leeren Eurythmieraum herumzutoben. Bald aber ist den Kindern das Vergnügen anzusehen, mit dem sie sich in wechselnden Gruppen oder auch alle miteinander zu Musik oder Sprache in kleinen Spielen bewegen. Manchmal ist es gar nicht einfach, Arme, Hände und Füße schön im Rhythmus zu rühren, ob nun die Heinzelmännchen arbeiten oder die Zwerge im Berg hämmern. Für den Lehrer ergibt sich eine neue Beobachtungsmöglichkeit: Welche Bewegungsbegabung wird hier sichtbar? Wie gehemmt oder selbstverständlich bewegt sich das Kind, wie bewußt kann es seine Gliedmaßen ergreifen? Wie sind die Bewegungen koordiniert? Wie ist die Raumorientierung ausgeprägt? Wie kann ein Rhythmus oder eine Melodie aufgenommen und in Bewegung umgestaltet werden?

Die Eurythmiestunde ist eine besondere Veranstaltung, in der die Kinder vielerlei erleben – in der Sinneswahrnehmung, in phantasievollen Bildern oder in der eigenen Körperbewegung, die zur Leib-Erfahrung wird. Die Kinder tragen farbige Kleider – auch äußerlich stellen sie sich damit aus dem Alltagsleben heraus und begeben sich in eine Empfindungswelt. In der Erarbeitung von Gruppenformen (es werden im Raum bestimmte Bahnen abgeschritten, die mit den anderen korrespondieren) ist Rücksichtnahme und Kooperation vonnöten. Alles gelingt nur im Miteinander.

Im Fremdsprachenunterricht begegnet den Kindern ein völlig anderes Element. Sie hören den Klang der Sprache, wenn der Lehrer kleine Geschichten und Sprüche vorträgt. Sie sprechen nach und verdeutlichen zusammen mit dem Lehrer das Geschehen durch Gesten. In Reigen und Kindersprüchen anderer Länder bewegt man sich zusammen, kleine Sprüche aus dem Französischen oder Englischen werden erarbeitet und den Mitschülern und Eltern bei festlichen Gelegenheiten vorgespielt. Die Sprache wird ins Bild gesetzt. Die Kinder verbinden Bilder und Wortklänge zu einer konkreten Erfahrung, ohne in Übersetzungen zu denken.

In der Musik muß heute viel stärker als etwa noch vor zehn Jahren die Schulung des Zuhörens im Vordergrund stehen. Das Singen als ursprüngliche und erste musikalische Tätigkeit ist den meisten Kindern fremd. Zwar werden sie pausenlos im Auto, im Kaufhaus oder zu Hause von Radio und Cassetten-Recorder mit Musik berieselt, jedoch vermag dieses passive Aufnehmen offenbar nicht, die musikalischen Kräfte im Kind anzuregen und auszubilden. Der Musikunterricht bringt den Kindern Töne, Melodien und Klänge als lebendiges Geschehen zum Erleben. Im gemeinsamen Tun entsteht Musik, wird zum differenzierten, bewußten Hörerlebnis. Auf einer elementaren Stufe beschränkt man sich auf den Fünftonraum. Als erstes Instrument dient eine pentatonische Flöte (s. S. 151).

In der Handarbeit geht es um einfache Grundübungen. Hier kommt es auf Fingerfertigkeit, Sorgfalt und Ausdauer an.

Das Spielturnen gibt den Kindern Gelegenheit, vieles von dem, was früher auf der Straße oder im Garten selbstverständlich als Spiel betrieben wurde (vom Hüpfen, Springen, Tanzen bis zum Geschicklichkeits- und Ballspiel), wenigstens noch in der Schule miteinander tun zu können. Unter einem therapeutischen Aspekt dient es auch der körperlichen Entwicklung, dem Aufwachen im Leibe, dem Ergreifen der Leibesbewegung. Auf die Unterrichtsinhalte soll später noch einmal näher eingegangen werden (s. S. 149).

Rhythmische Abläufe im Jahreslauf

Gesunder Tagesrhythmus – gesunder Wochenrhythmus

Oft bemerken wir Veränderungen an unseren Kindern, deren Ursachen nicht offenkundig sind. Sie fühlen sich unwohl, sind nervös, weinerlich, laut, frech, mißmutig. Eine längere Reise etwa kann sie derart verstören, oder Besucher zu Hause, die den gewohnten Tageslauf verändern. Abweichungen vom gewohnten Ablauf des Tages bringen die Kinder aus dem Gleichgewicht. Nicht nur der Organismus ist für eine gesunde Entwicklung auf einen festen Rhythmus z. B. beim Essen und Schlafen angewiesen, auch das seelische Wohlbefinden hängt davon ab. Deshalb wird in der Schule versucht, die einzelne Stunde ebenso rhythmisch harmonisch zu gliedern wie den Stundenplan als solchen. Es ist außerordentlich wichtig, daß auch zu Hause der Tag rhythmisch gegliedert ist. So ist es eine große Hilfe für das Kind, wenn nicht nur für die Mahlzeiten feste Stunden gelten, sondern ebenso für die Hausaufgaben und die Zeit des Spiels.

Wir alle haben unsere Gewohnheiten und stellen immer wieder fest, wie schwer es ist, diese zu ändern – eben gerade dann, wenn es schlechte sind. Zu wenig denken wir jedoch über die guten Gewohnheiten nach, die dem Kind Stütze sein können. Schon in einer vierten Klasse kann es dem Lehrer passieren, daß ein Kind äußert, es habe »keine Zeit« für die Hausaufgaben gehabt. Jeder Mensch hat fast immer genügend Zeit, sich der wichtigen Dinge anzunehmen, wenn er seinen Tageslauf zu organisieren versteht – und organisieren heißt: geordnetes, lebendig gestaltetes Tun. Dabei müssen wir den Kindern als Helfer zur Seite stehen. Hier schon Selbständigkeit zu verlangen bedeutet, zu übersehen, daß das Kind und der Heranwachsende Orientierungsmaßstäbe erst verinnerlichen müssen, bevor sie eigene setzen und sich von den erlernten emanzipieren können.

Ebenso wie der Tagesrhythmus spielt auch die Gliederung größerer Zeiträume eine stützende und helfende Rolle in der Erziehung. Der Bezug zum festen Rhythmus der Woche gibt ebenso Sicherheit wie das Leben und Erleben in den Jahreszeiten und für das Schulkind im Wechsel von Ferien und Schulzeit. Organisation der Zeit gibt auch die Möglichkeit zu einer bewußteren Gestaltung des Familienlebens. Zu stark lassen wir uns von den Zwängen und der Hektik des Alltags bestimmen. Ein Kind, das in Ruhe gefrühstückt hat, mit dem man schon einmal einen Blick auf die Ereignisse des Tages getan hat (in dessen Schultasche dann auch alles Notwendige versammelt ist), beginnt seinen Schultag mit Aufmerksamkeit und Ausgeglichenheit, vor allem dann, wenn auch sein Schulweg nicht zum Wettlauf mit der Zeit gerät.

Immer wieder begegnen wir dem Phänomen, daß die Kinder nach dem Wochenende große Schwierigkeiten haben, wieder in den wohltuenden Rhythmus hineinzufinden, der das Schulleben bestimmt. Es gibt Montage voller Unruhe, Unkonzentriertheit und unglückliche Kinder. Bei der Ursachenforschung zeigt sich das »Malediven-Syndrom«: Die Kinder haben im Extremfall Wochenendreisen absolviert, die zu anstrengend und zu hektisch waren. Mehrstündige Auto- oder gar Flugreisen (vielleicht nicht unbedingt bis zu den Malediven, aber trotzdem viel zu weit) haben sie völlig aus dem Gleichgewicht gebracht. Merkwürdigerweise ist unsere Zeit von der Vorstellung beherrscht, wir müßten den Kindern immer große Sensationen bieten, und den Forderungen nach solch gesteigerter Erlebnisintensität (Wiederholung ist ja z. B. so langweilig ...) geben wir als Erwachsene viel zu leicht nach, anstatt für Erlebnisintensität durch Vertiefung zu sorgen – die aber erfordert unseren persönlichen Einsatz! Man sollte sich wirklich immer wieder kritisch selbst fragen, wie weit hier Egoismus und Bequemlichkeit mit im Spiel sind. Ist es nicht oft eine Flucht vor der Aufgabe, die freie Zeit mit den Kindern selbst zu gestalten? Dabei können solche Stunden so bereichernd für alle Familienmitglieder sein.

Wird die Zeit unter Beachtung solcher Gesichtspunkte organisiert, ergibt sich auch eine harmonischere Übereinstimmung mit der Schule: Im Unterricht wird der Erlebnisraum der Kinder nur langsam erweitert. In ihrer nächsten Umgebung finden sie mehr als genug Möglichkeiten, ihre freudige Neugier im Erforschen der Natur und Kultur zu befriedigen. Der durchs Fernsehen jederzeit mögliche Blick in die Welt setzt einen völlig ungeeigneten Maßstab, der nur zur Inflation der Erlebnisse führen kann. Abstumpfung, Langeweile und ungesunde Sensationslust sind die Folge.

Auch bei der Planung der Ferien sollte nicht nur das Alter der Kinder und der verfügbare Zeitraum berücksichtigt, sondern vor allem auch beachtet werden, daß die Erlebniswelt nicht nur oberflächlich gestreift wird, sondern wirkliche Abdrücke in der Kinderseele zu bewirken vermag. Große Unternehmungen sollten deshalb wirklich den großen Ferien (wie sie einmal nicht nur wegen ihrer Länge hießen) vorbehalten sein. Die Begegnung mit fremden Kulturen ist erst dann besonders eindrucksvoll, wenn die eigene Kultur zu einem Gutteil zur Erfahrung geworden ist. Der Vergleich öffnet die Augen. Das reine Beobachten des Fremden macht das Verständnis schwer. Allzuviele und kurze Eindrücke vermitteln allenfalls Postkarten-Welten, die in unserer Erinnerung auch solche bleiben.

Schließlich sei noch vermerkt: Die modernen Verkehrsmittel haben das Ereignis der Reise selbst zu einem nahezu austauschbaren Vorgang gemacht. Die Technik der Fortbewegung wird bestimmend erlebt, nicht die Natur und Kultur, durch die wir uns hindurchbewegen. Eine Kutschfahrt war nicht romantisch, sondern ließ dem Menschen die Möglichkeit, zu Eindrücken zu kommen und diese zu verarbeiten. Heute fädeln wir uns in Hamburg in die Streßkolonne der Autos ein und verlassen sie genervt in Sizilien. Unterwegs waren wir sozusagen betäubt. Im Flugzeug ist der Eindruck einer Rohrpost-Reise noch deutlicher. Immer wieder sollen wir uns fragen, wie wir solche Negativ-Einflüsse auf die Kinder vermeiden, sie abschwächen oder kompensieren können, immer wieder bedenken, daß es von uns abhängt, welches lebendige Interesse an der Welt wir in dem Kind wachrufen können. Deshalb ist es so wichtig, am Ferienort kindgemäße Erlebnisse zu vermitteln. Kinder können mit so erstaunlich wenigem zufrieden sein, vor allem, wenn sie sich in der Natur betätigen können – am Bach oder See, im Wald oder auf der Wiese hinter dem Bauernhof. Ein Ferienort am Meer oder in den Bergen oder wo auch immer kann für das Kind ein Kraftquell für das ganze Jahr werden. Es wird wieder und wieder äußern, was es dort »immer gemacht« hat und wie schön das war.

Wir leben in einer bequemen, technisierten Welt, in die die Natur nur gelegentlich hineinragt. Im klimatisierten Häusermeer muß der Mensch sich als Zivilisationsobjekt und -subjekt empfinden. Obwohl zunehmend deutlicher bemerkt wird, daß wir von der Natur abhängig sind, wird den Kindern zu wenig Gelegenheit geboten, sich in der Natur als Naturwesen zu empfinden. Dazu gehört auch das Erleben der Jahreszeiten bis hin zur Empfindung von Wärme und Kälte. In der Schule fällt in den Übergangszeiten auf, daß besonders die kleinen Kinder häufig viel zu wenig vor der Kälte geschützt sind. Ein leichtes Jäckchen kann in der Pause nicht genügend wärmen. Fehlt ihnen ein elementares Empfinden der Wärme, wie wir Erwachsenen es vielleicht noch erlebt haben, wenn im Winter der Ofen angezündet wurde – Rauch, Feuer und Glut – und man im sonst kalten Zimmer an den Wärmespender heranrückte?

Die typischen Sommererlebnisse sind ebenfalls nur abgeschwächt erlebbar, so die Badefreuden im Wasser von Flüssen und Seen. Das Erlebnisschwimmbad ist als Ganzjahresvergnügen an ihre Stelle getreten: elektronisch geregelte Temperatur, künstliche Wellen nach Schaltuhr.

Beim Essen bietet der Speiseplan alles, was das Herz begehrt, aus

Tiefkühltruhe und Konserven. Die Rhythmen der Natur mit ihren Reifungs- und Erntezeiten treten nicht mehr in das Bewußtsein. Das Schulleben versucht, den Kindern diese Wechsel in der Natur in Festen und Monatsfeiern wieder näher zu bringen durch die Lieder, die gesungen werden, oder durch Gedichte, an denen sich die Klasse sprachlich schult. Auch beim Malen mit Wasserfarben kann in den Farbstimmungen oder bei Naturdarstellungen auf den Charakter der Jahreszeit eingegangen werden.

Besonders die Jahresfeste prägen die Stimmung und den Charakter jahreszeitlicher Abschnitte, und zwar nicht nur im Leben und Vergehen der lebendigen Natur. Sie vermögen auch eine Brücke zu schlagen zum religiösen Erleben und bilden tragende Elemente einer christlichen Orientierung. Ostern, Pfingsten, Michaeli und Weihnachten sind so nicht nur auf erfreuliche Feste reduziert, die mit den ersehnten Ferien verbunden sind.

Schulfeste

Die Monatsfeiern haben den Namen, den sie in der ersten Waldorfschule hatten, behalten, auch wenn sie heute kaum in monatlichen Abständen veranstaltet werden. Dies ist die Gelegenheit, bei der sich alle Schüler in einer Gemeinschaft erleben können. Die verschiedenen Klassen zeigen in kleinen Darstellungen, womit sie sich im Unterricht beschäftigt haben. Aus vielen Fachbereichen wird etwas dargeboten. Gedichte werden von der ganzen Klasse im Chor gesprochen. Ihr Inhalt kann sich auf die Jahreszeit beziehen, ebenso ist es denkbar, daß ein historisches Thema aus der Geschichtsepoche aufgegriffen wird. Es folgen kurze szenische Darstellungen von Märchen in französischer oder englischer Sprache. Kindergruppen tragen etwas mit Gesang und Flötenspiel zur Feier bei. Eurythmische Darstellungen mit Musik machen den Aufbau einer Komposition deutlich, lassen Harmonien in Form, Bewegung und Gebärde vor das Auge treten. Eine andere Gruppe hat vielleicht ein Gedicht in der Eurythmiestunde erarbeitet. Besonders von den unteren Klassen werden schwierige rhythmische Übungen, die Körperbeherrschung und Konzentration verlangen, gezeigt. Ebenso könnten gymnastische Übungen aus dem Sportunterricht geboten werden. Das Schülerorchester rahmt mit freudigem Musiziereifer die Feier ein. Große Heiterkeit lösen oft die Auftritte der Kleinsten bei den Schülern der Oberstufe aus, die zum einen in der Erinnerung kramen, was sie in dieser Altersstufe erlebt haben, zum andern sich eben gerade als die Oberstufe, die älteren Schüler empfinden. Eine Rezitation der älteren Schüler kann dagegen auch in Form von zeitkritischen Texten oder philosophischer Lebensbetrachtung Ernst und Nachdenklichkeit in eine Monatsfeier hineinbringen.

Solche Monatsfeiern werden zuweilen auch der Öffentlichkeit dargeboten. So haben Eltern und andere interessierte Menschen die Gelegenheit, etwas von dem zu erfahren, was im Unterricht gearbeitet wird. Außerdem können sie ihre Kinder einmal von einer ganz anderen Seite erleben.

Neben der sprachlichen Schulung durch die Rezitation von Gedichten und Prosatexten werden im Unterricht – in den Fremdsprachen ebenso wie im Hauptunterricht – auch immer wieder kleine szenische Darstellungen erarbeitet. Wenn die Kinder die Inhalte z. B. eines Märchens oder einer Fabel darstellend durchleben, wenn sich Sprache und Handlung zu einer durchfühlten Einheit verbinden, dann gewinnen sie ein dichtes Verhältnis zur fremden Sprache. Die Kostümierung tut ein übriges dazu: für jeden sichtbar versucht der Fuchs mit schlauer Rede, die Hühner zu überlisten. Plötzlich kann ein Kind, das beim Lesen eines französischen Textes unsicher ist oder Angst hat, für alle hörbar etwas falsch zu machen, in einer Spielsituation ganz unbefangen agieren und sich mit seinem auswendig gelernten Text frei und selbstverständlich in der fremden Sprache bewegen. So können auch die anderen Kinder mit einem Mal neue Fähigkeiten bei ihren Mitschülern staunend bewundern.

Im Hauptunterricht kann eine kleine Theateraufführung der Klasse zu einer intensiven Beschäftigung mit einem historischen Thema werden. Wovon der Lehrer erzählt hat, was man vielleicht auch zu Hause in Büchern gelesen hat, erwacht auf der Bühne plötzlich zum Leben, macht vergangene Zeiten zum eigenen Erleben. So kann beispielsweise die Darstellung des Lebens der Jeanne d'Arc oder der Freiheitskampf des Wilhelm Tell in einem Klassenspiel zu einem eindringlichen Erlebnis werden – nicht nur für die Klasse, die das Stück einstudiert hat und es aufführt, sondern ebenso für die ganze Schulgemeinschaft.

Solche Theateraufführungen bilden oft den Abschluß eines Abschnittes des Schullebens, so etwa in der achten oder zwölften Klasse. Neben dem Unterricht arbeitet die ganze Klasse dann über mehrere Wochen an diesem Projekt – mit allem, was dazugehört: Bühnenbild, Kostüme, Beleuchtung. Dieses gemeinsame Tun ist von großer pädagogischer Wirksamkeit. Hier ist wirklich jeder auf den anderen angewiesen. Terminvereinbarungen (trotz aller Instrumentalstunden, Reitstunden, trotz aller sportlichen Betätigung, der Pflege vielerlei Hobbys) müssen eingehalten werden. Wahre Dramen können sich schon bei der Verteilung der Rollen abspielen. Wer möchte was spielen, wer ist bereit, zugunsten eines anderen auch einmal Verzicht zu üben? Immer wieder gibt es Phasen der Begeisterung, aber auch der Enttäuschungen. Klassenlehrer (Fachlehrer beim Fremdsprachen-Schauspiel einer Oberstufenklasse), Sprachgestalter, Werklehrer, Handarbeitslehrer begleiten diesen sensiblen Vorgang, Eltern helfen tüchtig mit beim Nähen, Malen, Kulissenbauen. Musik- und Eurythmielehrer üben die entsprechenden Teile der Aufführung ein. Es ist ein gewaltiges Werk, das eigentlich immer zum großen Erfolg wird, ein gestaltendes Erlebnis für die ganze Klassengemeinschaft. Wenn der große Tag dann da ist, der Vorhang sich hebt zum Ereignis, auf das alle hingearbeitet haben, jeder nach seinen Kräften, dann zeigt sich, daß kein Talent bei den Schülern ungenutzt bleiben müßte.

Die Theater-Aufführungen der Oberstufenschüler haben noch

einen zusätzlichen Aspekt. Hier kann der Inhalt des Stückes seine ganze Wirksamkeit entfalten. Den Darstellern und Zuschauern werden die großen Themen menschlichen Schicksals vor Augen geführt (etwa in Don Carlos, Prinz von Homburg). Zeitrelevante Probleme können aufgegriffen werden, die Jugendlichen gestalten das Thema durch ihren persönlichen Einsatz, ihre Hingabe an den Gegenstand. Max Frischs »Andorra« kann den faschistischen Wahnsinn so tiefgreifend erlebbar machen, wie es Dutzende von Geschichtsstunden nicht vermögen. Jede Klasse geht aus diesem Unternehmen eines großen Klassenspieles verändert, gereift hervor. Natürlich ist es die Aufgabe des Lehrers, mit feinem Gespür das richtige Stück für seine Klasse zu finden. Oft ergibt es sich erst nach langer Suche und nach vielen Gesprächen mit den Schülern. So können Fähigkeiten in der Klasse noch entwickelt werden, die solcher Stärkung und Ausdifferenzierung bedürfen. Manchmal führen aber auch vorhandene Fähigkeiten dazu, daß eine Aufführung zu einem ganz besonderen Ereignis wird, so z. B. wenn musikalisch besonders begabte Schüler aus einem Schauspiel ein ganzes Singspiel machen.

Wozu Schulausflüge?

Es wäre bedauerlich, wenn Schulausflüge oder umfangreichere Klassenfahrten nur als Freizeitunternehmung mit möglichst hohem Unterhaltungswert veranstaltet würden. Im doppelten Sinne können sie als wertvolles Instrument zur Erziehung genutzt werden. Wieviel Neues, den Schülern Ungewohntes und Unerfahrenes kann zur Anregung für ihr eigenes Leben werden! Eine solche Unternehmung ist aber nicht nur Schule der Erlebnisfähigkeit in Bildungsangelegenheiten, sondern ebenso ein Intensivkurs für soziales Lernen.

Dem Lehrer wird dabei vor Augen geführt, daß der konventionelle Aspekt der Erziehung heute eine sehr nachrangige Rolle spielt. Das seltener bekannte »gute Benehmen«, die Regeln der Höflichkeit, erhalten, wo sie als gehäufter Mangel auftreten, plötzlich einen hohen Stellenwert. Wo sich anfangs beim gemeinsamen Essen eine Art Ernährungs-Darwinismus auslebte, wächst vielleicht nach wenigen Mahlzeiten die Einsicht, daß man das Zusammenleben durch Rücksichtnahme, Höflichkeit und Bescheidenheit sehr viel erträglicher gestalten kann.

Ebenso erfahren die Kinder und Jugendlichen, daß es für ein ersprießliches Zusammenleben (auf engem Raum) erforderlich ist, Absprachen zu treffen, Spielregeln einzuhalten. In den Zimmern findet ein Prozeß der gegenseitigen Erziehung statt, der vom Lehrer kräftig unterstützt werden kann. Ordnung und Bescheidenheit in den Platzansprüchen wirken sich sehr positiv aus. Unter diesem Aspekt betrachtet, ist es gar nicht so wünschenswert, sich in einer Jugendherberge mit allem Komfort niederzulassen. Das tägliche Leben unterscheidet sich dann zu wenig vom gewohnten Zuhause und bietet weniger Anreiz und Gelegenheit zum sozialen Lernen. Es müssen ja keine Parallel-Veranstaltungen zu Manager-Survival-Kursen sein... und doch ist eine Klassenreise, die von bequemen Alltagsgewohnheiten abweicht, oft gerade deswegen ein großer Erfolg. Dies gilt vor allem auch für Reisen, bei denen die sportliche Betätigung im Vordergrund steht. Ein winterlicher Skiurlaub für die Klasse, der nur als Teil des üblichen Massentourismus abläuft (Naturzerstörung!), versäumt die Gelegenheit, viele neue Erfahrungen zu machen. Die menschliche und naturgegebene Umgebung sieht gänzlich anders aus, wenn man sich beispielsweise fernab der Zivilisation auf einer Berghütte befindet, wo Selbstversorgung mit Heizen, Wasserholen und Kochen usw. angesagt ist – eben keine Vollpension mit Rundumservice.

Zwar stößt man zunächst nicht auf große Zustimmung, wenn man den Kindern und Jugendlichen das Wandern schmackhaft zu machen versucht – und doch sind sie nach einiger Eingewöhnungszeit mit Begeisterung dabei. Noch immer ist es etwas Besonderes, die Natur zu Fuß zu erkunden: Berg und Tal, Morgenfrühe und

Abendkühle, Sternenglanz zur Nacht fernab der großen Stadt zu erleben.

Ausflüge sollten nicht nur schulfreie Urlaubstage sein. Sie könnten immer Erziehung durch Kunst, Natur und Mitmensch nutzen und somit ein Baustein zur Persönlichkeitsbildung sein.

Feste feiern

Die Jahresfeste rücken den Kindern heute im allgemeinen vor allem als Namensgeber für die Ferien ins Bewußtsein. Bestenfalls Weihnachten macht hier eine Ausnahme; wird es nur als Familienfest und als eine Reihe von Urlaubstagen erlebt, stellt sich doch oft die Empfindung eines Mangels, das Gefühl der Leere ein, wir haben Mühe, in uns die rechte Weihnachtsstimmung zu finden. – Bei den anderen Jahresfesten kommt es nicht einmal zu solchen Mangel-Erlebnissen. Mit Ostern und Pfingsten verbindet sich für immer weniger Menschen ein Inhalt. An uns Erziehenden ist es, das Wahrnehmen der Schöpfermächte im Gang durch das Jahr und im wachen Erleben der Jahresfeste für die Kinder zu wecken. So können im Kindesalter – denn bis zum 9. Lebensjahr nimmt das Kind die Welt mit vollen Sinnen in seine Empfindung auf – Kräfte in die Seele gelegt werden, die durch das ganze Leben hindurch ihre Wirksamkeit entfalten. Es sind auch die Kräfte eines religiösen Erlebens, deren Veranlagung in späteren Jahren nicht mehr nachgeholt werden kann. Das Jahr ist ein Abbild des Werdens und Vergehens, ein Kreislauf, in den der Mensch vergangener Epochen ganz unmittelbar und unausweichlich eingebunden war. Bis in das alltägliche Leben machte sich dies bemerkbar, wenn beispielsweise für den Winter vorgesorgt werden mußte, Vorräte angelegt wurden, Haus und Hof gerüstet waren, um die kalte Jahreszeit zu überstehen. Auch der Speiseplan richtete sich zwangsläufig danach. Wieder schiebt sich die Technik zwischen Welt und Mensch, ebnet solche Unterschiede durch Konserven, Tiefkühltruhe und weltumspannenden Handel ein. Eine vergnügliche Sache, zu jeder Jahreszeit eigentlich alles auf dem Tisch haben zu können; trotzdem bedeutet dieses zivilisatorische Komfort-Dasein eine Verarmung im Hinblick auf die Erlebnisqualitäten. Darauf kann nicht oft genug hingewiesen werden.

Die Jahresfeste sind christliche Feiertage, deren Erlebnisqualität von der Religiosität des einzelnen Menschen geprägt wird. Sie können aus dem Bewußtsein einer inneren Verbundenheit mit der geistigen Welt gestaltet werden. Viele Menschen, die ins kirchlich-religiöse Leben eingebunden sind, finden darin eine konkrete Sinngebung für diese Feste.

Für unsere Kinder ergeben sich aus dem Erleben der Jahresfeste in der Schulgemeinschaft zunächst vor allem Empfindungsqualitäten. Das Weihnachtsfest soll sich nicht nur durch die Freude an Weihnachtsgeschenken der Kinderseele einprägen, diese Freude soll auch eine tiefere, innere Freude über die Christgeburt sein. Dies läßt sich dem Kind auf bildhafte Weise vermitteln. Beim Jugendlichen können wir auch auf einer Ebene des gedanklichen Verständnisses eine Verbindung zur göttlich-geistigen Welt schaffen, christlich-religiöses Denken, Fühlen und Wollen veranlagen und stärken.

Im Frühling wird auf das Erwachen des Lebens in der Natur hingeschaut. Welch eine Freude kann durch die Seele ziehen, wenn die erstarrende Kälte des Winters nachläßt und die Tage länger werden. »Die lauen Lüfte sind erwacht ...«, frisches Grün zeigt sich allenthalben, die Vögel begrüßen nicht nur den Tag, sie begrüßen mit ihrem Gesang das neue Lebensjahr der Erde. Hinaus in die Natur! Die ersten Blumen wagen sich hervor, die beherrschende Palette des Grau-Schwarz-Braun weicht dem Grün des Grases, der Blätter, dem Gelb der Blumen, Winterling und Huflattich. Die Erde erwacht zu neuem Leben – jetzt beginnt ein neues Erdenjahr. Überwindung des Todes, Auferstehung – Osterzeit. Auf den Karfreitag folgt der Ostermorgen. Christ ist erstanden! Auch wenn Kinder nicht am religiös-kirchlichen Leben teilnehmen, kann ihnen dies Erlebnis nahegebracht werden, in der Familie ebenso wie in der Schule. Eine Monatsfeier in der Osterzeit spiegelt das Ostergeschehen in Gedichten und Liedern wider. »Frühling läßt sein blaues Band wieder flattern durch die Lüfte...« Für die kleineren Kinder wird eine Osterfeier als Empfindung der Lebenserneuerung, der Auferstehung, vielleicht durch Naturschilderungen in Gedichten ins Bild gesetzt werden. Die Oberstufenschüler könnten mit einer szenischen Darstellung aus Goethes »Faust« vor die Schülergemeinschaft treten.

Wies das Osterfest auf die Überwindung der Winterstarre und den Wiedereinzug der Lebenskräfte, so finden zu Pfingsten alle Lebenskräfte der Natur in einem einzigen Wachsen, Knospen und Blühen ihren Ausdruck. Die ganze Erde wird zum Abbild des Lebens. In höchster Steigerung erleben wir die lebenspendende Kraft der Mutter Erde. So wie sich uns dieses Lebensgeheimnis der Erde offenbart, ist unsere Seele aufgerufen, sich dem Geheimnis der Menschwerdung zuzuwenden, das Höhere in uns zum Erleben zu bringen. Dem Geiste streben wir nach auf unserem Weg, ein wahrhafter Mensch zu werden. Die Himmelfahrt der blühenden Natur ist eine Himmelfahrt der strebenden Menschenseele.[10]

Weiter steigt die Sonne am Himmel, wir nähern uns dem längsten Tag des Jahres und der Sommersonnenwende. Mit allen Sinnen leben wir draußen in der Natur, die jetzt voll Licht und Wärme ist. Wenn die Sonne den höchsten Bogen am Himmel beschrieben hat, feiern die Menschen seit alten Zeiten das Johannifest, die Licht- und Zeitenwende mit dem Sonnwendfeuer. Johannes der Täufer, der Vorbote Christi, steht am Beginn des abnehmenden Jahresbogens. Daß er den großen Übergang und Umschwung im geistigen Weltall verstand und sich in Selbstlosigkeit darein schickte, ließ ihn das Sonnenwend-Wort sprechen: »Er muß wachsen, ich aber muß abnehmen.« Das Johannifest zur hohen Sonnenwende wird in Zukunft mehr sein als ein Fest des Gedenkens an den Täufer. Es wird ein besonderes Fest des Wachstums Christi sein.[10] In einem Dreischritt gehen wir nach der Sommersonnenwende in der festlosen Hälfte des Jahres auf die Wintersonnenwende zu: Johanni, Michaeli, Christgeburt.

In der Mitte dieses dunklen Halbjahres, wenn die Lebenskräfte der Natur sich in die Erde zurückziehen und auch wir unsere Lebensaktivitäten stärker nach innen verlagern, feiern wir das Michaelsfest. Der Erzengel mit dem Schwert, der Drachenüberwinder weist uns den Weg. Er ruft uns in unserem Streben nach dem höheren Menschen auf, mutvoll voranzuschreiten. Er stärkt unser Vertrauen in ihn und seine Heerscharen und begleitet uns auf unserem Zukunftsweg.

Die Adventszeit führt uns auf das Weihnachtsfest hin. Die dunkelste Zeit des Jahres ist gekommen. Als Zeichen eines inneren Lichtes, das heller und heller wird, zünden wir Kerzen an. Schon im Spätherbst haben wir gesungen:

Nun hüllt mit Nebelschleiern
Der stille Herbst uns ein.
Der Sonne Abschied feiern
Wir mit Laternenschein.

So zündet an die Kerzen
Und haltet gute Wacht.
Tragt euer Licht im Herzen
Durch dunkle Winternacht. (M. Tittmann)

Der Sonne Licht hat abgenommen, in Erwartungsfreude der Weihnacht entzünden wir in unseren Herzen ein inneres Licht.

Wohl in allen Familien werden die Adventssonntage festlich begangen. Adventslieder werden gesungen, die die Weihnachtszeit ankündigen, Geschichten erzählt und vorgelesen. Im Klassenzimmer ist es noch dunkel, wenn die Kinder in die Schule kommen. Es wird musiziert, die Kinder lauschen der Erzählung des Lehrers. Bis in die Oberstufe hinein möchte man wenigstens am Montag eine Advents- oder Weihnachtsgeschichte hören.

Das Weihnachtsfest rückt näher. Die Schulzeit endet mit der Aufführung der Oberuferer Weihnachtsspiele, dem Paradeis- und Christgeburtsspiel und dem Dreikönigsspiel, durch das Lehrerkollegium der Schule. Das ist eine Tradition, die die Waldorfschulen seit ihrer Begründung vor einem dreiviertel Jahrhundert begleitet. Dies sollte und soll das Weihnachtsgeschenk an die Schüler und Eltern sein. In dem Maße, in dem Schüler der Mittel- und Oberstufe jedoch zum Weihnachtsgeschehen kein inneres Verhältnis finden können, fällt es ihnen auch schwer, dieses Geschenk als sinnerfüllendes annehmen zu können. Trotzdem sieht man später, wenn die Schule längst abgeschlossen wurde, manch bekanntes Gesicht beim Weihnachtsspiel wieder.

Was verbindet diese drei Spiele miteinander? Der Sündenfall, der Baum der Erkenntnis, die Vertreibung aus dem Paradies? Die Geburt des Erlösers und schließlich Herodes' vergeblicher Kampf um seine Macht?

Die Oberuferer Weihnachtsspiele wurden von Rudolf Steiners Lehrer Karl Julius Schröer entdeckt und aufgezeichnet, beheimatet in einem bäuerlichen Landstrich Ungarns, wo sie von der Bevölkerung alljährlich aufgeführt wurden. So schlicht sie auch beim ersten Betrachten wirken mögen, sind sie doch von einer tiefen Geistigkeit und Weisheit erfüllt. Immer wieder werden ganz aktuelle Bezüge zu unserem heutigen Leben deutlich. Ein durchgehendes Motiv zeigt sich in der Auseinandersetzung der Mächte der Finsternis und des Lichtes. In diesem Spannungsfeld wird das Bild des Menschen und der Menschheit gezeichnet. Adam und Eva werden wahrhaft erst Menschen, indem sie vom verbotenen Baum essen – die Erkenntnis des Bösen und Guten wird ihnen zuteil. Das bedeutet aber auch die Vertreibung aus dem Paradies, bedeutet, die Beschwernis des Erdenlebens auf sich zu nehmen. »Ich will euch rufen langsam wieder«, spricht der Engel Gabriel zu ihnen. Die himmlischen Mächte brechen die Verbindung nicht ganz ab zum Erdenmenschen. Er bedarf aber des Gottessohnes – seiner Menschwerdung und seines Opfertodes –, um in einem Prozeß der

Verwandlung wieder in die himmlische Sphäre zurückkehren zu können.

Die Geburt des Christus ist die Zeitenwende, die Menschheitswende, von der an eine Rückkehr in die geistige Welt für den Menschen möglich wird. Vergangenheit und Zukunft begegnen uns in den Charakteren der Hirten. Vielschichtig zeigt sich das Einwirken des Verharrenden, Egoistischen in den Gestalten der Herbergswirte, bei denen Josef und Maria eine Unterkunft erbitten. Vergangenheit und Zukunft leuchten auch auf in den jüdischen Gestalten, bei denen Herodes Rat sucht, und in den Weisen aus dem Morgenland, die dem Zukunftsstern folgen. Die Kräfte des Bösen aber, die in der Gestalt des Königs Herodes gewaltige Macht und entsetzliche Wirkung im Kindermord entfalten, erkämpfen nur einen scheinbaren Sieg. Der Teufel schleppt seine Beute triumphierend davon, der Erlöser der Menschheit jedoch kann seine Wirksamkeit entfalten, so daß der Mensch langsam dem Ruf – zurück ins Paradies – folgen kann.

Erziehung in Schule und Elternhaus

Entwicklungsphasen des Kindes

Die kurze Darstellung des jahreszeitlichen Erlebens, wie es in der Waldorfschule vermittelt wird, macht deutlich, daß ein allzu starkes Kontrastprogramm zu Hause vieles von den veranlagten Qualitäten wieder zunichte macht. Je größer die Übereinstimmung in Erziehungsansichten in Elternhaus und Schule oder Kindergarten ist, um so besser sind die jeweiligen Erziehungsziele erreichbar und um so größer ist auch die gegenseitige Zufriedenheit. Für das Kind kann eine solche weitgehende Übereinstimmung nur von Vorteil sein! Viel Zeit ist jedoch schon vergangen, wenn es in den Kindergarten kommt. Da hat es schon wesentliche und prägende Entwicklungsschritte hinter sich gebracht. Wie weit hat es sich in seinem Körper »eingerichtet«, kann über seine Funktionen verfügen?

- Wie ist seine Kontaktfähigkeit zur Außenwelt ausgebildet? Dies hängt davon ab, wie wach das Kind in seinen Sinnen lebt und welchen Eindruck die Sinneswahrnehmungen zu machen vermögen, also
- wie stark ist sein Empfindungsvermögen entwickelt,
- welche Neugier, Lernbegierde, Entdeckerfreude ergibt sich aus alldem?
- Welche Begegnungsmöglichkeiten hat das Kind bisher mit Umwelt und Mensch gehabt? Dies hängt von Erziehungspraxis und Lebensgewohnheiten ab.

Nun zeigt sich, ob das Kind reif für das Leben in der Gemeinschaft des Kindergartens oder der Schule ist.

Schon im Kindergarten – also in einer kleineren Gruppe und bei Tätigkeiten, die seltener ein Muß verlangen – treten bei manchen Kindern Probleme auf: Sie haben, wie man so sagt, Anpassungsschwierigkeiten. Sie haben Mühe, sich auf das veränderte Dasein einzustellen, sie geraten in Streit mit anderen Kindern, sie mögen die Kindergärtnerin nicht, sie wollen sich an vielem nicht beteiligen, was im Kindergarten geschieht und unternommen wird – kurzum, es gefällt ihnen dort nicht. Natürlich stellt sich die Frage, warum dies alles so ist. Meistens liegt es daran, daß die Kinder von zu Hause ein ganz anderes Leben gewöhnt waren, nicht nur deswegen, weil sie vielleicht Einzelkinder sind, sondern weil Erziehung heute in diesem Alter kaum noch stattfindet oder sich auf die Bereiche beschränkt, wo man dem Kind den Weg für eine erfolgreiche Karriere bereiten will. So wird an Wissensvermittlung nicht gespart, die intellektuelle Entwicklung wird sorgsam vorangetrieben. Ebenso ist für die körperliche Gesundheit gesorgt – auch wenn hierbei eine kritischere Nachdenklichkeit nicht schaden könnte, was Ernährung und Kleidung betrifft. Die seelische Entwicklung des Kindes aber hat man sehr viel weniger im Auge, sie ist auch schwerer zu beobachten. Was brauchen also Kinder für ihre körperliche, seelische und geistige Entwicklung in welchem Alter? Was ist für sie selbst und was für das Leben in der Gemeinschaft förderlich und gesund?

Probleme, die im Gemeinschaftsleben des Kindes im Kindergarten auftauchen, verschärfen sich in der Schule noch erheblich. Noch mehr Kinder, noch mehr Erwachsene, auf die man sich einstellen muß, noch mehr Anforderungen, noch mehr Dinge, die man nicht tun will. Wie oft hört der Lehrer: »Das macht mir keinen Spaß, ich mag nicht.« Kinder werden aggressiv, geben unverschämte Antworten, beginnen Diskussionen über das Warum und Wieso, sind damit beschäftigt, die Aufmerksamkeit auf sich zu ziehen. In der ersten Klasse wollen manche gleich schreiben und finden es langweilig, wenn sie wie alle anderen ein Bild malen sollen, das eine Geschichte vom Rot und vom Gelb erzählt (viel lieber malen sie Flugzeuge, Schiffe, Szenen aus einem Weltraumkrieg). Sie sind nicht in der Lage, einer Märchenerzählung zu lauschen, ohne dauernd zu verkünden, daß sie das schon kennen. Sie sind sozusagen geeicht auf raschen Konsum, eine Sensation nach der anderen könnte nur ihr Interesse wecken, aber nur ein oberflächliches Interesse. Andauernd wirkt die Bilderwelt unseres Medienzeitalters in den Unterricht: Flöten werden als Maschinengewehre geschwenkt (mit entsprechender Geräuschkulisse), beim Singen wird hüftschwenkend ein Mikrofon vor den Mund gehalten. In den Pausen – oder auch während der Stunde – wird kämpferisches Verhalten an den Tag gelegt. Raufereien und Schaukämpfe in verschiedenen Kampfsportarten können beobachtet werden. Solches Verhalten tritt heute fast in jeder Klasse der ersten Schuljahre auf, besonders – was die zuletzt geschilderten Verhaltensweisen betrifft – bei den Jungen. Dies sind schlicht Beobachtungen, die zeigen, welch negativen Einflüssen die Kinder oft ungeschützt ausgesetzt sind. Es macht aber auch deutlich, was ihnen im Grunde entgeht, wenn sie nur oberflächlich von Eindruck zu Eindruck jagen und sich im extremsten Fall an nichts mehr begeistern können.

Ein zweiter Bereich im Zusammenleben der Klasse fällt auf: der gedankenlose Umgang mit Menschen ebenso wie mit Sachen. Mit großem Durchsetzungsvermögen verwirklichen manche Kinder ihre Absichten und Wünsche. Es gibt kaum ein Unrechtsbewußtsein, wenn es bei einem Streit zu Tätlichkeiten gekommen ist. Ellenbogen sind angesagt. Aggression und Brutalität sind, wie wir in der Zeitung lesen können, auf dem Vormarsch. Mitleid und Hilfsbereitschaft sind Fähigkeiten, die als Erziehungswerte immer weniger Gewicht zu haben scheinen.

Zwar besitzen viele Kinder einen ausgeprägten Sinn für Eigentum, jedoch sind ihnen Sorgfalt und pflegliche Behandlung ziemlich fremd. Wände und Tische werden bemalt, Hefte und Bilder zerrissen, Zerstörung ist Alltagsbeschäftigung. Macht ja auch nichts: was kaputt geht, wird problemlos ersetzt. Der ganze Katalog von Verhaltensweisen, die als Höflichkeit und Rücksichtnahme »gute Erziehung« ausmachten, scheint häufig keine Rolle mehr zu spielen.

Sicher, hier werden Erfahrungen beschrieben, die eine Sammlung solcher Auffälligkeiten darstellen, und doch treten solche Verhaltensweisen immer häufiger im Schulalltag auf.

Zwei Gründe scheinen mir hierfür maßgebliche Ursache zu sein:
- solche Kinder werden nicht wie Kinder behandelt und erzogen, sondern wie kleine Erwachsene,
- unsere Kinder leben zunehmend in Scheinwelten, die durch (Medien)-Technik dargestellt werden. Diese sind geprägt von Anspruchslosigkeit, Phantasielosigkeit, Verantwortungslosigkeit.

Das beginnt mit der monotonen Märchenkassette (immer die gleiche, beliebig wiederholbare »Erzählsituation«) und findet seinen vorläufigen Höhepunkt in den Videospielen und Gameboys. So amüsant das Videospiel der »Lemminge« auch sein mag: Es stellt eine reduzierte Welt von Signalen dar. Zerstörung – die ohne irgendwelche Folgen bleibt – wird hier wie anderswo geübt.

Wir kümmern uns zu wenig um unsere Kinder – zu selten haben sie Menschen um sich, die als lebendiges, beherztes und beseeltes Gegenüber für sie da sind. Wenn etwas »Unbegreifliches« geschehen ist, fragen sich die Eltern oft: »Was haben wir nur falsch gemacht?« Hier soll die Frage angeregt werden, ob man wohl alles richtig macht, oder jedenfalls so richtig wie möglich.

Die Kinder haben zu wenig Gelegenheit, ihre körperliche Geschicklichkeit und die Funktion ihrer Sinne zu üben. Es ist ein wesentlicher Unterschied, ob ein Kind im Freien mit seinen Kameraden spielt, oder ob es im Zimmer passiv vor einem Bildschirm oder Lautsprecher sitzt – vor allem auch im Hinblick auf die Frage, wo und wie soziales Lernen möglich ist.

Unterschiedliche Erziehungsauffassungen führen schon in der Familie zwischen Verwandten und Eltern, noch mehr zwischen Vater und Mutter zu Auseinandersetzungen. Bemerkt das Kind diese Uneinigkeit oder wird gar in die Diskussion mit einbezogen, machen sich schnell nachhaltige Folgen bemerkbar: Häufig nutzt es die Situation aus, geht mindestens den Weg des geringsten Widerstandes oder spielt gar die erwachsenen Kontrahenten gegeneinander aus.

Herrschen in Elternhaus und Schule unterschiedliche Ansichten über die Erziehung, kann das jeweilige Bemühen des Erziehenden nicht zum Besten des Kindes dienen. Die Wirkungen heben sich auf, Kräfte werden sinnlos vergeudet. Manchmal gibt es sicher verschiedene Möglichkeiten, in einer konkreten Situation erziehend zu wirken. Besteht zwischen Eltern und Lehrer jedoch keine grundsätzliche Übereinstimmung in Erziehungsfragen, so sind Mißverständnisse, Vertrauensschwund und dauernde Auseinandersetzungen die unausweichliche Folge. So stellt sich die Frage nach einem Minimal-Konsens. Es soll hier der Versuch gemacht werden, diesen zu umschreiben. Dazu zunächst folgende Grundgedanken:

Ein werdender Mensch entfaltet seine Kräfte nur schrittweise, wir können beobachten, wie sich nach und nach sein Körper entwickelt, ausdifferenziert, wie das Wachstum und dann auch die mehr innere Ausreifung zu einem Zustand der Vollendung gelangt. Irgendwann nimmt der Kopf nicht mehr an Größe zu, hat der Rumpf sein endgültiges Ausmaß erreicht, werden Arme und Beine nicht mehr länger. Die gesamte Gestalt des 18–20jährigen ist fertig ausgebildet.

Sehr viel schwerer fällt uns die Beobachtung, wenn es um das Heranreifen seelischer und geistiger Fähigkeiten geht. Immerhin spricht auch die Psychologie von Ur-Empfindungen, über die das kleine Kind bereits verfügt. Andere seelische Empfindungen kommen also erst nach und nach zu dieser »Grundausstattung« hinzu.

Die Empfindungsfähigkeit nimmt an Vielfalt und Tiefe im Lauf der Jahre zu. Das kindliche Gemüt ist geprägt von einem unmittelbaren Verhältnis zu seiner Umwelt, erlebt Freude, Begeisterung, Kummer und Schmerz nahtlos mit im Zusammenleben mit Mensch und Tier, ja auch mit Pflanze und Stein. Das Kind spricht mit den Gegenständen und Lebewesen, es schimpft auf den Stein, der es stolpern läßt und der hinterhältig den Zeh verletzt hat. Sich selbst begreift es erst nach und nach als eigenständiges Wesen. So wie es in seinem Körper erst allmählich erwacht und bewußt von ihm Besitz ergreift, ihn zu gebrauchen lernt, so allmählich erwacht das Bewußtsein seiner selbst langsam, immer wieder aufs neue und auf höherer Stufe. Vom »Christine hat Bild gemalt« zum »Ich bin traurig« ist es schon ein großer Entwicklungsschritt.

Das kleine Kind erlebt sich als *Teil der Welt*, der Jugendliche empfindet sich ganz mit sich allein – *gegenüber der Welt.* »Wer bin ich?« heißt hier die Frage. Der Seelenzustand des Jugendlichen, der entdeckt hat, daß er selbst Verursacher seiner Handlungen ist, daß die Erwachsenen Meinungen und Urteile haben, die er selbst mit ihnen teilen kann – oder die er ablehnen kann, ist ein ganz ichbezogener, notwendigerweise ein gänzlich subjektiver. Auf die Entdekkung des Ichs kann erst später eine Ausdifferenzierung seiner selbst und ein Reicherwerden an Fähigkeiten folgen. Erst nach und nach kann sich das Ich von der Subjektivität lösen, in eine Objektivität hinein emanzipieren. Dieser Prozeß findet statt, indem sich die geistigen Kräfte des Jugendlichen entwickeln. Die Urteilskraft reift heran, wendet sich nach und nach auch kritisch gegen das eigene Subjekt und ermöglicht so ein immer höheres Maß an Objektivität.

Das Kind bedarf der Erziehung durch den Erwachsenen, der Jugendliche braucht die Stütze des Erwachsenen und wird durch die Begegnung mit der Tatsachenwelt erzogen. Der Erwachsene selbst kann dem wahren Menschsein nur durch Selbsterziehung näherkommen. An diesen Schritten kann auch die Autoritätsfrage noch einmal verdeutlicht werden.

Zusammenfassend:
- Körper, Seele und Geist bilden sich schrittweise aus.
- Körperliche, seelische und geistige Entwicklung folgt phasenweise aufeinander, greift jedoch auch ineinander.
- Maßstab für die Erziehung muß der jeweilige Entwicklungsstand des zu Erziehenden sein. Wir können uns bemühen, die auf den heranwachsenden Menschen einwirkenden Kräfte so zu beeinflussen, umzugestalten, auszuwählen, daß eine positive Einwirkung möglich ist.

Leider muß konstatiert werden, daß die soziale und kulturelle Umwelt Erziehung heute eher erschwert, daß sie manchmal sogar ausgesprochen kinderfeindlich ist. Wo Erziehung geplant vonstatten geht, gerät sie zum andauernden Experiment, die pädagogische Wissenschaft untersucht eher die Erziehungsmittel, um herauszufinden, ob der Mensch für diese Mittel geeignet ist; statt den Menschen zum Maßstab für pädagogisches Handeln zu machen, werden eher die technischen Möglichkeiten zum Maßstab gemacht. Natürlich kann man versuchen, Grundschülern das Rechnen per Computer beizubringen. Die Feststellung, daß die Rechenfähigkeit so schneller zu steigern ist, genügt als Begründung für das nächste Erziehungsexperiment. Erst wenn die negativen Folgen sich selbst drängend bemerkbar machen, wird ein solches Experiment neu überdacht, vielleicht abgebrochen.

Unsere Zeit betrachtet das Kind als kleinen Erwachsenen, der eigentlich nur noch an Körpergröße zunehmen muß. Die ökonomische Einschätzung als Konsument steuert die Produktionspalette für Kinderspielzeug, Kinderkleidung (modisch orientiert). Kinder bestimmen manche Wachstumsbranchen: Technisches Spielzeug oder elektronische Unterhaltung finden reißend Absatz, dafür sorgt schon ein Kartell diverser Industrien. Die Faszination des Gruselig-Bösen-Scheußlichen spielt mit. Eltern protestieren sogar dagegen, daß ihre 9jährigen Sprößlinge einen Film über amoklaufende Saurier (Jurassic Parc) wegen der Altersgrenze von

12 Jahren nicht besuchen dürfen. »Turtles« erobern die Kinderzimmer, Gameboys ersetzen im Verein mit Videos usw. die Spielkameraden. Das Kind ist einer Scheinwelt ausgeliefert, wenn es die Eltern nicht davor bewahren. Dieses Bewahren aber erfordert Standvermögen gegen die »öffentliche Meinung« und fordert den persönlichen Einsatz des Erziehenden bei der Gestaltung der kindlichen Alltags-Umwelt. Das Spiel und der Umgang mit den Inhalten dieser zerstörerischen Scheinwelt darf niemals verharmlost werden.

Das Aufbegehren des Jugendlichen in der Pubertät, die heute bei Mädchen schon mit 11–12 Jahren einsetzt, ist ein deutliches Zeichen für das sich wandelnde Autoritätserleben. Den Protest verstehen wir deshalb zu Recht als Signal für den Eintritt in die Erwachsenenwelt. Zwar ist dieser körperliche Reifezustand in den letzten Jahrzehnten immer früher zu bemerken, jedoch hat sich die seelische und geistige Reife keineswegs in gleichem Maße beschleunigt. Um so wichtiger ist es, dem Jugendlichen noch Wegweiser zu sein und in der Schule und in der Familie jede Gelegenheit zu nutzen, ihn nicht nur der subjektiven Weltbetrachtung (auch durch die Gruppe der Altersgenossen) zu überlassen. Hier kann die Objektivität der wissenschaftlichen Betrachtung und des handwerklichen Tuns ihre ausgleichende Wirkung entfalten. Diese Objektivität kann jedoch nicht theoretisch abgehandelt werden, sie muß persönlich erfahrbar sein.

Jetzt, da der Jugendliche so stark in seinen Empfindungen lebt, ist der richtige Zeitpunkt gegeben, seine Urteilsfähigkeit auch an dem zu schulen, was menschlicher Geist in der Umgestaltung des Erlebens der Außenwelt hervorgebracht hat. Die Betrachtung der Kunst und das eigene künstlerische Tun vermögen die Empfindungswelt zu bereichern und zu beleben. Hier können Widerstandskräfte gegen den süchtig machenden Gefühlskonsum geschaffen werden, wenn an die Stelle der Ersatzbefriedigung durch das Medium das Erlebnis der Wirklichkeit tritt. Darin kann auch die Schönheit der göttlichen wie der menschlichen Schöpfung erfahrbar werden. Erst muß dieser Maßstab gewonnen sein, dann kann von diesem Standpunkt aus auch die notwendige kritische Auseinandersetzung stattfinden. Grundlage dafür sind die Erlebnisse des Kindes, die es am Wahren, Guten und Schönen bis zur Pubertät gehabt hat.

Hat das Kind in den ersten Schuljahren sich am Urteil des Erwachsenen orientiert und aus der Autorität von Eltern und Lehrern Sicherheit und Geborgenheit gewonnen, so wird nun vom Jugendlichen der Erwachsene in Frage gestellt, prüft er unablässig dessen Qualifikation, Erwachsener zu sein, oder als Lehrer Fachmann auf seinen Gebieten zu sein. Der Jugendliche legt dabei höchste Maßstäbe an, die eine gänzlich ideale Grundhaltung sichtbar werden lassen. Gnadenlos werden die Widersprüche in der Gesellschaft ebenso wie in der Weltanschauung aufgedeckt. Kompromißlosigkeit beherrscht das Feld. Dieser Auseinandersetzung stellen wir uns zu wenig. Statt eines liebevollen und wahren Interesses an seiner Person, nach dem er sich unter einer oft rauhen Schale sehnt, erlebt der Jugendliche dann nicht selten nur Unverständnis und Resignation. Mehr und mehr wendet er sich den Gleichaltrigen zu, die jedoch in der gleichen Lage sind wie er, oder gibt sich dem passiven Erlebnisersatz hin. Auch für den Jugendlichen in seinem Streben nach authentischer Menschlichkeit erweist sich unser heutiger Lebensstil nicht sonderlich förderlich. Diese Suche nach Menschlichkeit, Wahrhaftigkeit war auch eines der Motive der 68er Studentenbewegung. Die vielerorts zu beobachtende Orientierungslosigkeit in der Jugend, die letztendlich zu Radikalismus verschiedenster Art bis hin zur Ausländerfeindlichkeit und zum Neofaschismus führt, wird allgemein als besorgniserregend empfunden. Sie offenbart nicht zuletzt Versäumnisse in der Erziehung. Sind hier nicht auch Hilfeschreie der Kinder überhört worden?

Für das Schulalter zeigen sich zwei Abschnitte, in denen das Kind zum Jugendlichen und erwachsen Werdenden heranreift. Im zweiten Lebensjahrsiebt (7–14), also vor der Pubertät, bereitet sich das vor, was dann mit großer Intensität zum eigenen, subjektiven, inneren Erlebnisorgan wird. Rudolf Steiner beschreibt diesen Wendepunkt der Pubertät (der zuallererst ein seelisches Ereignis ist) als die »Geburt des Astralleibes«. In einem ichgebundenen Empfindungsraum beginnt das heranzureifen, was mit dem Ende des dritten Jahrsiebts verfügbar wird: die Urteilsfähigkeit des Individuums. Das subjektiv empfindende Ich wandelt sich zum objektiv urteilenden Ich. Darauf nimmt unser Rechtswesen noch immer Rücksicht, auch wenn das Alter der Volljährigkeit auf 18 Jahre herabgesetzt wurde (nicht zuletzt im Zusammenhang mit der Wiedereinführung der allgemeinen Wehrpflicht).

Die Menschenkunde Steiners sieht als Grundlage der Erziehung folgende Phasen (von unten nach oben zu lesen):

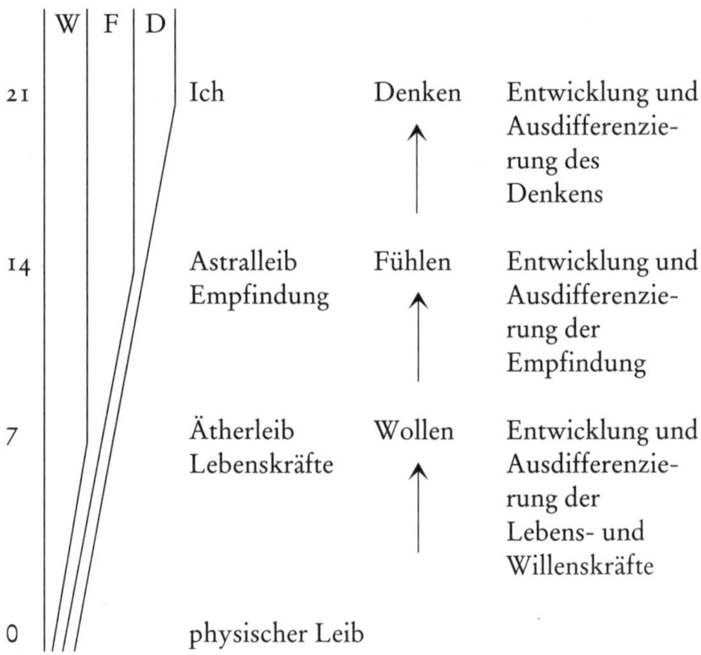

Die drei Abschnitte des Heranwachsens:

– Bis zum 7. Lebensjahr
  Nach der »Geburt des physischen Leibes« (Steiner) richtet sich das Kind in seinem Körper ein; Körperbeherrschung, Sinnesschulung.
  Es handelt nach dem Vorbild der Erwachsenen. Freudig betriebene *Nachahmung* macht Lernprozesse möglich. Willens- und Lebenskräfte werden gestärkt. *Aufgabe* der Erwachsenen ist es, dem Kind reiche Erfahrens- und Betätigungsfelder zu schaffen, ihm nicht die Welt zu erklären, sondern es die Welt *erleben* lassen. Praxis, nicht Theorie, ist angesagt.

– Schulalter bis zur Pubertät
  Nach der »Geburt des Ätherleibes« (Lebensleibes) geht das Kind mit neuen Kräften und Fähigkeiten auf Umwelt und Mitmensch zu: Es verfügt nun über eine reiche Vorstellungskraft, sein Gedächtnis nimmt alles Neue begierig und freudig auf. In seiner temperamentsmäßigen Konstitution und seinem Gewohnheitsverhalten ist das Kind durch Erziehungseinwirkungen veränderbar. Gleiches gilt für die Veranlagung seines Gewissens.
  Das Kind setzt sich immer stärker mit der Umwelt in Verbindung. Alle Wahrnehmungen und auch Tätigkeiten wirken auf seine Empfindung. Es richtet sich in seiner empfindenden Seele ein. Eltern und Lehrer lenken diesen Prozeß des Sich-in-die-Welt-Hineinstellens. Sie entscheiden darüber, was gut für das Kind ist. Das Kind folgt dem Erwachsenen, wenn es in ihm eine *Autorität* erleben kann, die aus Lebenserfahrung und Weltkenntnis verantwortlich erziehend handelt. Für den Erziehungs- und Lernprozeß gilt der Grundsatz: Erst tun – dann begreifen. Das praktische Tun wirkt auf die Empfindung, die Empfindung auf das Begreifen, das geistige Tun. Interesse an der Sache, Freude am Lernen sollen durch das Wir-

ken des Erziehers möglich werden. Die Wissensvermittlung erscheint so betrachtet als Mittel zum Zweck oder als Nebenprodukt. *Aufgabe* des Erziehers ist es, das Kind die Welt *fühlend* erleben zu lassen und ihm dabei Daseins-Sicherheit zu vermitteln.

- Mit der Pubertät findet die »Geburt des Astralleibes« statt: Der Jugendliche lebt im Spannungsfeld von Begierden und Leidenschaften. Kraft seiner wachsenden Persönlichkeit vermag er sich aber von dieser Triebhaftigkeit zu emanzipieren. Er richtet sich in seinem Denken ein. Mit einem anderen Selbstbewußtsein, das sich aus dem Ich-Gefühl speist, setzt er sich in ein persönlich urteilendes Verhältnis zur Umwelt. Dabei bildet er sein Denken weiter aus. Auch der Erziehende ist diesem Urteil ausgesetzt. Seine Aufgabe ist es nun, dem Jugendlichen verläßliche Stütze zu sein beim Bemühen, sich einen eigenen Standpunkt zu erringen, ein reifes Urteilsvermögen zu entwickeln. *Aufgabe* der Lehrer und Eltern ist es, für den Jugendlichen den Weg zur *Selbsterziehung* anzubahnen.

- Mit der »Geburt des Ich« verfügt der Erwachsene über all seine körperlichen, seelischen und geistigen Kräfte. Nun ist auch sein Denken umfassend entwickelt, eine reife Urteilskraft steht zur Verfügung. Der Mensch wird zur Selbsterziehung fähig.

Erziehungsvorstellungen im sozialen Umfeld

Unsere Erziehungsvorstellungen sind von unserem sozialen Umfeld geprägt. Nicht selten trifft man als Lehrer bei Informationsabenden der Schule oder bei Aufnahmegesprächen auf Eltern, deren zweite Frage auf die Abschlüsse gerichtet ist: »Kann mein Kind denn bei Ihnen Abitur machen ... ?« Vielleicht auch wird gefragt, ob die Ausbildung zum Ingenieur oder Architekten möglich sei. In vielen Gesprächen zeigt sich, ebenso wie später während der weiteren Schullaufbahn, die Leistungsorientierung der Eltern, was angesichts der Forderungen des Berufslebens nur zu verständlich ist. Aber vielerorts wird heute schon der Ruf laut, daß die Schule anders werden müsse. »Die Schule neu denken«, hat Hartmut von Hentig sein bemerkenswertes Buch[11] genannt aus der Erkenntnis heraus, daß die Schule heute die Kinder zwar kenntnisreich, aber erfahrungsarm, erwartungsvoll, aber orientierungslos entläßt. Er sieht, welche Zwänge im bestehenden System existieren. Aber nur langsam beginnen hier und da neue Gedanken Fuß zu fassen. Natürlich ist es wünschenswert und vorteilhaft, daß ein Schüler die Schule mit einem Abschluß verläßt, der ihm möglichst viele Wege in ein weiteres Berufsleben eröffnet – und doch ist es eine unsinnige Vorstellung, daß von solchen Dingen das Lebensglück so maßgeblich abhinge. Für manches Kind bedeutet die überwiegende Orientierung auf den intellektuellen Bereich der Bildung eine jahrelange Quälerei und die andauernde Erfahrung, den Leistungsansprüchen nur mit größter Anstrengung gerecht werden zu können. Vielleicht bleibt so eine reiche handwerkliche Begabung unentdeckt und ungenutzt, oder andere menschliche Qualitäten und Fähigkeiten können sich nicht entwickeln. Deshalb ist es so wichtig, die gesamte Entwicklung des Kindes sorgsam zu beobachten und ihm eine vielfältige und echte Begegnung mit dem Leben zu ermöglichen, die seine aktive Beschäftigung mit Mitmensch und Umwelt fördert und fordert. Auch seine Intelligenz kann nicht besser gefördert werden, als wenn sie sich in einem freudigen, neugierigen Erforschen des Lebensraumes entwickeln kann. So wie ein vorgefertigtes Spielzeug, das wenig Sinneserfahrung anbietet, das Kind bald langweilt, so führt auch eine vorgefertigte Erfahrungswelt zur Ermudung, erst recht aber eine Ersatzwelt, die sich in den Medien dem Kind gegenüberstellt.

Hier wird wieder deutlich, welchen Erlebnisverlust die Kinder erleiden, wenn ihnen das improvisierte Spiel mit anderen Kindern im Freien fehlt. Versteckspiel, Fang- und Hüpfspiele, auch Geschicklichkeitsspiele sieht man nur noch selten wie Seilhüpfen, Kästchenhüpfen, Stelzenlaufen, Rollerfahren, Spiele mit Kreiseln und Reifen usw. Selten werden noch Baumhäuser und Laubhütten gebaut. Dabei lassen sich den Kindern immer noch viele Anregungen geben, was allerdings eigene Aktivität und Phantasie erfordert. Statt sie mit immer neuem Spielzeug zu überhäufen, sollten wir uns Gedanken darüber machen, wie wir ihren Tageslauf bereichern können, das gemeinsame Spiel fördern, häufige Ausflüge in die Natur unternehmen, dem Kind Auge und Ohr für alles Schöne und Staunenswerte eröffnen. Wenn es nicht möglich ist, dem Kind ein Stückchen Garten zur Verfügung zu stellen – Blumentöpfe und Pflanzschalen auf dem Balkon und Fensterbrett tun denselben Dienst. Da kann man Samen von Sonnenblumen, Zitronen, Blumen aller Art in die Erde legen, sorgsam behüten, gießen und pflegen und das Werden des Pflänzchens beobachten. Draußen läßt sich die Pflanzenwelt durch den Tag und das Jahr beobachten, ebenso der Gang von Sonne, Mond und Sternen oder das Wetter mit all seinen Erscheinungen. Tiere gehören mit hinein in die Welt der Kinder; Fische, Kaulquappen, Frösche, Meerschweinchen, Hamster, Katzen, Hunde. Wieviel Freude können sie da erleben. Da kann Liebe zur Schöpfung geweckt werden, aber auch Verantwortung und Zuverlässigkeit geübt werden – die Tiere müssen gefüttert, ihre Behausungen müssen gepflegt werden. Da gibt es viel zu tun: Das Aquarium muß sauber gehalten werden, die Temperatur ist zu überwachen, die Bestückung mit Sand, Kies, Pflanzen und Steinen muß den Fischen den richtigen Lebensraum bieten. Welche Freude, wenn es plötzlich Nachwuchs gibt und die kleinen Guppys herumschwimmen! Aber sie müssen in einer Kinderstube untergebracht, vor der Gefräßigkeit anderer Fische in Sicherheit gebracht werden. Auch Schmerz, Mitleid und Trauer erfährt das Kind, wenn ein Tier krank wird oder stirbt. Die Tierwelt vermittelt erste Erfahrungen mit eigenverantwortlichem Leben und der Fürsorge für andere Wesen.

Auch im Kinderzimmer können wir uns um Vielfalt und das Erüben aller Sinne bemühen, indem eine dem Alter des Kindes entsprechende Anregungs-Umwelt geschaffen wird. Dazu gehören Bilder, die seinen Schönheitssinn anregen und nicht irgendeine Sensationslust. Vielleicht Bilder von Märchen, die viele Inhalte nacherleben lassen, wovon das Kind gehört hat, Pflanzen- und Tierdarstellungen, in denen sich die Phantasie und die künstlerische Empfindung des Malers mitteilt. Selbstgemachte Bilder, die dem Bemühen dieses Kindes einen würdigen Platz einräumen. In die Auswahl gerade auch dieser Dinge läßt es sich gern einbeziehen. Da gibt es eine Sammelecke für Steine, Muscheln, seltsam geformte Holzstückchen, Federn... der Reichtum der Natur ist unübertrefflich. Spielzeug, mit dem man wirklich spielen kann, wo im Spiel durch die Phantasie des Kindes immer Neues, Lebendiges entsteht: Holz statt Plastik! Bauklötze statt Plastik-Teilen, einfache Autos anstelle durchgestylter Minimodelle, an denen immer etwas kaputt geht und die immer noch durch andere Variationen ergänzt werden müssen. Puppen zum Liebhaben und Kuscheln anstelle modisch aufgeputzter Dämchen mit Kosmetik-Set. Warum lassen wir es zu, daß unsere Kinder in einer abstrusen Welt von Plastik-Weltraum-Kampfmaschinen, Weltraumungeheuern und Kampfrobotern leben, umgeben sind von Comic-Figuren, die in immer neuen Serien die Kassen der Unterhaltungsindustrie für die Kids füllen, aber kaum irgendeine positive Förderung und Bereicherung der Entwicklung der Kinder bewirken können, eher aber für ein Konsum-Anpassungsverhalten geeignet sind? Sie bauen auf die Faszination des Unheimlichen, Scheußlichen oder Häßlichen. Daran kann sich kein ästhetisches Empfinden bilden. Wenn die Monster das Kinderzimmer bevölkern, wird dem Spiel des Kindes ein Grundzug der Aggressivität und Destruktivität bis hin zur Menschenverachtung einverleibt. Die Entwicklung von Sensationslust, ein Hang zum Untermenschlichen – möchte man sagen – ist unvermeidlich, der sich später bei der Auswahl von Videos und Filmen fortsetzen wird.

Immer noch wissen viele Eltern nicht, was da heute an Brutalität geboten wird. Die Wirkungen auf die Kinderseele sind verheerend. In Einzelfällen wird uns das dann vor Augen geführt, wie die innere Abstumpfung und Ungerührtheit mitmenschliche Empfindungen nicht mehr zuläßt. So zeigten Jugendliche in einem Fernsehinterview keinerlei Mitleid. Den Tod eines Ausländermädchens schätzten sie wie ein solches Filmerlebnis ein. In England töten zwei 10jährige Jungen ein kleines Kind. Jugendliche schlagen Obdachlose zusammen. Solche Nachrichten wecken Betroffenheit und Nachdenklichkeit, doch ebenso schnell tritt auch wieder eine gewisse Beruhigung ein, wenn irgendwelche »Kapazitäten« unseren gesunden Menschenverstand Lügen strafen, indem sie behaupten, solcher Einfluß durch Medien sei nicht gegeben oder wir müßten das eben mit den Kindern besprechen.

Zugegebenermaßen hat dieses Thema einen schwierigen Punkt. Kann man wirklich alles verbieten, den Kindern eine heile Welt schaffen und ihnen dabei vielleicht das Gefühl vermitteln, vom Leben der anderen ausgeschlossen zu sein, so daß die brennende Sehnsucht entsteht, so zu sein wie die anderen und das zu tun, was diese dürfen?

Im Grunde läuft aber alles auf dasselbe hinaus: Man muß für die Kinder da sein, wenn sie einen brauchen, ihnen zuhören, an ihrem Leben teilnehmen, auch am Rockstar, auch das Poster dulden, das sie aufhängen wollen. Ein gutes inneres – nicht unbedingt partnerschaftliches! – Verhältnis wird es ermöglichen, abzuspüren, wann und wie der innere Kern angesprochen werden kann. Verbote sind nur von begrenzter Wirkung – obwohl man solange wie möglich versuchen sollte, sie durchzusetzen –, wohl aber Vertrauen und Interesse. Hier wird nur mit aller Schonungslosigkeit das Schädliche angeprangert, weil wir uns klar sein müssen über die starke Wirkung der Atmosphäre in einem Zimmer, einem Haus. Sie ist durch solche äußeren Dinge mitbestimmt. Auf dem Boden einer inneren Sicherheit läßt sich dann auch Toleranz üben, um dem Kind den notwendigen Freiraum zu geben. Die Atmosphäre wird natürlich ebenso geprägt durch die Art des Miteinander-Umgehens. Ist es die Angst, ihr Kind werde sich im rauhen Klima unserer Gesellschaft nicht durchsetzen können – oder woran liegt es, daß viele Kinder gar nicht mehr zu einem freundlichen, höflichen, hilfsbereiten Benehmen angehalten werden? Wie gehen wir also auch sprachlich miteinander um? Welches Vorbild hat das Kind in seiner Mutter, seinem Vater, seinen Geschwistern vor Augen? Als Erwachsene müssen wir auch im Konfliktfall dieser Verantwortung gerecht werden können. Es sollte möglichst nicht passieren, daß wir das Kind anbrüllen, daß es Schimpfworte aus unserem Mund hört. Konflikte treten auf: um so häufiger, je stärker unsere Autorität als Erzieher für das Kind in Frage steht, wobei hier selbstverständlich das Alter eine Rolle spielt. Lassen wir uns mit dem Fünfjährigen auf Diskussionen ein, erreichen wir nur, daß er eine außerordentliche Diskussionsfreude entwickelt, die jedesmal zum Einsatz kommt, wenn er sich dem Gebot der Vernunft beugen soll (selbst verfügt er eben noch nicht über diese Vernunft). Wie man häufig in der Öffentlichkeit erleben kann, geben die Eltern schließlich entnervt nach, wenn sie von ihrem Sprößling oft genug nach den Gründen eines Verbotes gefragt worden sind: »Ich will aber noch ein Eis«, quengelt der Dreikäsehoch und bekommt schließlich das fünfte Eis beim Sonntagsausflug, um abends mit Bauchgrimmen darniederzuliegen.

Als Erwachsene erwarten wir voneinander einen zivilisierten Umgang. Kindern billigen wir aber zu, daß sie in einem Gespräch dauernd dazwischenreden dürfen. Wie weit gehen unsere Toleranzgrenzen? Wird ein »Hilf mir bitte beim Tischabräumen« selbstverständlich, meckernd oder gar nicht in die Tat umgesetzt? Was bewirkt ein: »Erst die Arbeit, dann das Vergnügen«? Werden die Hausaufgaben dann eben abends dahingeschlampt, wenn das Kind eigentlich ins Bett sollte …? Noch so ein Thema: Wieviel Kraftaufwand ist für die Mutter nötig, um den Sprößling endlich ins Bett zu kriegen? Gerät dies zu einem beständigen Drama, das sich täglich wiederholt?

Wir müssen als Erwachsene zu unserer Verantwortung dem Kind gegenüber stehen. Wir sind es, die zu beurteilen und zu entscheiden haben, was geschehen soll. Wir müssen auch »Nein« sagen können, aus liebevoller, konsequenter Überzeugung. Das Kind braucht uns als Orientierung und verläßlichen Halt. Es braucht auch den Widerstand, es muß die Standhaftigkeit des Erziehenden zweifelsfrei erleben. Das gibt ihm das Gefühl der Sicherheit und Geborgenheit. Muten wir dem Kind zu früh und bei der falschen Gelegenheit Selbstverantwortung zu, so schaffen wir für uns und später für das Kind große Probleme, es kann sich sogar zum »kleinen Tyrannen« entwickeln.

Eine Umfrage des Allensbacher Institutes ergab im Herbst 1992 ein besorgniserregendes Ergebnis. An Kinder und Jugendliche in der BRD wurden die Fragen gerichtet, in welchem Verhältnis sie zu ihren Eltern stünden. Nur noch 28 % (der unter 30jährigen) gaben an, im Sinne des 4. Gebotes ihre Eltern zu achten (71 % USA, 51 % Europa). Auch wenn vielleicht der Imperativ: »Du sollst Vater und Mutter ehren«, nicht unbedingt synonym mit der Aussage sein kann: »Ich respektiere meine Eltern, sie sind für mich Orientierungshilfe (gewesen), waren für mich Stütze und Halt«, und schon als religiöse Festlegung verstanden wird, so ist diese Kluft zwischen Eltern und Kindern sehr kennzeichnend für unsere Erziehungssituation. Eltern ordnen sich ihren Kindern unter aus Angst, sie zu verlieren, sie scheuen sich, ihre Kinder zu beeinflussen, sie zum Gehorsam zu erziehen. Auch dies geht aus der Umfrage hervor.

In welche Schwierigkeiten ein Kind kommt und welche Probleme in der Schule auftauchen, wenn es nicht hören kann, in endlose Widerreden verfällt, dauernd dazwischenredet, auffällig wird, weil es nicht die gleiche Beachtung durch den Lehrer erfährt wie zu Hause, kann man sich leicht ausmalen. Unter Umständen können die ersten beiden Schuljahre darüber hingehen, bis sich ein solches nicht zur Gemeinschaftsfähigkeit erzogenes Kind einigermaßen an die Spielregeln in der Schule gewöhnt hat. Für Eltern und Lehrer eine schwere Zeit. Viel gegenseitiges Bemühen ist nötig, diese unterschiedlichen Erziehungsauffassungen nicht zum Nachteil für das Kind werden zu lassen.

Gespräche – Elternabende

Erziehen in Gemeinsamkeit von Eltern und Lehrern – dieses Ziel müssen Schule und Elternhaus vor Augen haben. Es ist eine Forderung, die zunehmend auch in der Öffentlichkeit laut wird. In der Waldorfschule muß immer wieder der Versuch gemacht werden, das jeweilige pädagogische Tun aufeinander abzustimmen. Je offener Gespräche geführt werden können, um so wirksamer kann dann auch gehandelt werden. Denn selbstverständlich führt die Begegnung der Kinder mit allen Verlockungen der heutigen Zeit immer wieder zu schwierigen Situationen für die Eltern.

Eine breite Basis für das gemeinsame erzieherische Unternehmen bieten die pädagogischen Veranstaltungen der Schule. Auch alle gemeinschaftlichen Unternehmungen der Klassen, die von der Elternschaft miterlebt werden können, dienen diesem Zweck. Bei Monatsfeiern, Klassenspielen und Festen nehmen Eltern und Verwandte Einblick in die gelebte Schulwirklichkeit. Vorträge, Rundgespräche, Seminarveranstaltungen bieten die Gelegenheit, sich mit den Grundlagen der Pädagogik und der Menschenkunde vertrauter zu machen.

Die Lehrer ihrerseits müssen aus ihrem Schul-Elfenbeinturm hinausschauen, um zu erfahren, wie diese Schul- und Erziehungswirklichkeit aus der Perspektive der Elternhäuser aussieht. Sind ihre Erwartungen doch vielfach in der Theorie leichter ausgesprochen. Für Eltern und Lehrer ist der Elternabend der zentrale Ort des Austausches. Anhand der Darstellung der verschiedenen Unterrichtsepochen und des didaktischen Aufbaus erfahren die Eltern vom Lehrer die menschenkundliche Zu- und Einordnung für die jeweilige Altersstufe und können auf dieser Grundlage den

Werdegang ihres Kindes unterstützend begleiten. Hier erfahren sie, warum beispielsweise mit der Einführung der Buchstaben so viel Zeit zugebracht wird – wie manche meinen zu viel Zeit, wenn einzelne Kinder in der zweiten Klasse immer noch nicht lesen und schreiben können. Hier sollten alle Probleme angegangen werden, die über den konkreten Einzelfall hinaus für alle von Bedeutung sind. So läßt sich beispielsweise gemeinsam der richtige Umgang mit den Hausaufgaben besprechen. Welche Hilfe können die Eltern dabei geben, oder sollen sie das überhaupt? Wieviel Selbständigkeit kann und muß dabei den Kindern abverlangt werden? Welche Lektüre ist die richtige in welchem Alter, wie geht man mit dem Medienproblem – auch im Kreise von Freunden und Verwandten – um? Welche Vorbereitungen müssen für einen Ausflug getroffen werden, oder wie kann sich die Klasse nebst Eltern und Lehrern an der Vorbereitung von Festen beteiligen?

Erfahrungen werden ausgetauscht, Anregungen weitergegeben. Die Tatsache, daß die Kinder eine Gemeinschaft bilden, ist für die Eltern der gemeinsame Nenner.

Der Lehrer sollte mit den Eltern klären, welche Themenbereiche auf dem Elternabend und welche Themen andernorts besprochen werden müssen, weil sie z. B. die ganze Schulgemeinschaft betreffen. Es ist Zeitverschwendung, das gleiche Thema an den Elternabenden verschiedener Klassen zu diskutieren. Dafür wird man lieber ein Zusammentreffen aller Eltern oder zumindest der Eltern der betroffenen Klassen wählen. Ebenso kann es sein, daß Probleme, die sich mit einzelnen Kindern ergeben, behutsamer Intimität bedürfen und nur unter den Betroffenen besprochen werden sollten. Dies kann etwa der Fall sein, wenn ein Kind dauernd mit anderen in Streit gerät oder bei Raufereien zur Brutalität neigt, die sich dann in der Klasse auszubreiten beginnt. Wenn sich solche Vorgänge überwiegend auf dem Schulweg ereignen, sollte der Lehrer sofort davon unterrichtet werden. Dann kann er auch mit gesteigerter Aufmerksamkeit die Vorgänge in der Schule betrachten. Ein solches Problem muß in vertrauensvoller Zusammenarbeit im kleinen Kreis angegangen werden. Später können dann die allgemeingültigen, einer objektiven Betrachtung abgewonnenen Erfahrungen in der Klasse vorgebracht werden, ohne daß einzelne Kinder zu Sündenböcken gemacht würden.

Elternabende können aus den Fugen geraten, wenn Probleme und Konflikte sich ergeben haben, die zwar von Eltern unbedingt zur Sprache gebracht werden sollen und müssen, aber nicht hier und jetzt, da diese weitgehende Öffentlichkeit es nicht möglich macht, wirklich verantwortlich damit umzugehen. Häufig bildet sich ein solcher Konflikt deswegen heraus, weil Eltern eine Entscheidung des Lehrers nicht akzeptieren. Sie können diese Entscheidung aber gar nicht beurteilen, weil ihnen beispielsweise wesentliche Sachverhältnisse aus der privaten Sphäre des Schülers unbekannt bleiben müssen, die der Diskretion bedürfen. Verschiedene Fälle sind zu berücksichtigen:

– Das eigene Kind ist betroffen.
  Dies ist kein Thema für den Elternabend. Das Gespräch mit dem Lehrer muß am Anfang stehen, weitere Gespräche mit größeren Menschengruppen können angeschlossen werden.

– Eine Gruppe von Kindern ist betroffen.
  Die betroffenen Eltern sollten auch hier erst das Gespräch in kleiner Gruppe suchen. Hat der Vorfall für die Klassengemeinschaft wesentliche Bedeutung, muß er anschließend auf dem Elternabend besprochen werden.

– Die ganze Klasse ist betroffen (z. B.: die Klasse kommt sehr häufig zu spät vom Schwimmen, der Lehrer ordnet eine Zusatzstunde an. Vorwurf: Kollektivstrafe...)
  Dies ist ein Elternabend-Thema, kann aber sehr unterschiedlich angegangen werden. Die schlechteste Lösung: Die nur unvollständig informierten Eltern bilden sich ein Urteil aus den Erzählungen der Kinder und anderer Eltern und tragen diese

Urteile dem überraschten Lehrer vor. Was fehlt: Das Bemühen um eine vernünftige Urteilsgrundlage, die sich aus Vorgesprächen hätte ergeben können oder die durch gemeinsame, fragende Betrachtung herausgearbeitet werden könnte.

- Eltern betrachten den ersten oder zweiten Fall, wie er ihnen in unvollständiger Weise zu Ohren gekommen ist, und fühlen sich nicht nur zur Stellungnahme, sondern zur Hilfe und Unterstützung aufgerufen. Die Betroffenen wurden vielleicht gar nicht gefragt. Ein Unternehmen, das meist zum Scheitern verurteilt ist: Der völlig unterschiedliche Informationsstand läßt eine verantwortliche Beurteilung gar nicht zu.

- Eltern, die mit der Entscheidung eines Lehrers nicht einverstanden sind, suchen Hilfe bei anderen Eltern, um beim Elternabend gemeinsam »gegen« den Lehrer vorzugehen, ohne im Vorfeld eine Klärung zu suchen. Eine unersprießliche Angelegenheit, die für alle Beteiligten nichts Gutes bringen kann, weil Mißverständnisse, Vorurteile und unangebrachte Vorwürfe die Auseinandersetzung bestimmen. Viel aufräumende Gesprächsarbeit ist notwendig, Zeit, die besser in die Vorbereitung hätte investiert werden sollen.

Sicher kann man die Teilnahme an Elternabenden nicht zur Pflichtveranstaltung machen; die Eltern sollten sich dieser Pflicht jedoch im Interesse ihrer Kinder unterziehen, denn sie haben sich ja dazu entschlossen, ihre Erziehung auf einer gemeinsamen Basis mit den Lehrern zu betreiben. Daran kann gerade auf den Elternabenden gearbeitet werden. Für die Eltern ergibt sich hier die Möglichkeit, einen konkreten Einblick in das Unterrichtsgeschehen zu gewinnen und das erzieherische Bemühen des Lehrers zu beurteilen und zu begleiten. Raffen sie sich nur dann zur Teilnahme an einem Elternabend auf, weil sie mit ihren Kindern, dem Unterricht oder dem Lehrer Probleme haben, so ist dies zwar ein berechtigter, aber trotzdem oft neue Schwierigkeiten schaffender Anlaß. Die kontinuierliche Teilnahme an der Elternabend-Arbeit hingegen schafft ein anderes Bewußtsein für die Erziehungsaufgabe und ermöglicht eine verantwortungsgerechte Urteilsgrundlage für alle Vorgänge. Oft entstehen unnötigerweise Probleme, weil Eltern einen Teil der gemeinsamen Entwicklung der Erziehergemeinschaft von Lehrern und Eltern einer Klasse nicht miterlebt und miterlitten haben. Im Gespräch sein und im Gespräch bleiben – dies ermöglicht ein wachsendes und vertieftes gegenseitiges Vertrauen. Das Gespräch erst im Konfliktfall zu suchen, macht es oft notwendig, unnötige Barrieren zu überwinden oder beiseitezuschaffen. Natürlich gilt dies ebenso und in erhöhtem Maße für das Vertrauensverhältnis zwischen den Eltern und Lehrern eines Kindes.

Zusammenfassend:
Für den Elternabend ergeben sich also folgende Gesprächsbereiche:

- Darstellung der Unterrichtsinhalte und -methoden durch Klassen- und Fachlehrer
- entwicklungs- und altersorientierte menschenkundliche Betrachtungen, Behandlung der auftretenden Probleme
- Erfahrungsaustausch aller Anwesenden zu aktuellen Problemen
- Betrachtung der Zusammenarbeit von Elternhaus und Schule
- Vorbereitung von Ausflügen oder anderen Aktivitäten: Feste, Theateraufführungen
- allgemeine Fragen

Über die Elternabende hinaus haben sich an vielen Schulen auch Gesprächsrunden etabliert und bewährt, die sich mit Fragen der ganzen Schulgemeinschaft beschäftigen – eine Art Vollversammlung der Schulgemeinschaft, ohne die z. B. eine Schule im Aufbau gar nicht auskommen kann. Je nach Organisationsform (meistens als ein eingetragener Verein) sind auch noch Versammlungen aller Mitglieder der Schulgemeinschaft nötig, die einen verwaltungsmäßigen Duktus haben. Hier müssen die rechtlichen Erfordernisse erfüllt, Vorstandswahlen, Entlastungen u. ä. durchgeführt werden.

Um die einzelnen Schüler zu betrachten und die individuelle pädagogische Feinarbeit abzustimmen, sind Einzelgespräche zwischen Lehrer und Eltern hilfreich und notwendig. Dies kann in der Sprechstunde des Lehrers geschehen. Oft ist aber auch ein intensiverer Austausch nötig. Für den Lehrer ist es im Hinblick auf die Zusammenarbeit mit den Eltern sehr hilfreich, auch einmal das Zuhause seines Schülers kennenzulernen. Für Eltern und Kind wiederum ist es sicher auch eine wichtige Erfahrung, den Lehrer einmal nicht nur als »Amtsperson« zu erleben. Ein solcher – meist abendlicher – Besuch bietet genug Raum, in lockerer Atmosphäre die Lebens- und Schulsituation einer Betrachtung zu unterziehen. In der familiären Situation zeigt das Kind häufig Seiten seiner Persönlichkeit, die dem Lehrer bis dahin gänzlich unbekannt waren. Da kann ein in der Schule sehr munteres Mädchen – manchmal zu munter – plötzlich sehr still und zurückhaltend sein, oder eben gerade umgekehrt. Viele Verhaltensweisen des Kindes erschließen sich mit einem Mal einer neuen Deutungsmöglichkeit. Traut sich so ein schüchternes, ängstliches Mädchen in der Schule vielleicht deswegen so wenig zu, weil es die Schulsituation immer als Prüfungssituation empfindet? Zu Hause beteiligt es sich munter am Gespräch und beantwortet auch ohne Scheu alle möglichen Fragen des Lehrers. Die im Elternhaus gewonnenen Eindrücke können so bis in den Schulalltag dienlich sein.

Auch bietet der Hausbesuch des Lehrers eine gute Gelegenheit, mit den Eltern zu einer grundsätzlichen Abstimmung über das gemeinsame erzieherische Vorgehen zu kommen. Dabei wird man sich bemühen, einen gemeinsamen Nenner zu finden oder vom kleinen gemeinsamen Nenner vielleicht die Wege zu einem größeren aufzuzeigen. Für die Eltern ist es eine Gelegenheit, vertiefende Einblicke in die Pädagogik zu tun, der sie ihr Kind an einer Waldorfschule anvertraut haben, und wie diese vom Lehrer in die gelebte tägliche Praxis umgesetzt wird. Der Lehrer hat die Möglichkeit, etwas über die erzieherische Wirkung seines Tuns zu erfahren, wie es für die Eltern sichtbar wird. Er wird jedoch auch wahrnehmen können, wo es notwendig ist, die Eltern noch stärker mit den menschenkundlichen Grundlagen der Pädagogik vertraut zu machen. Sehr deutlich wird ihm dabei auch werden, mit welchen Schwierigkeiten Eltern zu kämpfen haben, wenn sie bemüht sind, negative Einflüsse von ihrem Kind fernzuhalten, die vielleicht schon in der Nachbarschaft einfach hingenommen oder kaum als negativ wahrgenommen und eingestuft werden wie z. B. die Dauerberieselung durch Medien oder der Konsum bestimmter Comics. So kann dieses ausführliche Gespräch im Elternhaus des Kindes eine wertvolle Gelegenheit sein, ein gegenseitiges Verständnis für das pädagogische Bemühen um die Erziehung zu schaffen. Schade und geradezu widersinnig, wenn der Hausbesuch als Kontrollvorgang gewertet wird, dem man ängstlich oder ärgerlich entgegensieht und bei dem man Probleme zu umgehen versucht, indem alles beiseitegeschafft wird, was beim Lehrer Befremden auslösen könnte. So wird etwa das Kinderzimmer von allem befreit, was Anstoß erregen könnte. Fußballbilder verschwinden von den Wänden, Stereo-Anlagen und Fernsehgeräte aus dem Regal, das Plastikspielzeug wird ins Exil geschickt. Der Stein des Anstoßes ist verschwunden, der Anstoß zum Nachdenken für Lehrer und Eltern aber leider auch. Für den Lehrer stellt sich die Frage: Warum ist es mir nicht gelungen, die Eltern von den Nachteilen all dieser Dinge zu überzeugen? Für die Eltern: Warum überlasse ich mein Kind Einflüssen, die ich eigentlich nicht gutheißen kann? Oder: Warum weiche ich einem Gespräch darüber aus, wenn ich die vom Lehrer für schädlich gehaltenen Einflüsse für ungefährlich halte? Es macht doch überhaupt keinen Sinn, eine widerspruchslose Erziehungslandschaft in Schule und Elternhaus vorzutäuschen. Warum aber einem Gespräch über diese Dinge ausweichen? Meistens ist ein Lehrer durch Erzählungen der Kinder ganz gut darüber informiert, wie sie ihre Nachmittage und Wochenenden zu Hause oder bei Großeltern, Verwandten und Bekannten verbringen. Vielleicht könnte ein Meinungsaustausch doch etwas Bewegung in die Gestaltung des Tagesablaufes zu Hause bringen.

Abgesehen von der Standortbestimmung und -veränderung ist es auch immer wieder nötig – und kann eine schnelle und wirksame Hilfe bedeuten –, wenn sich Lehrer und Eltern in akuten Krisensituationen zu einem ausführlichen Gespräch zusammenfinden. Immer wieder gibt es Entwicklungsphasen und Lebenssituationen, die das Kind vor große Probleme stellen. Dem Lehrer fällt in der Schule auf, daß es bedrückt und passiv ist oder häufig mit anderen in Streit gerät. Im Gespräch mit den Eltern stellt sich heraus, daß eine Freundschaft in die Brüche gegangen ist. Oder die Hausaufgaben werden plötzlich zu einem ewig langen Kampf zwischen Mutter und Sohn. Nach einem eingehenden Gespräch wird eine Lösung gefunden: Über einen bestimmten Zeitraum berät der Lehrer den Schüler intensiv – die Lage normalisiert sich. Manche Probleme können in einer halben Stunde in der Sprechstunde gelöst werden. Diese halbe Stunde kann den Eltern aber auch dazu dienen, sich einen Gesamteindruck der aktuellen Situation in der Schule zu verschaffen.

Die Erziehungsverantwortung

Vielleicht gelingt es nach und nach im Prozeß des Hineinfindens und Hineinlebens in die Waldorfschule, zu einer breiten Basis bezüglich der Erziehungsanschauungen zu finden. Für die Gegenwart und Zukunft erweisen sich drei Aspekte als besonders bedeutsam:

- Kinder brauchen die Autorität von Eltern und Lehrern
- wir müssen ihren Entwicklungsstand – die Kindheit, das Jugendalter, das Erwachsenwerden – viel stärker beachten

– wir müssen uns darum bemühen, die Entwicklung zum erwachsenen Menschen an der Weltwirklichkeit zu ermöglichen.

Das heißt: Wir müssen unsere Aufgabe als Erzieher, der allein die Verantwortung dafür trägt, was mit dem Kind täglich geschieht, in ihrer ganzen Tragweite erkennen und annehmen. Dauernd werden uns Entscheidungen abverlangt, die wir für das Kind fällen müssen, denn es selbst ist in keiner Weise in der Lage, darüber zu befinden, was das Richtige ist. Kinder sind nicht Partner oder gleichberechtigte Freunde der Eltern oder Lehrer, sie sind diesen als Schutzbefohlene anvertraut. Auch wenn es unbequem ist, Aktivität erfordert, Auseinandersetzung mit den Kindern bedeutet: Wir müssen uns die Autorität zum Erziehen erwerben und diese dem Kind gegenüber täglich bestätigen. Das bedeutet nicht Härte oder Strenge, aber wir müssen mit aller Entschiedenheit »nein« sagen können, denn das ist letztlich nur zum Guten des Kindes. Wir dürfen uns nicht davon beirren lassen, daß eine Pseudo-Demokratisierungswelle im Sinne »power to the kids« über uns hinwegrollt, Kinderparlamente im Fernsehen auftreten, Kinder bei Telefonaktionen die Eltern beraten, welche Geschenke sie ihrem Nachwuchs zu Weihnachten machen sollen. Man muß manchmal den Eindruck haben, daß den Kindern mehr Vernunft und Lebenserfahrung zugetraut wird als ihren Eltern oder Lehrern. Damit werden sie aber im Grunde ihrer Kindheit beraubt. Auch in bezug auf Umweltfragen werden den Kindern durch Überinformation Verantwortungen aufgebürdet, die sie in Wahrheit belasten und nicht zuletzt zu Ängsten führen. Viel kindgemäßer ist es, vorbildhaft durch Taten das Kind zu einem sorglichen Handeln anzuregen. Die Kinder werden heute in dieser Hinsicht vielfach überfordert – oder sie werden ohne Führung allein gelassen.

Warum haben es Eltern und Lehrer oft so schwer, sich bei ihren Kindern durchzusetzen? Warum lassen sie sich in sinnlose Diskussionen verwickeln (bei denen der aufgeweckte Nachwuchs mit der

Zeit eine erstaunliche Geschicklichkeit entwickelt), um schließlich mit schlechtem Gewissen einen untauglichen Kompromiß einzugehen oder sich ganz dem Wollen des Kindes zu unterwerfen?

Diese Unsicherheit entsteht auch häufig, weil wir glauben, die »öffentliche Meinung« in diesen Fragen stünde gegen uns. Weil andere Kinder dieses und jenes schon dürfen, reklamiert der eigene Sprößling dieses Recht auch für sich. Die Folge ist eine allgemeine Inflation von Erziehungswerten, die gerade dazu dienen sollten, die Welt der Erwachsenen als das zu begreifen, was selbstverantwortliches Handeln voraussetzt. Selbstverantwortung aber ist eine Fähigkeit, die mühsam erlernt werden muß.

Aber es gibt sie, die Eltern, die NEIN sagen können. Im Supermarkt bleibt ein 5jähriger prompt an jener Falle in Kassennähe stehen, die der psychologisch geschulte Geschäftssinn dort aufgebaut hat – gerade in Augenhöhe des kleinen Konsumenten. »Papi, ich will die Schokolade, ich mag die Bonbons, ich mag dieses Auto, kauf mir ein Eis!« Ruhig und mit liebevoller Bestimmtheit reagiert der Vater: »Du hast zu Hause noch genug Bonbons, ein Auto gibt es zum Geburtstag, du hast gestern schon Eis gegessen.« Nein, nein, nein. Er wird dem Kind sicher gelegentlich eine solche Freude machen, aber nicht hier und nicht jetzt und nicht, weil Kinder als Konsumenten mißbraucht werden.

Das Kind macht eine bestimmte Erfahrung, wenn der Erwachsene ihm mit einem verantwortungsbewußten »Nein« entgegentritt, wenn Diskussion in einem bestimmten Alter (nämlich vor der Pubertät) nicht zugelassen wird, wenn Anordnungen einfach Bestand haben, ohne dauernd begründet werden zu müssen, wenn die permanente Frage des »Warum« mit einem bestimmten »Weil ich es so will« beantwortet wird: Die Kinder fügen sich in das Richtige (– auch als Erzieher können wir natürlich eine falsche Entscheidung treffen – aber was spricht dafür, daß das Kind richtiger urteilt als wir?). Sie erleben Sicherheit und Geborgenheit, sie vertrauen sich der Führung des Erwachsenen an – und diese täglich bestätigten Qualitäten der Bezugspersonen geben ihnen auch noch Sicherheit auf einem guten Stück Weges in die Zeit des Jugendlichen. Es geht hier wohlgemerkt um Fragen, die Entscheidungen abverlangen, nicht um das altersgemäße Gespräch mit dem Kind. Darin wird die notwendige Vertrauensbasis geschaffen. Sich Zeit für das Kind zu nehmen und ihm zuzuhören, gibt dem Erwachsenen seinerseits das Gespür dafür, wann er es schrittweise in eine Eigenverantwortlichkeit entlassen kann.

Der Zeitraum der Kindheit wird immer mehr eingeengt und verkürzt, das Jugendalter zunehmend von der Welt der Erwachsenen geprägt. Aber auch hier ist die Unsicherheit der Erziehenden groß. Selbst wenn ich davon überzeugt bin, daß mir die Führungsrolle und ausschließliche Verantwortung für das Kind zukommt, selbst wenn ich mit ihm im Gespräch bin – wie kann man sich nach und nach als Eltern oder Lehrer zurücknehmen, wann den Heranwachsenden in Entscheidungsprozesse mit einbeziehen oder freilassen? Eine zu lange aufrechterhaltene feste Hand oder Erwartung eines widerspruchslosen Sichfügens birgt zweierlei Gefahren in sich: Der Jugendliche kommt überangepaßt, unselbständig, einer dauernden Stütze bedürftig ins Erwachsenenalter hinein – oder es kommt zum regelrechten Aufstand: er wendet sich plötzlich ab, fühlt sich nur noch mißverstanden und alleingelassen und muß oft ein hartes Lehrgeld bezahlen auf dem Weg in eine Selbständigkeit, die nicht dem Wunsch entspringt, Verantwortung zu übernehmen, sondern viel stärker aus einem trotzig-enttäuschten Aufbegehren angestrebt wird. Andererseits gehört der Protest gegen die Autorität in diese Phase der Entwicklung. Wie erkennt man, was den Jugendlichen wirklich bewegt?

Auch um das 14., 15., 16. Lebensjahr (8., 9. und 10. Klasse) ist es sicher noch richtig, sich kräftig in das Leben der uns Anvertrauten einzumischen. Wir müssen uns jedoch darüber klar sein, daß die Heranwachsenden jetzt einen Lebensabschnitt durchlaufen, in dem sie sich naturgemäß mehr und mehr von uns abschließen. Zu vielen Bereichen ihres täglichen Lebens- und Erfahrungsfeldes wollen sie unsere Meinung gar nicht mehr hören. Das gesellige Leben in der Öffentlichkeit, der Besuch von Veranstaltungen, Feste, die da gefeiert werden – auf alles versuchen wir dennoch ein Auge zu haben. Wir können uns bei den 18–20jährigen um ein Verständnis für unsere Entscheidungen bemühen. Deshalb ist es jetzt durchaus angebracht, zu begründen, warum wir den Besuch eines schlechten oder nach unserer Ansicht ungeeigneten Filmes verbieten. Manchmal ist auch noch das kategorische Nein angebracht, wenn wir Zweifel an einer geplanten Unternehmung haben.

Es ist jedoch notwendig, dem Heranwachsenden immer wieder unser Vertrauen zu zeigen und ihm Gelegenheit zur Bewährung zu bieten. Das sind die Erprobungsräume für selbstverantwortliches Handeln. Wir können verschiedene Möglichkeiten bieten, Kompromisse schließen. »Wenn du mit den Hausaufgaben bis fünf Uhr fertig bist, kannst du den Besuch noch mitmachen. Du mußt aber bis halb zehn Uhr zu Hause sein, denn morgen heißt es früh aufstehen...« Noch können wir manches mit unserer Autorität durchsetzen, und diese Tatsache muß genutzt werden. Auch hier gilt die Konsequenz. Erlebt der Jugendliche aber seinerseits, daß er etwas darf, wenn er gewisse Regeln befolgt, dann wird er sich auch daran halten und so seinen eigenen Freiraum schrittweise erweitern können. Ein bis zwei Jahre später können wir dann nur noch unser Urteil zur Situation abgeben, müssen aber die letztendliche Entscheidung darüber, welche Handlung die richtige ist, dem 17jährigen überlassen. Hat er aber durch die vorangegangene Erziehung eine innere Festigkeit gewonnen, so wird er daran einen Halt haben.

Was aber geschieht, wenn wir die Verantwortung für das Kind zu früh abgeben, ihm zu früh Selbständigkeit durch Freiheit zu vermitteln glauben? Häufig stehen wir dann vor der Situation, daß das Kind Dinge tut, die wir eigentlich nicht gutheißen können, die wir schließlich aber doch mit schlechtem Gewissen zulassen. Das Kind erlebt auf diese Weise seine Erzieher nicht als Vorbild und Orientierungshilfe. Tritt dann eine Situation ein, der absolut nicht zugestimmt werden kann (der 13–14jährige frühreife Knabe will partout nicht mehr in die Schule gehen, oder er möchte sich mit seiner Freundin alleine auf eine dreiwöchige Urlaubsreise begeben . . .), dann erleben wir plötzlich eine vollständige Ohnmacht. In Auseinandersetzungen müssen wir feststellen, daß das Kind uns entglitten ist. Vor lauter Angst, überhaupt nicht mehr als Bezugsperson anerkannt zu werden, wird ihm dann immer weniger Widerstand entgegengesetzt, was einen weiteren Autoritätsverlust zur Folge hat . . .

In der Pubertät wird der Erzieher dann nicht mehr als Persönlichkeit anerkannt. Die sich daraus ergebenden Spannungen lassen es auch fraglich erscheinen, ob später wieder eine Atmosphäre gegenseitiger Achtung (und Zuneigung) aufgebaut werden kann. Was ist dann zu tun?

Auf dem Weg in die Selbständigkeit zeigt sich bald, wie stabil das Schiff gebaut ist, das auf den stürmischen Wogen unterwegs ist, auf dem ein angehender Kapitän das Ruder immer häufiger alleinverantwortlich in die Hand nimmt. Welche grundlegende Orientierung haben wir dem Jugendlichen mitgeben können, was wird aus dem, was wir »gute Gewohnheiten« nannten (was zum Teil »gute Erziehung« ist, zum Teil Disziplin bedeutet), das nun als Selbstdisziplin neu errungen werden muß? Welche Werte und Einstellungen haben wir vermittelt? Wie sind die Kräfte des Wollens und Fühlens entwickelt, wenn sie sich neu in den Dienst eines selbständig werdenden Denkens stellen? Alles muß neu ergriffen, durchgearbeitet, gewertet werden, um ein selbstbestimmtes Handeln anzubahnen.

Autorität von Lehrern und Eltern

Ein langwieriger, mühsamer Prozeß ist es, erwachsen zu werden. Was bedeutet dies aber, Erwachsener zu sein? Da ist etwas gewachsen, »erwachsen« aus den Anlagen, die einem Keim entstammen und zu einem ersten Abschluß, einer Stufe der Vollendung gekommen sind. Alle Kräfte und potentiellen menschlichen Fähigkeiten sollen nun verfügbar sein, um das Leben selbstverantwortlich zu gestalten. Die Erziehung muß nun von der Selbsterziehung abgelöst werden. Durch Selbsterziehung bilden wir unsere ganz individuelle Persönlichkeit aus.

Der Mensch bedarf der Erziehung. Er wird in, mit und von der menschlichen Gesellschaft für ein Leben in ihr erzogen. Die menschliche und zivilisatorische Umwelt erzieht das Kind allein schon durch ihre Existenz, der erwachsene Mensch erzieht das Kind mit bestimmten Vorstellungen und Absichten. Während der Einfluß einer technisierten Umwelt als funktionaler Faktor zugenommen hat, ist der Wirkungsgrad der intentionalen Erziehung schwächer geworden. Die Erziehungsvorstellungen der Elterngenerationen früherer Zeiten waren stark von Traditionen bestimmt, heute sind sie individueller, unabhängiger und damit aber auch oft von Unsicherheit geprägt. Innerhalb der letzten drei Generationen hat sich ein völliger Wandel vollzogen, vor allem auch durch gesellschaftliche und politische Veränderungen. So lange ist es noch nicht her, daß Kinder ihre Eltern mit »Herr Vater« und »Frau Mutter« titulierten, heute werden diese mit ihren Vornamen angesprochen. Auf die durch und durch autoritätsorientierte Erziehung folgte der Pendelschlag zur antiautoritären Erziehung. Zu weit schlug das Pendel jedoch dabei aus – die Bekämpfung willkürlicher staatlicher und institutioneller Autorität ging einher mit der Ablehnung jeglicher Autorität – auch in der Erziehung. Zur Freiheit sollte der Mensch in völliger Freiheit heranwachsen, repressionsfrei, autoritätsfrei sollte die Erziehung sein. Inzwischen hat jedoch ein Umdenkungsprozeß eingesetzt, weil die Einsicht wächst, daß die Selbstbestimmung des Erwachsenen nicht durch die Selbstbestimmung des Kindes angebahnt und aufgebaut werden kann, schon gar nicht in einer durch die Medien bestimmten Umwelt. Das Kind folgt – wenn an der Autorität, an der Führungsverantwortung kein Zweifel aufkommt – dem Erziehenden im doppelten Sinne des Wortes. Dabei kommen ihm dessen Erfahrung und Urteilsvermögen zugute. Wenn das Kind eigene Versuche einer Entscheidung unternimmt, seinen Willen durchzusetzen versucht, erstarkt es am Widerstand. In und nach der Pubertät vollzieht sich ein tiefgreifender Wandel. Die Autorität des Erwachsenen wird in Frage gestellt. Der eigene Wille – gelenkt vom Gefühlsurteil – will und muß sich Bahn brechen. Jetzt haben Gespräche mit dem, der dann den Kinderschuhen entwächst, oft schon eine andere Zielrichtung. Der Jugendliche muß erleben können, daß er in seinem Streben nach Selbständigkeit ernst genommen wird, andererseits aber auf die Hilfe des Erwachsenen rechnen kann. Statt der bisher ausgesprochenen Verbote wird es oft um Kompromisse gehen. Die 16- bis 18jährigen erst zeigen sich zunehmend vernünftigen Argumenten zugänglich. Nach und nach treten wir dem jungen Menschen als einem gleichberechtigten Erwachsenen gegenüber.

In den ersten beiden Lebensjahrsiebten bedeutet Erziehungsverantwortung für uns Entscheidungsbefugnis und -notwendigkeit für das Kind. Die Einheitlichkeit und Widerspruchsfreiheit im Erleben der Autorität von Eltern und Lehrer gibt dem Kind sichere Orientierung. Wir bemerken immer wieder, daß die Kinder versuchen, den Weg des geringsten Widerstandes zu gehen, indem sie die Eltern oder Lehrer gegeneinander ausspielen. Gelingt ihnen dies, so erleben sie einen Widerspruch im Urteil der Erwachsenen mit dem Fazit, daß man sich nicht auf sie verlassen kann. Für die Zusammenarbeit zwischen Elternhaus und Schule ist diese Tatsache von größter Bedeutung. Wird die Autorität des Lehrers zu Hause vor den Augen und Ohren des Kindes in Frage gestellt, gerät es in einen großen Zwiespalt und weiß nicht mehr, ob es dem Lehrer trauen kann. Ein älteres Kind wird sogar unter Umständen zum disziplinären Problemfall für den Lehrer, da es seine Anweisungen nicht mehr ernst nimmt. Dies heißt natürlich nicht, daß Eltern sich jeder kritischen Betrachtung des Unterrichtes und des Lehrers enthalten sollten. Haben sie jedoch Besorgnisse in dieser Richtung, so muß eine Klärung unter den Erwachsenen angestrebt werden.

Umgekehrt gilt natürlich das gleiche: Auch der Lehrer darf die Autorität der Eltern – oder seiner Kollegen – nicht vor dem Kind anzweifeln.

Eine nicht seltene Erfahrung für den Waldorflehrer heute: Eltern stimmen zwar durchaus mit dem Grundsatz der Erziehungsautorität des Erwachsenen überein, können aber dem Druck, der von dem konsequenzlosen »Das hab' ich aber nicht so gerne« ausgeht und der sich in den endlosen Warum-Fragen und »Das seh' ich nicht ein«-Antworten der Kinder manifestiert, nicht standhalten. Sie geben mit schlechtem Gewissen nach und bringen das entscheidende »Nein« nicht zustande. Ergibt sich nun eine solche Nein-Situation als konsequente Reaktion des Lehrers auf das Verhalten des Kindes, werden sie plötzlich zu dessen Verteidiger. Eine Bestätigung des Lehrers würde ihnen sonst vom Kind als widersprüchliches Verhalten angemahnt. Geht es wirklich um die pädagogische Unfähigkeit des Lehrers, wird sich das herausstellen. Was hindert die Eltern daran, dem Kind zu begegnen mit der Aussage: »Dein Lehrer wird schon wissen warum«, um sofort mit dem Lehrer – ohne daß das Kind mithört – den Sachverhalt zu klären (wozu gibt es Telefone!).

So treten häufig Konflikte zwischen Elternhaus und Schule auf, weil eine korrigierende Maßnahme des Lehrers von den Eltern nicht akzeptiert wird. Sie meinen, ihr Kind vor einer Ungerechtigkeit oder vor einer überzogenen Reaktion des Lehrers bewahren zu müssen. Durch die von ihm ins Auge gefaßte Maßnahme wird auch der alltägliche Ablauf der Dinge gestört – vielleicht soll das Kind nachsitzen (und das ist bekanntlich nicht zulässig), es soll also etwas nacharbeiten, folglich muß die Organisation des Tages verändert werden. Vielleicht ist es notwendig, die Heimfahrt des Kindes (Abholen mit dem Auto usw.) anders zu organisieren. Für den Lehrer bedeutet dies in jedem Falle mindestens ebenfalls einige Unbequemlichkeit, meistens auch Mehrarbeit und zusätzlichen Zeitaufwand. Eltern sind mit einem solchen Vorgehen oft nicht einverstanden, weil der Anlaß der Aktion für sie zu unbedeutend ist (der Lehrer findet, die Hausaufgabe ist zu schlampig gemacht, die Eltern finden sie noch akzeptabel), oder sie sind überhaupt der Meinung, daß solche Strafmaßnahmen falsch sind. – Im ersteren Falle wird es nötig sein, die Maßstäbe zu betrachten, die von Eltern- und Lehrerseite an das Verhalten und die Arbeitsweise des Kindes gelegt werden (wobei ein höherer Maßstab vielleicht der Erziehung zu guten Gewohnheiten nicht abträglich wäre?!). Im zweiten Falle muß darüber nachgedacht werden, wie man überhaupt zur Frage von Sanktionen steht. Ist die Bestrafung ein Erziehungsmittel, das sinnvoll und verantwortbar ist, wie steht unsere Gesellschaft zu dieser Frage und wie stellen wir uns persönlich zu ihr? Dieses Problem soll noch ausführlich behandelt werden.

Für den Lehrer sieht die Sache so aus:

Er hat nur wenige Möglichkeiten, das Verhalten des Kindes zu korrigieren. Zuerst wird er immer versuchen, sein Ziel über die sogenannte positive Verstärkung zu erreichen: Lob und Ansporn, Wettbewerb, nicht als Leistungswettbewerb, sondern als Vergleichsmaßstab (»Ich habe heute schon ganz viele wunderschöne Textseiten bei den Hausaufgaben zu sehen bekommen«), persönliches Betroffensein (»Mit dieser Zeichnung hast du mir eine besonders große Freude gemacht«), das sind solche Möglichkeiten, das gesteckte Ziel zu erreichen. Wenn sie aber nicht ausreichen, müssen andere Wege beschritten werden. Was dann oft versucht wird, zeigt sich nur von begrenzter Wirkung wie der Appell an die Einsicht des Kindes. »Wenn du deine Arbeit so schlampig machst, wirst du später große Schwierigkeiten haben, ... kannst du dir den Stoff schlecht einprägen ...« und ähnliche Ermahnungen erreichen das Kind in seiner Empfindung gar nicht. Noch schlimmer ist es, wenn der Erzieher schließlich genervt aufgibt. Das Kind redet sowieso immer dazwischen, man geht schließlich kommentarlos darüber hinweg, man sagt nichts mehr, wenn man mehrmals versucht hat, eine Störung zu unterbinden. Das Kind erlebt aber nun, daß es dem Erzieher offenbar doch bedeutungslos scheint, wie es sich verhält. Ein Stück Erziehungsautorität geht verloren, schließlich

»folgt« das Kind dieser Autorität nicht mehr. Insofern darf es nie die Androhung einer Konsequenz, einer Strafe geben, die dann nicht auch eintreten würde und statt dessen zur Diskussion gestellt oder aus Bequemlichkeitsgründen zur Bedeutungslosigkeit abgemildert wird. Das »Wenn – dann« muß seine Erfüllung finden, oder es darf erst gar nicht ausgesprochen werden.

»Wenn du beim Flötenspiel dauernd dazwischenredest, mußt du das Lied einmal außerhalb der Stunde alleine üben«, kann eine solche Ankündigung einer Konsequenz aussehen. Soll sie dann – nach Information der Eltern – auch durchgeführt werden, sind diese nicht einverstanden, oft aus zunächst erklärlichen Gründen. Zu Hause schildert das Kind den Vorfall aus seiner Sicht: »Das war ungerecht, immer trifft es mich, die anderen haben auch gestört, das stimmt überhaupt nicht, da habe ich gar nicht gestört« usw. Alle Varianten sind möglich: vielleicht lebt die Sache so in der Erinnerung des Kindes, vielleicht auch entwickelt es eine erstaunliche Fähigkeit, sich herauszureden usw. In jedem Falle ist dies nur *eine* Sichtweise. Wenn man davon ausgeht, daß der Lehrer mit der Absicht handelt, das Kind zu einem ersprießlichen Verhalten zu bewegen, sollte es keine Frage sein, daß die Eltern diesem Vorhaben zustimmen. In jedem Falle sollte es nicht dazu kommen, daß die Kinder ihre Eltern (Vater, Mutter) als Beistand gegen den Lehrer erleben (umgekehrt gilt natürlich das gleiche, tritt jedoch sicher seltener auf). Vielleicht werden Eltern auch zu Verteidigern ihrer Kinder, weil sie selbst von Sanktionen nichts halten oder weil die Kinder diesen Unterschied von konsequentem Verhalten in Schule und Elternhaus bemerken und meinen, sich deshalb gegen solche Konsequenzen in der Schule wehren zu müssen – und zu können. Ein Zustand, der besprochen werden muß. Welche Rolle also spielt die Strafe in der Erziehung?

Verhaltenskorrekturen: Die Strafe in der Erziehung

Eine menschliche Gemeinschaft oder eine menschliche Gesellschaft von eigener kultureller Prägung ist auch dadurch gekennzeichnet, daß in ihr eine Übereinkunft bezüglich bestimmter Normen und Werte besteht. Die Beachtung der Normen menschlichen Verhaltens trägt auch zur Erhaltung dieser Normen bei und stabilisiert somit eine bestimmte Gesellschaftsform. Im Laufe der Zeit ändert sich jedoch notwendigerweise das Werte- und Normensystem. So hat unsere Gesellschaft heute ein anderes Verhältnis zu vielen Normen und Werten als noch vor 50 oder 100 Jahren. Vor allem wird das Verhältnis zwischen individueller Freiheit und gesellschaftlichem Anpassungsdruck durch staatliche Gewalt völlig anders gelebt und erlebt. Die Bestrafung eines die Gesellschaft schädigenden Verhaltens, die Abweichung von bestimmten Normen und die Negierung bestimmter Werte werden praktiziert und weitgehend auch akzeptiert. Wenn wir gegen die Verkehrsregeln verstoßen, werden wir durch eine Geldstrafe zur Rechenschaft gezogen. Bei schwereren Verstößen wird uns das Autofahren nicht mehr erlaubt, der Führerschein wird eingezogen. In dem Maße, wie das Individuum sich unfähig zeigt, kraft eigener Vernunft nicht gegen die Gesetze zu verstoßen, wird es mit zunehmend schwereren Sanktionen bestraft, bis hin zur Einschränkung oder gar bis zum Entzug der persönlichen Freiheit. Zumindest in unserem Kulturkreis wird eine körperliche und damit Schmerz verursachende Bestrafung mit Recht nicht mehr akzeptiert. Sie erscheint uns mittelalterlich, ist unmenschlich. Die Vergangenheit hat gezeigt, daß Gewaltausübung oder körperliche Züchtigung keine tauglichen Erziehungsmittel sind. Folgerichtig wurde die körperliche Strafe auch in der Schule abgeschafft, ja es wurde die Strafe überhaupt nahezu gänzlich abgeschafft. Geblieben sind Ermahnungen und verschärfte Ermahnungen in Form von Verweisen, die jedoch beim Schüler kaum etwas bewirken können, wenn sie von den Eltern nicht als Strafe gewertet werden. Disziplinierung geschieht heute durch das subtilere Mittel des Leistungsdruckes und durch die Notengebung. Zwischen dem konkreten Fehlverhalten und der Sanktion besteht kaum noch ein sichtbarer Zusammenhang.

Ungläubig lesen wir in den Zeitungen von zunehmenden disziplinären Schwierigkeiten in der Schule, von zunehmender Brutalität. Bewaffnet ziehen in Großstädten die älteren Schüler in den Unterricht. Gleichzeitig sinkt die Motivation, Schule macht oft schon kleinen Kindern keine Freude mehr. Resignation und Aggression machen sich breit. Es wird immer schwerer, den Kindern und Heranwachsenden noch Werthaltungen für ihr Verhalten oder ethische Orientierung zu vermitteln. Ein Kampf ums Dasein beginnt schon in den Unterklassen, jeder scheint sich selbst der nächste zu sein. Erschreckend ist es, Zeitungsberichte zu lesen, die schildern, wie Kinder in einem überzeugten Egoismus leben und andere anfeinden, weil sie leistungsschwach sind. Jegliches Verständnis fehlt ihnen dafür, wenn sie von anderen Teilen der Welt hören, wo Kinder dankbar sind, daß sie überhaupt in die Schule gehen können und dürfen.

Es fällt auf, daß Dankbarkeit, Bescheidenheit, Achtung und Ehrfurcht vor dem Mitmenschen zunehmend unbekannte Empfindungen bei den Kindern sind. Denkt man an David Riesmans Beschreibung menschlicher Gesellschaftsformen[12], so muß man feststellen: Der traditionsgeleitete Mensch ist bei uns abgeschafft. Weder die Kirche, noch das Erziehungswesen, noch die Familie wirken heute als Bewahrer und Vermittler für Werte und Verhaltensnormen in der Weise, daß sie selbstverständlich in der Gesellschaft weiterleben. Den außengeleiteten Menschen beschreibt Riesman als das Individuum, das geplant, funktional zu einem bestimmten Verhalten gebracht wird und das sich seinerseits auch an dem orientiert, was die Umgebung für richtig hält, was »man« tut. Erziehung gerät dann in Gefahr, sich in den Dienst einer politischen Ideologie (diese entsetzliche Erfahrung haben wir im Dritten Reich gemacht) zu stellen oder in den Dienst einer hochtechnisierten, wirtschaftsorientierten Gesellschaft (diese Erfahrung machen wir zur Zeit), in der es darum geht, das Individuum möglichst rasch zum Produzenten und Konsumenten werden zu lassen. Der dritte von Riesman beschriebene Typus, der »innengeleitete« Mensch, zeigt sich höchstens in Ansätzen. Sein Auftreten liegt noch in der Zukunft. Es ist der Mensch, der immer deutlicher seine Eigenverantwortung im Zusammenleben mit anderen Individuen ausbilden und ausleben kann, es ist der, der immer weniger durch äußere Gesetze und Sanktionen in seinem menschlichen Verhalten korrigiert werden muß. Es ist der freie Mensch, der kraft seiner menschlichen Fähigkeiten aus Erkenntnis zu handeln vermag. Hier wird ganz deutlich: Eine Erziehung ist gefragt, die den Menschen zur Eigenlenkung, zur Innensteuerung, zum Handeln aus Erkenntnis befähigt, eine Erziehung, die sich am Menschen selbst und nicht an gesellschaftlichen oder politischen Theorien orientiert.

Viele Werte, die noch vor ein oder zwei Generationen Bestand hatten, sind heute wertlos geworden. Sie sind nicht mehr vermittelt worden, oder sie befinden sich außerhalb des gesellschaftlichen Konsensus. Eine entsprechende Destabilisierung ist die notwendige Folge. Wenn wir heute fassungslos zur Kenntnis nehmen müssen, daß Kinder gemeinsam einen anderen zusammenschlagen, ja Kinder sogar Kinder töten, so ist dies die Folge einer solchen Destabilisierung. Es ist letztlich ein eklatantes Erziehungsversagen. Diese Kinder haben keine beschützende Hülle gehabt. Sie haben auch nicht gelernt, was Recht und was Unrecht ist, ihnen fehlt oft jegliches Unrechtsbewußtsein. Auch im mörderischen Vorgehen von Jugendlichen gegen Ausländer zeigt sich das Fehlen eines Unrechtsbewußtseins, das Fehlen jeglicher Gewissensregung. Hier sind im Verlaufe der Erziehung nicht die notwendigen Korrekturen erfolgt. An die Stelle einer durch Traditionen oder durch Liebe und Verantwortung wirkenden Erziehung ist ein Erziehungsvakuum getreten, und in diesem haben sich Kräfte angesiedelt, die eine rein funktionale, aber wirkungsvolle Erziehungsrolle übernommen haben: so z. B. die Werbung, so z. B.

die Computer-, Video- und TV-Industrie. Immer wieder wird deutlich, daß bei der Fehlentwicklung von Kindern und Jugendlichen das eigentliche Versagen bei den Erziehern liegt.

In einem bemerkenswerten Artikel in der Neuen Zürcher Zeitung vom 19. / 20. 3. 94 sucht der Psychiater Jürg Willi die Wurzeln der heute so beklagten Zustände aufzufinden und sieht dabei nicht wenig Schuld auch in den eigenen Reihen. Der Ruf nach »Selbstverwirklichung«, der »Egotrip« hat in das Extrem geführt, daß der andere nicht mehr gesehen wird. Kinder sind eine Last, behindern die Karriere. Ihnen fehlt die Gemeinschaft, die es früher in der Großfamilie gab. Für viele ist heute die einzige Gemeinschaft die Schule. Jürg Willi macht darauf aufmerksam, daß wir auch eine *soziale Ökologie* brauchen. Die Voraussetzungen zu einem neuen Bewußtsein werden schon in der Kindheit gelegt: in der Erziehung. Sicherheit im Umgang mit dieser Aufgabe wird gewonnen durch das Wissen um die menschenkundlichen Grundlagen der kindlichen Entwicklungsphasen. Neben der Liebe, der Bestimmtheit und der Konsequenz muß auch die Strafe im wohlverstandenen Sinn eine Rolle spielen.

Es ist vielleicht an der Zeit, die Rolle der Strafe in der Erziehung neu zu überdenken. Ein merkwürdiges Paradoxon: Wir akzeptieren die Strafe in der Gesellschaft als Regulans, wenn es um den Erwachsenen geht, der eigentlich des vernünftigen Handelns fähig sein sollte. Wir haben aber Probleme damit, das Kind zu strafen, weil es für sein Handeln nicht (voll) verantwortlich sein kann. Das ist richtig. Die Strafe darf nicht unter dem Gesichtspunkt der Rache oder dem einer Buße gehandhabt werden. Darum kann es beim Kind nicht gehen. Betrachten wir die Strafe jedoch als eine *Korrekturmöglichkeit* von Fehlverhalten, eine Möglichkeit, in der Empfindung des Kindes zu wirken, gerade *weil* es vernünftigen Argumenten noch nicht zugänglich ist, dann verhalten wir uns in der Erziehung nicht widersprüchlich. Statt frühzeitig das Kind mit angemessenen und wohlbedachten Strafen in seinem Handeln zu korrigieren und zu lenken, ihm ein Gefühl für Recht und Unrecht zu vermitteln, wird heute mit Strafe zumeist erst dann reagiert, wenn sich die Dimensionen von Fehlverhalten so verschärft haben, daß man fassungslos davor steht. Es ist erschütternd zu erleben, wie die Öffentlichkeit in ihrer – verständlichen – Erregung und Empörung die härtesten Strafen für verbrecherische Kinder und Jugendliche fordert, statt deren Erzieher zur Rechenschaft zu ziehen, wenn auch von den Gerichten die wahren Gründe zuweilen gesehen werden.

Die Waldorfpädagogik ist in letzter Zeit häufiger in die Reichweite des wissenschaftlichen Interesses geraten. Dabei mußte auffallen, daß die Strafe als verhaltenskorrigierendes Element der Erziehung dort durchaus eine Rolle spielt, ebenso wie die Ausübung einer verantwortungsbewußten Autorität durch den Lehrer. Allerdings befaßte sich die Forschung mit Ansichten über die Rolle der Strafe in der Erziehung, wie sie vor 30 oder 70 Jahren beschrieben und gewertet wurde.[13] Wie in der Gesellschaft, so hat sich jedoch auch in der Waldorfschule die Ansicht über den Sinn und die Art der Strafe verändert. Sie muß prinzipiell jedoch durchaus im Sinne einer Verhaltenskorrektur als verantwortbares und notwendiges Erziehungsmittel gesehen werden.

Kinder fragen nach dem Urteil des Erwachsenen: »Gefällt dir das Bild? Hab' ich das nicht schön geschrieben? Dieses Stofftier habe ich ganz allein genäht!« Lob und Bestätigung werden uns als Erzieher abverlangt, aber ungefragter Weise auch das Urteil: »Das hättest du sicher noch ordentlicher schreiben können!« Natürlich müssen wir abspüren, was wir vom Kind an Sorgfalt und Bemühen erwarten können. Wenn das Urteil lautet: »Das mußt du noch einmal machen«, so muß dies natürlich begründet sein. Die Konsequenz aus dem Fehlverhalten – hier der Nachlässigkeit oder mangelnder Sorgfalt – muß deutlich vor dem Kind stehen, meistens wird sie auch akzeptiert. Eine nicht gemachte Hausaufgabe hat die Konsequenz, daß sie nachgeholt und mit einer kleinen Zusatzaufgabe versehen werden muß. Ein nicht gelernter Vers muß vielleicht schriftlich zu Papier gebracht werden. Häufiges Schwätzen kann zur Folge haben, daß in den mittleren Klassen über den Unterrichtsinhalt ein zusätzlicher Bericht geschrieben werden muß. Wer bequem auf der Bank liegt und herumspielt, muß vielleicht nach mehrfacher Ermahnung dem Unterricht für eine Weile mit gesteigerter Aufmerksamkeit im Stehen folgen. Besonders vergeßliche Kinder müssen auch einmal ein Heft am Nachmittag in der Schule abliefern. So bilden sich in einer Klasse bestimmte Spielregeln heraus, an die sich jeder halten kann. Dies sind die Konsequenzen – wenn man so will »Strafen« –, die den Zweck haben, nicht einfach zu strafen, sondern erziehend zu wirken. Stellen sich bei manchen Kindern im Laufe der Zeit Verhaltensauffälligkeiten heraus, so müssen diese therapeutisch angegangen werden. Die korrigierenden Strafen sind nur geeignet, wenn sie das Ziel in einem überschaubaren Zeitraum erreichbar machen. Zeigen sie keine Wirkung, müssen die Gründe für das Fehlverhalten genau untersucht werden. Eine Strafe muß einen bereinigenden Charakter haben. Sie muß als deutliche Konsequenz möglichst auf dem Fuße folgen (manchmal schwer durchführbar: Wann hat das Kind Zeit, um eine nachlässig erledigte Aufgabe nachzuholen? Oder wann ist es möglich, eine Wiedergutmachungsaktion durchzuführen, z. B. eine mutwillig beschädigte Wand wieder instand zu setzen?). Auch andere Fragen tauchen auf. Ist es richtig, daß ein Schüler beim Herumwerfen mit Turnschuhen eine Fensterscheibe zu Bruch gehen läßt, den Schaden zahlt die Haftpflichtversicherung, und das war's dann? Es ist keineswegs heute selbstverständlich für alle an der Erziehung Beteiligten, daß auch hier eine Strafe angebracht ist, die das Unrechtsbewußtsein schärft. Es war doch sehr heilsam, wenn man früher den kaputten Fensterflügel zum Glaser bringen mußte und sehen konnte, wieviel Mühe und Arbeit es kostet, das Fenster wieder instand zu setzen und den Schaden vom eigenen Taschengeld zu bezahlen. Folgen des eigenen Handelns sind dem Kind heute gar nicht mehr sichtbar. Was tun wir also? Wie kann das Kind den Schaden auf andere Weise wiedergutmachen? Aufräumen, Fenster putzen? Letztlich stellt sich die Frage, wie wir als Erzieher auf das Fehlverhalten der Kinder reagieren, natürlich in gleicher Weise für Eltern und Lehrer. Die Eltern sind in ihrem Handeln allerdings unabhängiger. Sie bedürfen nicht der Zustimmung und Übereinstimmung mit dem Lehrer. Sie sollten den Lehrer in seinem Bemühen, das Kind zu erziehen, jedoch nicht allein lassen. Sein Ziel wird hoffentlich immer sein, nicht einfach zu bestrafen, sondern ein positives Verhalten anzubahnen und guten Gewohnheiten den Weg zu ebnen.

Gute Gewohnheiten – das Vorbild der Erwachsenen

Ein wichtiges Ziel des erzieherischen Bemühens ist die Veranlagung von guten Gewohnheiten. Der Unterricht kann nur in gewünschter Weise auf die Kinder wirken, wenn er in lebendigen, aber durchaus geordneten Bahnen verläuft. So wie unser gesellschaftliches Zusammenleben nach bestimmten Sitten und Gebräuchen geregelt ist und durch allerlei Spielregeln der Höflichkeit und Rücksichtnahme erleichtert wird, so auch das Leben in der Klasse und in der Schule. Es dauert eine ganze Weile, bis sich die Kinder in diesem Geflecht guter Gewohnheiten in der Schule eingelebt haben, sich ihm im besten Sinne angepaßt haben, und es ist sehr hilfreich, wenn sie solch gute Gewohnheiten auch schon von zu Hause mitbringen. Willkürlich herausgegriffen: Wir haben verabredet, daß wir den Unterricht um 8.00 Uhr beginnen, das heißt pünktlich sein, alle anderen noch so wichtigen Dinge wie Spielen, sich Unterhalten, Herumrennen, Essen usw. einstellen, um den Schultag mit einer fröhlichen Begrüßung und einem gemeinsamen Spruch zu beginnen. Dann heißt es zuhören und sich melden, wenn man etwas sagen will. An der Tafel malt und schreibt der Lehrer und nur manchmal die Kinder, die sollen auf ihren Papierbögen und im Heft malen und nicht an Wänden und auf Tischen. Zusammen beenden wir die Stunde, räumen unseren Platz auf, verabschieden uns, dann holen wir das Pausenbrot aus der Schultasche und verlassen die Klasse.

Gute Gewohnheiten erleichtern das Zusammenleben im Schultag ebenso wie beim Wandertag: sich nicht aus den Augen verlieren, geordnet Straßen überqueren usw. Und zu Hause? Zusammen möchte man beim Essen sein, was kann im Haushalt geholfen werden, wann werden regelmäßig die Hausaufgaben gemacht, wann und wie lange wird draußen gespielt? Wann wird ins Bett gegangen? Das Kind braucht geregelte Lebensabläufe und ist dankbar für die Sicherheit und Geborgenheit, die daraus resultiert. (Und in den Ferien darf dann einmal alles ganz anders sein!)

In vielen Dingen folgen die Kinder unserem Vorbild. In anderen akzeptieren sie die besonderen Regeln der Welt der Erwachsenen. Wenn ich als Lehrer an der Tafel schlampig schreibe, kann ich nicht erwarten, daß die Kinder in den Heften ordentlich arbeiten. Sorgfalt im sprachlichen Ausdruck ist ebenso notwendiges Vorbild für die Klasse. Was ich an kultiviertem Verhalten dem Kind zu Hause vorlebe, schlägt sich in seinem Tun nieder. Die Tat ist auch hier oft bestimmender als die verbale Anweisung.

Darüber, was für das Kind die Welt der Erwachsenen ist, zu der es noch keinen Zugang hat, bestimme ich als Erziehender selbst. Erwachsene dürfen viele Dinge tun, die »noch nichts für die Kinder« sind. Dies wird auch anerkannt, wenn sich die Erwachsenenwelt als beständiges Gebilde ohne Widersprüche zeigt, wenn es auch hier Verhaltenssicherheit gibt. Erwachsene müssen nicht so früh zu Bett gehen, nur sie dürfen allerlei Dinge tun wie Kaffee und Alkohol trinken, rauchen (wenn's denn sein muß), sie dürfen ins Kino gehen, dürfen fernsehen usw. Das »Messer, Gabel, Scher' und Licht sind für kleine Kinder nicht« gilt noch immer und muß auch keineswegs dauernd begründet werden. Natürlich ergeben sich manche Probleme erst gar nicht, wenn wir den Vorbildcharakter auch auf manchen Gebieten durchhalten können, die wir ansonsten für uns Erwachsene reklamieren, so z. B. bezüglich der Medien. Wenn es im Haus gar kein Fernsehen gibt und man selbst Musik mit den Kindern macht, ist dies in jedem Falle für das Kind ersprießlicher und ermöglicht konkrete Lebenserfahrung (was zugegebenermaßen mit Anstrengung für den Erziehenden verbunden ist).

Gespräche mit wißbegierigen Kindern

Welt der Erwachsenen – dies bedeutet auch ein Gegenüber: Welt des Kindes. Die Welt der Erwachsenen ist die Welt des Berufs, die vom Menschen geschaffene, technisierte, der Natur entfremdete. Sie ist durch den menschlichen Intellekt entstanden und kann auch nur intellektuell verstanden und ergriffen werden. Folglich sollten wir das Kind erst dann mit ihr konfrontieren, sie ihm erklären, wenn sein Intellekt mit 8, 9 Jahren sich entsprechend auszubilden beginnt. Bis dahin haben wir uns mit unseren Erläuterungen immer an sein Gemüt gewendet. Bei allen Erklärungsbemühungen muß darauf geachtet werden, daß immer ein Rest an Wißbegierde übrigbleibt, Staunen möglich bleibt. Wir dürfen nicht definieren, sondern müssen charakterisieren, liebevoll beschreiben. Die Begriffe müssen mit dem Kind wachsen können. Es ist mit den Antworten oft schon viel schneller zufrieden, als der Erwachsene ahnt. Das läßt sich aber abspüren. So wird nur das beantwortet, was wirklich gefragt wurde.

In der Begegnung mit der Natur jedoch kann sich die Welt des Kindes wiederfinden, in der Schöpfung kann es sich entfalten. Sie erschließt sich mit den Kräften des Herzens und kann sich in seinem Gemüt widerspiegeln. Ihre ganze Vielfalt kann es mit seinen erwachenden Sinnen aufnehmen, im spielenden und forschenden Tätigsein erwacht es in seinen Leibeskräften, entfalten sich seine Lebenskräfte. Wir als Erzieher können das Kind an der Hand nehmen und mit ihm diesen Reichtum, den Zauber, die Schönheit und die Geheimnisse der Schöpfung entdecken. Gerade weil wir als Erwachsene wissen, wie bedroht die Natur ist, wie ihre Schönheit immer stärker zurückgedrängt wird, müssen wir in dem Kind einen Sinn für diese Schönheit und die Liebe zur Schöpfung veranlagen und erhalten, und zwar nicht, indem wir ihnen die Zerstörung vor Augen führen und es somit überfordern. Das Kind muß die *heile Welt* kennenlernen, nur so kann es eines Tages Maßstäbe anlegen und eine ideale Welt *anstreben*. Staunen und Ehrfurcht sollen sich in der Kinderseele ausbreiten können. Und so beantworten wir seine Fragen in Bildern und Geschichten. Stein und Pflanze, Mensch und Tier treten dann als lebensvolle Bilder vor seine Seele, als Teil der Schöpfung, die von gestaltenden Lebenskräften durchzogen ist.

Was soll die Phantasie des Kindes (im ersten Schulalter) mit einem Gespräch anfangen, das von den Sternen als Himmelskörpern berichtet, die um die Sonne kreisen, die soundsoviel Millionen Kilometer (Lichtjahre) entfernt sind, zu denen ein Raumschiff jahrelang unterwegs ist usw.? Dürre »technische Daten« werden ihm damit vermittelt, ein reiner Informationstransfer. Hier liegen auch die größten Gefahren für die Entwicklung im Einsatz des Computers in der Schule.

»Seelennahrung« braucht das Kind in den ersten Schuljahren, nicht Verstandesnahrung. Der Mann im Mond und Sterntaler sind viel wichtiger als eine noch so spannende Sendung im Fernsehen über die Mondlandung. Es kommt nicht auf die objektive »Richtigkeit« einer Erklärung und einer Geschichte an, sondern auf ihren *Gefühlsgehalt*.

Die Fragen des Kindes nach der Sonne, warum sie ihre Bahn am Himmel zieht, warum . . . usw. könnten wir mit einem Vortrag über Schwerkraft, das Sonnensystem, das Leben der Pflanzen, die Photosynthese, die Nahrungskette beantworten. Wie unser Gespräch dem Kind wirklich etwas vermitteln kann, wird an Christian Morgensterns »Lied von der Sonne« deutlich:

Ich bin die Mutter Sonne und trage
die Erde bei Nacht, die Erde bei Tage.
Ich halte sie fest und strahle sie an,
daß alles auf ihr wachsen kann.
Stein und Blume, Mensch und Tier,
alles empfängt sein Licht von mir.
Tu auf dein Herz wie ein Becherlein,
denn ich will leuchten auch dort hinein!
Tu auf dein Herzlein, liebes Kind,
daß wir ein Licht zusammen sind!

Die Erde von der Sonne getragen und festgehalten, immer, Tag und Nacht . . . Welche Geborgenheit und Sicherheit spricht aus diesem Bild! Alles Leben auf Erden unterhält die Sonne, alle Naturreiche, in denen das Kind sich als Teil der Schöpfung fühlen kann. Schließlich weitet sich seine Empfindung zu einem Erleben des Einsseins mit Sonne und Kosmos, mit der ganzen Welt.

Natürlich wird das Kind auch Fragen zu seiner technischen Umwelt haben, zumal die Kinder heute mit fast so etwas wie einer »technischen Begabung« auf die Welt zu kommen scheinen. Gerade deshalb aber sollten auch hier unsere Erklärungen so beschaffen sein, daß sie sich stark auf das elementare Geschehen beziehen und der Phantasie Raum lassen. So steht etwa hinter dem elektrischen Strom die gewaltige Kraft des Wassers, eines mächtigen Flusses oder Stausees, oder ein riesiges Feuer treibt eine mächtige Dampfmaschine an.

Für den älteren Schüler wird es später überhaupt kein Widerspruch sein, die Erscheinungen der Welt mit seinem Verstand zu untersuchen und sich zu erklären, und der Erwachsene schließlich wird sie nicht nur in der Wissenschaft, sondern auch in Kunst und Religion gespiegelt finden.

Besonderheiten der Waldorfschule

Zwölf Jahre Koedukation

Von verschiedenen Seiten haben wir uns dem Thema einer am Menschen orientierten Erziehung in Elternhaus und Schule genähert. Wie sieht sie nun aus, diese Schule, wenn wir sie unter dem Gesichtspunkt ihrer Besonderheiten betrachten, was unterscheidet sie von dem Schultypus, der den meisten Lesern als öffentliche Schule bekannt ist?

Der Waldorfschule liegt ein Erziehungs- und Unterrichtsplan zugrunde, der sich als durchgehendes Konzept über die gesamte Schulbildungszeit erstreckt, also über 12 Jahre. Daran schließt sich ein 13. Schuljahr als Vorbereitungsklasse für das Abitur an. An den meisten Schulen gibt es auch die Möglichkeit, sich nach dem 10. Schuljahr in einem besonderen Bildungsgang auf die Mittlere Reife vorzubereiten.

Durch zwölf Jahre hindurch wird dem Ziel nachgestrebt, die im Menschen vorhandenen Fähigkeiten von »Kopf, Herz und Hand«, die die menschliche Individualität konstituierenden Fähigkeiten des Denkens, Fühlens und Wollens zur Entfaltung zu bringen. Leib, Seele und Geist machen den Menschen aus. Er wächst heran, indem er zunächst in seiner Leibestätigkeit (0–7), dann seiner Seelen- (7–14) und schließlich seiner Geistestätigkeit (14–21) erwacht und sich ausdifferenziert. Damit ist schon eine altersspezifische Pädagogik vorgezeichnet: Das Erziehungs- und Bildungsgeschehen ist auf ganz bestimmte Entwicklungsphasen abgestimmt. Schon aus diesem Grunde erscheint ein Sitzenbleiben, die Wiederholung eines Schuljahres, nicht sinnvoll. Im großen ganzen bleibt folglich der Klassenverband über lange Jahre erhalten. Veränderungen ergeben sich durch äußere Umstände, einzelne Schüler wechseln den Wohnort, andere wechseln den Schultyp, verlassen also die Schule oder kommen neu hinzu. Etwa 2/3 der Schulanfänger absolvieren die 12. Klasse und bereiten sich auf das Abitur vor. Eine leistungsorientierte Auslese hat dann nicht stattgefunden, wohl aber eine begabungsspezifische. Einige Schüler haben sich einer praktisch-handwerklichen Tätigkeit zugewandt (nach der 9. Klasse), einige streben die Mittlere Reife an (nach der 10.–12. Klasse).

In den ersten acht Jahren bildet die Klasse mit ihrer Klassenlehrerin oder ihrem Klassenlehrer eine enge Gemeinschaft mit all ihren Stärken und Schwächen. Buben und Mädchen – gleich welcher gesellschaftlichen Herkunft, Konfession oder Nationalität – werden gemeinsam unterrichtet. Zwar entstand 1919 die erste Waldorfschule für die Arbeiterkinder der Waldorf-Astoria-Zigarettenfabrik in Stuttgart, sie war und ist jedoch keine Schule für die Arbeiter, sondern steht allen Bevölkerungsschichten offen. Die soziale Struktur der Schüler mit ihren Elternhäusern ergibt sich aus dem besonderen Interesse an dem pädagogischen Angebot der Schule und wird durch die Schule selbst nicht beeinflußt. Eine Leistungsmessung findet in der Zeit der Unter- (Klasse 1–4) und Mittelstufe (Klasse 5–8) in dem Sinne nicht statt, als Arbeiten und Zeugnisse keine Noten enthalten, sondern die Fortschritte in einem Fach bzw. die Entwicklung des Schülers zu beschreiben und zu charakterisieren versuchen.

Der Klassenlehrer unterrichtet durch die Jahre einen zunehmenden Fächerkanon von Deutsch, Mathematik, Erdkunde, Geschichte, Biologie, Chemie, Physik im Rahmen des Hauptunterrichts. Dazu treten Musik, Sprachgestaltung, Zeichnen und Malen. Der Hauptunterricht besteht aus den ersten zwei Stunden des Tages. In dieser Zeit werden die verschiedenen Fachgebiete jeweils zwei, drei oder vier Wochen lang in Epochen unterrichtet.

Ab der 9. Klasse werden alle Fachgebiete von Fachlehrern unterrichtet, der Klassenlehrer gibt seine Klasse an die Oberstufe ab, an seine Stelle tritt ein Tutor. Der Fächerkanon erweitert sich, es treten Kunstbetrachtung und Poetik zu den bekannten Sachgebieten hinzu.

Von der ersten Klasse an werden zwei Fremdsprachen unterrichtet, meistens Englisch und Französisch, in einigen Schulen auch Englisch und Russisch. Ebenfalls vom 1. Schuljahr an haben die Kinder im Anschluß an den Hauptunterricht Musik, Eurythmie, Handarbeit und Spielturnen. Letzteres wird ab der 4. Klasse durch den Sportunterricht abgelöst.

An künstlerisch-praktischen Fächern treten nach und nach ab der 5./6. bis zur 12. Klasse Werken (Schnitzen), Gartenbau, Plastizieren, Korbflechten, Schneidern, Buchbinden, Keramik, Metallbearbeitung, Steinbearbeitung hinzu.

Diese Fächer werden in Blockstunden, z. T. epochenweise unterrichtet. Sie stellen auch keinen verbindlichen Fächerkanon dar und differieren von Schule zu Schule. Im Rahmen eines Technologie-Unterrichts werden an einigen Schulen verschiedene Projekte verwirklicht, so z. B. Instrumentenbau, Uhrenbau, Papierherstellung, Buchdruck, Schmiedearbeiten, Computertechnik.

Zu jedem Jahrgang der Oberstufe tritt oft noch ein bestimmtes Projekt hinzu, so z. B. in der 9. Klasse ein Forstpraktikum, in der 10. Klasse eine Feldmeßepoche, in der 11. Klasse ein Sozialpraktikum oder ein Landwirtschaftspraktikum (Arbeit in einem Industriebetrieb, einem landwirtschaftlichen Betrieb oder einer sozialen Einrichtung). Die zwölfte Klasse schließt die Waldorfschule häufig mit einer Kunstreise ab.

Zeigen sich bei einem Schüler Entwicklungsstörungen oder -verzögerungen, so können verschiedene therapeutische Maßnahmen innerhalb des Schulbetriebs durch Fachkräfte zusätzlich eingesetzt werden. So bietet z. B. die Heileurythmie die Möglichkeit, durch gezielt eingesetzte Übungen während des Schulvormittags Defizite in der Körperbeherrschung und der Konzentrationsfähigkeit auszugleichen. Auch Haltungsschwächen oder Sehschwächen können behandelt werden. Eine weitere wichtige therapeutische Möglichkeit der erzieherischen Unterstützung ist durch die Sprachgestaltung gegeben. Atemtechnik, Lautierungs- und Sprachrhythmus können hier geschult werden. Dies schließt auch die Behandlung des Stotterns ein. Die positiven Auswirkungen sind bis in as verbale und schriftliche Ausdrucksvermögen und die Rechtschreibung zu bemerken. An einigen Schulen wird auch durch eine spezielle Maltherapie versucht, Entwicklungsstörungen zu beheben.

Den heranwachsenden Menschen zum wahrhaften Menschen erziehen heißt, ihm die Bedingungen zu schaffen, möglichst umfassend die in ihm liegenden Fähigkeiten auf jeder Ebene zur Entfal tung bringen. Das ist das Ziel des erzieherischen Bemühens. Der freie Mensch, verantwortlich handelnd aus den Kräften seiner Erkenntnis, ist das Leitbild.

Im Unterricht ist bis zum 9. Lebensjahr die Begegnung mit der Welt, die durch den Lehrer vermittelt wird, bestimmend. Der Lehrer führt anhand seiner Erfahrung die Kinder in diese Welt ein, das heißt, die *sekundäre* Erfahrung bringt dem Kind die Welt nahe. Dann wird die *primäre* Erfahrung bestimmender: Die Schüler erarbeiten sich unter der Anleitung des Lehrers den Unterrichtsinhalt mit wachsender Selbständigkeit.

Auf die *tertiäre* Erfahrung durch Medien aller Art wird weitgehend verzichtet. In der Oberstufe kommen aber z. B. Lichtbilder in der Kunstbetrachtung zum Einsatz, Filme nur gelegentlich. Lehrbücher werden kaum verwendet, natürich aber Lesebücher im Deutschen und in den Fremdsprachen.

Erziehung zur Freiheit

Frei ist der Mensch, der die Motive seines Handelns selbst bestimmt, er aus Erkenntnis handelt. Zur Erkenntnis gelangt er, indem er seine Wahrnehmung denkend ordnet, in einem Gefüge von

Begriffen die dem Gegenstand angemessenen Verbindungen knüpft und so das Neue in das Bekannte und Erkannte einfügt. Die Wahrnehmungsqualität hängt stark von dem Interesse ab, mit dem sich der Mensch einer Sache zuwendet – Liebe zur Sache ist dem Wahrnehmungs- und damit auch dem Erkenntnisprozeß förderlich. Was wir in der Welt um uns herum betrachten, dem begegnen wir zunächst mit unseren Empfindungen, dann wenden wir uns dem Wahrgenommenen denkend zu. Um unsere Handlungsmotive in die Tat umzusetzen, müssen wir unsere Willenskräfte aktivieren.

Erziehung zur Freiheit heißt also, den Menschen in seiner Willenskraft, seiner Empfindungsfähigkeit und in seinem Denkvermögen zu fördern. Die Willenskräfte wachsen an der Überwindung von Hindernissen, am Widerstand. Die Empfindungsfähigkeit wird vielfältiger, umfassender, wenn wir das heranwachsende Kind an *wahre* Erlebnisse heranführen, es mit dem Reichtum der Welt als gegebene Natur und als vom Menschen geschaffene (in Kunst, Religion, Wissenschaft) bekannt machen. Das Denkvermögen schulen wir auf der Basis einer reichen Empfindungsfähigkeit.

Für die Zeit seiner Entwicklung soll das Kind, soll der Jugendliche die Welt als gut, als schön und als wahr erleben. Daran bildet sich der Maßstab, mit dem der Jugendliche und später Erwachsene die Probleme der Welt, das Abbbild des Bösen, Häßlichen, Verlogenen durchlebt und zu bewältigen versucht.

So betrachtet heißt Erziehung zur Freiheit eben gerade nicht »freie«, vom Erziehenden möglichst unbeeinflußte Entwicklung des Wollens, Fühlens und Denkens, sondern heißt immer aktive Gestaltung und Mitgestaltung der Erlebnisumwelt des Heranwachsenden.

Im Schulunterricht ist der Lehrer der aktive Gestalter der Erlebniswelt der Kinder und nach der Pubertät der Wegbereiter für das Erfassen einer Welt der Gedanken.

Unterricht der Unter- und Mittelstufe

Die Unterstufe

Die Unterstufe umfaßt die ersten vier Schuljahre, in deren Verlauf das Kind sein Erfahrungsumfeld erweitert und dabei ein neues Verhältnis zur Welt erreicht – gewissermaßen in konzentrischen Kreisen, in deren Mittelpunkt mehr und mehr das Bewußtsein der eigenen Person an Konturen gewinnt. Ungefähr mit dem 9. Lebensjahr ist ein erster Wandel in dieser Hinsicht geschehen. Hat sich das Kind vorher selbstverständlich als Teil der Welt gesehen, so erlebt es sie später als etwas, das ihm gegenübersteht. Eine erste Trennung in Ich und Welt hat sich vollzogen, die sich nun immer deutlicher abzeichnen wird. Dieser Übergangspunkt, den Rudolf Steiner als »Überschreiten des Rubikon« bezeichnet, ist dem Kind deutlich anzumerken. Es wird stiller, nachdenklicher, verharrt oft wie in sich gekehrt. Von nun an steht es der Welt betrachtend gegenüber, im Erziehungs- und Bildungsprozeß wächst sein Selbst-Bewußtsein. In den ersten drei Schuljahren ist das Tätigsein das Wesentliche. Die Arbeit des Lehrers mit den Kindern bildet selbst ein Bild für das Erfassen der Welt. Von der vierten Klasse an stellt sich dann die Welt – vom Lehrer ins Bild gesetzt – dem Kind gegenüber. Zum Schreiben, Lesen, Rechnen treten die Naturkunde, Heimatkunde, Erdkunde, Geschichte hinzu, etwas später Physik und Chemie.

In den ersten drei Jahren soll das Kind, angeregt durch die lebendige Darstellung des Lehrers, sich mit seiner Empfindung in die Welt hineinstellen, sich mit ihr verbinden. Von der 4. Klasse an soll der Unterricht zur nachdenkenden Betrachtung anregen.

Das erste Schuljahr steht ganz im Zeichen des Schreibens und Lesens. Was der Lehrer den Kindern an Märchen erzählt hat, leuchtet noch einmal am nächsten Tag im Nacherzählen der Kinder für die Klasse auf. Einzelne Motive einer solchen Erzählung liefern ein Bild, dem ein bestimmter Laut abgenommen wird. Er ist als Form in dem Bild wiederzufinden, das von Lehrer und Kindern gemalt wird. Nach und nach kommen die Schüler so vom Nacherzählen, Laute bzw. Buchstaben »malen« über das Sprechen von Lauten und Wörtern schließlich auch zum Lesen. Die Kinder sind im Nachvollzug eines geschichtlichen Prozesses, in dem die Menschheit über das Bild den Buchstaben und die Schrift entwikkelt hat. In vielen Tätigkeiten des Unterrichtes kann der Lehrer noch mit dem Bestreben der Kinder, dem Erwachsenen etwas nachzutun, arbeiten, die Nachahmungskräfte des ersten Lebensjahrsiebtes können noch genutzt werden.

Der Unterricht spielt sich so in einem Wechsel des Erzählens – Nacherzählens – Zuhörens – Vormachens – Nachmachens, in einem Gegenüber von Lehrer und Klasse ab. Die Phasen der Tätigkeit des Malens und ersten Schreibens sind eingerahmt und werden unterbrochen durch viel Bewegung. Kleine Sprüche, Gedichte und Lieder werden gemeinsam gesprochen und gesungen, begleitet von Gesten und Bewegungen im Raum, von Spielen und Tänzchen.

Die Welt der Zahl tritt dem Kind auf einer ganz elementaren Ebene des Zählens entgegen. Kastanien, Nüsse, Steinchen, Muscheln, allerlei Gegenstände werden gezählt, zu Häufchen gruppiert, aufgeteilt, malgenommen, etwas wird weggenommen, ein Rest bleibt. So bewegt sich die Klasse zählend, denkend – betrachtend – handelnd in allen vier Rechenarten, wobei immer vom Vollständigen, vom Ganzen und Einen ausgegangen wird.

Alles Schreiben und Rechnen ist vom Malen (von Bildern) und Zeichnen (von Formen) und reinen Farbwirkungen in »Farbgeschichten« begleitet. Im Bild wirkt die Farbe als Empfindungselement, im Nachspüren einer Form wird ein Wahrnehmungselement geschult, Symmetrie und Harmonie werden erlebt in der Bewegung des Körpers, der Füße, der zeichnenden Hand.

Neben dem Hauptunterricht lernt das Kind im Fremdsprachenunterricht die »Sprache durch Sprechen«. Im Nachahmen und Formen der Laute eignet es sich etwas an, was es erst nach und nach zu verstehen lernt.

In der Musik wird zunächst das Hören geschult, werden in kleinen Liedern, im Anhören von Melodien, die der Lehrer auf der Flöte oder mit Klangstäben (Metallophon, Xylophon) vorspielt, Tonhöhen, Tonfolgen, Rhythmen erfahren. Vorsichtig tastet man dem Ton, der Melodie und der Stimme nach. Durch die Beschränkung auf die Pentatonik bleibt der musikalische Empfindungsraum im Erleben der Quintenstimmung noch elementar. Die Kinder bewegen sich in diesen Melodien völlig natürlich. Im zweiten Halbjahr beginnt der Unterricht mit dem Spielen einer pentatonischen Flöte, einer Kinderharfe oder Kantele. Da muß man schon gut hören können und seine Finger gut kennen!

In der Eurythmie wird in Bewegung umgesetzt, was an Musikalischem und an Gedichten und Sprüchen sowie an elementaren Raumformen (z. B. Gerade, Gebogene, Kreis, Spirale) der Erfahrung der Kinder angemessen ist. Während dies nach genauen Regeln seinen Lauf nimmt, sind die Kinder im Turnen durch Bewegungsspiele aller Art in Bewegungsdrang und -freude mehr frei gelassen.

Auf Sorgfalt und Geschicklichkeit der Hände kommt es in der Handarbeit an. Beim Stricken (erst mit den Fingern, dann mit zwei Nadeln) soll sich ordentlich Schlinge um Schlinge fügen, bis ein flächiges Gewebe (z. B. als Topflappen) entsteht.

In der zweiten Klasse werden die Erzählungen aus der Fabelwelt der Tiere auch in kurzen Texten zu Papier gebracht, hinzu kommen Legenden. Eine erste Begegnung mit der Grammatik bahnt einen bewußten Umgang mit Sprache an. Verb, Adjektiv und Substantiv und der Bau einfacher Sätze werden anhand der selbstgeschriebenen Texte besprochen. Was in der Schule fleißig geübt wurde, wird zu Hause sorgfältig ins Epochenheft eingetragen; so entsteht nach und nach ein eigenes Schulbuch, in dem man auch später einmal etwas nachschlagen kann. Weiterhin wird das Gedächtnis durch eifriges Auswendiglernen von Sprüchen und Gedichten geschult.

Beim Rechnen wird der Zahlenraum erweitert, unablässig werden die Einmaleinsreihen geübt, im rhythmischen Sprechen, oft auch verbunden mit taktmäßigem Schreiten, Klatschen usw. Eine ebenfalls tägliche Übung im Kopfrechnen kann ein munterer Wettbewerb sein. Kleine Rechengeschichten verdeutlichen den Charakter der Rechenepoche. Teilen heißt, etwas vom ganzen Vorrat an alle abgeben, Abziehen bedeutet oft einen Verlust erleiden usw.

Was im ersten Schuljahr in Märchen und Gedichten dem Kind die Augen geöffnet hat für die schöne Welt, in Geschichten von Tieren und Pflanzen, von Bach und Wiese, von Fluß und Stadt, von Meer, Himmel, Wolken, Sonne, Mond und Sternen, setzt sich in den späteren Klassen weiter fort in kleinen Beschreibungen, die die Kinder selbst verfassen.

In der Eurythmie werden die Laute (Vokale und Konsonanten) und Töne in Bewegung umgesetzt, kompliziertere Raumformen werden zu Gedichten und Musik geübt, die auch einige Ansprüche an die körperliche Geschicklichkeit und an ein genaues Beobachten stellen. Intensive Konzentration ist nötig, um manch schwierige Aufgabe zu meistern. In der 3. Klasse kommen Geschicklichkeitsübungen hinzu (Koordination von Armen und Füßen), Übungen in Kleingruppen. In der 4. Klasse spielt die Rückwärtsbewegung eine große Rolle, die Kreisbewegung zeigt ein Sich-der-Welt-Gegenüberstellen, indem sich das Kind immer mit dem Gesicht in eine Richtung wendet. Anhand von Musikstücken werden Rhythmus, Takt und Tonhöhe in Bewegung umgesetzt.

In der Handarbeit wird die Geschicklichkeit der Hände weiter geübt. Geduld und Ausdauer sind nötig, wenn nun zum Stricken noch das Häkeln, später das Sticken hinzukommen. Jungen und Mädchen sind gleichermaßen gefordert.

Im Hauptunterricht der dritten Klasse verstärkt sich das Element der denkenden Betrachtung weiterhin. Lange und kurze Laute, Gehörtes und Geschriebenes als Problem der Rechtschreibung, weitere Wortarten, Satzglieder und umfangreichere Satzgefüge mit den entsprechenden Satzzeichen bilden den Mittelpunkt der Betrachtung. Beim Auswendiglernen von Gedichten tritt die Form der sprachlichen Gestaltung in den Vordergrund, im Zusammenklang von Lautlichkeit und Reim, von Rhythmus und Versmaß wird der Sinn für die Sprache in ihrer Kraft und Bildhaftigkeit geweckt.

Der Rechenunterricht übt weiter das Kopfrechnen und das Einmaleins. In Aufgaben des täglichen Lebens müssen nun aber auch kompliziertere Rechenvorgänge überschaubar und handhabbar werden. Dies geschieht auch in Zusammenhang mit dem Sachunterricht. Dieser befaßt sich nun mit elementaren Dingen menschlicher Tätigkeit bei der Befriedigung seiner Grundbedürfnisse. Es wird in Maßeinheiten gerechnet: Entfernungen in Metern, Gewichte in Kilogramm usw.

In einer Epoche vom Ackerbau lernen die Kinder das Zusammenspiel von Natur und Mensch kennen, aus dem das Getreide für das tägliche Brot hervorgeht. Angefangen vom Pflügen und Säen im Frühjahr, von Regen und Sonne, von der spendenden Lebenskraft der Mutter Erde bis zum golden herangereiften Korn im Sommer, bis zur Ernte. Wie mühsam war diese Arbeit früher, aber wie stark war der Mensch auch eingebunden in diesen jahreszeitlichen Ablauf. Wieviel Arbeit ist noch weiterhin nötig, bis das Korn gedroschen, zu Mehl vermahlen ist, und was muß alles noch geschehen, bis das frisch gebackene Brot auf dem Tisch steht! So weit wie möglich sollen die Kinder zumindest einen Teil dieser Tätigkeit auch selbst ausüben. Meistens findet sich irgendwo im Schulgarten oder auch draußen auf dem Lande ein Stückchen Erde, wo das Korn der Klasse gesät werden kann und im Heranreifen beobachtet wird. Wie in alten Zeiten wird dann geerntet, gedroschen, gemahlen, gebacken. Nicht aus nostalgischen Gründen sollen sich die Kinder mit dieser Arbeit des Menschen befassen (als Bauern ebenso wie als Baumeister oder später Handwerker), sondern um noch den lebendigen Zusammenhang von Mensch und Natur in der Arbeit zu erfahren. Achtung vor der Arbeit ebenso wie Dankbarkeit gegenüber der Natur soll in ihnen geweckt werden. Die moderne Arbeitswelt verbirgt die Zusammenhänge der einzelnen Prozesse und läßt keine solchen seelischen Empfindungen wach werden. Getreide wird da, ebenso wie Brot, von Maschinen »gemacht« (Mähdrescher und Backstraße).

In einer zweiten Epoche beschäftigt sich die Klasse mit dem Hausbau, von der Planung bis zum Richtfest und zur Fertigstellung. So viele Handwerker müssen zusammenarbeiten, bis der Mensch sein Dach über dem Kopf hat! Zum Abschluß baut sich jedes Kind sein Haus nach eigenen Vorstellungen. Dabei wird zu Hause oft tüchtig mitgeholfen, und oft opfern streßgeplagte Väter oder Mütter viel Zeit für gemeinsame Bastelstunden. Und dann welche Freude bei Sohn oder Tochter, wenn das Werk vollendet ist! Was hier unmerklich auch erzieherisch geleistet wurde, wird sich bemerkbar machen. So wirken Elternhaus und Schule auch zusammen. Vielleicht baut die Klasse aber auch Laubhütten oder einen Schuppen im Schulgarten.

In einer ersten Naturkunde-Epoche wird der *Mensch* in seinem Verhältnis, in seiner Besonderheit und Universalität gegenüber dem Tierreich betrachtet. Der Mensch in seiner Dreigliedrigkeit Kopf (Sinnesorgane) – Rumpf (rhythmisches System) – Gliedmaßen (Stoffwechsel) findet seine Entsprechung im Tierreich. Exemplarisch schlägt Rudolf Steiner den Tintenfisch, die Maus und das Schaf vor.

So erscheint der Mensch in seinen Fähigkeiten in der Widerspiegelung über das ganze Tierreich ausgebreitet oder spiegelt sich umgekehrt im Menschen das ganze Tierreich.

Die Mittelstufe

Ab der fünften Klasse steht am Anfang des Unterrichtstages ein anderer Morgenspruch, der die Schüler bis in die 13. Klasse begleitet:

Ich schaue in die Welt,
In der die Sonne leuchtet,
In der die Sterne funkeln;
In der die Steine lagern,
Die Pflanzen lebend wachsen,
Die Tiere fühlend leben,
In der der Mensch beseelt
Dem Geiste Wohnung gibt;
Ich schaue in die Seele,
Die mir im Innern lebet.
Der Gottesgeist, er webt
Im Sonn'- und Seelenlicht,
Im Weltenraum, da draußen,
In Seelentiefen, drinnen. –
Zu Dir, o Gottesgeist,
Will ich bittend mich wenden,
Daß Kraft und Segen mir
Zum Lernen und zur Arbeit
In meinem Innern wachse.

(Rudolf Steiner)

Hier leuchtet in aller Vielfalt das Motiv des Sich-der-Welt-Zuwendens auf. Beschreibt der erste Morgenspruch die Empfindung des Kindes, vertrauensvoll in der Welt aufgehoben zu sein, in Liebe, Dankbarkeit und Verehrung, tun sich nun alle Reiche der Natur auf, in denen der Mensch um Erkenntnis ringt, aber auch, nach innen sich wendend, zum Selbstbewußtsein und zur Selbsterkenntnis strebt.

Die *fünfte Klasse* leitet zum Wendepunkt des 12. Lebensjahres hin. Diese Wende zeichnet sich besonders im Geschichtsunterricht ab – aus Märchen und Geschichten, die im empfindungsmäßigen Ahnen des Menschen liegen, gelangen wir in den Bereich des eigenen Bewußtseins des Menschen von seinem Dasein in den geschichtlichen Überlieferungen. Die Urgeschichte der Menschheit leuchtet in den alten Kulturen auf: Indien, Babylonien, Persien, vorchristliches Ägypten. Der Gang durch die Kulturen zeigt das Niedersteigen des Menschen auf die Erde: Der Mensch des alten Indien strebt auch in seinem Erdenleben ganz der himmlischen Welt zu, der Römer (6. Klasse) wendet sich ganz der Erde zu, gestaltet sie mächtig um.

Wurde im Deutschunterricht der 4. Klasse das Augenmerk auf die Zeitformen im Zusammenhang mit dem Erzählen und Nacherzählen gelegt, so macht nun die Behandlung des Aktiv und Passiv aufmerksam auf die Stellung der eigenen Person zur Handlung. Ebenso wird unterschieden zwischen dem, was ich selbst sage, und dem, was ich von anderen gehört habe: direkte und indirekte Rede.

Der Fremdsprachenunterricht macht ebenfalls weitere Schritte in ein bewußtes Erleben der Sprache und der Menschen, die sich dieser Sprache bedienen: Satzlehre, Lektüre, die über die Lebensgewohnheiten der fremden Völker Auskunft gibt.

In der Mathematik wird die Bruchlehre des vorausgehenden Schuljahres in den vier Grundrechenarten weiter vorangetrieben, immer noch das Motiv verfolgend: das Ganze der Welt, in dem ich mich aufgehoben fühle, erscheint nun in seinen differenzierten Teilen vor meinem Bewußtsein.

In der Erdkunde und Naturkunde wird der Erfahrungsbereich des Kindes ausgeweitet. Die Tierkunde macht es mit unbekannten Arten vertraut. Die Pflanzenkunde hat die Welt der Moose, Flechten, Farne zum Thema.

In der Musik lernen die Kinder anhand einfacher Melodien die Noten, Takt und Rhythmus kennen. Später kommen die Tonarten hinzu. Neben der Flöte wird in den nächsten Schuljahren von vielen Kindern noch ein anderes Instrument im Orchester gespielt.

Mit dem 12. Lebensjahr schaut das Kind mit einer neuen, reflektierenden Wachheit in die Welt. Jetzt wird die genaue Beobachtung in den Naturerscheinungen in einer ersten Physikepoche geübt. Die Kausalität tritt im Beobachten von einfachen Naturphänomenen vor allem in der Optik, Akustik (Lichterscheinungen, Klangerzeugung) und Wärmelehre ins Bewußtsein. Die Deutschepochen der 5./6. Klasse vertiefen den bewußten Gebrauch der Sprache, die Formen des Indikativ und Konjunktiv werden einander gegenüber gestellt. Die Rechenepochen wenden sich in der Zins- und Prozentrechnung ganz dem praktischen Leben zu. Die bisher betriebene Geometrie in der Freihandzeichnung geht über in das exakte Zeichnen mit Zirkel und Lineal: Dreiecksformen, Erarbeitung von Formen als geometrische Örter. Die Geschichte wendet sich den Ursprüngen unserer Kultur in der Kulturepoche der griechisch-römischen Zeit zu. Die Geographie weitet sich in den Kosmos aus. Die Erde wird zur Sternenwelt in Beziehung gesetzt, die Bahn von Sonne, Mond und Kometen in ihren Auswirkungen auf die Erde betrachtet. In der Naturkunde sind wir nun ganz durch die Naturreiche hinabgestiegen und richten unseren Blick auf die mineralische Welt in einer ersten Gesteinskunde.

In der Handarbeit haben die Kinder in der 4. Klasse begonnen, einfache Kleidungsstücke herzustellen: Es wurden Handschuhe und Strümpfe gestrickt. Nun kommen Hausschuhe dazu. Die Arbeit an verschiedenen Stofftieren wird fortgesetzt.

Als neue Fächer treten der Gartenbau und das Werken in den Fächerkanon. Praktische Arbeit beim Bearbeiten des Bodens, beim Aussäen, bei der Pflege und Ernte geben den wachsenden Körperkräften ein Betätigungsfeld – auch in den beiden nächsten Schuljahren. Im Werken wird die Holzbearbeitung in einfachen Techniken geübt (z. B. beim Schnitzen eines Kochlöffels). In der 7. und 8. Klasse werden aufwendigere Gegenstände hergestellt wie eine Holzschale, ein Segelschiff und ähnliches.

In der *siebten* Klasse wird das Beobachten, Beschreiben, Charakterisieren und Schlußfolgern in der Physik weiter geübt, die Beobachtungsgebiete z. B. auf den Magnetismus und die Elektrizitätslehre ausgedehnt. Daneben treten nun aber auch die im verborgenen ablaufenden Vorgänge der Chemie: elementare Umwandlungen – die Verbrennung, Säure-, Laugen- und Salzbildung.

Im Deutschunterricht führt nun der angereicherte grammatikalische Formenreichtum zu einer vielfarbiger und plastischer werdenden Ausdrucksmöglichkeit bei Aufsätzen, Beschreibungen und Berichten.

In den Sprachen wird neben der Lektüre das Charakteristische in Land und Volk erarbeitet, wie es sich im täglichen Leben ausspricht, aber auch in der Literatur zum Ausdruck kommt.

In der Mathematik werden positive und negative Zahlen behandelt, wird das Potenzieren und Radizieren erarbeitet. Die Buchstabenrechnung, die mit der Zinsrechnung ihren Anfang genommen hat, setzt sich abstrakter werdend fort. Dies wird auch in der Gleichungslehre geübt.

Die Geschichtsepochen, die sich mit dem Zeitalter der Entdekkungen und Eroberungen beschäftigen, sind Spiegelbild des Weltinteresses der Kinder.

Die Erdkunde behandelt die Kontinente in ihrer Gegensätzlichkeit und Charakteristik, so z. B. Afrika und Asien.

Der Unterricht der *achten Klasse* wendet sich im Deutschen verschiedenen Ausdrucksformen und damit unterschiedlichen Empfindungsebenen zu. Prosa und Poetik erscheinen nebeneinander in schriftlicher Darstellung wie auch in der Sprachgestaltung. Epik und Dramatik bestimmen dazu die Lektüre.

Die Geschichte spannt einen weiten Bogen bis in die Zeit des Dritten Reiches und die Gegenwart. Die 14–15jährigen zeigen sich dabei besonders betroffen von den Abgründen der Menschenverachtung wie auch der Unbeirrbarkeit und Größe, mit der einzelne Schicksale sich im Widerstand gegen das Untermenschliche aufbäumten.

Die Erdkunde versucht exemplarisch, die Welt mit ihren Kontinenten in der Überschau zu zeigen, so z. B. in der Betrachtung des Gebirgskreuzes der Erde. Einen Schwerpunkt kann dabei die Betrachtung der Kontinente Südamerikas und Nordamerikas bilden unter Berücksichtigung der historischen wie auch klimatischen Verhältnisse.

In der Mathematik werden Radizieren und Potenzieren weiter geübt, die Gleichungslehre mit einer und zwei Unbekannten fortgesetzt. Die Geometrie befaßt sich weiter mit Flächen (Kegelschnitte), geometrischen Körpern und deren Volumen.

In der Biologie wird der Mensch ins Zentrum der Betrachtungen gestellt; sein Knochenbau, sein Muskelsystem, exemplarisch die Funktion des Auges.

Die Chemie befaßt sich mit den Stoffesumwandlungen bei der Ernährung - Umwandlungsprozesse von Zucker, Stärke und Zellulose, Verbrennungsvorgänge.

In der Physik werden Phänomene der Hydraulik und Aeromechanik, der Elektrizität erarbeitet im Zusammenhang mit ihrer technischen Anwendung.

In der Handarbeit geht es um die Anwendung verschiedener Techniken: Flicken, Stopfen, Maschinennähen – ein Hemd oder Kleid wird hergestellt.

Der Sportunterricht der Mittelstufe ist darum bemüht, den ganzen Leib in seinen Bewegungsmöglichkeiten durch Gymnastik (auch Bothmer-Gymnastik), Spiele und zunehmend Geräteturnen zu ergreifen und zu stärken. Dabei wird weniger Wert auf das Erreichen von Spitzenleistungen gelegt, vielmehr kommt es auf eine harmonische Durcharbeitung des Bewegungsorganismus an.

Die Eurythmie setzt in der 5./6. Klasse die Umsetzung der Intervalle in der Musik fort, dazu beginnen rhythmische Übungen der klassischen Metrik. Die 7. Klasse vervollständigt den Kreis der Intervalle. Mit der 8. Klasse fügt sich ein weiteres Element der Empfindung in Dur und Moll hinzu. Mit dem Abschluß der 8. Klasse verfügen die Schüler über das gesamte Instrumentarium der Laut-

und Tongebärden. Immer besteht eine enge Beziehung zum Hauptunterricht: Märchen, Fabeln, Sprachlehre, Geschichte, Musik (Intervalle, Tonarten, Tonleiter, Takt, Rhythmus), poetische Formen.

Mit der achten Klasse schließt die Klassenlehrerzeit ab. Der Schritt in die »Oberstufe« wird von vielen Schülern als einschneidendes Ereignis erlebt.

Das Jugendalter

Neues Ich-Erleben

Zusammenfassend sei hier noch einmal die kindliche Entwicklung in ihren Phasen in Erinnerung gerufen. Bis zum Zahnwechsel lebt das Kind ganz im *Nachahmen* dessen, was ihm durch die vom Erzieher gestaltete Umwelt begegnet. Im zweiten Jahrsiebt nimmt es das, was ihm durch den Erzieher vermittelt wird, in bildhafter, *empfindender* Weise auf, wobei sich um das 12. Lebensjahr der Sinn für die Kausalität zu regen beginnt. Mit der Pubertät treten Empfindung und denkende Betrachtung in ein *neues Verhältnis*. Der Heranwachsende betrachtet auf einer neuen Stufe des Ichbewußtseins die Ereignisse sehr stark durch die Brille seiner Empfindungen. Sein Blick ist darauf gerichtet, was er an Spiegelungen der Wahrnehmungen in der eigenen Seele empfindet. Das Gefühlsurteil herrscht vor. Mit forschendem Bewußtsein wird auch der Erzieher betrachtet, wird hinterfragt, was Eltern für falsch oder richtig halten, was Lehrer im Unterricht darstellen oder auch in ihrem Erziehungsbemühen von den Schülern erwarten und verlangen.

In der siebten Klasse beginnen Zeiten der Unruhe – nichts ist mehr selbstverständlich oder geschieht selbstverständlich. Bei den Kindern zeigt sich eine große Wachheit und ein Beurteilen-Wollen gerade im Hinblick auf die Anordnungen des Lehrers – ob es Arbeitsanweisungen in der Schule oder für zu Hause sind oder erzieherische Konsequenzen aus dem Verhalten der Schüler. Immer wieder wird die Frage nach der Gerechtigkeit gestellt (die gleichmachende Gerechtigkeit ist ja das Thema der Römischen Geschichte in der 6. Klasse!), nach der Gleichbehandlung von Gruppen oder von einzelnen: »Die anderen haben auch nicht so viele Hausaufgaben gehabt, haben auch Hausaufgaben in der Vertretungsstunde machen dürfen«; und bei den durchaus notwendigen Konsequenzen, die aus vielerlei Fehlverhalten zu ziehen sind, sind es auch immer »aber die anderen ...« – oder noch gezielter: »Sie haben sicher auch als Schüler mal die Hausaufgaben vergessen«, aber mit der Antwort: »Natürlich, aber dann hat das ebenfalls für mich Folgen gehabt!«, ist man meistens zufrieden. Lehrer und Eltern merken, daß ihren Anweisungen nicht mehr mit der (hoffentlich) gewohnten Selbstverständlichkeit Folge geleistet wird. Häufig entwickeln sich lange Diskussionen, die manchmal sogar augenzwinkernd als Scheingefecht geführt werden. Leicht murrend oder auch schmunzelnd fügt sich dann der Zögling doch in sein Schicksal.

Immer wieder sieht sich der Erzieher in seiner Autorität angezweifelt. Und wichtiger denn je sind deshalb jetzt die innere Stimmigkeit seines erzieherischen Vorgehens und sein Verständnisbemühen für das Kind, vor allem auch sein Humor. Ein vorsichtiges Abtasten im häufig auftretenden Konfliktfall ist nötig, vor allem muß der individuelle Entwicklungsstand des Heranwachsenden genau berücksichtigt werden. Mancher ist in seiner Betrachtungs- und Empfindungsweise noch durchaus Kind und bedarf noch der unumstößlichen Wegweisung der Erwachsenen. In der Seelenwelt des Jugendlichen dagegen lebt eine neue, tief ernsthafte Fragestellung eines »Wer bin ich?« und »Wer bist du?« Dieses Aufleuchten der Persönlichkeit, die sich da ankündigt, müssen wir sorgfältig abspüren, wollen wir im verantwortlichen Gespräch den zarten Keim des neuen Selbstbewußtseins stärken.

In diesen Zeiten des Umbruchs müssen wir besonders sorgfältig beobachten und vorsichtig urteilen, in immer neuen Begegnungen Zeichen setzen, Botschaften vermitteln. Dem Schüler, der Gespräche führt mit dem Ziel, sich ein bequemeres Dasein zu verschaffen, muß anders begegnet werden als dem, der tatsächlich erste Schritte ins Jugendalter tut. Daraus ergibt sich im Klassenverband die Tatsache, daß der Lehrer durchaus unterschiedlich mit den Schülern umgeht, differenziert auf ihre Auseinandersetzungs-Aktionen antwortet. Eine Klassengemeinschaft registriert diese Unterschiede sehr feinfühlig und kann damit auch durchaus leben und umgehen.

Das Bedürfnis nach Neuorientierung wird nach und nach in allen Kindern wach. Wie es sich ausgestaltet, wie sie neue Grenzen abspüren und welches Konfliktpotential dabei entwickelt wird, das hängt sehr wesentlich davon ab, mit welchem Startkapital wir als Erzieher die Kinder ausgestattet haben. Das heißt für das erste Jahrsiebt: Nach welchen Vorbildern hat das Kind sich orientiert, welche guten Gewohnheiten hat es übernommen? Für das zweite Jahrsiebt ist entscheidend die Frage, wie wir als Willens- und Empfindungsmensch und denkender Mensch den Kindern als Erziehungsautorität begegnet sind. Was haben wir durch lebendige Begriffe, durch Bildhaftigkeit, die von der Kinderseele freudig aufgegriffen wird, an lebendigem Weltinteresse vermitteln können? Mit welcher Vielfalt haben wir das Kind bekanntmachen können, mit der Schönheit der Natur wie auch der Kultur? Von dieser im Jugendlichen veranlagten Frage: »Wer bin ich, und was ist diese Welt um mich herum?« und von der sozialen Form, die wir ihm als Hilfe im menschlichen Miteinander gegeben haben, hängt es ab, wie er die Zeiten der Pubertät, die Zeiten der »Erdenreife« durchlebt, ja übersteht. Alles, was er an Bereicherung des menschlichen Lebens nicht kennengelernt hat, steht ihm nun als Material bei der Neugestaltung seines inneren Seelenmenschen nicht zur Verfügung. Es sind unsere Versäumnisse als Erzieher, wenn es weiße Flecken auf der Landkarte gibt, die der Heranwachsende bei seinem Lebensweg in die Zukunft des Erwachsenseins zur Orientierung benützt. Besonders schwer wiegen diese Versäumnisse auf dem Gebiet von Kunst und Religion, denn die wissenschaftliche Ausrichtung unseres Lebens trägt ohnehin schon vieles an das Kind und den Jugendlichen heran. Wir müssen eher bemüht sein, daß seine Erziehung nicht zu einseitig wissenschaftlich-materiell ausgerichtet ist

Hat das Kind gelernt, Rücksichtnahme, Bescheidenheit, Hilfsbereitschaft und Höflichkeit zu üben, so sind ihm diese Qualitäten jetzt, da es ein eigenes Verständnis der Verhaltensformen in der menschlichen Gemeinschaft wie auch seines erwachenden Ichs zur Welt sucht, Orientierung und damit konkrete Hilfe.

Was wir ihm an positiver Einstellung, an sozialer Orientierung, an Maßstäben überhaupt mitgegeben haben (und das mag man auch durchaus negativ als »aufgepfropft haben« bezeichnen) – ist das Rohmaterial, aus dem es im Jugendalter seine eigene Persönlichkeit bildet. So soll und kann es sich vom außengeleiteten Menschen zum innengeleiteten Menschen entwickeln.

Im Bilde gesprochen: Der Jugendliche durchquert einen unruhigen Strom des Lebens, dem er ausgeliefert ist – wir können ihm beim Schwimmen nicht helfen, wie weit und wohin er auch abgetrieben wird. Ob er ein lebenswertes Ziel anzustreben und zu erreichen vermag, das hängt davon ab, wie gut wir den Schwimmer trainiert haben, wie verantwortlich wir als Erzieher das Kind auf diesen Augenblick vorbereitet haben.

Für diese Zeitspanne der Erdenreife hat sich – was den Heranwachsenden betrifft – auch das Bild »wegen Umbau geschlossen« eingebürgert. In der Seele des Kindes und Jugendlichen gehen große Veränderungen vor. An diesem intimen Geschehen, an diesem Erlebnis: »So empfinde ich die Welt und damit auch mich ganz neu und stark«, läßt der Heranwachsende höchstens die Gleichaltrigen teilhaben – die Erziehenden, die Erwachsenen sind davon ausgeschlossen. Ihnen gegenüber ist sehr stark die Empfindung des Andersseins. Zugleich mit den Gleichaltrigen besteht aber auch die Empfindung des Gemeinsamen an Sorgen, Nöten, Interessen, Neigungen. Die Entdeckung, selbst etwas wollen zu können, auch gegen den Willen des Erwachsenen, sich selbst durchsetzen zu können, spielt eine große Rolle. Weil es »alle machen« und weil es Spaß macht, möchte man auch – sich so kleiden, diese Art von Musik hören, gegen die von Erwachsenen beherrschte und bestimmte Welt angehen. Dabei verbirgt sich hinter der rauhen, bunten Schale zumeist ein zarter, verletzlicher Kern, von unbestimmter Sehnsucht getrieben. Neue Leitsterne tauchen nun auf – und weil dies allgemein bekannt ist, macht sich dies eine ganze Unterhaltungsindustrie mit besten Gewinnspannen zunutze. Die Suche nach Lebensinhalten, die eine eigene Welt der Jugendlichen konfigurieren, trifft auf ein reiches Angebot von Mode und Unterhaltung. Diese Lebensrichtlinien zielen auf das Freiheitsstreben der Jugendlichen ab, bieten jedoch nur eine Freiheit von den Vorschriften und Eingungen durch die Erwachsenen, tragen aber dem Anderssein-wollen Rechnung. Der Jugendliche verfällt so einer »Freiheit«, die ihn ganz dezidiert zum außengeleiteten Menschen macht. Gezielt werden ihm die Accessoires für eine Revolution gegen die etablierte Erwachsenenwelt geliefert, und manche Erzieher glauben vielleicht noch, in dem extravaganten Outfit der Kinder ein Anzeichen für deren Selbständigkeit und Signal für deren Streben zu individueller Freiheit zu sehen.

Diese Welt des Jugendlichen hat es immer gegeben, jedoch hat sich das Material, aus dem sie gebaut ist, verändert, und noch nie wurde diese Welt so umfassend und geschickt von einer ganzen Industrie mit ausschließlich finanziellen Interessen manipuliert. Daran ändert auch die wissenschaftlich-pädagogisch-psychologische Beratung vieler am Geschäft Beteiligter nichts.

Die einschlägigen Jugendzeitschriften (die schon von 10jährigen gelesen werden und sie auf die kommenden Jahre vorbereiten) befinden darüber, was »in« ist und was nicht. Hier werden die Trends gesetzt, wie man sich zu kleiden hat, welche CDs in den Charts wo gelandet sind, weswegen man sie kaufen muß – Anleitung zum Konsum. Es wird eine überwiegend mechanistische Aufklärung betrieben, die die Sensibilität nicht im Gefüge aller menschlichen Beziehung und Verantwortlichkeit beleuchtet, wohl aber die menschliche Qualität gemeinsamer Lebensgestaltung maßgeblich bestimmt.

Die heutigen Eltern erinnern sich an ihr eigenes Jugendalter, das Aufbegehren, dem sie sich selbst in einer Auseinandersetzung mit den Eltern eingefügt haben. Doch hat sich bis heute die Qualität dieser Austragungsfelder verändert. Was sich in den sechziger Jahren beispielsweise äußerte, war Kritik an der materialistischen Lebensauffassung, Flower Power, Make love not war, Bruch mit überholten Traditionen, Tabus (Why don't we do it on the road), an der Haltung zur Sexualität.

Dann folgte eine unterbewußte Beeinflussung durch die Subliminaltechnik (den Songs unhörbar untergemischte Botschaften, die doch ins Bewußtsein dringen). Heute haben wir in manchen Bereichen der Popmusik die Faszination des Bösen, Schrecklichen, des Grauens in der Symbolik des Heavy Metal mit Totenkopf und Totenkult, in den Texten den offenen Aufruf zur Revolution gegen die Erwachsenenwelt, Aufruf zur Zerstörung. Dies ist aber nicht der Aufruf des »Macht kaputt, was euch kaputt macht« der 68er Jahre, denn hinter ihm stand die Vorstellung einer besseren Welt, und er richtete sich an die Studenten, nicht an die mit ihrem seelischen Umbau beschäftigte Jugend, die noch nicht wieder festen Boden unter den Füßen hat.

Als Erziehende stehen wir auch für den Jugendlichen nach wie vor in der Verantwortung, Schaden von ihm abzuwenden, Schaden zu begrenzen. Das Gefährdungspotential hat deutlich zugenommen. Anzeichen dafür, daß die Jugend in vielen Fällen fehlgeleitet wird, lesen wir täglich in der Zeitung: keine ethische Orientierung, sondern Gefühlsverrohung, Mitleidslosigkeit, Aggression, übersteigerter Egoismus, Brutalität bis hin zum sinnlosen Mord. Zwei Ursachen als Versäumnisse in der Erziehung sind auszumachen:

- Kinder wachsen ohne Wegweisung und Normenvorgabe, ohne ethisch-moralisches Vorbild und ohne eine solche Orientierung auf

- Kinder wachsen mit dem falschen Vorbild, der falschen Normenvorgabe und ebenfalls ohne ethisch-moralisches Vorbild und ohne eine solche Orientierung auf

Ersteres bestimmt heute noch weitgehend die Überzeugung in der Gesellschaft mit. Erzieherisches Bemühen des Erwachsenen wird als ein Eingriff in die Freiheit des Kindes angesehen, mithin ist eine Erziehung nach ethischen Normen unangebracht. Eine materialistische, rational-empirische Erziehung wird bevorzugt.

Letztere sind die Jugendlichen, die ohne liebevolle, dafür mit um so brutalerer Autorität großgezogen wurden, die aus dem »Hast du was, bist du was« in ihrer Perspektivelosigkeit ein »Haßt du was« gemacht haben.[14]

Erprobungsfelder für eigenverantwortliches Handeln

Die Stellung des Erwachsenen gegenüber dem Jugendlichen hat sich stark verändert. Von seiner Seite aus befinden wir uns gewissermaßen in einem Schwebezustand. Ob er uns als Orientierungsinstanz akzeptiert, entscheidet sich von Fall zu Fall. Ein endgültiger Stand der Beziehungen wird sich erst dann ergeben, wenn er uns als Erwachsener gegenübersteht, der sich in seiner Urteilsfähigkeit nicht mehr so stark auf sein Gefühl, sondern auf seine Vernunft abstützen kann. Wir müssen in ihm einen Partner sehen, der noch auf dem Wege in eine Position der Gleichberechtigung ist. Nach wie vor geht es darum, ihm Wegweisung zu geben. Allerdings führen wir ihn nicht mehr auf einem schmalen Pfad wie in den vergangenen Jahren. Die Straßenbreite hat zugenommen. Wenn wir auf dieser Straße Vorschriften machen und die Verkehrsregeln angeben, dürfen wir kaum noch Sonderrechte für uns als Erwachsene beanspruchen. Diese werden nicht mehr akzeptiert. Wir machen uns unglaubwürdig, wenn wir an den Jugendlichen Forderungen stellen, die wir selbst nicht erfüllen. Allerdings können wir unsere eigene Unfähigkeit zugeben und dann eine Forderung an uns ebenso wie an ihn stellen. So kann beispielsweise die ganze Familie den Versuch machen, den Video-Konsum einzuschränken, um sich anspruchsvolleren Beschäftigungen und Kulturgenüssen zuzuwenden.

Zwar erleben wir in der Art und Weise, wie der Jugendliche diese Reifezeit durchlebt und hinter sich bringt, die Folgen der Erziehung im ersten und zweiten Jahrsiebt, jedoch müssen und dürfen wir nicht untätig zusehen, wenn die Dinge aus dem Ruder laufen.

Im Alltag wird es häufig um die Frage gehen, was der Jugendliche in seiner Freizeit unternimmt, nach welchen Maßstäben er sich orientiert, welche Filme und Videos er bevorzugt, in welchem Maße er sich der Medien-Technik hingibt, sei es am Computer oder der Hi-Fi-Anlage. Wann, in welchem Alter interessiert er sich für das Disco-Fieber, wie oft besucht er Popkonzerte, und welche Lebensanschauung wird ihm dort vermittelt? Welchen Verführungen ist er in »seinen Kreisen« ausgeliefert, was Zigaretten, Alkohol und Drogen betrifft? Welches Verhältnis findet er zur Sexualität zwischen Verkrampfung und Exzeß? Welche Parties werden gefeiert, wie werden sie gefeiert, wie lange dauern sie? Wie lange und in welchem Umfang sind wir als Familienmitglieder in das Leben des Jugendlichen bei seinem »Umbau« mit eingeschlossen? Tauscht er sich mit Vater, Mutter, Geschwistern (noch) über seine Erlebnisse und Probleme aus?

Dabei können wir bemerken, daß er durchaus auf der Suche ist nach Hilfe, Stützung, Idealen. In glücklichen Fällen findet er außerhalb der Familie einen Stützpunkt, einen Menschen oder eine Menschengruppe, wo solche Orientierungsgespräche stattfinden. Häufig ist dies im Zusammenhang mit dem religiösen Leben möglich. Die Konfirmation setzt ein Zeichen der inneren Befestigung, und in der Arbeit in und mit einer Jugendgruppe kann ein positiver Halt gefunden werden.

Alle Interessen des Jugendlichen, die ihn aktiv an einem kulturellen Leben teilnehmen lassen, halten ihn davon ab, sich passiv irgendeinem mehr oder weniger inhaltslosen Zeitvertreib hinzugeben. Auch hier zeigen sich wieder die Früchte eines Erziehungsprozesses.

Immer wird es darum gehen, dem Jugendlichen Erprobungsfelder für ein eigenverantwortliches Handeln zu geben. Verbote können da nur ein letztes Mittel sein (wobei es natürlich auch die Frage ist, ob unsere Autorität noch ausreicht, ein Verbot durchzusetzen). Außerdem wecken sie nur den Widerstand – oder eine unstillbare Sehnsucht, die den Stellenwert des Erstrebten vielleicht sogar unnötig erhöht. Richtiger ist ein allmähliches Lockern von »Vorschriften«, die für das Kind gelten. So wie die Zeit des Zubettgehens langsam hinausgeschoben wird, wie in Kleidungsfragen nach und nach mehr Mitspracherecht eingeräumt wird, ebenso wie bei der Auswahl des Kino- oder Fernsehprogramms, so müssen für viele Gebiete des Erwachsenenlebens die »Zulassungsbedingungen« gelockert werden. Auch hier ist die Selbständigkeit nur durch Anleitung zu lernen, hier wiederholt sich auf anderer Ebene, was für das Kind auch eine erste Stufe der Selbständigkeit war, wenn es z. B. selbst darüber entschied, was es essen, was es spielen wollte. (Diese Wahlfreiheit macht für ein fünfjähriges Kind keinen Sinn.)

Dem Jugendlichen kann man sinnvolle Bedingungen stellen, mit ihm kann man Kompromisse aushandeln und so die Grenzen der breiten Straße deutlich machen. Ja, du darfst diese Geburtstagsparty mitmachen, aber um 23.00 Uhr mußt du nach Hause kommen. Durchaus wirkungsvoll kann es auch sein, das Urteil herauszufordern. Was hat dich nun an dieser Popgruppe so fasziniert und beeindruckt? Nein, jetzt gibt es nicht schon wieder ein neues T-Shirt, du hast erst letzte Woche ein neues bekommen.

Als Erzieher sollen wir auf kein Anliegen, keinen Wunsch eingehen, bei dessen Erfüllung wir die Konsequenzen für den Jugendlichen nicht durchschauen können. Wir müßten ausschließen können, daß er Schaden nimmt. Wenn unser Sprößling unbedingt ein Totenkopf-verziertes Hemd tragen will, so muß die Frage erlaubt sein, wozu das gut sein soll – und die Antwort »Das find' ich halt toll« oder »alle haben das« ist völlig ungenügend. Hier müssen wir dem Jugendlichen verdeutlichen, daß er seinem eigenen Anspruch nach Selbständigkeit und Eigenverantwortung nicht gerecht wird. Selbstverständlich kommt es sehr darauf an, wie man die eigene Anschauung dabei vermittelt. Der Jugendliche muß spüren, daß wir seine Reaktion sogar verstehen. Oft zeigt sich, daß er in seinem tiefsten Innern gar nicht so überzeugt ist von dem, was er sagt. An einem solchen Punkt braucht gar nicht weiter in ihn eingedrungen zu werden. Vielleicht zieht er das nächste Mal das Hemd schon gar nicht mehr an. Das darf aber dann auch nicht kommentiert werden.

Der Erfolg der Jugendsekten und einer New-Age-Bewegung zeigt, daß in der Jugend durchaus ein starkes Bedürfnis nach geistiger Orientierung lebendig ist. Überall da, wo auf diesem Gebiet nichts angeboten wird, beherrscht diese »Konkurrenz« das Feld. Oft stehen dahinter Entmündigungsabsichten, und finanzielle Ausbeutung ist der eigentliche Hintergrund für diese spezielle Art von Entwicklungshilfe. Wenn wirklich Orientierung angeboten wird, die dem Erwachsenwerden, der individuellen Lebensgestaltung in Selbstbestimmung den Weg bereitet, ist dagegen nichts einzuwenden, und wenn dies jemanden stört, so muß er sich fragen, welche Hilfe er selbst konkret anzubieten hat.

Ist das Kind in seiner Entwicklung immer den Weg des geringsten Widerstands gegangen – oder andersherum ausgedrückt: haben wir Erzieher eine »Das ist mir ja nicht so recht-Pädagogik« betrieben, einem Laissez-faire gehuldigt, so geraten wir jetzt unter Umständen in unserer Verantwortung in große Schwierigkeiten. Jetzt strebt der Jugendliche vielleicht plötzlich Zielen nach, mit denen wir überhaupt nicht einverstanden sind. Da wir unsere Erziehungsstandpunkte aber selten deutlich und nachdrücklich vertreten haben, zaudern wir auch im jetzt gegebenen Notfall, unseren noch vorhandenen Einfluß geltend zu machen. Vor lauter Angst, daß uns der Heranwachsende ganz entgleitet, passen wir uns seinen Wünschen und Ansichten an – und verlieren damit die letzte Möglichkeit einer Beeinflussung, denn nun reicht auch die vielleicht noch bestehende emotionale Beziehung nicht mehr aus, um auf das Urteil von Mutter, Vater, Lehrer zu hören. Wir haben als Erzieher, als Autorität, auf die man sich verlassen kann, alles verspielt.

Probleme im Unterricht

In der Schule steuert die pubertäre Entwicklung in der 8. und 9. Klasse ihrem Höhepunkt zu. Vieles, was Lehrerin und Lehrer der Klasse in Jahren an guten Gewohnheiten anerzogen haben, gerät (vorübergehend) in Vergessenheit. Wenn man morgens vor Unterrichtsbeginn vor der Klasse wartet, sinkt man gerade da, wo man sich befunden hat, zu Boden, lagert sich in allen möglichen Stellungen. Die Schwere der Glieder und des Leibes ist hier deutlich ins Bild gesetzt. Alle Bewegungen sind verlangsamt. Ein Stöhnen läuft durch die Reihen, wenn das lagernde Völkchen gebeten wird, die Klasse und die Plätze aufzusuchen. Auch dort gilt die Parole »Suche beim Gehen und Stehen festen Halt«. Man lehnt sich an Stühle, Wände, Tische, wenn man stehen sollte, oder sitzt auf den Tischen, mit den Füßen auf den Stühlen. Der Lehrer weigert sich beharrlich zu vermuten, daß dies auch zu Hause Usus sei. Der Morgenspruch bietet dann Gelegenheit, den Schülern doch ein gewisses Maß an Selbstdisziplin abzuverlangen, indem sie die aufrechte Haltung des Homo sapiens annehmen und sich um sprachliche Sorgfalt bemühen.

Zumindest das immer wiederholte Erinnern an die guten Gewohnheiten, an die einst geläufigen guten Sitten, den menschlichen gegenseitigen Umgang betreffend, kann in diesen Zeiten den Heranwachsenden äußere und damit auch innere Stütze sein. Auch die Verteidigung eines bestimmten sprachlichen Niveaus ist permanente Aufgabe des Erziehens, denn auch hier macht sich eine große innere Schlaffheit bemerkbar. Satzanfänge beim Unterrichtsgespräch klingen dann oft wie: »Dann sind se und dann war'n se und dann ham' se ...« Eine deutliche Hilfe für das Überstehen des inneren Umbaus ist sicher auch das Bemühen um die Sprachkultur in der Familie. Allerdings ist mit – eben – schulmeisterlichen Belehrungen und Ermahnungen kaum etwas zu erreichen, wohl aber mit dem deutlichen Vorbild und vielleicht mit einer Verbesserung in überzeichneter Ironie. So ergibt sich aus einem »Zum Entschuldigen hatter kein' Bock gehabt« vielleicht die Verbesserung: »Er sah sich nicht in der Lage, dem Wunsch nach einer Entschuldigung zu entsprechen.«

Versucht der Lehrer das Verhalten der Schüler positiv zu beeinflussen, so bekommt er einigen Widerstand zu spüren. Immer wieder wird dabei deutlich, welche Ausstattung in Sachen Höflichkeit und Umgangsformen sie in früheren Jahren mit auf den Weg bekommen haben und auf welcher Stufe der Entwicklung ins Jugendalter der einzelne steht. Mädchen neigen häufig zu einem beleidigten Sich-Zurückziehen, Jungen legen leicht ein flegelhaftes Verhalten an den Tag und befleißigen sich gerne eines provokanten Verhaltens, das sich von Mal zu Mal steigern kann, wenn es vom Erzieher nicht gebremst wird. Für Eltern und Lehrer ist es sicher empfehlenswert, zu einem späteren Zeitpunkt – und nicht in der Hitze eines Wortgefechtes – auf die Sache zurückzublicken und den Heranwachsenden in einem ernsthaften Gespräch auf sein unangemessenes Verhalten hinzuweisen. Es kann aber auch notwendig sein, zu Hause oder auch in der Schule mit einer scharfen Zurechtweisung zu reagieren und dem jungen Herrn oder der jungen Dame die Grenzen des Zumutbaren klar zu machen. Schließlich gibt es ja keinen Grund, daß wir uns vom Jugendlichen Unverschämtheiten bieten lassen sollten, die wir von einem Erwachsenen niemals hinnehmen würden – der Jugendliche will ja von uns als ein den Kinderschuhen Entwachsener akzeptiert werden, und dies können wir ihm verdeutlichen.

Somit erklärt sich sein Verhalten erneut – wie schon im Kindesalter, jedoch auf einer anderen Stufe – wieder als Frage, die an den Erzieher gerichtet ist: »Kann ich auf dich als Erzieher noch rechnen, vermittelst du mir noch die Maßstäbe, die du als für mich förderlich ansiehst?« Wird diese Frage durch die Haltung des Erwachsenen nicht eindeutig beantwortet, so haben wir wieder ein Stück an Achtung verloren. Der Jugendliche lotet immer wieder seine Grenzen aus, beansprucht unsere erzieherische korrigierende Aktivität und sieht uns als Stütze und Orientierungshilfe, solange wir ihr gerecht werden. Wenn wir ihm den Eindruck vermitteln, daß wir ihm nicht mehr gewachsen sind, so verlieren wir auch jeglichen Einfluß auf ihn. Die Theorie, daß er uns seine Zuneigung oder Sympathie als Eltern oder Lehrer entzieht, weil wir ihn korrigieren oder zurechtweisen, bestätigt sich weder beim Kind noch beim Jugendlichen.

Für die 8. Klasse bedeutet das große Vorhaben, ein Klassenspiel einzustudieren und zur Aufführung zu bringen, ein außerordentliches Moment der Entwicklungshilfe. Die ganze Klassengemeinschaft ist mit den helfenden Lehrern beim Werken und Handarbeiten aus dem Unterrichtsalltag herausgehoben (der sich ansonsten parallel zu den Proben möglichst ungestört fortsetzen sollte). Die nachmittäglichen Proben wirken sich stark auf das Privatleben der Schüler (und Lehrer) aus. Eine sehr dichte Atmosphäre entsteht in dem Bemühen für die gemeinsame Aufgabe, in der jeder einzelne gefordert ist, beim Kulissenbauen und -malen, beim Nähen der Kostüme, beim Verfertigen von Bühnenentwürfen, bei manchen Regiebesprechungen, in die die Kinder mit einbezogen werden. Zuverlässigkeit, Pünktlichkeit, Hilfsbereitschaft, Fleiß beim Lernen der Rolle, äußerstes sprachliches Bemühen, Rucksichtnahme bei den Proben (ein Großteil der Klasse ist oft im Raum anwesend, wenn von wenigen eine Szene auf der Bühne geübt wird), all diese Eigenschaften werden wochenlang täglich von den Schülern verlangt – gerade in dieser Entwicklungsphase, wo ihnen all dies so außerordentlich schwerfällt. Da gibt es viel Freude, aber auch Enttäuschungen. Denn einige haben wirklich Mühe, beispielsweise pünktlich zu sein. Die anderen sind traurig oder beleidigt, denn alles hat sich beim Proben verzögert, und nun kommt man mit seiner

Szene nicht mehr dran. Aber es ist auch begeisternd, herzlich, lustig. Schüler und Lehrer erleben sich auf völlig neue Weise, von der Aufgabe zu einem Team zusammengeschweißt – besonders bei der Aufführung, wo hinter der Bühne hektische Betriebsamkeit herrscht, jeder herzklopfend die Bretter betritt, im Dunkel hinter den blendenden Scheinwerfern das Publikum weiß... Lampenfieber. Und dann welche Freude und Begeisterung, wenn es gelungen ist, der Beifall, sich alle am liebsten in die Arme fallen wollen. Nach dieser riesigen Anstrengung sind alle fast traurig, daß es vorbei ist: Ganze Tage war man in der Schule gewesen, manchmal bis in den Abend hinein. Auch den Eltern ist viel abverlangt worden, sie haben Kostüme beigesteuert, bei der Bühnentechnik mitgeholfen, mußten oft warten, wenn sie die Kinder abholen wollten. Es läßt sich kaum ermessen, welche Bedeutung ein solches Unternehmen für die Entwicklung der Kinder und für die Klassengemeinschaft als Ganzes hat. Vielleicht sind manche vom Ergebnis, von der Aufführung, keineswegs so angetan, wie es die meisten Kinder sind, weil ihnen nicht klar ist, daß das Wichtigste zunächst der ganze Prozeß ist – und daß natürlich an die Darstellungs- und Sprachkunst von 14jährigen die passenden Maßstäbe angelegt werden müssen. Es geht aber gar nicht um anspruchsvolles Schultheater einer Neigungsgruppe – es geht vielmehr um ein sehr wirksames Erziehungsmittel in der Pubertät, wo gerade auch an die sprachliche Qualität des Stückes hohe Ansprüche zu stellen sind. Das Bemühen um sprachliche Schönheit bedeutet für die Schüler ein stark wirkendes Gegengewicht zu ihrer gegenwärtigen Neigung, jeder sprachlichen Anstrengung aus dem Weg zu gehen. Ihre Beanspruchung bei der schauspielerischen Darstellung ist ebenso ein Gegengewicht für ihre bewegungsmäßige Schwere, Sparsamkeit, Lethargie. Sichtbar geht die Klasse stark verändert aus diesem pädagogischen Unternehmen hervor, und einige letzte Schüler haben jetzt endlich auch die Kinderschuhe verlassen.

Die Oberstufe

Klassenbetreuer und Fachlehrer

Mit dem Eintritt in die Oberstufe ändert sich für den Waldorfschüler vieles. Durch acht Jahre hat die Klassenlehrerin oder der Klassenlehrer »seine« Kinder geführt und begleitet, in allen Fächern des Hauptunterrichtes, manchmal auch noch in Fachstunden. Zwischen ihm und allen seinen Schülern hat sich fast immer ein enges und vertrauensvolles Verhältnis entwickelt. Lehrer und Schüler kennen sich sehr genau in ihren fachlichen und menschlichen Stärken und Schwächen. Manche Kinder haben den Lehrer bis in die 7. Klasse hinein geduzt. Durch Freud und Leid ist der Lehrer mit seiner Klasse gegangen. Viele Hoffnungen haben sich erfüllt, manche nicht. In den letzten zwei Jahren haben die Kinder den Lehrer kritischer ins Auge gefaßt. Immer häufiger kam die Frage, warum sie dies oder jenes tun sollten. In der achten Klasse regten sich starke Widerspruchskräfte; die Kinder haben begonnen, sich abzunabeln, manche gehen schon ein wenig auf Distanz, ziehen sich stärker in sich zurück. In den naturwissenschaftlichen Fächern hat der Lehrer mehr und mehr die Schüler in die Problemstellungen des Unterrichtsstoffes mit einbezogen, ihr Mitdenken beansprucht; die Kausalität gerät nun als Unterrichtselement ins Blickfeld.

In der großen Unternehmung des Klassenspiels sind noch einmal alle Kräfte angespannt worden, haben Kopf, Herz und Hand zusammengewirkt, hat die Klassengemeinschaft sich in mancherlei Belastungsproben verändert und wurde noch einmal zusammengefaßt. Nun beginnt das 9. Schuljahr, beginnt die Oberstufe. Das können tiefgreifende Ereignisse im Leben der Schüler sein. Die Tatsache, nun auch einen ganz neuen Schulalltag zu erleben, aufgenommen zu sein unter die »Großen«, die dem Abitur zustreben, stärkt auch das Selbstbewußtsein.

Das zentrierende Wirken des Klassenlehrers ist nicht mehr da. Neue Lehrer, neue Fächer findet die Klasse plötzlich vor. Eine tiefgreifende Wandlung geht vor sich. An die Stelle der Klassenmutter, des Klassenvaters tritt nun der Klassenbetreuer: eine Kollegin oder ein Kollege, der möglichst in vielen Unterrichtsstunden in der Klasse tätig ist. Seine Aufgabe ist es, Informationszentrum für die Eltern und Schüler zu sein in allen Veränderungen des Schulalltags, vor allem aber auch Ansprechpartner in allen Sorgen und Nöten, Vermittler in Konfliktfällen. Der Klassenbetreuer kann – ebenso wie alle anderen Lehrer – nicht mehr auf die Wirkung einer sympathisch akzeptierten Autorität bauen. Mancherlei Stürme brausen nun durch die Klasse, in der zentrifugale Kräfte zu wirken scheinen. Gute Gewohnheiten scheinen wie weggefegt zu sein, ebenso wie manche fachliche Kenntnisse im Unterricht. Der jugendliche Mensch verliert die gewohnten stabilen Bindungen in seine Umwelt, aber auch sich selbst. Er muß sich und die Umwelt neu greifen und neu begreifen. Der Lehrer muß zu seinen Schülern einen neuen Zugang finden. In der Art und Weise, wie er sich ganz persönlich mit seinem Unterrichtsstoff auseinandersetzt, ihn in jeder Stunde neu belebt durcharbeitet, mit ganz individuellem Engagement, wird er vom Schüler angenommen. Seine fachliche und menschliche Kompetenz muß er sich in jeder Klasse neu erringen. Diese neue Autorität sichert ihm die notwendige Disziplin, sie kann den Kontakt zu den Schülern herstellen. Oberstes Ziel seines Wirkens muß es sein, ein warmes Interesse für die Welt und den Menschen im Heranwachsenden zu entfachen, um daraus ein lebendiges Denken zu entwickeln. In den kommenden vier Jahren sind Unterricht und Erziehung darauf gerichtet, die Empfindungskräfte, die sich so vehement nach der Pubertät in der Seele regen, auszudifferenzieren und in ein Gleichgewicht zu den wachsenden

Denkkräften zu bringen, so daß sich eine objektive, eigenständige Urteilskraft herausbilden kann. Diesem Ziel dient die Arbeit an den Willens-, Fühlens- und Denkkräften in handwerklich-praktischen, in künstlerischen und in gedanklich ausgerichteten Fächern.

In der Oberstufe ist der Vormittag den Epochen in Deutsch, Geschichte, Mathematik, Kunstbetrachtung, Geographie, Physik, Chemie, Biologie und den Stunden in Sprachen, Musik, Eurythmie und Religion gewidmet. Nachmittags werden Sport, z. T. Sprachen und künstlerisch-handwerkliche Fächer in Epochen unterrichtet. Nun wird deutlich, daß einem Waldorfschüler sehr viel an Leistung abverlangt wird, eine Leistung, die den ganzen Menschen beansprucht und formt. In manchen Klassenstufen und Monaten (Epochenzeiten) erreicht das Wochenmaß 46–48 Unterrichtsstunden.

In den Nachmittagsepochen lernen die Schüler verschiedene handwerkliche und künstlerische Techniken kennen (je nach Möglichkeit der Schule): Weben, Schneidern, Korbflechten, Buchbinden, Plastizieren, Anfertigen von Keramiken, Metalltreiben, Steinbehauen, Schnitzen, Schreinern (in manchen Schulen werden auch Schmiedearbeiten, Instrumentenbau angeboten). Dazu kommen verschiedene malerische und graphische Techniken wie Linolschnitt, Radierung, Buchdruck, Siebdruck, Malerei und Zeichnung.

Die intensive Auseinandersetzung mit der handwerklichen und künstlerischen Aufgabe kann gerade in der schwierigen Zeit der Suche nach äußerem und innerem Halt eine große Hilfe für den Heranwachsenden sein. Zwar unter fachgerechter Anleitung, aber doch in eigener Verantwortung muß jeder Schüler sein Werkstück planen, es in sachgerechter Weise Schritt für Schritt gestalten. Konzentration ist notwendig: Ein Kleidungsstück muß schon im Schnitt genau bemessen sein. Sorgfältige Arbeit ist vonnöten, sonst ist schnell der schöne Stoff verdorben. Beim Metall- und Stein-Bearbeiten kommt es auch auf den genau dosierten Kräfteeinsatz an: ein unbedachter Schlag, und die Arbeit von Wochen kann zunichte gemacht sein. Auch für die Gruppe als Gemeinschaft sind diese vielfältigen Herausforderungen wichtig. Staunend wird vielleicht das herausragende Talent eines Schülers registriert, der sonst in den anderen Unterrichtsfächern in der Klasse ein Schattendasein führte.

Sachkompetenz des Lehrers, Sachorientierung des Schülers

In den Fächern des Hauptunterrichts geht es darum, der nach Orientierung suchenden Seele des Heranwachsenden einen sicheren Untergrund zu bieten. Das so aufgezeigte Gegenüber kann ihm in seiner Einsamkeit vermitteln, daß er einen Entwicklungszeitraum durchschreitet, der sich in Entwicklungsvorgängen der Schöpfung, der Natur und des Menschen mit seinem Kultur- und Zivilisationsschaffen widerspiegelt. Hier wird Bildungsstoff im wahrsten Sinne des Wortes angeboten, der die eingeschlossene Ich-Empfindung wieder an die Welt anzubinden vermag und der dem sich entwickelnden Denken, das die eigene Position in einem neuen Bewußtseinslicht zu bestimmen sucht, ein Widerlager bietet. Diesem Ziel dient im Deutschunterricht vielleicht die Beschäftigung mit Schillers »Ästhetischen Briefen«, dient in der 11. Klasse etwa eine eigene Parzival-Epoche: das Bild des zur Selbsterkenntnis und -bestimmung strebenden Individuums, das aus den Banden des Ererbten sich schrittweise zu lösen vermag. Ein Schüler des Lebens und der Menschen, der schließlich in der Frage nach dem Schicksal des anderen sein Selbst und sein Sein zu erkennen beginnt – menschliche Tugenden erfahrend, die heute von geradezu verzweiflungsvoller Aktualität sind. Zugleich durchströmt dieses Bild und Gleichnis ein tiefes und starkes christliches Motiv.

In der 12. Klasse tritt die Frage nach dem Sinn und Urgrund des menschlichen Seins in Goethes Faust an die jungen Menschen heran. Das menschliche Streben nach Erkenntnis, nach Mensch-Werdung, zwischen Gott und Tod und Teufel. Auch hier höchst aktuelle Bezüge zu unserer Zeit mit ihren Problemen. Zu welchem Mensch-Sein sind wir unter Menschen und gegenüber der Natur fähig? Liegt die höchste Leistung des menschlichen Geistes in der Erkenntnis, daß es ihn nicht gibt? Sichern uns Wissenschaft und Technik eine Zukunft, aus der die Natur verschwunden ist? Welches neue Land können diese jungen Menschen, die die Schulzeit beendet haben werden, noch in welchem Meer gründen?

Auch das Klassenspiel einer zwölften Klasse kann einen außerordentlich starken Akzent für die Selbsteinordnung in diese Welt setzen. Wie bewegt und erschüttert können die jungen Leute sein, wenn sie sich wochenlang mit der Erarbeitung von Max Frischs »Andorra« beschäftigen und sich ganz mit den Charakteren dieses wieder hochaktuellen Stückes identifizieren.

Die Geschichte wiederholt den Stoff der Mittelstufe, der als Basis den Schülern gedächtnismäßig zur Verfügung steht, auf einem neuen Niveau mit einer anderen Zielsetzung. Geschichte erscheint hier als Symptom menschlicher Entwicklung, als eine Metamorphose der Reifung im Weltgeschehen. Tiefgründige Unterströmungen der Kausalität sind herauszuarbeiten. Schwerpunkte sind zu setzen, die ein wachsendes Ichbewußtsein der Menschheit aufzeigen können in allen Gefährdungen und Rückschritten – die aber auch ein Zukunftsbild des werdenden Menschen, den wahren Menschen erahnen lassen können. Können wir aus der Geschichte wahrhaft lernen, oder bietet sie nur das Abbild sich wiederholender Kreisläufe des Aufblühens und Untergehens von Kulturen und Zivilisationsstufen, in denen der Mensch als Spielball eines Weltengetriebes erscheint?

Die Biologie, vor allem die Menschenkunde schlägt eine Verbindung zur exakten Naturwissenschaft. Sie ist der Grenzbereich, der einen wesentlichen Unterschied in der Methodik der Weltbetrachtung und damit auch des Unterrichtes verdeutlichen kann. Ein anderes Denken ist gefordert und wird gefördert. In seinen erkenntnistheoretischen Betrachtungen kommt Rudolf Steiner zu dem

Ergebnis, daß die wissenschaftliche Betrachtungsweise, die ihre volle Berechtigung im Bereich der unbelebten Natur hat (im Bereich des Mineralischen), in bezug auf die belebte Natur nicht genügen kann. In der belebten Materie sucht Steiner die Wirksamkeit des schöpferischen Geistes aufzuspüren und folgt darin dem Ansatz Goethes, dem Naturwissenschaftler.

Steiner beschreibt die auf die unbelebte, unorganische Natur gerichtete Forschungsmethode als eine rational-empirische und kausal-analytische. Aus der Summe der wahrgenommenen Wirkursachen werden die isoliert, die notwendig ein bestimmtes Ergebnis zur Folge haben:

»In dieser Weise löst der Geist alle Phänomene der unorganischen Natur in solche auf, wo ihm die Wirkung unmittelbar mit Notwendigkeit aus dem Bewirkenden hervorzugehen scheint.«[15] Im Experiment werden die Bedingungen geschaffen, die zwangsläufig zu einer bestimmten Wirkung führen.

»Ein solches Phänomen nun, bei dem der Charakter des Vorganges unmittelbar aus der Natur der in Betracht kommenden Faktoren in durchsichtiger, klarer Weise folgt, nennen wir ein *Urphänomen* oder eine *Grundtatsache.*«[15] *Dieses Urphänomen ist identisch mit dem objektiven Naturgesetz.*

Das Ziel der Erforschung der unorganischen Erscheinungswelt liegt für Steiner in der Erkenntnis, daß die Urphänomene, die Naturgesetze sich erst in ihrem gesamten Zusammenwirken in ein geschlossenes System einfügen:

»Nun zeigt sich aber die Sinnenwelt als unorganische an keinem ihrer Punkte als abgeschlossen, nirgends tritt ein individuelles Ganzes auf. Immer weist uns ein Vorgang auf einen anderen, von dem er abhängt; dieser auf einen dritten usw. Wo ist hier ein Abschluß? Die Sinnenwelt als unorganische bringt es nicht zur Individualität. Nur in ihrer Allheit ist sie abgeschlossen. Wir müssen daher streben, um ein Ganzes zu haben, die Gesamtheit des Unorganischen als *ein* System zu begreifen. Ein solches System ist der *Kosmos.*

Das durchdringende Verständnis des Kosmos ist Ziel und Ideal der unorganischen Naturwissenschaften.«[15]

Die von Steiner ins Auge gefaßte Naturwissenschaft unterschied ebensowenig wie die heutige in ihrem wissenschaftlichen Ansatz zwischen einer unlebendigen und einer lebendigen Natur:

»Man glaubte, die Methode der unorganischen Wissenschaft in das Organismenreich einfach herübernehmen zu sollen. Man hielt die angewandte Methode überhaupt für die einzig wissenschaftliche und dachte, wenn die *Organik* wissenschaftlich möglich sein soll, dann müsse sie es genau in dem Sinne sein, in dem es die *Physik* zum Beispiel ist. Die Möglichkeit aber, daß vielleicht der Begriff der Wissenschaftlichkeit ein viel weiterer sei als ›die Erklärung der Welt nach den Gesetzen der physikalischen Welt‹, vergaß man.«[15]

Ein solcher wissenschaftlicher Ansatz meint, daß die Forschungsmethode durch unsere Art des Wahrnehmens und Denkens bedingt und erforderlich sei. Steiner dagegen vertritt die Ansicht, daß die wissenschaftliche Methode durch den Forschungsgegenstand gegeben sei – mithin sei auf die lebendige Natur eine andere denn die kausal-analytisch beweisende Methode anzuwenden.

»Statt das Organische seiner Natur gemäß zu erforschen, drängt man ihm eine fremde Gesetzmäßigkeit auf. So aber, indem man das Organische leugnet, wird man es nie erkennen. Ein solches wissenschaftliches Gebaren wiederholt einfach das, was es auf einer niederen Stufe gewonnen, auf einer hoheren; und während es glaubt, die höhere Daseinsform unter die anderweitig fertiggestellten Gesetze zu bringen, entschlüpft ihm diese Form unter seiner Bemühung, weil es sie in ihrer Eigentümlichkeit nicht festzuhalten und zu behandeln weiß.«[15]

Die Naturwissenschaft beschäftigt sich auch heute noch im Bereich des Lebendigen mit dem »Gewordenen«, mit der Momentaufnahme. Sie untersucht einen Ausschnitt der Wirklichkeit und versucht, mehrere solcher Ausschnitte und Momentaufnahmen dann wieder mit der Wirklichkeit in Beziehung zu setzen. Für Steiner geht es (in der Nachfolge Goethes) darum, die Entwicklung, die Entstehung des Gewordenen (zurück) zu verfolgen. Der Wissenschaftler fügt seine Beobachtungen zu einer Chronologie der Entwicklung und Metamorphose des lebendigen Organismus zusammen. Im Anschauen des Lebendigen ist er einer zeit- und raumübergreifenden umfassenden Gestalt des lebendigen Organismus auf der Spur. In einem Prozeß des »anschauenden Urteilens« (Goethe) konstituiert der Forscher kraft seines nach Erkenntnis strebenden Denkens einen Grundtypus des lebendigen Organismus, der alle Entwicklungsmöglichkeiten der einzelnen Erscheinungsform in der Wirklichkeit in sich einschließt.

»Dieser Typus ist in keinem Einzelorganismus in all seiner Vollkommenheit ausgebildet. Nur unser vernunftgemäßes Denken ist imstande, sich desselben zu bemächtigen, indem es ihn als allgemeines Bild aus den Erscheinungen abzieht. Der Typus ist somit die Idee des Organismus: die Tierheit im Tiere, die allgemeine Pflanze in der speziellen.«[15]

In der unorganischen Naturwissenschaft führt die Beobachtung durch die Sinne, die Anschauung der Naturerscheinung unter der Wirkung eines beweisenden Denkens zum *Gesetz*.

In der organischen Naturwissenschaft führt die Anschauung des geistigen Abbilds der Naturerscheinung unter der Wirkung eines vergleichenden Denkens zum *Typus*. Der Typus wird in einem schöpferischen Akt des anschauenden Denkens und des denkenden Anschauens vom forschenden Menschen hervorgebracht.

Nun wird das hier Dargelegte natürlich nicht den Schülern vermittelt. Aber es steht als Idee hinter der Art, wie der Unterrichtsstoff vermittelt wird.

Die goetheanistische Orientierung des naturwissenschaftlichen Unterrichtes kann dazu beitragen, die durch die Technik bewirkte Entfremdung des Menschen von der Natur zu überwinden.

Nicht nur in unserer täglichen Umgebung stoßen wir auf diese Technik. Sie dient auch dazu, die Natur (besser?) beherrschbar zu machen, und sie dient auch dem Erkenntnisstreben des Menschen. Wissenschaftliche Forschung ist natürlich heute ohne Einsatz der Technik nicht mehr denkbar. Vor allem in der Medizin hat die Methode der anorganischen Naturwissenschaft zu außerordentlichen Erfolgen geführt, sie hat aber auch gezeigt, daß sie an Grenzen stößt, die durch ethische Werte gesetzt werden (z. B. in der Genmanipulation).

Bald stellt sich die Frage, ob nicht das Leben aus unserer Welt durch die Wirkungen der Technik so weit verdrängt wird, daß die gleiche Technik schließlich die letzte Überlebenschance für den Menschen bieten wird. Diese Vision rechtfertigt die Suche nach Mitteln der Versöhnung zwischen Mensch und Natur. Neben der fachlichen Bildung kann der goetheanistische Unterricht in den naturwissenschaftlichen Fächern Wege zu einem lebendigen Denken offenhalten.

Die Entdeckung der Naturreiche unter dem Aspekt des anschauenden Urteilens stellt den Menschen als höchste Entwicklungsstufe des Lebendigen dar, aber auch als Zusammenfassung der Naturreiche, untrennbar mit ihnen verbunden. Zugleich wird die ungeheure Verantwortung des geistbegabten Menschen gegenüber der Natur deutlich.

Der *Sprachunterricht*, der im frühen Schulalter noch mit den Kräften der Nachahmung gearbeitet hat, dann die Gedächtniskräfte der Schüler gefordert hat, steht in der Oberstufe im Dienste der Selbstfindung des Heranwachsenden.

Dabei geht es darum, in der Begegnung mit der Sprache eine geistige Dimension zu erschließen, die weit über den Zweck der Informationsvermittlung hinausgeht. Zunehmend wird die Sprache heute zu einem von der Technik handhabbaren Gegenstand herabgewürdigt. Eine Computerstimme erteilt telefonisch Auskünfte, die Computerkasse im Kaufhaus »spricht« uns an mit »Guten Tag« und beendet den Kauf mit einem »Vielen Dank für Ihren Einkauf« in Leuchtschrift. Sprachchips belehren uns im Auto über offene Türen, nicht angelegte Gurte. Noch widersetzt sich das Geistwesen der Sprache der automatischen Übersetzung. Doch ist man auch auf diesem Gebiet schon sehr weit vorgedrungen.

Weit entfernt haben wir uns von der Schöpfer- und Gestaltungskraft des Wortes: »Im Anfang war das Wort.« Die menschliche Entwicklung, Entwicklung des Denkens, Fühlens und Wollens, ist ganz essentiell mit dem Erlernen der Sprache, mit den unendlichen Differenzierungsmöglichkeiten, mit der Kraft und dem Reichtum von Sprache verbunden. Dieses »Wesen«, das so unendlich viel für den Menschen bedeutet, im Zusammenleben mit den anderen, in der Begegnung mit dem von menschlichem Geist Geschaffenen, in dem, was uns die Dichtkunst, die Lyrik vermitteln kann, – es droht zwischen den Informationskanälen von Computerchips zu versickern. Aus der Sprachwissenschaft verschwindet die geistige Dimension. Im Bemühen, als Wissenschaft anerkannt zu werden, begibt sie sich in einen unsinnigen Wettbewerb mit der Naturwissenschaft. Sprache wird nicht mehr als lebendiges Wesen verstanden, sondern als Information nach dem Muster EIN / AUS, 1, 0. In der Sprache drückt sich der ganze Mensch aus, in seinem Denken, in seinem Fühlen, in seinem Wollen. Verarmung der Sprache bedeutet so zugleich eine Verarmung des Menschen überhaupt. Wir werden der Sprache, ihrem lebendigen Wesen, ihrem Geist nicht gerecht, wenn wir sie mit dem Instrumentarium der unbelebten Naturwissenschaft betrachten. Ihr Wesen erschließt sich nur dem *anschauenden Denken* und dem *denkenden Anschauen*.

Die Sprachwissenschaft der vergangenen Jahrzehnte hat analytisch auf verschiedene Gebiete der Sprache aufmerksam gemacht, wie z. B. einen Idiolekt, der sich auf Wortschatz und Sprachverhalten bezieht, oder einen Soziolekt, was den Sprachgebrauch einer bestimmten Gruppe (Berufssprache, Teenagersprache) meint. Solche Erkenntnisse lassen sich pädagogisch nutzbar machen, nicht nur auf der Ebene der Sprache des Individuums oder seiner sozialen Gruppe, sondern auch bezogen auf die Sprachen der Völker. Erst in allen Sprachen der Welt erschließt sich das Wesen des Menschen. Der Sprache wohnen bestimmte Eigenheiten eines Volkes inne. In ihr begegnet uns die Lebensfreude der Völker des Südens, die Ruhe und Nachdenklichkeit des Nordens genauso deutlich wie in der Musik.

Indem wir uns mit der fremden Sprache verbinden, erfahren wir etwas von dem Charakter, von der Seele des Franzosen, des Engländers, des Russen. Das bereichert uns selbst und unsere Sichtweisen der Welt, ermöglicht uns ein anderes und tieferes Verständnis des Fremden in allen Ausdifferenzierungen menschlichen Daseins, in Kultur und Lebensart. Schon an einfachen Sprachformen wird dies deutlich; so z. B. in der Verneinung:

»Sprich nicht!«

So sagen wir im Deutschen. Zuerst kommt der Imperativ, sogleich aber heben wir mit dem »nicht« den Befehl wieder auf, bremsen die Aktivität sofort wieder, zu der wir aufgefordert haben.

»Don't speak!«

Sehr viel sinnvoller formuliert der Engländer. Zuerst kommt das Nein, zuerst wird gebremst, dann wird erklärt, was nicht getan werden soll.

Der Franzose schließt jedes Mißverständnis aus. Die einleitende Verneinung wird nach der Tätigkeit wieder aufgegriffen und verstärkt:

»Ne parle pas!«

In der Unterstufe wurden im Fremdsprachenunterricht die ausklingenden Kräfte der Nachahmung genutzt. Bis zur Pubertät kann alles Neue sich fast mühelos dem Gedächtnis einprägen.

Nach dem Entwicklungsschritt im 9. Lebensjahr (»Rubikon«), der ein anderes Erleben des Ich gegenüber der Welt bedeutet, begegnet den Kindern die Gegensätzlichkeit der Laut- und Schriftsprache.

In der 5./6. Klasse wurde in lebendiger Weise an grundlegenden Einsichten in die Grammatik gearbeitet, an die Stelle von Reimen, Sprüchen, Liedern, kleinen Geschichten ist das Lesen von Texten getreten.

In der 7./8. Klasse wird einem zunehmenden Weltinteresse Rechnung getragen, z. B. in Berichten über die Landesnatur und über das Leben herausragender Persönlichkeiten.

In der 9. Klasse liegt ein Schwergewicht auf der Lektüre. Sie soll den Blick wieder auf den Mitmenschen lenken, den Jugendlichen aus seiner Selbstversenkung locken. Historische, soziale Themen, Biographien stellen wieder Weltkontakt her. Die gesamte bisher behandelte Grammatik wird wiederholt und gefestigt. Systematik und Regel im Spracherleben wirken auf das seelische Chaos dieses Alters.

War die 9. Klasse der Bereich der Auseinandersetzung mit dem Erwachsenen, mit Konvention und formaler Festlegung, so wendet sich die Wahrnehmung der 10. Klasse wieder stärker – als Frage – nach innen. Wer bin ich selbst? Eine feine Sensibilität für die im Gefühl gespiegelte Welt ist da – Hingabe an die Welt im Seelischen sich spiegelnd. Welcher Reichtum erschließt sich nun dem Heranwachsenden in der Sprache der Lyrik, öffnet neue Empfindungswelten auch in der Sprache des anderen Volkes. Wie tönt die Welt, der Mensch in der englischen, der französischen Seele: Byron, Keats, Wordsworth und Hugo, Baudelaire, Verlaine, Rimbaud. Das Erleben der Schönheit der Sprache kann außerordentliche Impulse für die weitere Arbeit setzen.

In der 11. Klasse ist es weniger die Betrachtung des eigenen Seelenspiegels des Jugendlichen, vielmehr geht es jetzt im Drama um das Nacherleben menschlichen Schicksals. Die fragende Seelenhaltung wendet sich wieder dem Mitmenschen zu. Der Sprachgigant Shakespeare ist im Englischen ein solcher Begegnungspol. Zwar bereitet der weitgespannte Wortschatz mancherlei Schwierigkeiten, jedoch ist diese vielfarbige, lebensvolle, von Laut und Geist erfüllte Sprache ein Erlebnis für sich. Das Shakespearesche Drama ebenso wie die Dichtkunst kann vom Wesen der Sprache viel wahrnehmbar und erlebbar machen.

Die 12. Klasse rundet den Entwicklungsgang seit der Pubertät ab, auf Isolation, Selbstbetrachtung, Betrachtung des Mitmenschen folgt ein Weltinteresse neuer Qualität. Ihm kann in der Fremdsprache die moderne Literatur entgegenkommen. Die zeitkritische Betrachtung in Essays ebenso wie die Problematik der Selbstfindung, die Auseinandersetzung von Individuen, Gesellschaft und Umwelt im Roman gibt dem Heranwachsenden Orientierungshilfe.

Der Lehrplan in den Fremdsprachen macht deutlich, daß der Sprache im Laufe der Entwicklung eine sehr bedeutende und stark menschenbildende Rolle zukommt.[16]

Berufliche Bildung in der Waldorfschule

In dem Bemühen der Waldorfschule, Kopf, Herz und Hand zu bilden, zeigt sich ein starker lebenspraktischer Bezug. Die Erfahrung zeigt, daß gerade auch durch praktische handwerkliche Tätigkeit die individuelle Entwicklung aller Fähigkeiten des Denkens, Fühlens und Wollens gefördert werden kann. Eine Stärkung des Selbstvertrauens auf dem einen Gebiet kann auch Reifungsvorgänge an anderer Stelle ermöglichen. Dies zeigt sich vor allem da, wo die handwerkliche Ausbildung bis in den beruflichen Bereich vorangetrieben wurde.

Die Hibernia-Schule in Wanne-Eickel bildet dabei ein besonderes Beispiel, da sie ihren Anfang im Berufsbildungsbereich nahm. In der Zusammenarbeit mit einem Industriebetrieb entstand hier eine Waldorfschule aus dem Arbeitsleben heraus. Heute können dort die Waldorfschüler neben den rein schulischen Abschlüssen auch die Gesellenprüfung zum Schreiner, Schlosser, Dreher, Mechaniker und Elektro-Installateur ablegen.

Die Waldorfschule in Kassel hat einen berufsbildenden Zweig aufgebaut, der die Ausbildung zum Facharbeiter im Metall- und Elektroberuf ermöglicht, außerdem ist die Ausbildung zum Tischler möglich.

Die Rudolf-Steiner-Schule in Nürnberg bietet Ausbildungsgänge an, die den Abschluß als Schreiner- oder Schlossergeselle ermöglichen; außerdem gibt es einen hauswirtschaftlichen Zweig.

Obwohl mit den berufsbildenden Angeboten dieser Art sehr gute Erfahrungen gemacht wurden, ist es bisher – trotz mancher Versuche – nicht gelungen, dieses Bildungsangebot an weiteren Waldorfschulen einzurichten. Zu groß sind die strukturellen Probleme (welche Industriepraxis ist einem Lehrling möglich, wie kann der Berufsschulunterricht organisiert werden?), zu groß wäre oft der finanzielle Aufwand. So bleibt die Möglichkeit zur Doppelqualifikation – denn häufig schließt sich an die Gesellenprüfung auch noch der Abschluß der Mittleren Reife, des Fachabiturs (Hibernia-Schule) oder des Abiturs an – in der Waldorflandschaft leider eine Ausnahme.

Erwachsenwerden

Ausgewogenheit des Denkens (Kopf), Fühlens (Herz) und Wollens (Hand)

Wann werden wir erwachsen?

Dann, wenn wir aus etwas »erwachsen« sind, herausgewachsen sind. Zunächst verbinden wir mit diesem Begriff die Überwindung der Entwicklungsphase der Pubertät, den Zustand, der sich mit dem Erreichen einer ersten Beruhigung und Stabilisierung nach den wildbewegten Zeiten des 12.–17. Lebensjahres (hoffentlich) einstellt. Der Jugendliche hat nach allen Irrungen und Wirrungen eine neue Stufe des Bewußtseins erreicht. In die volle Verantwortung trat der junge Mensch früher mit seinem 21. Lebensjahr – heute mit dem 18. Lebensjahr. Es ist ganz aufschlußreich, die sich mit zunehmendem Alter ausweitenden Bereiche der Verantwortung zu betrachten:

6. Jahr	Schulpflicht
	Kinobesuch bis 20.00 Uhr (freigegebene Filme)
7. Jahr	beschränkte Geschäftsfähigkeit
	beschränkte Deliktfähigkeit
9. Jahr	Kommunion
12. Jahr	Zustimmung beim Religionswechsel
14. Jahr	beschränkte Strafmündigkeit
	Religionsmündigkeit, Konfirmation
15. Jahr	bedingte Beschäftigung von Jugendlichen
16. Jahr	Führerschein IV/Mofa
	Ehefähigkeit, Eidesfähigkeit

	Besuch von Gaststätten, Tanzveranstaltungen bis 23.00 Uhr
18. Jahr	Volljährigkeit, volle Geschäftsfähigkeit volle Deliktfähigkeit, Strafmündigkeit Ehemündigkeit aktives und passives Wahlrecht Führerschein Ia und III
21. Jahr	Volle Strafmündigkeit Führerschein II
24. Jahr	Recht zur Handwerkerausbildung
25. Jahr	Adoptionsfähigkeit Befähigung zum Schöffen/ehrenamtlichen Richter
40. Jahr	Wählbarkeit zum Bundespräsidenten

Schon unsere Gesetzgebung weist darauf hin, daß das Erwachsenwerden ein Reifeprozeß ist, der bis über die Lebensmitte hinausreicht.

Vieles muß an Erziehungsprozeß geleistet sein, bis ein Mensch (vorsichtig gesagt) beginnt, erwachsen zu werden. Zwar erinnern wir uns gut des Zeitpunktes, zu dem wir unabhängig wurden von Schule und Elternhaus, wo wir für uns selbst entscheiden durften – und doch haben wir als Ältere gelernt, daß das Erwachsenwerden eigentlich nie so ganz aufhört. Wir sind Menschen ganz unterschiedlichen Alters begegnet, die deutlich mehr oder weniger erwachsen waren.

Was ist es denn, was das Erwachsensein ausmacht?

Selbstbestimmung fällt uns dazu ein – und diese setzt Urteilsfähigkeit voraus. Es ist die Urteilsfähigkeit, die den erwachsenen Menschen auszeichnet. Sie begegnet uns im Gewand der Lebenserfahrung, der Lebensklugheit, der Weisheit. Beschäftigen wir uns mit diesen Begriffen, so ist uns klar, daß es nicht mehr nur um kausalanalytisches Denken, logisches Denkvermögen, Kritikfähigkeit geht.

Die Altersweisheit stellen wir uns vor als das Vermögen, zu Einsichten und Urteilen zu kommen, die nicht nur auf einem logischen Denkvermögen basieren, sondern das Ergebnis einer reichen Lebenserfahrung sind, die von einem abgeklärten Geist – unabhängig von augenblicklichen Gefühlswallungen – getroffen werden, in der Klarheit des Denkens und der Wärme des Herzens.

Nach wie vor wird in unserer Gesellschaft die intellektuelle Leistungsfähigkeit des Menschen im Zentrum aller Erziehungsbemühungen gesehen. Sie ist auch der Dreh- und Angelpunkt der Leistungsorientierung. *Wie* das Individuum jedoch sein Leben meistert, bleibt dabei außer acht, ebenso wie die Gesellschaft mit den Problemen unserer Zeit fertig wird: Umgang mit den natürlichen Grundlagen des menschlichen Lebens (man denke nur an die Umweltzerstörung), Umgang mit den sozialen Grundlagen des Lebens (Nord-Süd-Konflikt, Dreiklassen-Gesellschaft, Arbeitslosigkeit), Umgang mit den (religiösen) moralischen Grundlagen des Lebens (Zerfall ethischer Normen und Werte, Faschismus, Ausländerfeindlichkeit). Unser Leben wird rational-empirisch gesteuert. Was nicht funktioniert, wird dem florierenden Wirtschaftszweig der »Lebensberatung« zugewiesen.

Wieder stoßen wir bei der Frage, was die Voraussetzungen wohl sein können, die uns befähigen, das eigene Leben zu meistern, auf die Dreiheit von Kunst, Religion und Wissenschaft als Lehrmeister.

Welche Rolle spielen diese Lebensbereiche für uns, und welche Urteilsfähigkeit haben wir uns auf diesen Gebieten erarbeitet?

So hoch auch das logische Denkvermögen einzuschätzen ist – gerade da, wo es um Entscheidungen in der Lebenswirklichkeit geht, ist immer wieder festzustellen, daß dieses nur eine der Fähigkeiten ist, von der die Urteilsfähigkeit des Menschen abhängt. Das logische Denkvermögen hilft uns zu unterscheiden, was wahr und was falsch ist. Auf dem Felde der Wissenschaft ist dies das entscheidende Kriterium. Die Orientierung im Spannungsfeld des Guten und Bösen oder die moralische Ausrichtung des Individuums erfordert noch andere Kräfte. Hier sind das Gefühl, die Empfindung angesprochen. Wir werden auf das Gebiet des moralischen Urteilens und Handelns verwiesen, im weitesten Sinne auf das Gebiet der Ethik und des religiösen Lebens. Die Fähigkeit schließlich, die es ermöglicht, das Schöne in der Welt zu erkennen – in der Natur ebenso wie in der vom Menschen geschaffenen –, kann sich im Bereich der Kunst ausbilden.

Da wir uns als Menschen unter Menschen auf unserer Erde in unserem Leben orientieren wollen und müssen – und nicht als optimal konfigurierte Roboter in einer technischen Ersatzwelt –, ist die Entwicklung der Urteilsfähigkeit auf allen drei Gebieten notwendige Voraussetzung für verantwortliches Handeln. Kaum erwähnt werden muß, daß die Wissenschaftsorientierung unseres Lebens dazu führt, daß die intellektuelle Leistungsfähigkeit des Menschen bevorzugt entwickelt wird, daß Schönheitssinn und künstlerische wie auch moralische Empfindung geringen Stellenwert in Erziehung und Selbsterziehung haben.

In welch katastrophaler Weise auf diesem Gebiet gesündigt wird, zeigt der massive Ansturm auf die Kinderseelen durch Videospiele, die zum großen Teil ein Gewalt- und Horror-Szenario zur Grundlage haben. In fast 5 Millionen Haushalten laufen täglich Videos. Ein Drittel der laut einer Umfrage von Schülern konsumierten Videos wird als jugendgefährdend eingeschätzt. Die beiden größten Produzenten wollten 1993 1,5 Milliarden DM umsetzen – das ist ein Viertel des gesamten Umsatzes an Spielwaren.[17]

Vielleicht ist man neben der Ausbildung des intellektuellen Denkens noch dazu bereit, der moralischen Dimension in der Erziehung eine gewisse Bedeutung zuzugestehen. Mit dem Einfluß des Schönen, der nur in der Kunst wirksam werden kann, gibt es jedoch einige Probleme. Dies belegt schon die Tatsache, daß die künstlerischen Fächer in den Lehrplänen des öffentlichen Schulwesens eine mehr als untergeordnete Rolle spielen. Natürlich hat sich der Kunstbegriff durch vielerlei Metamorphosen verändert. Dabei ist etwas aus dem Blickfeld geraten, daß es unter uns Menschen immer Individuen gegeben hat und gibt, die uns mit einem anderen Kosmos des künstlerischen Menschen in Berührung bringen.

Mit dem Begriff des Schönen wird kopfmäßig heute kaum noch etwas angefangen, auch gefühlsmäßig wird Schönheit immer weniger erfaßt. Selbst gegenüber der elementaren Schönheit der Natur verkümmert unser Schönheitssinn mehr und mehr. Großer Wert wird aber auf intellektualisierte Schönheitsideale gelegt, wie sie im Design des Autos oder der Kleidung oder der Wohnwelt als Statussymbol befriedigen. Als Kraftquell, als seelische Erbauung vermögen sie nicht zu dienen. Die Sinne werden heute überfordert durch zu laute Musik, zu grelle Farben, irritierende künstliche Düfte. Interessant zu erfahren, daß bei Hörtests, z. B. der Lufthansa, sofort auffällt, ob der Bewerber Diskotheken besucht hat oder nicht. Oder daß das Farbsehen in der Druckindustrie – z. B. beim Vergleich von Original und Andruck – sehr zu wünschen übrigläßt. Die Umwelt ist von technischer Rationalität und Achtlosigkeit bestimmt, in der weitgehend die Häßlichkeit regiert. Ein Bedürfnis nach Schönheit wird kaum noch verspürt, zugleich aber wird unter ihrer Abwesenheit in den meisten Lebensbereichen gelitten, ohne dies vielleicht wirklich zu wissen.

Für den jungen Menschen, der an der Schwelle zur Selbsterziehung steht, heißt dies jedoch: Wie ist der Nährboden durch die Erzieher vorbereitet worden, dem er erwachsen kann? Welche Kräfte kann er ihm entnehmen, wenn er sich nun anschickt, aus eigener Kraft sein Leben in die Hand zu nehmen? Wie intensiv wurde er durch unsere erzieherischen Bemühungen mit diesen drei Lebensbereichen bekannt und vertraut gemacht? Welche Maßstäbe haben wir ihm mitgeben können, die er nun für sich selbst bei seiner Neuorientierung in der Welt nutzen kann?

Das Erwachsenwerden hängt nicht nur davon ab, wie die Stromschnellen der Pubertät überwunden werden. Es ist ein Entwicklungsprozeß, der mit dieser Erdenreife beginnt, eigentlich aber nie aufhört und schließlich ganz entscheidend durch das beeinflußt wird und ist, was durch die Erziehung an Menschenbildung in den ersten drei Jahrsiebten bewirkt wurde.

Die Persönlichkeit des Erwachsenen erwächst und lebt aus all dem, was das Kind denkt, fühlt, tut. Sein Denken, Fühlen und Wollen übt sich und differenziert sich in drei Welten, wenn sie ihm erschlossen werden: in Wissenschaft, Kunst und Religion.

Seine Urteilsfähigkeit wird erst dann zu einer wahrhaft menschlichen Kraft, wenn sie das Wahre, Gute und Schöne mit einschließen kann.

Wenn es uns als Erziehern gelungen ist, dem Heranwachsenden zu vermitteln, welch große Bedeutung diese Lebensbereiche für uns selbst haben, wenn wir vielleicht in manchem haben Vorbild sein können, stärken wir das Vertrauen des Kindes und des Jugendlichen, daß diese Welten auch ihm Maßstäbe für die eigene Lebensorientierung werden können, Sinngebung für die Lebensführung bedeuten. So wird die Kraft des Vertrauens zu einer Voraussetzung für die Ausbildung der menschlichen Urteilsfähigkeit.[18]

Diese Vertrauenskraft speist sich vor allem aus der Sicherheit, die dem Kind durch die Erziehenden gegeben wird. Wenn es immer wieder hat erleben können, daß Eltern und Lehrer sein Leben mit innerer Bestimmtheit und in liebevollem Zugewandtsein begleitet und gelenkt haben, wurde ihm diese Sicherheit zur Erfahrung. So läßt sich sein Aufbegehren, seine Suche nach Begrenzungen immer auch als die Suche nach Sicherheit und Bestätigung verstehen: »Seid ihr immer noch – als meine Eltern, meine Lehrer – die Menschen, deren Führung ich mich anvertrauen kann?« Dies gilt auch oft noch während der Pubertät: Hinter dem Protest verbirgt sich oft diese Vertrauensfrage. Auch dem Jugendlichen gegenüber kommt uns noch diese verborgene Führungsrolle zu. In der täglichen Auseinandersetzung zu Hause in vielen für dieses Alter typischen Bereichen (Kleidung, Freundschaften, Kino, Disco, Rauchen, Alkohol) ist immer auch das Bedürfnis lebendig, das liebevolle Interesse des Erwachsenen an der eigenen Person zu erleben.

Das Ichbewußtsein des Heranwachsenden an der Schwelle zum Jugendalter lebt ganz aus der Empfindung, ganz aus den Kräften des Astralleibes. Gleichzeitig verfügt er aber oft über ein recht gut entwickeltes intellektuelles Denkvermögen. Häufig lassen wir uns dadurch hinsichtlich seines Entwicklungszustandes täuschen, setzen zu wenig auf unsere reifere Vernunft gegen seinen noch vom Gefühl bestimmten Verstand. Erst die Geburt des Ich nach dem dritten Jahrsiebt gibt dem Icherleben die Bewußtseinsqualität der Sphäre des Denkens. Nach der Pubertät ist es noch ein weiter Weg zu einer Urteilsfähigkeit, die aus dem Gleichgewicht des Fühlens und Denkens herausgebildet werden muß. Überlassen wir den Jugendlichen zu früh sich selbst, berauben wir ihn der Stütze, die wir ihm noch hätten geben können. So kommt er ins Schwanken. Kaum wird er dies zugeben, wenn es ihm überhaupt bewußt wird.

Dieses Erwachsenwerden erweist sich also als ein Prozeß, den wir in unserem Erziehungsbemühen vom ersten Lebenstag an positiv beeinflussen können. Die liebevolle Autorität und die Achtung vor der sich formenden Persönlichkeit im Kind – vor dem Menschen – läßt unsere Sicherheit, mit der wir unsere Erziehungsaufgabe wahrnehmen, zu Selbstsicherheit im uns anvertrauten Kinde werden. Wenn es an uns ein Ich-Erleben haben kann, so wird das Ich des jungen Menschen aufblühen können. Indem wir um die Entwicklung eines lebendigen Denkens bemüht sind, schaffen wir ihm die Möglichkeit, alles, was wir in ihm veranlagt haben, in einem Individualisierungsprozeß zur Formung der eigenen Persönlichkeit umzugestalten.

Das Beziehungsgefüge zwischen Schüler, Eltern, Lehrern

Konflikte in der Klassengemeinschaft

Das Schulleben ist nicht weniger konfliktreich als andere Lebensbereiche auch, im Gegenteil, es ist sozusagen von Berufs wegen konfliktreicher. Zunächst kann man einmal zwei Bereiche voneinander unterscheiden: den Unterrichtsbereich, die Beschäftigung mit Lerninhalten – im Falle der Waldorfschule wohl besser als Bildungsinhalt bezeichnet –, zum andern den Bereich allen Erziehungsgeschehens.

Dabei geht es um die Fähigkeiten der Menschen, die direkt an diesen Prozessen beteiligt sind, also Schüler, Lehrer und Eltern, Fähigkeiten, die bewirken sollen, daß aus dem heranwachsenden Kind ein möglichst selbständiger Erwachsener wird, indem alle in ihm liegenden Begabungen möglichst umfassend gefördert und entwickelt werden. Daraus ergibt sich schon eine Summe von Fragen. Für wie begabt halten die Eltern ihr Kind, wie schätzt der Lehrer dessen Fähigkeiten ein? Wie sehen die Eltern die Fähigkeiten des Lehrers, ist er ein »guter« oder »schlechter« Lehrer? Welche fachliche und welche menschliche Kompetenz hat er, um den Kindern ein wirklicher Lehrer zu sein? Welche Erziehungskompetenz haben wiederum die Eltern?

Sofort muß auffallen, wie unterschiedlich die Eltern- und Lehrerperspektive sein muß. Die Eltern betrachten jegliches Geschehen zunächst einmal naturgemäß aus der Sicht ihres Familienzusammenhanges, im engeren Sinne aus der Sicht ihres Kindes. Sie geben sich einem berechtigten Egoismus hin, der das Beste für das eigene Kind will.

Der Lehrer sieht seine Arbeit auf die Klasse als Ganzes bezogen, in ihr soll er aber dreißig oder noch mehr Individuen fördern. Er hat seine Vorstellung davon, wie er seinen Unterricht gestaltet und wie er außerdem an und mit den Kindern Erziehungsarbeit leisten, »Erziehungskunst« betreiben möchte. Dabei sieht er sich aber dreißig und mehr unterschiedlichen Meinungen und Überzeugungen gegenüber, die in Erziehungsfragen von den Eltern vertreten werden. Auch in seinem didaktischen Tun wird er kritisch von der Elternschaft beobachtet. In der Diskussion – auch im öffentlichen Schulwesen – taucht immer wieder die Frage auf, inwieweit die Eltern Einblick in das Unterrichtsgeschehen haben sollen. Umgekehrt stellt sich die Frage, ob und wie intensiv sich der Lehrer in den häuslichen Erziehungsprozeß einmischen soll. Hat das Elternhaus vor der Schule, die Schule vor dem Elternhaus haltzumachen?

Die Waldorfpädagogik ist auch dadurch gekennzeichnet, daß sie die Erziehung der Kinder als eine gemeinsame Aufgabe von Eltern und Lehrern betrachtet und als solche verwirklichen möchte. Dies macht allerdings Lehrer und Eltern ebenfalls zu so etwas wie Schülern. Jeder Lehrer, der an einer Waldorfschule unterrichten möchte, muß sich intensiv mit der Menschenkunde Rudolf Steiners befassen, an der sich jeglicher Unterricht orientiert, und wird nicht umhinkönnen, sich mit der anthroposophischen Geisteswissenschaft Steiners für seine Person zu beschäftigen. Dabei werden sich für ihn Fragen ergeben, die er nur durch das Studium der Anthroposophie klären kann, wobei die Anthroposophie niemals Gegenstand des Unterrichts ist, auch die Menschenkunde wird den Schülern nicht vermittelt, ist aber maßgebend für den Lehrplan. Die darin aufgezeigten Entwicklungsgesetze wurden schon mehrfach dargelegt.

Jedes Elternhaus, das die Erziehung und Bildung seines Kindes kritisch verstehend begleiten will, kann sich die notwendigen

Beurteilungsgrundlagen ebenfalls nur in einem Vertrautmachen mit dieser Pädagogik erarbeiten. Aber wie soll das konkret aussehen? Die Praxis zeigt, daß dies gerade in unserer Zeit ein schwieriges Unterfangen ist.

Für die Eltern bedeutet dies, daß sie sich immer wieder kritisch prüfen müssen, ob sich ihre Erziehungsvorstellungen mit denen der Schule zur Übereinstimmung bringen lassen. Ausgehen können sie dabei zunächst nur von einem sehr äußerlichen Bild der Erziehungsziele und der Schule. Vielleicht müssen sie sich vorläufig mit den Informationen begnügen, die sie sich verschafft haben. Wer denkt schon, daß Erziehung zur Freiheit in der konkreten Verwirklichung zunächst für das Kind Anerkenntnis der Autorität der Erwachsenen und im weiteren Anpassung bedeutet? Wer sieht so ohne weiteres einen Widerspruch in der Aussage: Der Erwachsene wird nur ein freier Mensch sein, wenn er auch als Kind in Freiheit aufgewachsen ist? Und wie lange muß man sich bemühen, um zu erkennen, daß dies ein sehr problematisches Erziehungsprogramm ist; denn Freiheit beginnt erst mit der Emanzipation von notwendig gegebenen Ordnungen, Rahmenbedingungen und Zwängen und bedeutet dann, sich eigene Maßstäbe für das Leben in der Gemeinschaft zu setzen.

Die Abstimmung über das erzieherische Vorgehen zu Hause und in der Schule ist essentiell eine Frage der Maßstäbe. Wenn heute in den Medien die Erziehungsmüdigkeit der Lehrer und die um sich greifende Form der Wegguck-Pädagogik diskutiert wird, so geschieht dies genau auf dem Hintergrund der stark unterschiedlichen Vorstellungen und Wertmaßstäbe. Zudem: Ein Kind in die Welt zu setzen, macht aus Mutter und Vater noch keine Erzieherpersönlichkeiten – das hat eine ungeheure Verantwortung über drei Jahrsiebte hinweg für die Eltern zur Folge. Ebenso macht das Studium einer Fachwissenschaft (manchmal sogar inklusive etwas Pädagogik) aus einem Menschen vielleicht einen Lehrer, aber auch noch keine Erzieherpersönlichkeit.

Permanente Aufgabe für Eltern und Lehrer muß es daher sein,

über Erziehungsfragen im Gespräch zu bleiben, sich ein eigenes Bild von der Erziehung des Menschen zu machen und dabei die persönliche Sicht der Dinge in ein stimmiges Gefüge zu bringen. Das heißt für uns als intellektuelle Zeitgenossen, dem Festland unserer Anschauungen jeweils neues Land vorzulagern. Hier bietet eine umfangreiche Literatur vielfältige Möglichkeiten der Orientierung. Eltern, die den Weg ihres Kindes in der Schule eher von der Empfindungsebene her begleiten wollen, können dies ebenso verantwortlich tun, indem sie interessiert und aktiv daran teilnehmen, ihr Kind beobachten und ihre Wahrnehmungen mit dem Lehrer besprechen.

Konflikte, die entstehen, weil unterschiedliche Maßstäbe zur Beurteilung einer Situation herangezogen werden, lassen sich verhältnismäßig leicht lösen, wenn die Ansichten objektiv auf dem Hintergrund der Menschenkunde diskutiert werden.

Oft jedoch wird aus dem Gefühl heraus geurteilt über ein Geschehen, über dessen Ablauf und Qualität völlig unvollständige und unterschiedliche Informationen zur Verfügung stehen. Gut beraten sind Eltern und Lehrer immer, wenn sie aus der eigenen Wahrnehmung heraus urteilen können, oder wenn ihre Informationen stichhaltig sind.

Über Vorgänge, die sich in der Schule abspielen, sind die Eltern häufig nur über ihre – oder befreundete – Kinder informiert. Naturgemäß sehen und urteilen Kinder über ihre Erlebnisse aus ihrer Perspektive. Dies kann uns nur ein erster Hinweis sein. Das Gespräch unter den Erwachsenen muß in jedem Falle erst Klarheit schaffen, bevor zu einer Beurteilung der Situation gekommen wird. Diese Erfahrung machen auch Lehrer immer wieder, wenn sie sich nur auf die Äußerungen der Kinder verlassen. Auch zwischen Eltern und Lehrer jonglieren Kinder oft mit einigem Geschick – wie zwischen Vater und Mutter –, um glimpflich davonzukommen. Alle vom Geschehen Betroffenen müssen an der Bewältigung eines Problems beteiligt werden. Für den zu Erziehenden kann es keine größere Hilfe geben als eine Übereinstimmung in Erziehungsfragen zwischen Eltern und Schule.

Sind die Schüler in ein Problem eingeschlossen, hängt die Behandlung natürlich immer von deren Alter und Entwicklungsphase ab. Werden Eltern und Lehrer in einen Konflikt verwickelt, müssen wir bedenken, daß wir alle zuweilen an Betriebsblindheit leiden und daß häufig ein Informationsgefälle besteht in bezug auf die Kenntnis der pädagogischen Fundierung eines bestimmten Sachverhaltes.

Probleme unter Schülern

Streitigkeiten, Unverträglichkeiten, Feindschaften, Freundschaften, Ausgrenzungen, Einzelgänger, Streber, Prügelknaben

In den unteren Klassen sind Probleme unter den Schülern vor allem durch Unverträglichkeiten oder Antipathien bestimmt. Diese können offenkundig sein (der stört mich, will allen Platz für sich, malt in meinem Heft), können aber auch aus tiefen Schichten kommen und erst später zutage treten (der ist so schlampig, streitet in der Pause, prügelt sich usw.) Diese Unarten bekämpft der Lehrer am erfolgreichsten, wenn er auch von zu Hause unterstützt wird. Problematisch ist die Sache, wenn das Verhalten des Kindes seine Wurzeln in Ereignissen hat, die sich vielleicht der Kenntnis der Eltern entziehen, in der Schule jedoch deutlich hervortreten. Ein Beispiel: In der ersten/zweiten Klasse beherrscht das Fernsehen das Feld. Ganze Kung-Fu-Sequenzen laufen in den Pausen ab, im Unterricht ahmen die Kinder allerlei Merkwürdigkeiten nach: Der Popstar brüllt ins Mikrofon, der Gitarrist wiegt sich in den Hüften (und eigentlich will der Lehrer mit den Kindern flöten und singen). Was da nachgeahmt wird, ist für den Lehrer keine Frage, aber woher stammen diese Vorbilder: von Elternhaus, Nachbarn, Freunden? Ob die Eltern sich das von ihrem Kind vorstellen können?

Offene Gespräche sind notwendig. Abstimmung der Maßstäbe (Mein Kind sieht nur die Sendung mit der Maus ...).

Im Unterricht lassen sich Probleme oft dadurch mildern, daß beispielsweise Streithähne auseinandergesetzt werden. In den Pausen treffen Raufbolde dagegen immer auf freiwillige oder gezwungene Kontrahenten. Was dann? Natürlich gibt es aus der Sicht des Lehrers Gesichtspunkte für eine Sitzordnung: Freundschaften sollen gefördert werden, zu große Schwätzer müssen getrennt werden, Eigenschaften der Temperamente sollen aufeinander wirken. Kinder, die der dauernden Aufmerksamkeit des Lehrers bedürfen, sitzen eher vorne, solche, die von sich aus im Unterricht aktiv werden, eher hinten.

Im Laufe der Zeit bildet sich in der Klasse ein konkretes Gefüge der sozialen Beziehungen aus: Kinder, die kontaktfreudig, ausgeglichen, munter, von allen akzeptiert werden, solche, die sich eher in Gruppen ein- und abschließen, Einzelgänger und Außenseiter. Für den Lehrer ein reiches Beobachtungsfeld, in dem jedem die ihm angemessene Betreuung und Förderung zusteht.

Das Schicksal der Einzelgänger wird oft durch die zu Hause üblichen Gewohnheiten mitbestimmt. Ein Kind, das nichts mit anderen teilen will, keinen Radiergummi ausleiht, sorgsam oder ängstlich über seinen Besitzstand an Farbstiften wacht, gerät in Schwierigkeiten, ebenso wie der, der sich selbstverständlich dauernd bei anderen bedient. Egoismus und Hilfsbereitschaft entscheiden auch in der Klassengemeinschaft über die Akzeptanz eines Kindes. Auch die Maßstäbe der Sauberkeit und Ordnung gelten für die Kinderwelt. Nase und Augen der Kleinen registrieren (nach häuslichem Maßstab) sehr genau die menschliche Umwelt. Dabei geht es absolut nicht um die Maßstäbe der Erwachsenen. Kinder, die im modischen Outfit mit teurer Marken-Kindermodekleidung auftauchen, mit extravaganter Frisur und lackierten Nägeln, geraten genauso in Schwierigkeiten. Die sie umgebende Kinderschar spart nicht mit Spott. Auch für die Erwachsenen ist allerdings nicht einzusehen: Warum müssen Kinder wie Modepuppen ausstaffiert sein? Allerdings braucht auch kein Waldorf-Einheits-Wolle-Look zum Muß zu werden.

Für den Lehrer gilt es, bei den Bewertungen durch die Klasse ausgleichend zu wirken: Schadenfreude soll sich nicht ausbreiten, eher Verständnis und Hilfsbereitschaft. Dabei ist differenziert vorzugehen. Wer ein Sprüchlein mühelos lernt, muß sich andere Maßstäbe gefallen lassen als der, der mühsam aber fleißig sein Bestes gibt. An die Stelle von Leistungsorientierung muß die Erfahrung treten, daß wir Menschen unterschiedliche Gaben haben, aber daß wir auch unterschiedlich fleißig sind. Auch hier wirken die dem Kind von zu Hause vermittelten Maßstäbe stark bis ins Klassenklima hinein.

Es gibt keinen Schüler, der nicht irgend etwas Schönes, Erfreuliches, Positives für das tägliche Leben in Schule und Klassengemeinschaft beitragen könnte, ob er nun besonders schön erzählen kann, besonders schön singt, sich sorgfältig der Pflege der Blumen annimmt, ein besonders fairer Sportskamerad ist – oder was auch immer, in jedem Kind können die Kinder lernen, den Menschen zu achten.

Das einzelne Kind lebt in einer Gruppe von Freunden und Kameraden, und alle Kinder miteinander bilden eine Klassengemeinschaft. Was ist diese Klassengemeinschaft? In ihr spielen sich alle Konflikte ab, und sie kann auch als Gemeinschaft damit umgehen, darauf reagieren.

Eine Klassengemeinschaft bildet sich aus den Charakter- und Temperamentseigenschaften der Kinder und den Erziehungsvorstellungen und Wertmaßstäben, die seitens der Elternhäuser und des Lehrers in sie hineinwirken. Sie bringt von den Einzelindividuen etwas mit, das durch Elternhaus und Schule geformt wird.

Was stellen wir uns als Eltern und Lehrer unter einer positiven, schönen, dem Individuum förderlichen Klassengemeinschaft vor? Die sozialen Fähigkeiten des einzelnen wie die der Gruppe sind gefragt. Wie äußert sich überhaupt dieses Gebilde, das man Klassengemeinschaft nennt?

Gemeinschaft, das heißt, daß eine Gruppe etwas Gemeinsames hat. Es unterscheidet sie von anderen Gruppen, gibt ihr individuellen Charakter. Es erfordert aber auch, daß die Einzelindividuen die anderen Individuen in dieser Gruppe wahrnehmen, gleichzeitig auch ein Empfinden und Bewußtsein dafür entwickeln, daß das Individuum dieser Gruppe angehört. Entscheidend dafür sind bestimmte Kriterien und Wertmaßstäbe. Wer wird als Gruppenmitglied anerkannt, wer nicht – und warum? Wieder stoßen wir auf die Frage der Maßstäbe. Wie einengend sind sie, und welche Toleranzen lassen sie noch zu?

Gemeinschaftsbildung

In der Klasse, die eine Gemeinschaft erst noch werden muß, spiegeln sich alle familiären und gesellschaftlichen Werthaltungen zunächst ungeschminkt wider. Was die Verfassung unserer Gesellschaft betrifft – derzeit kein allzu erfreuliches Bild.

Wir haben uns hier von Anfang an zu entscheiden für die Werte einer menschlichen Gesellschaft, die sich an Idealen orientiert, oder für eine Ellbogengesellschaft, die dem Egoismus huldigt, dem persönlichen Erfolg und Vorteil, ohne Rücksicht auf den anderen.

Welches Ziel soll hier verfolgt werden: Vorbereitung auf den Überlebenskampf oder Befähigung zum Leben in der Gemeinschaft?

Gemeinschaftsfähigkeit würde bedeuten, ein Bewußtsein für die Nöte des anderen, aber auch für seine Fähigkeiten zu entwickeln, den anderen in seinem individuellen Sein zu akzeptieren. Dazu gehören Rücksichtnahme, Verständnis, Geduld, Hilfsbereitschaft, Ehrlichkeit, Höflichkeit und Freude am Erfolg des anderen, statt hämischer Genugtuung. In einer weiteren Stufe heißt dies aber auch, sich gegen Fehlentwicklungen zur Wehr zu setzen und eigene Werte zu verteidigen.

Im Schulalltag ergeben sich dabei durchaus Gratwanderungen.

Der Ehrenkodex des Nicht-Verpetzens ist eine Vorstufe der Solidarität. Andererseits fordert er vom Nicht-zu-Verpetzenden den Mut, sich selbst zur Untat zu bekennen. Immer wieder entsteht diese Situation, daß ein einzelner geschädigt wurde – oder die Gemeinschaft geschädigt wurde –, aber niemand ist's gewesen. Die Klasse reagiert auf die Frage des Lehrers mit Schweigen. (Auch eine Erfahrung: Kinder sind heute selten fähig, eine Missetat auf sich zu nehmen, lieber nehmen sie die Verdächtigung anderer in Kauf oder lassen die ganze Klassengemeinschaft in einem unerfreulichen Schwebezustand.) Eine Schultasche wurde voll Schnee gestopft. Zu Recht empört sich der betroffene Schüler, die Eltern verlangen zu Recht Konsequenzen. Ein langes Gespräch in der Klasse hat nur solidarisches Schweigen zur Folge. Der Lehrer ist als Kriminalist und Richter gefragt. Er zieht sich den Unmut der Eltern zu, die ihre unschuldigen Kinder verdächtigt sehen. Schließlich klärt sich nach langen Verhören die Sache auf. Eines der »unschuldigen« Kinder ist's halt gewesen. Die Eltern finden, sie hätten keinen Grund zum Mißtrauen gehabt. Wieder eine Frage der Maßstäbe. Der Übeltäter muß einige Hefte für den Geschädigten neu schreiben. Seine Eltern finden das nicht so gut. Noch eine Frage der Maßstäbe. Der Lehrer fragt sich, wozu... Zwar ist es verständlich, daß wir als Eltern unsere Kinder immer in Schutz zu nehmen geneigt sind, jedoch verlangt der Erziehungsauftrag von uns ein dem Kind gerecht werdendes Verhalten – mithin auch eine Distanzierung, die den unvoreingenommenen Blick auf den sachlichen Vorgang erst ermöglicht. Jeder muß versuchen, die Perspektiven auch der anderen Seite einzunehmen. Dieser Konflikt ist dem Lehrer durchaus bekannt, muß er doch auch bei Streitigkeiten zwischen seinen und »fremden« Schülern zu einem Urteil kommen.

Ein Kind wird bei einer Rauferei so mit der Faust geschlagen, daß ein Zahn abbricht, nicht zu retten ist. Erste Äußerung der Eltern des Übeltäters, das habe sicher seinen Grund gehabt, der andere sei auch nicht ohne. Wieder eine Frage der Maßstäbe.

Besonders wichtig ist die Zusammenarbeit zwischen Elternhaus und Schule, wenn es darum geht, einem Kind zu helfen, das in eine Außenseiter- oder Einzelgängerposition geraten ist. Vielleicht haben seine Eigenarten dazu geführt, daß es in der Klasse mehr und mehr abgelehnt wird – vielleicht ein Junge, der ängstlich und zaghaft ist, die anderen machen sich über ihn lustig. Vielleicht gelingt es durch gezielte Steuerung des Lehrers, der Klasse zu zeigen, daß er andere, sehr beachtenswerte Fähigkeiten hat. Das Bestreben sollte immer da sein, die Haltung zu erzeugen, daß wir im anderen das Positive suchen, uns nicht nur immer über das Negative auslassen. Vielleicht kann die Ängstlichkeit abgebaut werden. Sehr wichtig ist es darüber hinaus, daß in der Freizeit Begegnungs- und Erlebnismöglichkeiten geschaffen werden, die für alle Kinder andere Wahrnehmungsperspektiven entstehen lassen. Es bedarf also unbedingt der Mitarbeit der Eltern, um ein solches Außenseiterproblem anzugehen.

Wo sich Eltern untereinander und außerdem mit dem Lehrer in der Bewertung eines Konfliktes unter den Kindern einig sind, lassen sich erzieherische Konsequenzen zum Besten der Kinder verwirklichen. Wo nicht, wird aus dem Konflikt unter Kindern zwangsläufig ein Konflikt unter Erwachsenen.

Für eine Klassengemeinschaft wäre es wünschenswert, daß sie ein soziales Wahrnehmungsvermögen entwickelt, sensibel wird für die Vorgänge in der Gruppe und zwischen einzelnen und lernt, selbständig mit Problemen umzugehen. Sie muß sich auch gegenüber einem Lehrer artikulieren können, der bei der Bewältigung der Probleme Hilfestellung leisten kann. Oft sind gerade die mehrtägigen Klassenausflüge ein gutes Erprobungsfeld für die sozialen Fähigkeiten. Zu einem erfolgreichen Klassenausflug gehören insofern positive Entwicklungsschritte für den einzelnen und für das Zusammenleben der Gruppen. Geht es in den ersten Schuljahren darum, daß sich die Kinder zunächst überhaupt kennenlernen, erste Bande der Freundschaft knüpfen, so wird in der 5. und 6. Klasse ein Gruppenverhalten bestimmend. Mädchen und Jungen, die bis dahin völlig im selbstverständlichen Miteinander gelebt haben, bilden jeweils eine Gruppe für sich. Man findet sich komisch und doof. Dies ändert sich bis zur 7./8. Klasse wieder, wo dann zwischen Mädchen und Jungen Freundschaften geschlossen werden, die zunehmend auch den Charakter des Verliebtseins tragen. Darüber hinaus bilden sich neue Gruppierungen. Besonders unter Mädchen gibt es mancherlei dramatisches Geschehen des Mögens und Nichtmögens, das sich im Laufe der Zeit etwas stabilisiert.

In diesen Zeitraum einer Verwandlung fallen nun genau die meist einwöchigen Ausflüge in der 6./.7. und 8. Klasse. Die Kinder erleben sich in ganz neuer Art und Weise in anderen Lebenszusammenhängen über mehrere Tage hinweg. Die Aufteilung in Zimmergemeinschaften hat dabei einen Polarisierungs- und Beschleunigungseffekt. Unverträglichkeiten machen sich schärfer konturiert bemerkbar, müssen und sollen aber angegangen und bewältigt werden. Aber auch positive Wahrnehmungen werden möglich, so z. B. wenn in einer Gruppe die Stimme der Vernunft siegt und nicht jede Nacht zum Tage gemacht wird.

Einerseits muß in diesen Tagen vielerlei für die Gemeinschaft getan werden, wobei einer Gruppe von Helfern z. B. beim Vorbereiten des Essens einige Verantwortung zukommt, andererseits zeigt sich der einzelne unterwegs bei Wanderungen, Besichtigungen usw. in seiner sozialen Fähigkeit der Zuverlässigkeit, Hilfsbereitschaft, Wahrnehmungsfähigkeit für allerlei Erlebnisse ebenso wie für den Mitmenschen. Eine konkrete Erfahrung für die Klasse: Der Freiheitsspielraum wächst mit dem Verantwortungsbewußtsein des einzelnen.

Meistens läßt sich ein erfreulicher Lernzuwachs an sozialen Fähigkeiten bei jeder derartigen Unternehmung feststellen. Die Klasse kommt zu einer stärkeren Wahrnehmung der Gemeinschaft, was sich auch auf das Handeln von einzelnen oder Gruppen auswirkt. So kann es in einer 7. oder 8. Klasse durchaus vorkommen, daß selbstorganisierte Rundgespräche stattfinden, die sich beispielsweise mit der Frage beschäftigen, ob eine Gruppe sich zu

Recht von der Klasse ausgeschlossen fühlt und was man dagegen unternehmen kann.

Wie der einzelne, so wächst auch die Klassengemeinschaft an den Aufgaben, die ihr gestellt sind. Jeder Ausflug sollte deshalb einem solchen Entwicklungszweck dienen. Vor allem sollte er den Heranwachsenden neue Blicke auf ihre Umwelt ermöglichen, sie mit noch unbekannten Lebensbereichen in Berührung bringen. Nicht ein Erholungsurlaub soll absolviert werden, sondern Aktivitäten sind anzuregen und den Schülern abzuverlangen. Manchmal scheint es gerade so, als müßten sie zu ihrem Erlebnisglück gezwungen werden. So sind etwa größere Wanderungen für die meisten Kinder ungewohnt. Nach einer gewissen Zeit der Umstellung hören die anfänglichen Klagen jedoch ganz auf, und es ist erstaunlich, wie die Kinder nach und nach einen Blick für die Naturschönheiten (und nicht nur für die Umweltverschmutzung und -belastung) bekommen, sich an ihr begeistern können. Plötzlich spielen die coolen Computerfreaks mit größtem Vergnügen am Bach oder erforschen neugierig ein kleines Felsental. Und wie groß ist die Begeisterung, wenn nach stundenlangem Aufstieg ein Berggipfel erreicht ist! Später wird keiner von einem langweiligen Ausflug reden, zumal auch noch allerlei (anstrengende) Kulturgenüsse dazukommen, z. B. Museums- oder Ausstellungsbesuche oder auch Fabrikbesichtigungen und ähnliches.

Eine Klasse hat – wie ein Einzelindividuum – bezeichnende positive und negative Eigenschaften, entwickelt so etwas wie eine Persönlichkeit. Wollen die Lehrer sie fördern, muß dies auch durch positive und negative Beurteilung und die damit verbundenen Konsequenzen geschehen. Dabei kann es nicht ausbleiben, daß sich einzelne Schüler gelegentlich zu Unrecht gerügt bzw. bestraft fühlen (selten werden sie sich zu Unrecht gelobt vorkommen!). Aber auch das gehört zu einer guten Gemeinschaft, daß die einzelnen Mitglieder dieses Gruppenschicksal mitzutragen lernen, und es erleichtert die Erziehungsaufgabe des Lehrers, wenn er in diesem Punkt mit dem Verständnis und der Unterstützung der Eltern rechnen kann.

In diesem Kontext muß dann auch der Begriff der Kollektivstrafe gesehen werden, wenn sich der Lehrer veranlaßt sieht, aus dem Verhalten der Klasse eine erziehungsnotwendige Konsequenz zu ziehen. So ist es z. B. denkbar, daß eine Klassenreise abgebrochen wird, wenn die Gruppe als Ganzes sich beim Besuch einer Ausstellung unmöglich benimmt, gegen die vom Veranstalter bestimmten Regeln verstößt und es deswegen zu heftigen Beschwerden kommt, oder wenn eine Klasse wegen ihres schlechten Benehmens aus der Unterkunft verwiesen wird. Große Befriedigung kann dagegen bei allen herrschen, wenn die Herbergseltern die Klasse mit einem ehrlichen Lob verabschieden. »So eine fröhliche, höfliche, hilfsbereite Klasse ... es war schön mit euch, ihr könnt gern wiederkommen...« Das kollektive Lob wird gerne akzeptiert!

Ein erzieherisches Bemühen der Lehrer, das die Entwicklung des einzelnen wie die der Gruppe zu Offenheit und Selbständigkeit im menschlichen Umgang zum Ziel hat, läßt, wenn es erfolgreich ist, den Wunsch nach einem Klassensprecher gar nicht entstehen. Haben die Schüler jedoch wenig Gelegenheit und wenig Zutrauen, Probleme untereinander zu besprechen, verschließt sich der Lehrer zudem noch den Gesprächswünschen, so wird das Bedürfnis nach einer institutionellen Regelung der notwendigen Gespräche geäußert. Die Rolle des Klassensprechers ist allerdings auch unter dem Aspekt keine glückliche Lösung, daß sie zwar für die Schülerin oder den Schüler, der dieses Amt übernimmt, einen hohen Anspruch und damit eine Entwicklungsförderung darstellt, jedoch ist mancher dann in Konfliktfällen zu stark belastet. Zudem ist es eigentlich für jeden einzelnen wichtig, seine Sache selbst in die Hand zu nehmen und für ein Gespräch den nötigen Mut aufzubringen. Ebenso sollte der einzelne auch das Wohl und Wehe des Nachbarn mit im Auge haben und aus freien Stücken, weniger von Amts wegen, für ihn tätig werden.

Die Erziehung der Klasse zu einer Gemeinschaft ist, wie bereits dargestellt wurde, ein Entwicklungsvorgang, der durch die Werthaltungen und Normen bestimmt ist, die das einzelne Kind von zu Hause mitbringt. Aber auch die Erziehungsvorstellungen, die die Eltern bezüglich dieser Gemeinschaft haben, sind prägend. Sie können die Gespräche mit ihrem Kind so führen, daß es ihre Haltung spürt: »Dies ist deine Klasse, manchmal mußt du auch für deine Kameraden leiden...« Sie können sich aber auch mit ihrem Kind aus dieser Gemeinschaft herausnehmen, weil sie der Meinung sind, daß ihr Sprößling mit den zur Debatte stehenden Problemen nichts zu tun hat. Sie wollen es z. B. vor »ungerechter Bestrafung« schützen, was jedoch in der Konsequenz bedeutet, daß sie ihrem Kind eine Entwicklungsmöglichkeit, die zur Gemeinschaftsfähigkeit beitragen kann, vorenthalten.

Verhältnis der Kinder zu Eltern und Lehrern

Die Frage, wie sich die Schüler in ihrem Verhältnis zueinander entwickeln, muß natürlich auch im Zusammenhang mit dem Verhältnis des Kindes zu seinen Eltern und seinen Lehrern betrachtet werden. Nochmals sei an die Orientierungsphasen des Heranwachsenden für das erste Jahrsiebt (Nachahmung), zweite Jahrsiebt (Orientierung an der Autorität des Erziehenden) und dritte Jahrsiebt (Orientierung an der Tatsachenwelt) erinnert.

Das Kind soll in seinen Lehrern und sollte in seinen Eltern die Menschen erleben, die die Verantwortung für seine Erziehung und damit für seine Lebensführung übernommen haben. Liebevoll und unmißverständlich bestimmen sie über sein Wohl und Wehe, sind ihm eindeutige und zuverlässige Orientierung, in der es sich sicher aufgehoben fühlt. Immer wieder wird diese Autorität vom Kind abgefragt, indem es bei der Erweiterung seines Handlungsspielraumes die Grenzen des Erlaubten abtastet – bei jeder neuen Situation und bei jedem neuen Lehrer.

Ein Teil der erzieherischen Arbeit in den ersten beiden Schuljahren besteht nun darin, zwischen Kind und Lehrer ein eindeutiges Verhältnis herzustellen, das dem Kind (bei aller schöner und begeisternder Arbeit im Unterricht) seine Grenzen aufzeigt, es zu guten Gewohnheiten bringt und ihm die Autorität des Lehrers im Kraftfeld einer liebevollen Zuneigung deutlich zum Erleben bringt. Diese Anerkenntnis der liebevollen Autorität kann in den ersten Jahren den Arbeitseifer, die Freude am Unterricht, die Freude an der Schule sehr maßgeblich bestimmen. Das Kind arbeitet eifrig für den Lehrer, fühlt sich bestätigt, wenn er sich an seiner Arbeit freut (genau das können auch die Eltern erleben, wenn sie lebhaftes Interesse für die Arbeit des Kindes zeigen).

Da es für viele Kinder keineswegs selbstverständlich ist, das zu tun, was die Erwachsenen für richtig halten und von ihnen erwarten und verlangen, ist es für sie recht schwierig, Waldorfschüler zu werden. Sie sind es gewöhnt, ihren eigenen starken Willen gegen den der Erwachsenen zu setzen, sie wollen genau wissen, warum sie dies und jenes tun sollen, sie üben sogar Druck auf die Erwachsenen aus, quengeln, weinen, schmollen so lange, bis sie ihr Ziel erreichen. Nun machen sie eine gänzlich neue Erfahrung, daß es gar nichts nützt, sich derart zur Wehr zu setzen, diese Frau da, dieser Mann da bleibt beharrlich bei seinem Verlangen, versucht es mit Humor, mit Ablenkung, mit gutem Beispiel (schau, die anderen haben schon ganz schöne Bäume gemalt). Und sie machen mit einem Mal die Erfahrung, daß es eigentlich große Freude macht, mitzuarbeiten, einer Geschichte zuzuhören, statt sich dauernd mit dem Lehrer auseinanderzusetzen.

Wenn schließlich diese erste Grundlage für einen ersprießlichen Unterricht geschaffen ist, die Kinder freudig das tun, worum sie der Lehrer bittet, wozu er sie auffordert, dann ist das Geschehen zwischen Schülern und Lehrer von einer stärker individuellen Färbung. Was muß geschehen, fragt sich der Lehrer, damit du, Peter, und du, Antje, dein Bestes gibst, um einer Aufgabe gerecht zu werden? Wenn Peter das Malen gar nicht so leicht von der Hand geht – immer entstehen krakelige Bilder in stumpfen Farben –, so sind bei ihm andere Maßstäbe anzulegen als bei Antje, die mit Leichtigkeit ein schönes Bild in leuchtenden Farben zustande bringt, aber etwas zur Oberflächlichkeit neigt. Antje achtet wenig darauf, ob auch andere Kinder etwas erzählen wollen – sie hat zwar gelernt, sich zu melden, hat aber das Herz auf der Zunge und sprudelt gleich los. Peter ist sehr zurückhaltend, äußert sich selten. Wenn es ihm passiert, daß er andere in ihrem Mitteilungsdrang zu wenig berücksichtigt, so ist dies ebenfalls anders zu bewerten als bei Antje. Die Kinder sind sehr aufmerksam in einer zweiten Klasse, wenn es darum geht, die Übeltaten anderer zu registrieren. Sich selbst können sie noch nicht so gut in ihrem Verhalten einschätzen. Den Kindern Gerechtigkeit widerfahren zu lassen, kann also nicht bedeuten, alle über den gleichen Kamm zu scheren. Es geht darum, ihnen gerecht zu werden, und das bedeutet, daß jeder ganz individuell so vom Lehrer behandelt und von der Klasse begleitet wird, daß es seiner Entwicklung förderlich ist. So wie bei einem Kind seiner körperlichen Entwicklung Rechnung getragen werden muß (wenn es z. B. im Hauptunterricht dreimal zur Toilette streben muß, während andere sich einen Spaß daraus machen, unter diesem Vorwand des Bedürfnisses mehrfach Wanderungen durchs Schulhaus zu unternehmen), so muß auch auf seine soziale und geistige Entwicklung geachtet werden. Nach und nach gewöhnt sich die Klasse auch an diese unterschiedliche Art der Behandlung durch die Lehrer, und schließlich kann an die Stelle der Mißgunst die Hilfsbereitschaft als gefühlsmäßige Reaktion auf einen solchen Vorgang treten.

Manchmal ändert sich das Verhalten eines Kindes ohne einen für den Lehrer ersichtlichen Grund. Erst die Nachfrage bei den Eltern bringt Klärung: Der Dackel, der langjährige Freund, ist gestorben – ein die Kinderseele beherrschendes Ereignis, das plötzlich Lustlosigkeit, Desinteresse, nachlassende Aktivität in der Schule zur Folge hat. So ist es sehr vorteilhaft, wenn der Kontakt zwischen Elternhaus und Schule so intensiv ist, daß vom Lehrer auch solche Erlebnisse des Kindes berücksichtigt und verarbeitet werden können.

Im Laufe der Jahre muß sich natürlich das Verhältnis zwischen Lehrer und Heranwachsendem verändern. Geht es in den ersten Jahren darum, in dem Kind eine Empfindung für das Richtige und für das Falsche, für das Gute und für das Böse wach werden zu lassen, so zeigen seine Reaktionen in der 6., 7., 8. Klasse, daß es immer stärker das Handeln des Lehrers auch verstehen können will. Ist in den ersten Jahren die auf das Handeln bezogene Konsequenz das richtige Erziehungsmittel, so muß zur Pubertät hin die Nachdenklichkeit, die wachsende Fähigkeit, das eigene Handeln nachzubedenken, berücksichtigt werden. Der Lehrer wird also mit einem Siebt- oder Achtkläßler oder einer ganzen siebten und achten Klasse Gespräche führen, die die Heranwachsenden anregen, über das eigene Handeln und seine Folgen nachzudenken.

Jenseits der Pubertät, in der Oberstufe, verändert sich das Verhältnis zwischen Lehrern und Schülern in einer Weise, die immer stärker den Schüler zur Eigenverantwortlichkeit auffordert, den erwachsen werdenden Menschen herausfordert.

Vor allem in der 9. und auch noch 10. Klasse ist seitens des Lehrers ein sehr differenzierter Umgang mit den Schülern angebracht, weil sie sich auch tatsächlich in einem sehr unterschiedlichen Entwicklungsstand befinden. Wer noch in den Kinderschuhen steckt und dies durch sein Verhalten immer wieder unter Beweis stellt, bekommt dies auch durch den Lehrer signalisiert, da dieser ihn entsprechend ansprechen muß bzw. auch auf manche seiner unangemessenen Aktivitäten oder Äußerungen nicht – oder nur indirekt eingeht. Gleichzeitig erlebt er aber auch, daß der Lehrer andere Schüler in anderer Weise anspricht.

Dieser differenzierte Umgang mit den Heranwachsenden bewirkt oft mehr als lange Diskussionen und vor allem mehr als jeder moralische Zeigefinger.

Haben die Heranwachsenden diesen Entwicklungsstand erreicht, in dem sie in einem ständigen Ringen um ihre Selbstfindung, Unabhängigkeit und Selbständigkeit sind, so empfinden sie sich dem Erwachsenen gegenüber als gleichberechtigt, in der Auseinandersetzung als ebenbürtig. Was sie an Wissen über Mensch und Welt gedächtnismäßig in sich angehäuft haben, was in ihr Empfinden an moralischer Substanz hineingepflanzt wurde, das sind sie bestrebt, in einem lebendigen Prozeß des Sturms und Drangs in ihrer Selbstfindung zu verlebendigen, umzuformen, zu individualisieren. Ihre Frage lautet zwar: »Wie ist sie nun, diese Welt, die ihr Erwachsenen bestimmt, die ihr geformt habt, und wie weit liegen Ideal und Wirklichkeit auseinander?« Aber sie wollen zu diesem Thema vom Erzieher – zu Hause oder in der Schule – keine theoretischen Monologe hören. Sie wollen Antworten, in denen sich auch die Persönlichkeit des Erziehers mitteilt, sie messen die Überzeugungskraft der Autorität an der Stimmigkeit zwischen Ideal und gelebter Wirklichkeit, in dem, der da vor ihnen steht, Mutter, Vater, Lehrerin, Lehrer.

Die höchsten Ideale und Wertmaßstäbe sind für sie bestimmend, und so kann die menschliche Enttäuschung oft groß sein, wenn der Gesprächspartner diesen Ansprüchen nicht gerecht werden kann. Erst die Einsicht, daß das Erwachsenwerden eigentlich nie endet, ein immerwährender Prozeß der Selbsterziehung ist, wird es später möglich machen, den Menschen milder zu beurteilen und seine Qualitäten neben seinen Unvollkommenheiten zu schätzen.

Gleiches widerfährt Eltern wie Lehrern. Sie sind nicht mehr die anerkannten (aber ungeprüften) Leitsterne für eine Strecke des eigenen Lebensweges, sie werden plötzlich entthront, erscheinen als normale menschliche Wesen mit all ihren Schwächen.

»Schwierige« Kinder

Häufig sieht sich der Lehrer dem Vorwurf ausgesetzt, er messe bei bestimmten Schülern mit zweierlei Maß, bevorzuge einzelne oder habe einzelne »auf dem Kieker«, d. h., er sei in seinem Verhalten durch negative Vorurteile festgelegt. Im Normalfall ist sich ein Lehrer dieser Gefahr durchaus bewußt, und er muß sich immer wieder der Frage stellen, ob er in der Lage ist, seinen Schülern vorurteilsfrei – im negativen wie im positiven Sinne – zu begegnen. Dies ist besonders wichtig, wenn ein Tunichtgut unter den Schülern die Aufmerksamkeit und Geduld des Lehrers in besonderem Maße und über einen langen Zeitraum beansprucht. Der Lehrer muß sich immer wieder vor Augen halten, daß er es mit einem Heranwachsenden zu tun hat, der zu einem Großteil das Produkt der Erziehung durch Elternhaus, Umwelt und Schule ist – und doch ist er auch schon eine kleine oder größere Persönlichkeit, die sich durch bestimmte Charaktereigenschaften und durch ein bestimmtes Temperament auszeichnet. Je problematischer sich das Schulleben für ein solches Kind oder einen solchen Jugendlichen gestaltet, um so wichtiger sind die enge Zusammenarbeit und das gegenseitige Verständnis für Lehrer und Eltern. Zwar unterscheidet sich die Problematik in verschiedenen Fächern und bei verschiedenen Lehrern, denn die besondere Vorliebe für ein Fach und die Sympathie für eine Lehrkraft kann das Verhalten des Heranwachsenden stark beeinflussen, jedoch ergibt sich insgesamt bei einem solchen erziehungsauffälligen oder schwierigen Kind doch ein einheitlicher Eindruck. Die Ursachen für sein Verhalten liegen zumeist in seiner kindlichen Entwicklung in der Familie, können aber auch in seiner körperlich-seelischen Konstitution begründet sein (Vater und Mutter haben sich getrennt, die Mutter konnte sich wegen der notwendigen beruflichen Tätigkeit nicht so um ihre Kinder kümmern, wie sei es gerne getan hätte, ein Kind hat vielleicht mehrmals in seinem jungen Leben den Wohnort gewechselt, ist in verschiedenen Ländern und Kontinenten aufgewachsen, es kann sich auch um hyperkinetische Kinder oder die sogenannten Phosphat-Kinder handeln). Liegen solche oder ähnliche Ursachen für Schwierigkeiten in der Schule vor, so muß auch der Arzt oder Psychologe im gegenseitigen Einvernehmen von Eltern und Lehrer hinzugezogen werden. Es können aber auch therapeutische Maßnahmen in der Schule – besonders intensive künstlerische oder handwerkliche Beschäftigung in kleineren Gruppen, Heileurythmie – getroffen werden.

Immer wieder stellt sich auch die Frage, ob Kinder, die in ihren körperlichen oder geistigen Fähigkeiten eingeschränkt sind, in einer Waldorfschule integriert werden können. Dies hängt natürlich von der Schwere der Einschränkung oder Behinderung ab und kann nur unter Hinzuziehung von Fachleuten entschieden werden. Es ist auch eine Frage an den einzelnen Lehrer. Grenzen werden einem solchen Versuch immer durch die Klassengröße gesetzt. Wenn sich herausstellt, daß ein solches Kind in einer Kleingruppe in einer speziellen Einrichtung besser gefördert werden könnte, ist ein solcher Versuch (in der Klasse) nicht sinnvoll.

Zwar sollte es stets das Bestreben der Lehrerpersönlichkeit sein, in seiner Schülerin und seinem Schüler den Menschen zu achten und zu respektieren, der erst noch zur Persönlichkeit heranwachsen wird, aber schon den Keim dieser Individualität in sich trägt, und doch wird ihm das im Unterrichtsalltag oft schwerfallen. So wie wir uns selbst als erwachsene Menschen die Fähigkeit, uns zu verändern, zubilligen müssen, so müssen wir sie erst recht den Heranwachsenden zugestehen, d. h. wir dürfen niemanden in eine Schublade setzen, müssen immer wieder dem andern (und uns selbst vor einem Spiegel des Bewußtseins) neu begegnen. Nur so können Krisen, Phasen einer menschlichen Verstimmung zwischen Lehrer und Kind (und natürlich auch zwischen Mutter und Vater und Kind) überwunden werden.

Wie in der Familie, wo Vater und Mutter eine unterschiedlich starke Bindung zu den Kindern haben, die sich auch in der Liebe zu ihren Kindern ausspricht, so ist auch das Verhältnis des Lehrers zu jedem Kind von unterschiedlicher Sympathie geprägt.

Höchst selten – so zeigt die Erfahrung – muß ein Lehrer feststellen, daß er einem Kind gegenüber keine Sympathie empfinden kann, und selten wird ihm von einem Kind keine solche entgegengebracht, schon gar nicht, wenn Erzieher und Kind über Jahre ein Stück gemeinsamen Lebens gestalten und erleben. Wenn dies dann doch einmal der Fall ist, kann an der Verbesserung des Verhältnisses gearbeitet werden (Gespräche mit den Eltern, besondere Zuwendung zum Kind über einen langen Zeitraum). In einer doppelzügigen Schule gibt es noch die Möglichkeit, daß das Kind in die Parallelklasse wechselt, übrigens auch dann, wenn es sich in seiner Klassengemeinschaft nicht wohlfühlt. Ein solcher Wechsel ist sicher eine große Ausnahme, zumal er auch vom betroffenen Kind viel soziales Umlernen und eine neue Anpassung verlangt. Höchst selten wird die angesprochene menschliche Unverträglichkeit dazu führen müssen, daß die Eltern sich dazu entschließen, das Kind auf eine andere Schule zu tun. Überdies sei hier auch noch der Gesichtspunkt der Schicksalsgemeinschaft angeführt.

Elternhaus und Schule

Wie gestaltet sich nun der menschliche Lebensbereich zwischen Eltern und Lehrern?

In Gestalt von Lehrer und Mutter oder Vater treffen Menschen aus völlig unterschiedlichen Lebensbereichen, Berufen, Überzeugungen, Weltanschauungen aufeinander. Sie sollen (und wollen hoffentlich) gemeinsam eine sehr verantwortungsvolle, sehr intime Aufgabe ergreifen: die Erziehung eines Kindes. Natürlich kann man die Erledigung der Schulpflicht auch als solitäres Unternehmen betrachten, das Kontakte zwischen Schule und Elternhaus kaum erfordert, eine Beteiligung der Eltern an der *Beschulung* des Kindes nicht notwendig macht. Man liefert das Kind in der Schule ab, und nach 13 Jahren hat es das Abitur gemacht.

Wenn Eltern ihr Kind einer Waldorfschule anvertrauen, so haben sie offensichtlich eine andere Vorstellung von Schule und sehen die wesentliche Aufgabe der Schule nicht nur in der Wissensvermittlung und Konditionierung für die Berufs- und Arbeitswelt, sondern vor allem auch in der Erziehung. Sie wollen, daß der Mensch allseitig gebildet wird, sie wünschen keine Leistungsorientierung, sie möchten eine wertorientierte Erziehung. Trotzdem unterscheiden sich manche von ihnen in ihren konkreten Erziehungsvorstellungen, in dem *Wie* der Handhabung sehr deutlich von dem, was Waldorfschule in der Praxis bedeutet. Andere Eltern haben Erziehungsvorstellungen, die durchaus mit denen der Waldorfschule harmonieren, wissen aber wenig über die Inhalte und Hintergründe der Pädagogik Rudolf Steiners. In jedem Falle ist ein gegenseitiges Lernen zwischen Eltern und Schule förderlich.

Daraus ergibt sich die Notwendigkeit, daß Waldorfschule auch immer Elternschule sein muß, ebenso aber auch permanente Lehrerfortbildung erfordert. Der Lehrer muß in der Lage sein, den Eltern, die dies wünschen, sein pädagogisches Tun zu erklären und zu begründen. Gelingt ihm dies noch nicht in erwünschtem Maße, kann er sich Hilfe von erfahrenen Kollegen erbitten. Verbirgt er jedoch die eigene Unsicherheit hinter fachspezifischen Begriffen – in diesem Falle einer menschenkundlichen Darstellung, die er sich selbst nur angelesen, die er aber nicht erfahren oder wenigstens *nachgedacht* hat, so wird er seiner Aufgabe als Waldorflehrer nicht gerecht und verliert an Vertrauen in der Elternschaft.

So ist eine Voraussetzung für eine verantwortliche Zusammenarbeit in der Erziehung für Eltern und Lehrer die gemeinsame Erarbeitung der Grundlagen der Waldorfpädagogik. Diese Arbeit kann in Elternabenden, Vorträgen, Seminaren u. ä. betrieben werden. Natürlich kann die Schule die Eltern zu dieser Mitarbeit nicht verpflichten. Jedoch ergibt sich ein gewisser Widerspruch, wenn Eltern zwar einerseits für ihr Kind ein besonderes und bestimmtes pädagogisches Angebot annehmen, andererseits aber nicht bereit sind, sich aufgrund ihrer Erziehungsverantwortung mit diesem Angebot gründlich zu befassen. Können sie dann irgendeinen Vorgang nicht nachvollziehen, stehen ihnen zur Beurteilung des Sachverhalts nur andere pädagogische Modelle, lerntheoretische Überlegungen oder psychologische Konzepte zur Verfügung. Gerade im Konfliktfall, der vielleicht bei gleichem Informationsstand sich gar nicht ergeben hätte, ist es dann außerordentlich schwierig, zueinanderzufinden.

Wo eine vertrauensvolle Zusammenarbeit zwischen Eltern und Lehrern schwerfällt, sei es aus persönlichen oder sachlichen Gründen, müssen beide Seiten bestrebt sein, die Problemfelder zu begrenzen, den Blick auf konkrete Tatsachen zu richten und auf gegenseitige direkte Informationen zu achten.

Das bedeutet:

- Entscheidend ist zunächst die gemeinsame Aufgabenstellung: die Erziehung des Kindes.
- Welche Fehlentwicklungen stellen Lehrer oder Eltern an diesem Kind fest? Welche Gründe sehen sie dafür? Was können Lehrer oder Eltern beitragen, um eine Verbesserung des Mißstandes zu erreichen?
- Eltern und Lehrer müssen sich fragen, welches Ziel sie konkret anstreben und welche Mittel sie dabei für geeignet halten.
- Äußern sich Eltern zu Vorgängen in der Klasse, so müssen sie bedenken, daß sich ihr Urteil nie auf eigene Wahrnehmungen gründet, sondern auf die Berichte der Kinder, äußert sich der Lehrer dazu, muß er bedenken, daß die Eltern genau in dieser Position sind.
- Es sollte ein Verständnis bei allen Beteiligten dafür erarbeitet werden, welcher Menschenkreis sich sachgerecht mit welchen Problemen befaßt.
  - ist ein einzelnes Kind betroffen
  - eine Gruppe
  - die ganze Klasse?
- Wer ist von diesem Problem zunächst direkt betroffen
  - nur ein Elternhaus
  - mehrere
  - die ganze Klasse
  - mehrere Klassen
  - die ganze Schule?

- Bei der Lösung des Problems empfiehlt es sich, schrittweise vorzugehen, den Kreis der Gesprächspartner wenn nötig nach und nach zu erweitern.
- Sinnvoll ist es, einen bestimmten »Klageweg« einzuhalten, der auch allen Eltern bekannt sein muß:
  - eine Lösung mit dem betroffenen Lehrer suchen
  - andere Lehrer im gegenseitigen Einverständnis hinzuziehen
  - scheint ein Lehrer seinen Aufgaben nicht gerecht zu werden, müssen sich die dafür vorgesehenen Schulgremien damit befassen (z. B. Schulführungskonferenz)
  - Elternrat der Schule beteiligen.

Hier stellt sich auch die Frage nach einem Ombudsmann, nach einem Vertrauenslehrer oder einer Vertrauenslehrerin. Zwar ist es einerseits nicht ganz einsehbar, warum Vertrauen institutionalisierbar sein könnte, andererseits könnte aber auch ein Vertrauensgremium eingerichtet sein, das eine größere Vertrauensbandbreite darstellt. Jede Schulgemeinschaft muß zudem ihre eigenen Erfahrungen auf diesem Felde sammeln.

Noten, Zeugnisse, Abschlüsse

Leistungsmessung?

An der Waldorfschule gibt es keine Noten und kein Sitzenbleiben. Dieser Tatbestand erscheint vielen Eltern zunächst einmal sehr attraktiv, wenn sie sich über die Schule informieren. Die Leistungsmessung, die auch die Konsequenz beinhaltet, daß ein Schüler »das Klassenziel nicht erreicht« und folglich sitzenbleibt, ist auch in der pädagogischen Fachdiskussion durchaus umstritten. In den letzten Jahren ist man auch an öffentlichen Grundschulen dazu übergegangen, die Arbeitsergebnisse und das Verhalten der Schüler nicht einfach zu benoten, sondern in einem ausführlichen Wortgutachten zu beschreiben.

Welchem Zweck dient die Leistungsmessung?

Der einzelne Schüler wird in seinem fachlichen Können an einem für alle gültigen Maß gemessen. Davon verspricht man sich eine

- Vergleichbarkeit der Leistung
- Gewähr der Gleichbehandlung
- Orientierungshilfe für Schüler und Eltern
- Arbeitsansporn im Wettbewerb
- sichtbare Konsequenz des Arbeitsverhaltens, schlechte Noten wirken als Strafe, zwingen zu höherem Arbeitseinsatz.

Der Bildungserfolg für den Heranwachsenden hängt von individuell subjektiven und objektiven Faktoren ab. Die individuellen Anlagen und Begabungen können (wollen?) wir nicht verändern, wir können sie nur entwickeln. Die objektiven Faktoren gestalten wir als Gesellschaft in Eigenverantwortung. Sprechen wir uns für kürzere, gestrafftere Ausbildungszeiten für Schüler und Studenten aus, so ist der bestimmende Gedanke der Kostenaufwand für Bildung und die raschere wirtschaftliche Nutzbarkeit des Ausgebildeten. Gehen wir von einem sozialen Standpunkt aus, so kommen wir zu dem Ergebnis, daß die »Reproduktion« der gesellschaftlichen Verhältnisse durch ein Bildungswesen mitverursacht wird, das die sozial schwächeren Bevölkerungsschichten benachteiligt. Die Verwirklichung der Chancengleichheit hängt auch mit einer objektiven Beurteilung der Leistung des Schülers zusammen.

Diese objektive Leistungsmessung und -bewertung gibt es allerdings im Grunde genommen nicht. Auch wenn das wissenschaftliche Denken sich der Vorgänge in der Welt durch zahlenmäßiges Erfassen bemächtigt hat – der Mensch widersetzt sich als Teil der lebendigen Welt dieser Kalibrierung, Faktorisierung. Unsere Gesellschaft schätzt von allen menschlichen Fähigkeiten die Intelligenz am höchsten ein, sie wird im Intelligenzquotienten meßbar gemacht.

Das menschliche Handeln wurzelt jedoch in den Kräften des Denkens, Fühlens und Wollens. Eine Leistungsmessung des Denkvermögens – und um diese handelt es sich mit wenigen Ausnahmen (z. B. Sport, handwerkliche Fächer, künstlerische Fächer, wobei Prüfungen auch hier einen theoretischen Teil beinhalten) – kann also immer nur Hinweis auf einen *Teil* des Menschen geben.

Noten, Zeugnisse, Prüfungen sind ein Auslesemechanismus, der sich auch in einem mehrgliedrigen Schul- und Bildungswesen niedergeschlagen hat. »Die Besten« sollen abgesondert und nach oben befördert werden.

Ein Bildungs- und Erziehungswesen, das den ganzen Menschen in seinen Fähigkeiten fördern will, kann in einer solchen Auslese keinen Sinn sehen. Ihm kann ein Erfassen der Entwicklungsfortschritte des zu Erziehenden in Zahlen, die eine Leistung an mehr oder weniger willkürlich bestimmten Maßstäben festmachen wollen, nicht sinnvoll erscheinen. Sinnvoll kann nur die Beschreibung der Entfaltung der individuellen Fähigkeiten sein, wobei sich die Beurteilung des Willenseinsatzes und schließlich des Erfolges an einem der Persönlichkeit des Heranwachsenden entsprechenden Maßstab orientieren muß.

In der Schule erfolgt die Beurteilung nach Leistungsnoten, damit sich der Schüler selbst einschätzen können soll, seinen Stand in der Leistungshierarchie der Klasse zu beurteilen vermag. Genau dadurch aber wird der vielbeklagte Leistungsdruck für die meisten Schüler erzeugt. Trotz unterschiedlichster Voraussetzungen gilt für alle die gleiche Anforderung. Die Folge: Intellektuell weniger begabte Schüler erreichen trotz großer Anstrengung nur mittelmäßige oder ungenügende Ergebnisse, begabte erreichen das Ziel mit Leichtigkeit, oder ihr geringer Einsatz wird noch mit recht guten Noten belohnt. Die Notenbeurteilung straft und lobt häufig in pädagogisch unverantwortlicher Weise.

Eine individuelle schriftliche Beurteilung kann flexibel auf das Bemühen des einzelnen reagieren. Ein Schüler, der sich von einer imaginären Note 8 auf eine Note 6 durch intensives Bemühen emporarbeitet, sieht diese Anstrengung und diesen Erfolg dann auch durch die Beurteilung des Lehrers honoriert. Der Lehrer muß allerdings sehr sorgfältig prüfen, was er dem einzelnen Schüler abverlangen kann, wie dementsprechend Lob und Ermahnung zu verteilen sind.

Auch im mündlichen Unterricht kann auf das unterschiedliche Leistungsvermögen der Schüler eingegangen werden, indem der Lehrer in seinen Fragen jeden Schwierigkeitsgrad berücksichtigt und sich so alle Schüler an einer vertiefenden Wiederholung oder an einem Gespräch beteiligen können. Jeder kann in seinem Bemühen zu Erfolgen kommen.

Auch wenn es so keine von allen zu erlebende Leistungshierarchie für die (vor allem) intellektuelle Begabung gibt, können sich die Schüler im Rahmen ihrer Klasse ganz gut selbst einschätzen. Dem Klassenklima bekommt der Verzicht auf die vergleichende Bewertung der Leistungen nur gut. Vor allem erleben die Schüler sehr deutlich in handwerklichen oder musischen Fächern, daß eben jeder Mensch andere Qualitäten und Fähigkeiten, aber auch Schwächen hat. Die einseitige Einschätzung nach der intellektuellen Begabung und ihre Überbewertung pflanzt sich auf diese Weise nicht ungehindert in den Heranwachsenden fort.

Man mag einwenden, daß diese Art der Beurteilung der Forderung nach Gleichbehandlung der Schüler widerspräche. Dies ist nur eine Frage des Blickwinkels. Richten wir unser Augenmerk auf die Bemühung des Schülers, auf den Einsatz seiner Willenskräfte bei der Überwindung von Hindernissen, so erfüllen wir den Gleichheitsgrundsatz bei der individuellen Beurteilung in weitaus höherem Maße als bei der genormten Benotung. Nur so können wir dem Schuler gerecht werden.

Wie sollen nun die Eltern abschätzen, wie »gut« ihr Kind in der Schule ist?

Auch für sie ist es zunächst wichtiger, das Kind in seinem Bemühen zu unterstützen und positiv verstärkend zu fördern. Bei Gesprächen mit dem Lehrer können sie sich informieren, wo die Begabungen des Kindes, wo seine Schwächen liegen. Im Laufe der Jahre klärt sich erst ab, welche Abschlüsse für eine Schülerin oder einen Schüler erreichbar sind. Da können zusätzliche Förderungsmaßnahmen überlegt werden (z. B. Auslandsaufenthalt, zeitlich begrenzte Nachhilfe). Es kann jedoch keinen Sinn machen, einen Schüler unter Druck mit Wissen vollzustopfen, um ihn durch eine Prüfung zu schleusen. Warum sollte ein Mensch, der mit äußerster Anstrengung und viel zusätzlicher Hilfe eine Prüfung, ein Studium schafft, es später, wenn er den entsprechenden Beruf ausübt, plötzlich leicht haben? Eher wird er feststellen müssen, daß er diesen Beruf nicht mit innerer Befriedigung ausfüllen kann.

Zumindest für den Bereich der Unter- und Mittelstufe verzichtet die Waldorfschule auf Noten in Schularbeiten und Zeugnissen. Die schriftlichen Beurteilungen der Arbeiten richten sich an die Schüler, die Zeugnisse zum Abschluß des Schuljahres dienen in der

Unterstufe und der 5./6. Klasse der Information der Eltern, die den Inhalt in angemessener Weise mit ihren Kindern besprechen können. Erst in der 7./8. Klasse richten sich die Zeugnisbemerkungen auch an die Schüler selbst. (Dies wird an den Schulen unterschiedlich gehandhabt.) In Arbeiten können auch gelegentlich erreichte Punkte neben der gewohnten Beurteilung vermerkt werden.

Abschlußprüfungen

Natürlich muß ein allmählicher Übergang zu einer Beurteilung vollzogen werden, die den Schüler der Oberstufe im gesamten Klassenrahmen ins Auge faßt. Eltern und Schüler müssen die Begabungen und das Leistungsvermögen im Hinblick auf Prüfungen einschätzen können. Zudem trifft der Schüler ja außerhalb der Schule später auf das vergleichende, genormte Notensystem. So gesehen könnte man die Zeit bis zur Oberstufe auch als Orientierungszeitraum ansehen, in dem die Schüler nicht durch immer wieder erlebte Enttäuschungen jegliche Motivation verlieren müßten, in dem sich aber eine Richtung der gezielten Ausbildung für sie abzeichnet. Darüber hinaus stellt die horizontale Durchlässigkeit der fachlichen Differenzierung in der Oberstufe sicher, daß auch Spätzünder ihren Weg machen können. So gibt es immer wieder Fälle, wo Schüler, die sich einer verstärkt praktischen Ausbildung zugewendet haben, später auch mit neuen, frei gewordenen Willenskräften z. B. noch einen Abschluß der Mittleren Reife erreichen können.

An den meisten Waldorfschulen können sowohl die Realschulabschlußprüfung (Mittlere Reife) als auch das Abitur abgelegt werden. Versuche, den qualifizierten Hauptschulabschluß (Bayern) oder gleichgeartete Abschlüsse in die Waldorfschule zu integrieren, stoßen auf große Schwierigkeiten, da der nach menschenkundlichen Gesichtspunkten aufgebaute Lehrplan zu stark beeinträchtigt wird. Eher ist es möglich, einen solchen Abschluß außerhalb der Schule, z. B. an einer Volkshochschule, zu absolvieren.

Sowohl die Mittlere Reife als auch das Abitur werden als Externenprüfung abgehalten und sind natürlich staatlich anerkannt. Dies bedeutet, daß die Waldorfschule bei der Prüfung mit einer öffentlichen Schule zusammenarbeitet; das Prüfungskollegium besteht daher aus Lehrkräften beider Schulen.

Die Vorbereitung auf die Realschulabschlußprüfung sollte sich an die 12 Waldorfschuljahre anschließen, wird jedoch häufig auch früher angestrebt. Die Schüler einer solchen Vorbereitungsklasse setzen sich dann aus Schülern der 10. bis 12. Klasse zusammen.

Das Abitur wirkt sich in vielen Bundesländern durch Kursunterricht bereits in der 12. Klasse aus, die eigentliche Vorbereitung findet jedoch in einer 13. Klasse im Anschluß an die Waldorfschule statt.

In einigen Bundesländern wird das Absolvieren der 12jährigen Waldorfschule als Realschul-Abschluß oder Fachhochschulreife anerkannt.

Schulwechsel

Von der öffentlichen Schule zur Waldorfschule

Welche Möglichkeiten gibt es, von der Waldorfschule auf eine öffentliche Schule zu wechseln und umgekehrt? Welche Probleme treten dabei auf, wie kann ein solches Vorhaben angegangen werden?

Zur Waldorfschule stoßen Familien mit ihren Kindern aus allen Jahrgangsstufen, in den letzten Jahren kommt es auch gelegentlich vor, daß Jugendliche einer 11./12. Klasse aus eigenem Entschluß eine Waldorfschule suchen.

Zunächst zu den Gründen: Warum wünschen Eltern für ihr Kind die Waldorfschule, nachdem es bereits seine Schullaufbahn an einer Regelschule begonnen hat?

a) Am bisherigen Wohnort war der Besuch einer Waldorfschule nicht möglich. Nach dem Wechsel des Wohnortes kann sich dieser langgehegte Wunsch realisieren lassen.
   In einem solchen Fall kann man davon ausgehen, daß sich die Eltern über die Waldorfpädagogik umfassend informiert haben und eine genaue Vorstellung von den Zielen und Inhalten der Schule haben. Natürlich ist es ein Glücksfall, wenn am bisherigen Wohnort zwar keine Schule, wohl aber ein Kindergarten besucht werden konnte. So ist das Kind über zwei bis drei Jahre schon in einer Atmosphäre aufgewachsen, die es dann wieder in der Waldorfschule vorfindet. Ebenso wichtig sind aber auch die häusliche Atmosphäre und der Erziehungsstil, die in der Familie das Kind geprägt

haben. Vor allem geht es dabei um die Stellung des Kindes gegenüber den Eltern, um die Frage der Autorität und um das behutsame Bekanntmachen mit der Umwelt, in die das Kind langsam hineingewachsen ist. Haben die Eltern ihm einen Lebensraum geboten, den sie ihm in Bildern nahegebracht haben, ist es ihnen gelungen, trotz des Hereindrängens der Technik reale Begegnungen mit der Welt zu ermöglichen, so wird ein Kind kaum Schwierigkeiten haben, sich in den Anfangsklassen der Waldorfschule zurechtzufinden. Der Besuch eines Waldorf-Kindergartens ist also sehr hilfreich für die Eingliederung in der Schule, die Erziehung im Elternhaus kann aber ebenso eine gute Vorbereitung für die Waldorfschule sein.

b) Das Kind hat seine Schullaufbahn an der öffentlichen Schule begonnen. Nachdem sich dort Probleme ergeben haben, entscheiden sich die Eltern für die Waldorfschule.
Hierfür können nun ganz verschiedene Beweggründe und Erfahrungen ausschlaggebend sein:
- Das Kind scheint dem Leistungsdruck nicht gewachsen zu sein und hat deswegen keine Freude an der Schule.
- Es fühlt sich in der Klassengemeinschaft nicht wohl oder hat Probleme mit der Lehrkraft.

Negative Erfahrungen mit der öffentlichen Schule in dieser Art werden oft von Eltern als Grund für einen Wechsel an die Waldorfschule angegeben. Dies allein kann jedoch nicht für eine solche Entscheidung ausreichen. In jedem Falle sollten die Eltern sich sehr genau über die Waldorfschule informieren und prüfen, ob dieses Angebot mit ihren Erziehungsansichten übereinstimmt. Auch müssen sie sich klar darüber sein, daß diese Schule von ihnen selbst ein hohes Maß an aktiver Beteiligung sowohl bei der Erziehung als auch – wenn sie sich dazu entschließen sollten – in der Selbstverwaltung verlangt. Die grundsätzliche Überzeugung, daß wir die im Kind vorhandenen Anlagen in der Erziehung zu entwickeln haben, also die Abkehr von einer leistungsorientierten Pädagogik, sollte ihnen in aller Konsequenz deutlich sein – so kann später nicht die Ansicht auftreten, daß das Kind zu wenig lerne.

Wenn Kinder durch die öffentliche Schule überfordert waren, so muß man sich klar darüber sein, daß auch eine Waldorfschule mit ihrem vielfältigen Angebot an wissenschaftlichen, praktischen und künstlerischen Fächern (in der Oberstufe werden zeitweilig während der Nachmittagsepochen bis zu 45–50 Wochenstunden Unterricht erreicht!) hohe Ansprüche an die Schüler stellt. Verzicht auf Leistungsorientierung heißt keinesfalls, wenig arbeiten zu müssen, jedoch kann auf das individuelle Arbeitstempo und Leistungsvermögen stärker eingegangen werden.

In der Oberstufe sind die Ansprüche im Hinblick auf Abschlußprüfungen ebenfalls hoch.

Ein Kind, das dem Leistungsdruck der öffentlichen Schule nicht gewachsen war, wird das Arbeitsklima an der Waldorfschule sicher als wohltuend empfinden. Vielleicht kann es auch wieder eine andere Einstellung zur Arbeit finden, wieder zu einer motivierten, von Interesse getragenen Arbeitshaltung kommen.

Es gibt jedoch auch durchaus Schüler einer Waldorfschule, denen ein stärkerer Leistungsdruck sehr gut bekäme, die trotz guter Anlagen wegen zu geringer Bemühung nicht das ihnen Mögliche erreichen. In einen solchen Zustand sollte sich der entlastete Neuling nicht erfreut flüchten, indem er einem solchen Beispiel folgt.

In mancher Hinsicht mag das Klima in einer Waldorfklasse menschlicher sein. Schwächere Schüler sind dem Konkurrenzverhalten anderer Schüler weniger ausgesetzt, werden nicht wegen dieser oder jener Unfähigkeit gehänselt. Die Klasse sollte geduldig sein, wenn eine Antwort, die Lösung eines Problems länger dauert. Es gibt viel Hilfsbereitschaft – all dies wird häufig der Fall sein. Und doch wird ein Kind, das die Tendenz zum Einzelgänger hatte, das kontaktarm und ängstlich in der Gemeinschaft wirkte, es auch in seiner neuen Klasse schwer haben. Ein Neuanfang kann Probleme lösen – vor allem, wenn es mit einzelnen Schülern zu Unverträglichkeiten und Feindschaften kam –, jedoch darf man auf einen Schulwechsel unter solchen Bedingungen nicht allzu große Hoffnungen setzen. Ähnliches gilt natürlich, wenn Unverträglichkeiten mit den Lehrern vorgelegen haben. Hier mögen oft tiefere Ursachen vorliegen, denen es auf den Grund zu gehen gilt. Das mag allerdings in einer Waldorfschule besser gelingen als im Rahmen eines öffentlichen Schulwesens.

c) Das Kind schafft den Übertritt auf eine weiterführende Schule nicht.
Auch dies ist häufig ein Grund für den Wunsch eines Schulwechsels, der allerdings (verständlicherweise) von den Eltern in dieser Eindeutigkeit selten formuliert wird. Wieder muß darauf verwiesen werden, daß die Waldorfschule nicht ihre Aufgabe darin sieht, eine möglichst große Anzahl von Schülern durch eine Abschlußprüfung zu bringen. (Für Institute, die derartige Wünsche der Eltern zu erfüllen versuchen, hat sich bekanntlich die Bezeichnung »Presse« eingebürgert.) Eltern sollten sich sehr ernsthaft mit dem Gedanken vertraut machen, daß die Begabungen der Menschen auf ganz unterschiedlichen Gebieten liegen. Wir alle müssen uns immer wieder gegen die Bevorzugung des Intellekts bei der Beurteilung eines Menschen zur Wehr setzen, uns klar machen, welche Eigenschaften wir letztlich bei Persönlichkeiten, die wir hoch schätzen und achten, bewundern: Geduld, Hilfsbereitschaft, praktische Lebensklugheit, Willensstärke, Schönheitssinn, Musikalität... Voller Hochachtung kann man das Team der Pflegerinnen und Pfleger auf einer Intensivstation

erleben, staunend die Freundlichkeit einer Kellnerin nach sechs Stunden hektischen Betriebes in einem Lokal.
Die einheitliche Struktur der Waldorfschule ermöglicht eine weichere, gleitendere Form der Differenzierung. Für Spätentwickler steht ein größerer Zeitraum zur Verfügung, in dem sie sich entfalten können. Oft entwickelt sich gerade das Denken auch an der Lösung ganz praktischer Probleme, wie sie sich in einer Schneider-Epoche oder einer Schreiner-Epoche stellen. Die Beanspruchung des Menschen in allen seinen Fähigkeiten kann Blockaden in verschiedenen Bereichen des Denkens, Fühlens und Wollens auflösen helfen. Wo die erhoffte intellektuelle Fähigkeit jedoch in der Anlage nicht vorhanden ist, kann auch eine Waldorfschule nicht das gewünschte Wunder vollbringen.

Grundsätzliches:
Je früher ein Schulwechsel vorgenommen wird, um so leichter können die Umstellungsprobleme bewältigt werden. Dies gilt für den unterschiedlichen Lehrplan und zusätzliche Fächer (z. B. Englisch, Französisch, Eurythmie) ebenso wie für die andersgeartete Unterrichtsmethode (z. B. keine Lehrbücher, keine Arbeitsblätter). Es gilt auch für die andere Befindlichkeit der Klasse. Die Schüler einer 8. Hauptschulklasse wirken sehr viel erwachsener als die Gleichaltrigen in der Waldorfschule.

Die Waldorfschüler haben über Jahre Gedichte gelernt und Geschichten gehört – der Neue aus der anderen Schule ist (zunächst) höchst befremdet: »Was soll'n der Quatsch? Find' ich komisch ...« Auch aus diesen atmosphärischen Gründen ist die Eingliederung eines neuen Schülers oft nicht leicht. Wie ist seine seelische Empfindungsfähigkeit geartet? Was akzeptiert er als ernstzunehmenden Unterrichtsstoff? Wodurch wird er beeindruckt und wodurch versucht er, die neuen Kameraden zu beeindrucken? Im schlimmsten Fall können sogar atmosphärische Störungen in einer Klasse ausgelöst werden.

Umgekehrt gibt es Schülerinnen und Schüler, die regelrecht aufleben, begeistert alles Neue mitmachen, sich mit großem Eifer ans Werk machen, um die ersten vier Jahre Sprachunterricht irgendwie aufzuarbeiten.

In der Oberstufe ist bei einem Schulwechsel natürlich die Einstellung des Schülers zu diesem Unternehmen sehr wichtig. Das hängt stark damit zusammen, wie weit seine Urteilskraft entwikkelt ist. Wenn er zu einer positiven Einstellung findet, kann sich sein restliches Schuldasein sehr erfreulich gestalten.

Wechsel an eine öffentliche Schule

Der Wechsel von einer Waldorfschule an eine öffentliche Schule (Realschule oder Gymnasium) erscheint vor dem Hintergrund der Waldorfpädagogik um so vorteilhafter, je später er sich vollzieht (wenn es denn sein muß).

Gründe dafür sind oft
- der Wechsel des Wohnsitzes
- die Befürchtung, daß die Waldorf-Absolventen den (Leistungs-) Ansprüchen des Berufslebens nicht gewachsen sind
- Unzufriedenheit mit der Waldorfschule.

Manchmal läßt sich der Besuch der Waldorfschule noch über einen längeren Zeitraum ausdehnen, auch wenn ein Ortswechsel (aus beruflichen Gründen) notwendig geworden ist. So kann ein Teil der Familie vielleicht noch länger am alten Wohnort bleiben, um einem kleineren Kind den Übergang auf eine andere Schule zu erleichtern, indem es einen Entwicklungsschritt – etwa bis zum 9. oder 12. Lebensjahr – noch an der Waldorfschule durchlaufen kann. In dem Alter, in dem sich der Unterricht und das Erziehungsbemühen noch sehr stark auf die Entwicklung der Willens- und Empfindungskräfte konzentrieren, kann dies für ein Kind sehr vorteilhaft sein. Eine stärkere Ausrichtung auf die Bildung der Verstandeskräfte bringt in der Oberstufe der Waldorfschule den jungen Menschen auch stärker an den Duktus des Unterrichtes einer weiterführenden Schule heran. So wird ihm ein Schulwechsel in einer Oberstufenklasse leichter fallen als in den Schuljahren der Unterstufe und beginnenden Oberstufe, sowohl was das didaktische Umfeld (die Art und Weise, wie die Unterrichtsgegenstände an die Schüler herangetragen werden) als auch die konkreten Kenntnisse und Fähigkeiten betrifft.

In jedem Falle ist es ratsam, den Schulwechsel mit den Lehrern der Waldorfschule zu beraten und vorzubereiten. So läßt sich durch die Arbeit mit den üblichen Lehrbüchern die Angleichung der Lehrpläne anstreben, zudem ist es notwendig, einen Probeunterricht oder eine Aufnahmeprüfung sorgfältig vorzubereiten. Eltern sollten keine Scheu haben, diesen Rat und diese Unterstützung von den bisherigen Lehrern zu erbitten, auch dann, wenn ihre Gründe für den Schulwechsel ein »In-Zweifel-Ziehen« der Waldorfpädagogik darstellen. Warum denn sollte den Kindern oder Jugendlichen ein Nachteil daraus erwachsen, daß wir Erwachsene über ihre Erziehung unterschiedlicher Meinung sind? Wir dürfen uns als Eltern und Lehrer in einem solchen Fall freuen, daß das Kind noch länger in einem gewissen Schonraum sein konnte, der Jugendliche mehr Zeit zur Entwicklung seiner Seelenfähigkeiten auf breiterer Basis hatte.

Sollte der Grund für einen Schulwechsel die Befürchtung sein, daß die Waldorfschule zu wenig Leistungsbereitschaft und Wissensstoff vermittelt, so liegt das eher an einer »voraussehenden« Ängstlichkeit der Eltern als an belegten Erfahrungen oder statistischen Fakten. In unserer von der Rezession bedrohten Zeit mit zunehmenden Zahlen von Arbeitslosen spricht eher manches dafür, auf Flexibilität, nicht so sehr auf Spezialisierung zu setzen. Der Mensch, der auf das Ziel der Selbsterziehung hin erzogen wurde, müßte eigentlich ganz gut für eine solche unsichere Zukunft gerüstet sein. Es ist gar kein Entweder-Oder, ob wir für den Beruf erziehen oder ob wir zum Menschen erziehen. Das, was wir heute an Berufen vor uns haben, ist im Laufe der Geschichte aus menschlichem Tun erwachsen. »Man kann gar nicht fragen: Soll man den Menschen mehr für das Menschenwesen erziehen oder mehr für den äußeren Beruf? Denn richtig angesehen, ist schließlich doch beides ein- und dasselbe!«[19]

Die Unzufriedenheit mit der Waldorfschule ergibt sich nicht selten aus mangelnder Kenntnis dessen, was Waldorfschule eigentlich ist. Die Konsequenz einer individuellen Förderung und »Leistungsmessung« bedeutet eben genau, daß nichts in den Schüler hineinerzogen werden soll. Die Konsequenz aus der Überzeugung, daß es Aufgabe der Schule und des Elternhauses sein muß, alle Anlagen – künstlerische, praktische, intellektuelle – eines Kindes zu fördern und herauszuentwickeln, heißt, daß eine *bevorzugte* Erziehung und Bildung des *intellektuellen* Menschen nicht stattfindet. Infolgedessen haben Eltern in den ersten Jahren oft den Eindruck, daß ihr Kind zu wenig intellektuell gefördert und beansprucht wurde, und halten einen Schulwechsel für nötig.

Wird unter dem Gesichtspunkt des intellektuellen Leistungsvermögens ein Vergleich angestellt, ob Kinder einer Waldorfschule in den ersten und mittleren Schuljahren auf dem gleichen Niveau sind wie die Schüler einer öffentlichen Schule, mag das subjektive Urteil zuungunsten des Waldorfschülers ausfallen. Entscheidend ist aber das, was den jungen Menschen in seiner Gesamtpersönlichkeit ausmacht.

Wenn Kinder und Jugendliche unter Druck geraten, weil eine unterschiedliche Meinung in Elternhaus und Schule darüber besteht, wie erfolgreich die Schulbildung sich später für eine karrierebewußte Berufslaufbahn auszahlen wird, kann der Wechsel an eine weiterführende Schule unter Umständen durchaus empfehlenswert sein. Die Orientierungen, Werthaltungen und Überzeugungen des Elternhauses leben auch im Kinde und im Jugendlichen. So kann der Fall eintreten, daß im Schüler der Eindruck entsteht: »Eigentlich haben meine Eltern Zweifel an meiner (Waldorf-)Schule. Was ich mit Familien anderer Kinder (an anderen Schulen) erlebe, zeigt mir auch, daß ich manchmal etwas mitleidig bestaunt werde. Eigentlich möchte ich – wie die meisten anderen Kinder – an eine andere Schule gehen.« – Zwar ist das Kind im Grunde überhaupt nicht fähig, darüber zu entscheiden, auf welche Schule es gehen möchte, aber die häusliche Atmosphäre wirkt natürlich auf sein Empfinden.

Am Beispiel geschildert: Ein Kind, das spürt, wie die Ansichten von Vater und Mutter über die »richtige« Schule auseinandergehen, wird sich eher am gewohnten, von Leistung und Technik bestimmten Umfeld orientieren und nicht sonderlich glücklich auf einer Waldorfschule sein. Es weiß mit Märchen, zartfarbigen Wasserfarbenbildern und Eurythmie nicht viel anzufangen. Was zu Hause zählt, ist der meßbare Erfolg in der Schule, ist Wissen, das in Gesprächen vermittelt wird.

Eigentlich müßte man von den Buben – nicht so neutral von Kindern – sprechen. Offensichtlich sind es in unserer derzeitigen Gesellschaft und Kultur immer noch die Knaben, an die unausgesprochen der Anspruch nach Leistung, Behauptung, Bewahrung gestellt wird. Ob sich die Väter dessen bewußt sind oder nicht: Sie sind es, die in dieser Beziehung prägend wirken. Häufig leben und arbeiten sie in einer von Rationalität und Technik bestimmten Umwelt und vermitteln ihre Weltsicht vor allem ihren Söhnen. Der Sohn von 9 Jahren braucht aus diesem Grunde einen Computer. Aber nur die Mutter kann verstehen, daß dies in diesem Alter ein Hindernis für menschliche Entwicklung darstellt: wieder eine Technik-Barriere mehr, die primäre Erfahrung verhindert.

Ist ein Kind jedoch einmal in dieser Richtung durch das Elternhaus festgelegt und bleibt es seitens des Elternhauses (meist durch den Vater) dabei, so tritt häufig eine Entfremdung gegenüber der Waldorfschule ein. Es ist dann besser an einer öffentlichen Schule untergebracht, wo diese Art der Zivilisationsbewertung sich mit dem öffentlichen und Berufsleben in Übereinstimmung befindet.

Lieber eine Unterrichtseinheit über das Rettungswesen der Feuerwehr oder das Technische Hilfswerk als ein Hauptunterricht über das Thema, wie Daniel in der Löwengrube gerettet wird.

Fragen zur Erziehungspraxis

Man hat als Eltern die besten Vorsätze, die Kinder nach den Prinzipien der Waldorfpädagogik zu erziehen. Sie selbst aber erleben sich unter ihren Spielkameraden am Wohnort »anders«. Wie kann man damit umgehen?

Zunächst werden die Kinder feststellen, daß sie manches noch nicht gelernt haben, was den Spielkameraden der öffentlichen Schulen selbstverständlich ist – es geht vor allem in den ersten Jahren – langsamer voran in der Waldorfschule. Andererseits können sie aber von vielen schönen Dingen berichten, die an der anderen Schule vielleicht ganz unbekannt sind: Da gibt es das Spielen und die Eurythmie, da wird gemalt und plastiziert, da lernt man schon von der 1. Klasse an zwei fremde Sprachen ein bißchen kennen, da werden Elternnachmittage mit Musik und Spiel gestaltet, viele Feste werden mit Schülern und Eltern gefeiert. Vielleicht können die Eltern den Spielkameraden am Wohnort auch einmal mitnehmen zu einer Monatsfeier, zum Sommerfest oder zu einem Klassenspiel.

Auch zu Hause können die Kinder anderer Familien in vielerlei Tätigkeiten miteinbezogen werden, die für die »Waldorffamilie« selbstverständlich sind. Es bringt immer wieder neue Erlebnisse mit sich, man fördert die Schaffenskraft und die Phantasie der Kinder, wenn sie die Nachmittage draußen verbringen, sich mit den Materialien der Natur beschäftigen können: Wasser- und Windräder bauen, eine Weidenflöte schnitzen, Laubhütten errichten oder die Geschicklichkeit üben mit Hüpf- und Seilspielen. Und bei schlechtem Wetter kann man für die Jahresfeste oder Geburtstage in der Familie basteln oder sich zu verschiedenen Spielen zusammenfinden. Für all dieses brauchen die Kinder Anregungen, die Erziehenden sind stark gefordert.

Die Dauerkritik an Fernsehen und Computerspielen nervt. Muß man nicht mit der Zeit gehen und den Kindern auch ihren Spaß lassen? Manchmal verzehren sie sich doch nach solchen Wünschen, wie die anderen sein zu dürfen.

Man sollte sich einmal die Frage stellen, ob man den Kindern eine solche Beschäftigung nicht auch aus Bequemlichkeit erlaubt. Sicher bedeutet es Eigeninitiative und ein nicht geringes Maß an Kraft, den Kindern wirklich etwas zu bieten und sie auch an andere Dinge heranzuführen, wodurch der Ersatz durch Medien unattraktiv wird. Aber es wird sich bald zeigen, daß ihre Phantasiekräfte wachsen, daß sie selbst schöpferisch werden, wenn sie Anregungen bekommen haben.

Das ist vielleicht leicht gesagt, wenn die Mutter zu Hause ist. Was aber nun, wenn sie berufstätig ist, oder wenn sie oder der Vater alleinerziehend ist. Da ist doch einfach viel weniger Anregung und Miteinander möglich.

In unserer heutigen Arbeitswelt sind die Frauen im Grunde genommen immer alleinerziehend. Nur wenige Väter kümmern sich intensiv um die Erziehung ihrer Kinder und nehmen sich Zeit für sie. Der »Großmutterersatz« durch die Medien ist auch ein Problem in der ganz »normalen« Familie – muß doch die Ehefrau ihre Zeit auch dem Ehemann widmen, der in unserer Gesellschaft durch sein Arbeitsleben von den Familienpflichten entbunden zu sein scheint. Letztlich stoßen wir hier auf die Frage der Selbstverwirklichung von Mann und Frau in der Arbeitswelt ebenso wie in der Familie. In diesem Bestreben, sich selbst zu verwirklichen, haben die Kinder oft keinen Platz. Die Propagierung dieser Selbstverwirklichung hat zwar viele Mißstände in unserem Leben bewußt gemacht (vor allem, was die Stellung der Frau betrifft), jedoch ging dies oft zu Lasten der Familie, genauer zu Lasten der Kinder.

Auf diese gesamtgesellschaftliche Problematik geht Jürg Willi (Leiter der Psychiatrischen Poliklinik Zürich) in der Neuen Zürcher Zeitung Nr. 66 vom März 1994 in einem sehr aufschlußreichen Artikel ein (vgl. auch S. 136). Jahrzehntelang hat die westliche Psychotherapie die Autonomie, Unabhängigkeit und Selbstbestimmung – den »Egotrip« – betont und somit (unabsichtlich) eine Entwicklungstendenz verstärkt, in der sich die menschliche Gemeinschaft zur Dienstleistungsgesellschaft gewandelt hat, die uns als Individuum jedoch nicht braucht und die immer weniger gemeinschaftliche Zugehörigkeit vermittelt. Kinder wachsen heute in der Kleinfamilie auf. Das Beziehungsangebot ist (im Vergleich zur Großfamilie) reduziert, Konflikte nehmen an Schärfe zu. »Kinder passen immer weniger in die gesellschaftliche Landschaft. Sie behindern die berufliche Karriere von Mann und Frau, schränken die Mobilität ein, erzeugen Verpflichtungen, Einengungen, Überforderung und schlechtes Gewissen.«

Willi fordert daher Rahmenbedingungen, die es der Frau ermöglichen, gleichzeitig ihrer Mutter- und Berufsrolle gerecht zu werden – ohne Schuldgefühle. Eine besonders wichtige Aufgabe sieht er zur Gemeinschaftsfähigkeit im Klassenverband und in der Schule. Angesichts der »Störanfälligkeit« der Familie könnte die Schule kompensatorisch wirken, indem sie dem Kind und Jugendlichen soziales Lernen in Geborgenheit ermöglicht, ihm Halt gibt. Aber auch in der Schule macht sich die Werteverwirrung, der Zerfall der Familien und die Fernsehwirklichkeit in zunehmender Gewalttätigkeit unter Schülern bemerkbar. Um gegen die soziale Desintegration wirken zu können, bedürften die Lehrer und Lehrerinnen jedoch einer intensiveren pädagogischen Ausbildung.

»So wie wir ein Anrecht eines jeden auf gute Luft oder gesunde und ausreichende Ernährung postulieren, so müssen wir auch ein Anrecht auf Zugehörigkeit zu menschlichen Gemeinschaften und auf mitmenschliches, beantwortetes Wirken einfordern.« Die drei wichtigsten Gemeinschaftsformen müssen gestärkt werden, um den verheerenden Folgen der sozialen Desintegration entgegenzuwirken: die familiäre Lebensgemeinschaft, die Schule, der Arbeitsplatz.

Wo Vater oder Mutter die Erziehungsverantwortung wirklich ganz allein tragen, sind von seiten der Schule immer besondere Rücksichtnahme und verständnisvolles Eingehen auf die Situation notwendig. Fast immer ist ja der/die Erziehende berufstätig, muß gleichzeitig den Forderungen von drei Lebensbereichen nachkommen: Beruf, Schule und Familie – manchmal sogar mit mehreren Kindern. Diese Kinder sind schon früh auf sich selbst gestellt, müssen häufig sehr selbständig dieses Familienleben stützen; das wirkt sich natürlich auch auf ihre Entwicklung aus. Ergeben sich Probleme in der Schule, muß der Lehrer oft andere Maßstäbe gelten lassen. Vater oder Mutter können dem Kind nicht immer die Unterstützung zukommen lassen, die sie selbst sehr gerne leisten würden, so kommt das Schulkind vielleicht häufiger zu spät oder die Hausaufgaben sind anscheinend nachlässig gemacht.

Wer allein erzieht, steht im Konfliktfall dem Lehrer auch allein gegenüber, hat vielleicht keinen Partner, mit dem er sich beraten kann, fühlt sich eher zum Beschützer und Verteidiger seines Kindes aufgerufen. Aus der Gesamtsituation wird sich für Alleinerziehende zu den Kindern – besonders im Jugendalter – eher ein partnerschaftliches Verhältnis herausbilden; wieder sollte man vom Lehrer ein sensibles Umgehen mit dieser Problematik erwarten dürfen. Andererseits müssen sich die Alleinerziehenden der Gefahr bewußt sein, ihre Kinder vielleich zu überfordern.

Können Sie den Begriff der anerkannten bzw. geliebten Autorität des Lehrers erläutern?

Wo ein Kind Zuneigung und Interesse seitens der Eltern und Lehrer erlebt, ein Besorgtsein um sein Wohlergehen, da kann es sich vertrauensvoll ihrer Führung überlassen. Daseinssicherheit und Selbstvertrauen wachsen in einer Atmosphäre der Geborgenheit, in dem Bewußtsein, daß sich das Kind in allem auf die Erwachsenen, die seine Erziehung verantworten, die ihm den Weg ins Leben ebnen, verlassen kann. Dieses Sich-anvertrauen-Können meint der Begriff der anerkannten und geliebten Autorität. Sie hat nichts mit Strenge und verlangtem Gehorsam und Strafandrohung als Selbstzweck zu tun. Wahre Autorität versucht den Gebrauch von Zwang zu vermeiden. Wo sie sich nur durch Zwang zu erhalten vermag, hat sie schon versagt. Die Autorität im Urmodell von Eltern gegenüber dem Kind bewahrt vor Schaden. Es geht nicht darum, die Kinder unter Druck zu setzen. Aber die Eltern und Lehrer müssen wissen, was für die Kinder notwendig und wichtig ist und wie sie sich in der Welt zurechtfinden können. Dabei arbeitet die echte Autorität darauf hin, überflüssig zu werden. So will die hier gemeinte Autorität keine Unterordnung aufgrund von Machtpositionen, sondern in Folge eines Erfahrungsvorsprunges und aufgrund der Einsicht in die Notwendigkeit. Die Kunst des Erziehens liegt eben darin, die Bedürftigkeit des Kindes – folgt sie nun aus Angst oder Unfähigkeit – nicht auszunutzen, sondern aus Liebe, aber im Bewußtsein der Verantwortung für die Wegweisung zu handeln.

Oft begegnet uns heute bei den Erziehenden eine tiefgehende Unsicherheit in der Frage der Autorität. Selten wird noch ein autoritärer Standpunkt vertreten, häufig herrscht die Befürchtung vor, eine autoritätsorientierte Erziehung behindere die Entwicklung des Kindes zur selbständigen Persönlichkeit. In einem Artikel (ZEIT Nr. 20, März 1993) spricht sich der Gießener Politikwissenschaftler Claus Leggewie für die Autorität aus. Vor dem Hintergrund des Anwachsens der (rechtsradikalen) Gewalt fragt er nach den Erziehungsversäumnissen in Gesellschaft und Familie. Dabei zitiert er Max Horkheimer: »Es ist wahrscheinlich, daß die Aggressivität dieser Kinder (...) auf das Schwinden der positiven, beschützenden Funktionen der Familie zurückzuführen ist.« Und: »Ihr Mangel an wirklich affektiver Besetzung der Familie läßt sie den Sinn für Autorität, den sie früher erworben hatten, auf ihre ›gang‹ übertragen und deren Ehrenkodex von Tapferkeit und Gewalttätigkeit übernehmen, ohne daß sie irgendeinen moralischen Widerstand dagegen aufbrächten.« Leggewie fährt fort: »Niemand hat ihnen je eine Grenze gezogen und sich als Vorbild angeboten (...) niemals bekamen sie gesagt: das geht nicht. Diesen Fehler machen Eltern andauernd: aus Bequemlichkeit, aus Angst vor der Auseinandersetzung, aus Unsicherheit, welche Prinzipien sie überhaupt setzen sollen. Antiautoritär ist das nicht, nur gedankenlos. (...) Gerade in einer multikulturellen Gesellschaft muß man lehren, wo die Grenzen des eigenen Tuns liege...« Seinem Artikel stellt Leggewie ein Wort Hannah Arendts voran (1956): »In Autoritätsfeindlichkeit kommt eine Art Abdankung der Zeitgenossen zum Ausdruck, die sich als Eltern und Erzieher gewissermaßen weigern, eine der elementarsten Funktionen in jedem Gemeinwesen, das Hinleiten derer, die durch Geburt neu in die Welt gekommen und daher in ihr notwendigerweise Fremdlinge sind, zu übernehmen und so die Kontinuität dieser gemeinsamen Welt zu sichern.« Diese Gedanken drücken aus, was hier gemeint ist.

Wie aber kann der junge Mensch den Schritt in die Selbständigkeit, die Eigenverantwortung tun?

Es gibt immer wieder Gelegenheiten, dem Kind und später dem Jugendlichen Eigenverantwortung zuzuweisen und zuzumuten, die ihn allerdings nicht überfordern darf. Das können kleine Aufträge bei der Blumenpflege sein, kann bedeuten, sich um das Aquarium oder den Hamster zu kümmern, kann heißen (auch ohne direkte Nachkontrolle), erst zum Spielen zu gehen, wenn die Hausaufgaben fertig sind usw. Der Jugendliche kann seine Verläßlichkeit zeigen, wenn er sich an getroffene Abmachungen hält, z. B. pünktlich um 23.00 Uhr nach einer Einladung zu Hause zu sein, sich sein Taschengeld vernünftig einzuteilen, ein Verbot zu akzeptieren, auch wenn er es nicht ohne weiteres einsieht usw. Allerdings müssen die Eltern und Erzieher behutsam abspüren, wie dieser Prozeß eines langsamen Loslassens zu bewerkstelligen sei. Diese Forderung des Loslassen-Könnens tritt schon im Kindesalter auf. Im Bemühen, das Kind vor Schaden bewahren zu wollen, müssen wir es trotzdem manchem Risiko aussetzen, nur so sind Lernschritte möglich. Irgendwann wird es auch in einem Baum herumklettern können, ohne daß wir es voll ängstlichem Herzklopfen bei jedem Griff ins Geäst beobachten und sein Tun sorgenvoll kommentieren. Und irgendwann wird der Erstkläßler den Schulweg mit Bus oder Straßenbahn auch alleine bewältigen.

Der Jugendliche akzeptiert unsere Erziehungsautorität nicht mehr ohne Widerrede. Sein Aufbegehren gegen unseren Führungsanspruch ist notwendiger Entwicklungsschritt. Wir müssen ihm immer wieder unser Vertrauen zeigen, er braucht das Erlebnis, in seinem Streben nach Selbständigkeit ernst genommen zu werden – und doch ist er noch nicht ein gleichberechtigter, erwachsener Partner. Hüten müssen wir uns vor der unterschwelligen Angst, Sohn oder Tochter zu »verlieren«. Zwangsläufig werden wir sie verlieren. Sie werden ein eigenständiges Leben führen – später.

Wo im Konfliktfall unsere vernünftigen Argumente nicht mehr akzeptiert werden, kann es manchmal hilfreich sein, daß wir etwas von unseren eigenen Gefühlen der Sorge und Betroffenheit preisgeben. Der Jugendliche erwartet von uns, daß wir auf seine Gefühle Rücksicht nehmen, die gleiche Bitte können wir auch an ihn richten. Auch der Jugendliche wird unsere Bedenken, die wir äußern, akzeptieren und umzusetzen vermögen, wenn er schon in der Vergangenheit spüren konnte, daß unsere Intervention unserem Interesse und unserer Liebe zu ihm entsprang. Im Jugendalter suchen wir nun gemeinsam mit ihm nach einer angemessenen Lösung, er übernimmt einen Teil der Verantwortung.

Sie sprechen davon, die »im Kind veranlagten Gaben zur Entfaltung zu bringen«. Wie merke ich, welche Gaben in ihm sind?

In der Waldorfschule kommt ein breitgefächertes Angebot künstlerischer, praktischer und wissenschaftlicher Fächer auf den Schüler zu. Meine Aufgabe als Lehrer ist es, das Kind oder den Jugendlichen für die Sache zu begeistern. In seiner eigenen Aktivität spiegelt sich dann natürlich seine Begabung wider. Wichtig ist es aber auch, darauf zu achten, daß Begabungen nicht einseitig gepflegt werden. Aus diesem Grunde erfolgt eine fachspezifische Differenzierung in der Waldorfschule spät und behutsam. So kann es gelingen, bezüglich der Begabungen auch ausgleichend zu wirken. Oft zeigt sich, daß über eine praktische Tätigkeit auch eine Befruchtung geistiger Tätigkeit erreicht werden kann. Dies läßt sich vor allem an den Schulen beobachten, wo eine praktische Berufsausbildung nach der 9. Klasse durchlaufen werden kann. Viele Schüler machen dabei Entwicklungsfortschritte, die ihnen nach Abschluß der Lehre auch einen Abschluß z. B. in der Mittleren Reife ermöglichen.

Wie ist das Herausentwickeln von Anlagen mit der notwendigen Leistung zu vereinbaren? Wie lernen die Kinder, zu lernen?

Eine notwendige Leistung gibt es eigentlich nicht, wohl aber ein individuelles Leistungsvermögen des einzelnen. Um dieses beim Schüler zu fördern, bedarf es der Erfahrung, daß sich seine gesteigerte Anstrengung lohnt – folglich ist auch eine individuelle Leistungsbeurteilung nötig.

Wenn es um die Abschlüsse geht, um eine »objektive« Leistungsbewertung: Auch an einer Waldorfschule kann nicht jeder zum Abitur geführt werden. Es kann ja der Schwerpunkt der Begabung auch im Künstlerischen und Praktischen liegen. Trotzdem ist der Gesamterfolg konkurrenzfähig.

Das Lernen zu lernen ist eine Frage der schon erwähnten »guten Gewohnheiten« und muß folglich schon in den ersten Schuljahren angestrebt werden.

Sie sprechen von der »Akklimatisierung nach dem Gewächshaus-Dasein«. Kann man sagen, daß Waldorfkinder innerlich gefestigter sind, sozusagen inneren Reichtum haben, gibt es da Erfahrungen?

Die angestrebte Bildung von Kopf, Herz und Hand trägt durchaus ihre Früchte. Wie Untersuchungen gezeigt haben, verfügen Waldorfschüler nicht unbedingt über das gleiche Wissen, das ein hochgradig spezialisiertes Schulwesen vermittelt, jedoch erweisen sie sich als vielseitig einsetzbar, lebenstüchtig und vermögen Probleme selbständig anzugehen und zu lösen. Sicher bleibt es auch nicht ohne Folgen für das Selbstvertrauen eines Schülers, wenn er in vielen Lebensbereichen tätig gewesen ist (z. B. Gartenbau, Schreinern, Schneidern) und wenn er mehrmals in seiner Schullaufbahn den Mut gehabt hat, vor mehreren hundert Menschen ein Schauspiel oder ein Konzert mitzugestalten.

Auch die Anpassung an die moderne Arbeitswelt dürfte kein außerordentliches Problem darstellen: Natürlich kennen Waldorfschüler durchaus die Medien, beschäftigen sich mit Computern usw. – allerdings sollten ihnen diese Dinge sehr viel später als allgemein üblich begegnen, vielleicht nach dem 12. Lebensjahr, wo auch eine andere Einschätzung von Realität und deren Ersatz durch Technik möglich ist.

Wenn man den Kindern etwas schenken will, steht man oft sehr unsicher im Spielwarenladen. Viele der angebotenen Dinge werden von den Kindern heiß ersehnt. Wie bekommt man denn ein Gespür dafür, was »gut« ist?

Je mehr ein Spielzeug vorgefertigt ist, eine Einengung in den Möglichkeiten der Verwendung darstellt, um so weniger vermag es die Phantasie anzuregen und um so mehr weckt es das Bedürfnis nach dem neuen Modell. Natürlich darf man auch nicht vergessen, daß die Spielwarenbranche auf der Suche nach neuen Absatzmöglichkeiten Trends setzt und sich auch häufig an eine Modeerscheinung anhängt. Man denke nur an das Dinosaurier-Fieber!

Eine einfache, vielleicht selbstgemachte Puppe wird eher zum Liebling als die durchgestylte Barbie-Puppe (die im übrigen ein ziemliches Zerrbild der menschlichen Gestalt darstellt, aber über Geschmack läßt sich nicht streiten ...) mit genau definierter Garderobe für den Disco-Besuch, für den Strand, fürs Tanzparkett usw. Ein Holzauto weckt kaum den Wunsch nach anderen Autotypen, bis schließlich 200 Autotypen die Regale füllen, wobei mit wenigen richtig gespielt wird.

Immer noch zum Spiel anregend: Holzbaukästen, Puppenküchen – einfache Dinge, die man aus natürlichen Fundsachen herstellen kann: Kieselsteine, Tannenzapfen, Schneckenhäuser, Muscheln usw. Und für die Unterhaltung in der Familie: Brett- und Kartenspiele.

Was haben Sie gegen ein partnerschaftliches Verhältnis der Eltern mit dem Kind?

Es ist ein langer Reifeprozeß, bis sich in einem Menschen alle Kräfte des Willens, der Empfindung und des Denkens ausbilden lassen und entwickeln. Wir können an einem Kind Erstaunliches bewirken, was sein sprachliches Ausdrucksvermögen und was sein abstraktes Denken betrifft. Seine seelische Reife bleibt dahinter jedoch weit zurück, und oft sind Kinder völlig mit dem überfordert, was Eltern ihnen an Selbständigkeit zumuten. Vor allem die Einbeziehung des Kindes in die Probleme der Erwachsenenwelt (Eheprobleme, Berufsprobleme, Krieg) schaffen ein Klima, in dem seelische Stabilität nicht aufgebaut werden kann. Das Kind braucht in den ersten beiden Jahrsiebten das feste Vertrauen in die Sicherheit und Geborgenheit seines Lebensumfeldes. Wo also essentielle Probleme zu bewältigen sind (z. B. eine Ehescheidung) müssen Vater oder Mutter trotzdem versuchen, die Stabilität der Lebensverhältnisse für das Kind alleine zu gewährleisten. Hier ist die Gefahr besonders groß, daß die Kinder als Partner – oder besser gesagt als Partnerersatz – gesehen und behandelt werden, wie Veröffentlichungen in der psychotherapeutischen Fachliteratur zeigen. Erst ab dem Jugendalter wandelt sich das Verhältnis zwischen Eltern und Kind nach und nach in ein partnerschaftliches.

Ein Klassenlehrer, der die Kinder acht Jahre lang so intensiv begleitet, braucht ein hohes Maß an Wandlungsfähigkeit und Einfühlungsvermögen. Wie ist die ideale Ausbildung des Waldorflehrers beschaffen?

Im Sinne eines Ausbildungsganges ist es sicher sehr wünschenswert, daß ein Lehrer nach seiner akademischen Ausbildung (Staatsexamen) noch die Möglichkeit hat, das Lehrerseminar an einer anthroposophischen Einrichtung zu absolvieren. Hier wird er mit der Geisteswissenschaft Rudolf Steiners und mit den Grundlagen der »Allgemeinen Menschenkunde« und der Waldorfpädagogik (»Methodisch-Didaktisches«, »Seminarbesprechungen und Lehrplanvorträge«) bekannt gemacht. Hinzu kommen künstlerische und handwerklich-praktische Kurse. In einigen Wochen findet auch in Hospitationen eine Begegnung mit der Unterrichtspraxis statt.

Besonders wichtig ist jedoch die kontinuierliche Weiterbildung für den Lehrer, der seine Tätigkeit aufgenommen hat (Konferenzen, Tagungen, Selbststudium). Die kritische Beobachtung der eigenen Tätigkeit ebenso wie die Wahrnehmung des Erziehungsgeschehens, wie es uns täglich von den Schülern vor Augen gestellt wird, gibt dazu Gelegenheit. Der Lehrer muß aber nicht nur hinsichtlich der Kinder um eine vertiefte Erfahrung bemüht sein, sondern auch die Realitäten des gesellschaftlichen, kulturellen und technisch-zivilisatorischen Lebens um sich herum mit großer Wachheit aufnehmen. Steiner stellt immer wieder die Forderung an den Waldorflehrer, »Zeitgenosse« zu sein. Das bedeutet, besonders für den Lehrer der ausklingenden Mittelstufe und den Oberstufenlehrer, daß er über das Lebensumfeld der Schüler informiert sein muß. Er muß mit dem, was in der Welt und in der Medienwelt die Gemüter an Negativem und Positivem beschäftigt, ebenso vertraut sein wie mit den kulturellen und subkulturellen Strömungen (Punker-Ideologie, Satanskult, Rechtsradikalismus), die die Jugend bewegen. So hinterließen z. B. die Filme »Gandhi« oder »Schindlers Liste« tiefe Eindrücke bei den Oberstufenschülern, was natürlich im Unterricht aufgegriffen werden muß.

Die ideale Ausbildung des Waldorflehrers übernimmt das Leben – auf einer soliden geisteswissenschaftlichen Grundlage, die sich der Lehrer selbst erarbeiten muß.

Tatsächlich muß besonders der Klassenlehrer sehr wandlungsfähig sein und mit seinen Kindern von der ersten bis zur achten Klasse mitwachsen, und auch der Fachlehrer muß z. B. in seinem Sprachunterricht genau auf das Alter der Schüler eingestimmt sein.

Im sogenannten Hauptunterricht wird jeden Morgen epochenweise, d. h. drei bis vier Wochen lang, ein Fach intensiv unterrichtet. Kann eine solche Epoche nicht auch zur Qual werden?

Wenn einem Schüler die Mathematik ein Greuel ist, wird er es natürlich nicht leicht haben während dreier Wochen Algebra. Aber gerade ihm ist es vielleicht möglich, eben durch die konsequente Konzentration auf den Stoff doch zu Erfolgen zu kommen und zumindest manchmal mit Freude mitarbeiten zu können. So kann vielleicht ein neues Interesse erwachen und die Abneigung überwunden werden. Im übrigen leidet ein Schüler sicher auch während der kontinuierlichen Fachstunden in einem ungeliebten Unterrichtsgebiet.

Worin sehen Sie das pädagogische Anliegen im Eurythmie-Unterricht? Gibt es nicht dort besondere Disziplinschwierigkeiten? Warum macht man die Teilnahme in einem bestimmten Alter nicht freiwillig?

Die Eurythmie ist ein unverzichtbares Erziehungsmittel für die Waldorfschule. In den ersten drei Schuljahren lassen sich die therapeutischen Wirkungen dieses Unterrichts besonders deutlich ablesen. Nicht nur am Kleinkind können wir beobachten, wie es erst langsam in seinem Körper wach wird und z. B. seine Hände beim Greifen einzusetzen beginnt. Auch das Schulkind hat noch viel zu lernen beim Gebrauch seines Leibes. Heute begegnen uns häufig Kinder, die ihren Bewegungsdrang unkoordiniert und nervös ausleben (hyperaktiv). Die bewußt geführte Bewegung in der Eurythmie kann hier harmonisierend wirken. Ebenso werden die Sinne angeregt und geschult.

Die Eurythmie als Bewegungsschulung weckt das Kind sozusagen in seinem Leibe auf, entwickelt die Raumesorientierung und fördert die Geschicklichkeit. (Bei der Eurythmie mit Eltern zeigt sich oft, daß ihre Kinder wacher und reaktionsschneller in ihren Bewegungen sind!) Gleichzeitig stützt dieses Fach aber auch den anderen Unterricht. Den Kindern begegnen die Laute des Alphabets in Bewegung umgesetzt, sie empfinden die Lautqualitäten der Vokale nochmals nach. In der Mittelstufe wird z. B. der Grammatikunterricht durch die entsprechenden Übungen vertieft. Die bewußte Aktivität, die bei der gelenkten Rückwärtsbewegung notwendig ist, gibt z. B. dem Verb im Aktiv, das so eurythmisch dargestellt wird, eine besondere Erlebnisqualität. Wo das Verb im Passiv in Bewegung umgesetzt wird, »genügt« ein Sichnachvorne-»Treibenlassen«.

Lyrische oder Prosatexte, die im Hauptunterricht in der Sprachgestaltung durchgearbeitet werden, bestimmen auch in der Eurythmie den Unterrichtsinhalt mit (z. B. Balladen in der 8. Klasse). Sehr wichtig ist für die Schüler auch die Beschäftigung mit der Musik in der Eurythmie. Wieder ergibt sich die bereichernde Möglichkeit eines ganz anderen Erlebens beispielsweise des Moll und Dur, wenn es auch in der charakteristischen Nachbewegung vollzogen werden kann. Für die 7. bis 9. Klasse bedeutet die Eurythmie auch einen starken Impuls als Willensschulung:

bewußt in die Bewegung gehen, wo man sich doch so ganz gehen lassen will.

In der Oberstufe wirken die Schüler auch selbst gestaltend am Unterricht mit. Bis zur 9. Klasse haben sie sich alle Grundelemente erarbeitet (Laute, Raumformen, Seelengesten – wie Heiterkeit, Trauer, Frage usw. –, Töne, Intervalle). Nun können sie dieses Handwerkszeug bei der Umsetzung eines Textes oder eines Musikstückes anwenden. Besondere Disziplinschwierigkeiten in diesem Fach müssen nicht sein. Zunächst hängt sehr viel davon ab, welche Wertschätzung es bei Eltern und Kollegen genießt (was »bringt« es denn ... ?). Die Wirkungen dieser künstlerischen Tätigkeit lassen sich nicht »meßtechnisch« erfassen. Im übrigen sieht sich die Lehrkraft – wie in allen anderen Fächern auch – vor die Aufgabe gestellt, die Schüler für die Sache zu begeistern. Ich kenne Klassen verschiedener Altersstufen, die dieses Fach sehr gerne mögen, folglich gibt es zusätzlich freiwilligen Eurythmieunterricht in Neigungsgruppen.

Man hat den Eindruck, daß der Lehrplan und die Methode tief begründet sind und weniger von den äußerlich wahrnehmbaren Fähigkeiten der Kinder ausgehen, wie das sonst üblich ist, also kein Katalog, was in diesem oder jenem Alter schon gekonnt werden soll.

Der Lehrplan gibt durchaus exemplarisch wieder, was die Schüler im Unterricht in einer bestimmten Altersstufe durchnehmen. Dabei kann es auch zu Verschiebungen kommen, wenn der Lehrer z. B. in einer bestimmten Klasse die Themen anders gewichtet, abgestimmt auf den Entwicklungsstand und die Interessenlage der Kinder. Die Inhalte des Lehrplanes sind jedoch so gewählt, daß ein bestimmter Entwicklungsschritt in der Auseinandersetzung mit einem bestimmten Stoff ermöglicht werden soll. So gesehen ist es nicht das Ziel des Unterrichtes, beispielsweise in der Chemie Grundkenntnisse über die Bildung der Salze zu vermitteln, sondern es geht darum, nach dem 12. Lebensjahr das schlußfolgernde Denken zu veranlagen und zu üben, an objektiven Vorgängen Ursache und Wirkung gedanklich zu erfassen (wie auch in der Physik oder der Geschichte dieser Altersstufe). Der Waldorfunterricht soll der Entwicklung der menschlichen Fähigkeiten dienen, nicht nur einer reinen Wissensvermittlung. Es geht nicht darum, mit möglichst effektiven Mitteln abfragbare Kenntnisse zu produzieren.

Sind Sie deswegen gegen den Einsatz von Computern?

Die Computertechnik kann nach meinem Verständnis nirgendwo als ein Erziehungsmittel eingesetzt werden, das wahrhafte Entwicklungsschritte zum Menschsein ermöglicht. Ich sehe darin für den Schüler nur ein weiteres Medium, das sich zwischen das Subjekt und die zu erfahrende Welt stellt. Im Erziehungs- und Lernprozeß kann der Computer den Lehrer weder unterstützen, noch entlasten. Ohne die Entwicklung künstlicher Intelligenz vorauszusehen, sprach Steiner von einer Mechanisierung des menschlichen Denkens. Der Computer in seiner Beschränktheit ist ein Beispiel dafür: In der Quantität unbegrenzt, in der Qualität eine absolute Einengung und Reduktion auf die Ja/Nein-Entscheidung, ohne die Möglichkeit des Zweifels, der Frage, der Variation, der Metamorphose gedanklicher Abläufe. Im Computer erstirbt die Kraft des menschlichen Denkens buchstäblich. Andererseits hat die Computertechnik bereits begonnen, unser Denken zu beeinflussen, wir denken auf die für den Computer notwendige Form der Darstellung hin, sonst »versteht« er uns nicht. Hartmut von Hentig spricht von einer Flucht aus dem Denken ins Wissen:[20]

»Sie (Schulverwaltung, Pädagogen und Arbeitgeber) werden den Computer einführen – eingekleidet in kritische Vorbehalte, denen zu genügen sie weder fähig, noch ernstlich gesonnen sind. Die Schule wird der Knochenerweichung erliegen, gegen die sie immunisieren sollte: der Flucht aus dem Denken in die Algorithmisierung, aus dem Wissen in die abrufbare Information, aus der Wirklichkeit in die Graphik der Bildschirme, aus Erlebnis und Tat in das Drücken von Befehlstasten, aus Verantwortung in Automatik.« Und weiter: »Die Computer-Kultur braucht etwas, was die Arbeit am Computer von sich aus nicht hervorbringt, ja, was wir mit ihm zu vernachlässigen geneigt sind: die Fähigkeit zum philosophischen Zweifel, die Kraft zum moralischen Handeln, die Bereitschaft zu politischer Verantwortung. Die an ihm zu lernende rationale Ordnung der Probleme ist verschwendet, wenn wir keine wichtigen oder die falschen Probleme haben. Mit dem Eintritt in die Computer-Kultur ist die Aufgabe des Pädagogen noch einmal um vieles schwerer geworden.«

Natürlich – der Computer ist aus unserer Welt nicht mehr wegzudenken. Der Schüler sollte also seine Funktionsweise kennen und damit umgehen können. Diese Kenntnisse sollten ab der 10. Klasse vermittelt werden, wenn die notwendigen physikalischen und mathematischen Grundlagen beherrscht werden.

Brutalität und Aggression von Jugendlichen sind heute ein allgemein beklagtes Problem. Beobachten Sie dies auch an der Waldorfschule? Später fragen die Eltern dann oft, was sie wohl falsch gemacht haben.

Auch bei Waldorfschulern kann eine Zunahme von Gewalt beobachtet werden. In Auseinandersetzungen zwischen Kindern werden häufig die Negativvorbilder kopiert, die wir aus den Medien kennen. Schon sechsjährige Knirpse nehmen die Haltung eines Karatekämpfers ein und teilen Fußtritte in Schulterhöhe oder Handkantenschläge aus. Hat man solche Verhaltensweisen in der Klasse, wird dies auch von anderen Kindern nachgeahmt, die das »Original« aus der Videowelt vielleicht gar nicht kennen. Gespräche und Ermahnungen nützen hier wenig. Starke Wirkungen können jedoch von Seelenbildern ausgehen, wie sie den Kindern durch Märchen, Fabeln und Legenden vor das innere Auge gestellt werden. Fälschlicherweise wird die Grausamkeit des Märchens oft mit der des Fernsehens verglichen. Die Bildhaftigkeit des Märchens wirkt jedoch niemals direkt auf das Verhalten der Kinder, wie wir das durch die Bildrealität der Medien kennen.

Wie können Mitleid und Hilfsbereitschaft angeregt werden, ohne daß dies verkrampft wirkt? Wie werden die »guten Gewohnheiten« veranlagt?

Mitleid und Hilfsbereitschaft sind menschliche Eigenschaften, die der Empfindungssphäre des Menschen entspringen – und dort können sie auch durch die Erziehung wachgerufen werden. Sie können besonders in den Jahren veranlagt werden, in denen wir mit unserem erzieherischen Tun ganz auf die Gefühlsebene des Kindes einwirken, bevor der Jugendliche eine kritische Distanz zu Mitmensch und Umwelt zu entwickeln beginnt. Vor allem auch die religiöse Erziehung kann im Kind solche, den Mitmenschen auszeichnende Eigenschaften veranlagen. Nachzuholen ist dies später nicht mehr, auch nicht über den Verstand.

Können Sie Alarmzeichen nennen, wenn etwas anfängt, »schief« zu laufen?

Was sich im Jugend- und Erwachsenenalter an Mitmenschlichkeit, Rücksichtnahme, an Nächstenliebe äußern kann, ist vor allem das Ergebnis der Erziehung im *Kindesalter*. Dabei kommt es sehr wesentlich auch auf das Vorbild der Erziehenden an. Das Kind muß diese menschlichen Qualitäten selbst an seinen Erziehern erlebt haben. Im *Kindesalter* müssen wir auf die Alarmzeichen achten!

Man will mit allen guten Vorsätzen einen Jugendlichen an die Kunst heranführen und merkt dann, daß er sich einfach langweilt. Kann man die Jugendlichen zum Kunstverständnis »zwingen«?

In erster Linie geht es, glaube ich, darum, das Kind, den Jugendlichen mit allem Reichtum der Welt überhaupt bekannt zu machen, ohne dies zur erzwungenen Pflichtübung geraten zu lassen: Museums-, Theater- und Konzertbesuche sollten einfach ebenso wie Wanderungen und Naturerfahrung zum selbstverständlichen Alltag einer Familie gehören. Dabei darf man auf die manchmal ablehnende Haltung nicht allzu sehr eingehen, im Tun macht dann doch vieles Freude. Der Heranwachsende wird später seine Persönlichkeitsausformung mehr und mehr selbst gestalten, indem er besondere Interessen entwickelt auf den verschiedensten Gebieten von – eben – Kunst, Religion und Wissenschaft. Voraussetzung dafür ist jedoch, daß ihm diese Welten bekannt und vertraut sind.

Wenn man in der Erziehung schon so weit »hineingeraten« ist, daß man nachgiebig und nicht konsequent ist, wie ist das dann noch nachzuholen oder wiedergutzumachen?

Nur sehr schwer, denn man hat dann seine Erzieherautorität schon fast verloren, d. h. die Anerkenntnis des Kindes oder Jugendlichen, für ihn Wegweiser sein zu können. Ein anderes Verhältnis läßt sich wohl nur wieder herstellen, wenn dem zu Erziehenden besonderes Interesse und besondere Zuneigung entgegengebracht und erlebbar gemacht werden, ganz ohne Aufdringlichkeit. Dann ist er vielleicht bereit, z. B. das konsequente Nein des Erziehers wieder zu akzeptieren.

Was macht man denn, wenn die Freunde schon etwas dürfen, was dem eigenen Kind noch vorenthalten wird?

Gespräche und Absprache unter den Eltern können da nützlich sein, so daß die Unterschiedlichkeit der Maßstäbe nicht zu groß wird. Jugendliche können, wenn die Vertrauensbasis stabil ist, auch durchaus verschiedene Erziehungsvorstellungen in verschiedenen Familien akzeptieren. Statt sich aber immer nur den Wünschen der Jugendlichen anzupassen, sollte man auf Kompromisse zugehen. Ich kenne Jugendliche, die dann schließlich mit Wattestöpseln in den Ohren in die Disco gingen.

Was macht man denn nun wirklich, wenn der 15jährige mit der Freundin verreisen will?

Da scheint schon im Vorfeld einiges schief gelaufen zu sein. Ansonsten: Das geht eben nicht. Zu diesem Thema gibt es sogar gesetzliche Regelungen.

Wie geht man mit Hochbegabten in der Waldorfschule um?

Hochbegabt? Auf welchem Gebiet? Gerade solche Kinder, die eine besonders hervorragende Begabung in einem speziellen Gebiet haben, sollten da besonders gefordert und gefördert werden, wo ihnen nicht alles so leicht fällt, vor allem müssen wir auch auf ihre sozialen Fähigkeiten achten. Hochbegabung sollte nicht zur Folge haben, daß bei der weiteren Leistungsoptimierung in den Begabungsgebieten andere menschliche Qualitäten und Fähigkeiten vernachlässigt werden. Unser Ziel muß es sein, den Heranwachsenden in seinem Denken, Fühlen und Wollen zu entwickeln!

Haben Sie Probleme mit Drogen in der Schule, mit Punkern etc.?

Waldorfschulen werden natürlich von dieser Problematik nicht ausgespart. Wir versuchen, solche Gefährdungen in intensiver Zusammenarbeit von Lehrern, Familie, kompetenten anthroposophischen Einrichtungen und den Jugendämtern zu lösen. Zudem befassen sich die Waldorfschulen auch im gegenseitigen Austausch und bei Tagungen mit diesen Fragen, wobei sie von Fachleuten aus den eigenen Reihen unterstützt werden.

Warum gibt es in der Waldorfschule keine Lehrbücher?

Lehrbücher stellen in gewisser Weise eine Mechanisierung und Automatisierung eines Bildungsganges dar und legen den Entwicklungsweg einer Klasse weitgehend fest, engen ihn vielleicht sogar ein. Da der Lehrer immer darum bemüht sein muß, in seinem Unterricht die Individualität der Klasse zu berücksichtigen, können ihm Lehrbücher sowieso nur eine ergänzende Hilfe sein, weswegen sie in der Oberstufe begrenzt Verwendung finden. In den unteren Klassen wird beim Lesenlernen ein Lesebuch verwendet, in den Fremdsprachen wird ebenfalls eine Lektüre eingesetzt.

Sie sprechen Subliminaltechnik und die Faszination des Bösen an. Heute hört man viel von Satansmessen, schwarzen Kulten und ähnlichen Dingen. Bemerken Sie davon auch etwas an der Waldorfschule?

Nach meinen Beobachtungen spielen diese Dinge kaum eine Rolle. Sie begegnen uns jedoch natürlich im Bereich der Popmusik und in der Form modischer Auswüchse. In Gesprächen zeigt sich, daß die Jugendlichen die Symbolik des Makabren eigentlich nur als Mittel der Provokation einsetzen. Es ist schon erstaunlich, wie gedankenlos die Erziehenden manchmal mit dieser Frage umgehen und eine derartige Zurschaustellung gar nicht einzudämmen versuchen. Dies können wir, da wir unsere kleinen Kinder in der Schule vor solchen Horrorvisionen schützen wollen, auch nur immer nachdrücklich versuchen, wobei wir auf das Verständnis und die Mithilfe der Eltern angewiesen sind.

Wie steht es mit dem Fremdsprachen-Unterricht in der Oberstufe? Werden da auch Arbeiten geschrieben? Wie ist es überhaupt mit Schularbeiten? Wie kommen Waldorfschüler mit ihren Fremdsprachenkenntnissen im Ausland zurecht?

Gelegentlich werden in allen Fächern und auch im Hauptunterricht ab der oberen Mittelstufe Schulaufgaben geschrieben. In der Oberstufe gehören sie zum Unterrichtsalltag. Eine Hauptunterrichtsepoche schließt in der Regel mit einer Schulaufgabe ab. In der Beurteilung (Wortgutachten) nimmt das Gewicht eines allgemeinen Maßstabes von Jahr zu Jahr zu, auch wenn das Hauptgewicht auf der individuellen Bewertung des Arbeitsergebnisses liegt.

Da der Fremdsprachenunterricht im Sinne eines muttersprachlichen Unterrichtes organisiert ist (im Deutschen lernen wir schließlich auch keine Lektion »Im Supermarkt«), muß der Waldorfschüler seine Lektionen eben beim Auslandsaufenthalt lernen, was ihm im praktischen Leben auch in relativ kurzer Zeit gelingt. Er hat jedoch vielleicht einen tieferen Einblick in die Lebensformen des anderen Landes, seine kulturellen Besonderheiten, als der Lektionen-trainierte Schüler eines Gymnasiums. Unser Anliegen ist es, durch den Unterricht vor allem ein waches und lebendiges Interesse für Land, Menschen und Kultur zu wecken.

Innere und äußere Gestalt der Waldorfschule

Gründung und Aufbau einer Waldorfschule

Am Anfang der Gründung einer Waldorfschule steht heute der dringende Wunsch einiger Eltern, ihre Kinder auf eine solche Schule zu schicken. Es sind zumeist Eltern, die diese Schule als pädagogische Einrichtung und Realität kennengelernt haben und nun an ihrem Wohnort, oder in dessen Nähe eine eigene Schule ins Leben rufen wollen. Oft haben sie diese Pädagogik schon ganz konkret miterlebt, in einer Stadt in der Nähe ihres Wohnortes, oder sie sind von einem Ort weggezogen, an dem es eine solche Schule schon gab. Wenn sie nun Anstrengungen unternehmen, um die Gründung und den Aufbau einer Waldorfschule am eigenen Wohnort (oder in dessen Nähe) möglich zu machen, so bedeutet dies in der Regel, daß sie über ganz konkrete Erfahrungen verfügen und bereit sind, enorm viel persönliche Kraft und Aktivität für dieses Ziel aufzubringen.

Zunächst bedeutet dies, über Jahre den Boden für ein solches Unternehmen vorzubereiten und eine breitere Öffentlichkeit mit dem Angebot der Waldorfschule bekannt zu machen. Voraussetzung dafür ist eigentlich die Existenz eines Waldorf-Kindergartens, der schon mehrere Jahre gearbeitet haben muß. Oft gibt es in noch vertretbarer Entfernung bereits eine Waldorfschule. Einen größeren Menschenkreis mit der Waldorfpädagogik bekanntmachen – das bedeutet, vor allem Informationsarbeit zu leisten. Dabei können der Kindergarten und – soweit Fragen der individuellen Lebensgestaltung und pädagogische Fragestellungen sich überschneiden – auch die Anthroposophische Gesellschaft unterstützend mitwirken. Vor allem ist es notwendig, den Kontakt mit einer oder mehreren Waldorfschulen aus der Umgebung aufzunehmen. Es muß abgeklärt werden, ob eine Schule die Rolle eines Betreuers, einer *Patenschule* übernehmen können wird. Schon frühzeitig muß sich die Initiativgruppe ein vertieftes Verständnis der Waldorfpädagogik erarbeiten, wobei es sehr vorteilhaft ist, in diese Grundlagenarbeit schon pädagogisch interessierte Menschen einzuschließen, die auf einen Lehrberuf zugehen. Die Suche nach Lehrern kann nicht früh genug beginnen. Auch die jeweilige Landesorganisation der Waldorfschule kann mit ihren Gründungsberatern das Vorhaben unterstützen.

In enger Zusammenarbeit mit der Patenschule können einerseits durch Besuche der Informationsveranstaltungen dieser Schule, andererseits durch Vorträge und Arbeitskreise am eigenen Ort Grundlagen für den Aufbau einer Waldorfschule geschaffen werden. Vom Selbstverständnis dieser Schule her wird es nie darum gehen, *Reklame* zu machen, um ein bestimmtes pädagogisches Produkt gewinnbringend zu vermarkten, sondern ausschließlich darum, abzuspüren, ob das Interesse für diese Pädagogik in einem bestimmten geographischen Raum groß genug ist, den Aufbau und Betrieb einer eigenen Waldorfschule zu rechtfertigen. Wieviel Menschen in einer Stadt und ihrem Umkreis werden sich – wenn sie damit bekanntgeworden sind – für eine Waldorfschule entscheiden? Wie groß wird voraussichtlich das Einzugsgebiet sein? Rechtfertigt das geographisch festzumachende Interesse der Eltern die Existenz einer Waldorfschule? Nie wird es darum gehen, *missionarisch* tätig zu werden, die Waldorfpädagogik als alleinseligmachende Erziehungsmethode auszuweisen. Dagegen spricht schon ihr eigenes Erziehungsziel, den Menschen zur Selbstbestimmung zu führen.

Zwei Dinge sind also am Anfang zu klären: Gibt es eine tatkräftige, engagierte, bestens informierte Gruppe von Eltern, die mit einer beratenden Schule zusammenarbeiten kann, und läßt sich einigermaßen realistisch abschätzen, daß der Interessentenkreis für eine Waldorfschule groß genug ist? Eine dritte Frage muß heute unbedingt hinzugefügt werden: Wie groß sind die Aussichten, für die aufzubauende Schule auch genügend Lehrkräfte zu interessieren, die nicht nur die von der staatlichen Aufsicht geforderte Qualifikation mitbringen, sondern auch noch bereit sind, einen zusätzlichen pädagogischen Bildungsgang oder eine berufsbegleitende Ausbildung zu absolvieren?

Wenn es die räumliche Nähe und auch die Kapazität einer bestehenden Waldorfschule ermöglichen, so ist es eine außerordentlich große Hilfe, eine neue Schule aus einer bestehenden herauszusetzen, d. h. einige Klassen an einer bestehenden Schule beginnen zu lassen, um sie später in die zu begründende Schule auszugliedern. Dabei darf man sich allerdings nicht der falschen Hoffnung hingeben, daß die Waldorfschulen nach staatlichen Mustern vorgehen könnten. So gibt es zwar Ausbildungsstätten von Fachhochschulen und Universitäten, die über 20, 30, 50 km auseinanderliegen und als Zweigstellen betrieben werden, jedoch klassifiziert die staatliche Aufsicht ausgelagerte Klassen einer Waldorfschule, die in eine Zweigschule münden würden, am anderen Ort gern als neugegründete Schule, die das ganze Verfahren von Gründung und Bezuschussung in jeder Phase zu absolvieren hat.

Weitaus schwieriger ist es, mit mehreren Klassen gleichzeitig an einem Ort neu zu beginnen. Ein langsames Aufbauen von außen (was den Bekanntheitsgrad dieser Schule und damit das Interesse an ihr) und innen (was die Erfahrung und Vertrautheit mit der Waldorfpädagogik seitens der Eltern betrifft) ist dann sehr viel aufwendiger für die Pioniergruppe der Eltern und Lehrer. Pioniere waren sie immer – die Menschen, die mit großem persönlichen Einsatz ein solches Unternehmen ins Leben gerufen haben, oft auch dann, wenn sie für ihre eigenen Kinder keinen persönlichen Vorteil mehr aus ihrer Arbeit gewinnen konnten: Bis die Schule existierte, waren Jahre vergangen.

Die ersten Jahre des Aufbaus sind gekennzeichnet von Begeisterung, Opferbereitschaft, persönlicher Nähe der Beteiligten; sachlich korrekt und doch oft unkonventionell, improvisierend werden Schwierigkeiten überwunden.

An welchem Ort soll die Schule einmal ihren Betrieb aufnehmen? Es müssen Räume gefunden werden, die nicht nur einen zunächst improvisierten Betrieb zulassen, sie müssen auch den gesetzlichen Vorschriften entsprechen, d. h. genehmigungsfähig sein. Können Räume gemietet werden, kann ein bestehendes Gebäude vorübergehend oder auf Dauer übernommen werden? Soll ein neues Schulgebäude errichtet werden: Wo kann ein geeignetes Grundstück gefunden werden? Wie soll das Vorhaben finanziert werden – da müssen schon jahrelang Gelder gesammelt werden (z. B. durch einen Aufbau- und Förderverein), Bausparverträge abgeschlossen werden usw. Über lange Zeiträume müssen Menschen mit großen planerischen Fähigkeiten und viel Organisationstalent tätig sein – und das zusätzlich zu ihrer Belastung durch das Berufsleben. Immer wieder müssen Verhandlungen geführt werden: die Gemeinde (Stadt) muß für das Vorhaben interessiert werden. Vielleicht ist es dann später möglich, daß Räume und gebrauchte Einrichtungsgegenstände günstig zur Verfügung gestellt werden können. Oft sind die politischen Kräfte auch für eine finanzielle Unterstützung zu gewinnen, z. B. beim Kauf eines Grundstückes, manchmal wird sogar ein Grundstück in Erbpacht zur Verfügung gestellt. Gleichzeitig finden immer wieder Gespräche mit der beratenden Schule statt, in denen zu klären ist, was die vorbereitende Menschengruppe aus eigener Kraft bewerkstelligen kann und was die Patenschule an Unterstützung beizutragen vermag. Schließlich können auch die Landesorganisationen der Waldorfschulen und der Bund der Freien Waldorfschulen mit Rat und Tat zur Seite stehen. Die Initiative, die Energie, das Vorhaben trotz aller Schwierigkeiten beharrlich weiter voranzutreiben, geht immer noch und immer wieder vom gleichen Menschenkreis aus, der auch das ganze Vorgehen verantwortet.

Schließlich zeichnen sich die Konturen des Vorhabens deutlicher ab: Das Interesse am Kindergarten läßt Rückschlüsse auf die

Frage zu, ob sich am geplanten Ort eine genügende Basis von Elternhäusern finden wird, die ihre Kinder auf eine Waldorfschule schicken wollen. Dieses Interesse läßt sich auch bei den Veranstaltungen für die Öffentlichkeit ablesen – wie gut sind Vortragsabende und Seminare besucht? Wie viele Menschen finden sich bei einem Adventsbasar oder Weihnachtsmarkt ein (und sind des weiteren bereit, bei der Herstellung all der schönen Dinge mitzuhelfen, die dort angeboten werden)? Läßt sich die Öffentlichkeit auch für weitere kulturelle Veranstaltungen auf künstlerischem Gebiet interessieren? – Konzerte, Vorträge, Eurythmieaufführungen, Theaterabende usw.

Für den Beginn der Schule wird schließlich ein bestimmter Zeitpunkt ins Auge gefaßt. Zu diesem müssen die Klassen über geeignete Räume und die entsprechende Ausstattung verfügen, und zu diesem Zeitpunkt müssen auch genügend Lehrer möglichst gut vorbereitet ihre Unterrichtsarbeit aufnehmen.

So, wie sich in der vorbereitenden Menschengruppe einige Persönlichkeiten als Gründungseltern in einer zentralen Verantwortung gefühlt und danach gehandelt haben, so muß auch der pädagogische Aufbau von einem Gründungslehrer/in oder einer Gruppe von Gründungslehrern und -lehrerinnen vorangetrieben und verantwortet werden. Sowohl für den Start des neuen Schuljahres als auch für spätere Jahre müssen Lehrer gefunden werden, die sofort oder auch zu einem späteren Zeitpunkt bereit sind, in dieser Schule mitzuarbeiten.

Erst wenn alle Fragen geklärt sind (Interesse der Öffentlichkeit, Finanzierung, räumliche Versorgung, pädagogische Betreuung durch geeignete Lehrer, Genehmigung usw.), wird der konkrete Beginn des Unternehmens von der Gemeinschaft der umgebenden Waldorfschulen (Landesverband) beraten und beschlossen.

In der Zwischenzeit ist auch immer die Frage bewegt worden, wie die Rechtsform der neuen Schule organisiert werden soll, welche Verfassung sich die Trägerschaft von Eltern und Lehrern geben wird.

Gründungen, die aus einer bestehenden Schule hervorgehen, haben dabei mehr Zeit, die ihnen gemäße Form zu entwickeln und zu finden, als die, die bereits in einer eigenen festen Organisationsform beginnen müssen.

Sehr viel Auswahl lassen die Rechtsformen hierzulande nicht. In den meisten Fällen organisieren sich die Waldorf- und Rudolf-Steiner-Schulen als eingetragener Verein (einige Schulen haben auch die Form der Genossenschaft gewählt).

Der eingetragene Verein kann die steuerlichen Vorteile der Gemeinnützigkeit in Anspruch nehmen, denn eine Waldorfschule arbeitet nur kostendeckend, Gewinne werden nicht angestrebt.

An der Spitze des Vereins steht ein Vorstand, der zusammen mit dem Kassenwart und einem Schriftführer auf Zeit von den Mitgliedern des Schulvereins gewählt wird. Der Vorstand selbst kann aus mehreren Menschen bestehen, die die Geschäfte des Vereins führen und ihn nach außen vertreten. Dies gilt für Verhandlungen mit Behörden, Geldinstituten ebenso wie für die Vertretung des Vereins in Streitfällen vor Gericht. Der Vorstand ist auch Vertragspartner gegenüber Vermietern, Verkäufern von Grundstücken oder gegenüber den Angestellten (Lehrern, Hausmeistern und anderem Personal).

Die Waldorfschulen verstehen die Aufgabe, Kinder und Heranwachsende zu unterrichten und zu erziehen, als eine gemeinsame Unternehmung von Eltern und Lehrern. So ist es nur folgerichtig, daß die Trägerschaft der Schule ebenfalls von Eltern und Lehrern gemeinsam übernommen wird. Gleichzeitig stellt die Schule ein pädagogisches Angebot dar, das von den Lehrern verwirklicht wird und das Eltern für ihre Kinder annehmen oder ablehnen können.

Da Eltern und Lehrer die Schule gemeinsam tragen, ist zwischen beiden Gruppen ein Verhältnis zu denken, das nicht dem Schema Arbeitgeber / Arbeitnehmer entspricht. Das würde bedeuten, daß die Eltern die Schule allein betreiben und die Lehrer in ihrer Schule anstellen, um den Unterricht zu geben, den sie sich für ihre Kinder wünschen. Die Lehrer arbeiteten dann nach den Vorstellungen und Weisungen der Eltern und gestalteten den pädagogischen Prozeß im Unterricht in einem engen Rahmen. An einer langfristigen Weiterentwicklung der Pädagogik sind sie nicht beteiligt. Dies entspräche in etwa dem staatlichen Schulverein, bei dem die der Schule übergeordneten Behörden durch die Eltern ersetzt wären als Aufsichtsbehörde und Arbeitgeber.

Umgekehrt kann es auch nicht so sein, daß die Lehrer die Schule allein betreiben und die Eltern als reine »Verbraucher« auftreten. Dies würde bedeuten, daß von der Lehrerschaft der planende, aufsichtführende und arbeitgebende Teil der öffentlichen Schule übernommen wäre, die Eltern hätten praktisch kein Mitspracherecht.

Die uns geläufigen Lebensverhältnisse aus dem Bereich der Wirtschaft passen nicht. Es paßt auch nicht die Delegation aller Aufgaben und Verantwortungen allein an einen Vereinsvorstand.

Wie also läßt sich nun die gemeinsame Trägerschaft der Waldorfschule verwirklichen?

Wie kann erreicht werden, daß den Lehrern im Rahmen des pädagogischen Grundkonzeptes, das Rudolf Steiner geschaffen hat, der notwendige Handlungsspielraum für Unterricht und Erziehung bleibt (wobei natürlich auch die von staatlicher Seite geforderten Bedingungen eingehalten werden müssen) *und* daß die Eltern diesen gemeinsam zu verantwortenden Erziehungsprozeß wirklich mitgestalten können – so, daß sie nicht nur Verbraucher sind.

Diese Fragen stellen sich jeder neu beginnenden Schule, jeder Schule im Aufbau und auch jeder traditionsreichen Schule, die vielleicht bald seit einem halben Jahrhundert unterrichtet. Jede Schule muß bei der Lösung dieser Grundsatzproblematik eigene Wege gehen, die für sie lebbare Form finden.

Trotzdem lassen sich Grundzüge im Wandel des sozialen Lebens aufspüren, die auch die Rahmenbedingungen für das Gemeinschaftsleben einer Waldorfschule verändern.

Der Beginn neuen Lebens nach der Katastrophe des Dritten Reiches und des Weltkrieges geschah unter dem Zeichen der Demokratie. Der verordnete Wechsel der Staatsform veränderte das Denken der Menschen jedoch nur langsam. Im Nachkriegsdeutschland war man mit sich und dem wirtschaftlichen Wiederaufbau beschäftigt. Erst die 68er Jahre vertrieben »den Muff von tausend Jahren«. Durch die Hochschulen wehte der Wind der Mitbestimmung, die Schulen sollten endlich den mündigen Staatsbürger erziehen. Wie oft in Zeiten eines gesellschaftlichen Wandels war manche Forderung überzogen, schlug mancher Nachteil in sein Gegenteil um – ebenfalls als Nachteil.

Der Aufbau der Waldorfschulen in den Nachkriegsjahren geschah unter großen Opfern in einer selbstverständlichen Schicksalsgemeinschaft von Eltern und Lehrern. Die Eltern waren glücklich, daß es kein Verbot mehr für diese Schulen gab; die Frage, inwieweit sie an ihrer Schule Mitbestimmungsrechte hatten, war kein Thema. Wie auch in der übrigen Gesellschaft waren die Lehrer die auf ihrem Gebiet meist anerkannten Fachleute. Sie waren es auch, von denen der Impuls zur Neugründung von Schulen überwiegend ausging.

Die nächste Elterngeneration war durch ein erhöhtes pädagogisches Interesse gekennzeichnet, wollte viel intensiver über die Hintergründe der Waldorfpädagogik unterrichtet werden. In der Erziehung der Kinder hatten jedoch viele traditionellen Werte noch Gültigkeit. Die Frage der Beteiligung der Eltern an der Gestaltung des Schullebens wurde anfänglich diskutiert. An den Schulen waren Lehrer tätig, die zum größten Teil persönliche Erfahrungen mit der Waldorfschule hatten oder eine entsprechende Ausbildung durchlaufen hatten.

Heute trifft eine Eltern- und Lehrergeneration auf die Waldorfschulen, die schon in einem viel stärkeren demokratischen Verständnis aller Lebensbereiche aufgewachsen ist, bei der auch die 68er-Bewegung ihre Spuren hinterlassen hat. Gleichzeitig gibt es ein großes Interesse und eine große Offenheit für geistige Strömungen vielerlei Art, in denen man eine Lebensorientierung sucht. Die Verwissenschaftlichung des Lebens und insbesondere der Schule, die Herrschaft der rationalen Technik, insbesondere des Computers, haben die Empfindung ausgelöst, daß wieder mehr Menschlichkeit, mehr Liebe in unserem Leben Platz haben muß, daß wir nicht mehr dem kalten logischen Denken so viel Bedeutung zumessen dürfen, dem menschlichen Fühlen muß wieder zu seinem Recht verholfen werden.

So ging jede Elterngeneration mit anderen Erwartungen, Hoffnungen, Fragen auf die Waldorfschule zu. Und so müssen wir uns auch heute darüber klar werden, ob und in welchem Umfang die Hoffnungen und Erwartungen von Eltern und Lehrern erfüllt werden können.

Selbstverwaltung

Die Waldorfschulen verwalten sich selber. Das heißt in des Wortes Bedeutung: Die von den Verwaltungsakten Betroffenen ordnen diese Verwaltungsakte auch an. Es gibt niemanden, der durch einen Verwaltungsakt eines »Außenstehenden« betroffen werden könnte. Im strengen Sinne sind an der Selbstverwaltung folglich nur die Mitarbeiter und die Eltern der Schule beteiligt. Diese umfaßt alle Aktivitäten, die entwickelt werden müssen vom Kauf von Schulkreiden über die Zusammenarbeit mit Behörden, die Einstellung neuer Lehrer bis hin zum täglichen Unterricht.

Wie kann man diese vielen Tätigkeitsbereiche sinnvoll aufteilen, und welche Menschen sollen mit der Erledigung all dieser Aufgaben beauftragt werden? Wie sollen Entscheidungen herbeigeführt werden?

Rudolf Steiner befaßte sich zu Beginn des Jahrhunderts sehr intensiv mit den geistigen Strömungen seiner Zeit, dem Ausklingen der monarchischen Staatsidee, dem Aufkommen von Kommunismus und Demokratie. Er arbeitete die Gedanken einer Dreigliederung des sozialen Lebens aus:

> Freiheit sollte im Geistesleben herrschen,
> Gleichheit im Rechtsleben,
> Brüderlichkeit im Wirtschaftsleben.

Dieser Gedanke ist im Leben der Waldorfschulen ebenso wirksam wie seine Idee der »Republikanischen Verfassung« des Lehrerkollegiums (im Sinne der »res publica«) – denn zunächst ging es in der ersten Waldorfschule um eine Selbstverwaltung der Lehrer.

So sollte es an einer Waldorfschule keine Hierarchie in der Selbstverwaltung geben, zum andern gibt es keine Gehaltsunterschiede bei den Lehrern in Abhängigkeit von ihrer Ausbildung, sondern nur bezogen auf ihre familiären Verhältnisse.

Die »Republikanische Verfassung« ist ein viel diskutiertes und viel geprobtes Unternehmen. Sie stellt ein Vorgehen dar, das Ämter, Funktionen, Rechte und Pflichten an Menschen oder Menschengruppen auf Zeit delegiert. Beschlüsse kommen jedoch nicht demokratisch, d. h. mehrheitlich zustande, sondern werden aufgrund einer allgemeinen Aussprache möglichst einmütig gefaßt. Geht es um personelle Entscheidungen, z. B. die Vergabe von Mandaten, so kann auch eine (geheime) demokratische Wahl stattfinden.

Faßt man die geschilderten Verhältnisse zusammen, so ergibt sich folgende Möglichkeit, den Außen- und Innenbereich des Schullebens funktionstüchtig zu gestalten:

Die Lehrer sind von der Schulgemeinschaft beauftragt, die Erziehungs- und Bildungsaufgabe der Kinder zu übernehmen. In dieser Verantwortlichkeit verwaltet das Kollegium sich selbst und betreut autark den gesamten pädagogischen Bereich; insbesondere entscheidet es über

– die Einstellung und Entlassung von Lehrerinnen und Lehrern
– die Zuteilung von Lehraufträgen (Deputate)
– die Gestaltung des Stundenplanes
– die Durchführung von Schulveranstaltungen.

Der Vorstand ist von der Schulgemeinschaft beauftragt, die Voraussetzungen dafür zu schaffen, daß überhaupt Unterricht stattfinden kann.

Wo und wie kann nun aber die gemeinsame Trägerschaft der Schule durch Eltern und Lehrer zum Ausdruck kommen?

Denkbar wäre, daß die Schule auf zwei Säulen ruht: der Gruppe der Eltern im Vorstand, die die Organisation des äußeren Schulbetriebes übernehmen, und der Gruppe der Lehrer, die die mehr innere Gestaltung des Schulbetriebes – etwa in der Durchführung des Unterrichtes und dem, was damit direkt zusammenhängt – übernehmen.

Der Großteil der Eltern würde dann seine Mitgestaltung und Mitverantwortung seiner Schule auf wenige Diskussionen und die Wahl des Vorstandes – von denen sinnvollerweise auch einige Lehrer sein sollten – eingeschränkt sehen.

Um die Zusammenarbeit von Eltern und Lehrern konkreter und lebendiger werden zu lassen, können Eltern und Lehrer nun in verstärktem Maße an der Vorstandsarbeit beteiligt werden. Der Kreis der Menschen, der sich mit den anstehenden Problemen befaßt, würde um einen Beirat erweitert, es entstünde ein erweiterter Vorstand, in dessen Zentrum nach wie vor der gewählte Vorstand die letzte Entscheidungsmacht und die Verantwortung hätte. Entscheidungen, die vor allem auch zu bestimmten Terminen gefällt werden müssen, lassen sich unter Beteiligung von Eltern und Lehrern effizient beraten und gezielt entscheiden. Die Fäden laufen in wenigen Händen zusammen, Informationsflüsse sind vereinfacht, die Übersicht bleibt für die Verantwortlichen gewahrt.

Nachdem nun aber die Vorstände die zeichnungsberechtigten rechtlichen Vertreter der Schulgemeinschaft sind, sehen sie sich in der Situation, daß die Einstellung eines Lehrers oder seine Entlassung allein vom Lehrerkollegium beraten und entschieden wird, sie selbst aber geben dem Arbeitsvertrag durch ihre Unterschrift erst Gültigkeit. Hier wird plötzlich ein Stück republikanischer Verfassung deutlich.

Eine Aufgabe wird delegiert – und damit geht auch die Verantwortung im Innenverhältnis der Schule an die Menschengruppe über, die nun diese Aufgabe bearbeitet. – Der Vorstand trägt zwar nach außen hin die Verantwortung für den Schulbetrieb, er kann jedoch unmöglich alle Aufgaben selbst erledigen. Also müssen Tätigkeiten auch von anderen Menschen ausgeführt werden. Es geht für alle Beteiligten darum, Arbeitsformen zu finden und zu entwickeln, die den einzelnen in die Lage versetzen, die ihm übertragene Aufgabe verantwortlich zu betreuen und durchzuführen. Bei allen Vorgängen muß das Gespräch eine Grundlage des Vertrauens bilden.

Eigentlich ist dies kein ungewöhnlicher Zustand – auch der Chef oder Vorstand eines Wirtschaftsbetriebes kann seiner Verantwortung nicht dadurch gerecht werden, daß er alles selbst erledigt, sondern er verläßt sich auf seine Mitarbeiter – jedenfalls so lange, bis sein Vertrauen enttäuscht wird.

In den Bereichen, wo es um die tatkräftige Unterstützung der Schule, also z. B. Sommerfeste, Basare usw. geht, um Information, Erarbeitung der pädagogischen Grundlagen, ist die Beteiligung der Eltern an der Gestaltung des Schullebens ganz unverzichtbar. Sie bestimmt auch in starkem Maße das Erscheinungsbild der Schule, in der Öffentlichkeit ebenso wie für die eigene Schulgemeinschaft. Wie vielseitig, phantasievoll präsentiert sich das Angebot all der von Eltern, Schülern und Lehrern hergestellten Handarbeiten, in schön geschmückten Räumen in adventlicher Stimmung, bei einem Weihnachtsbasar – wie freuen sich die Kinder auf ein buntes, fröhliches und spielerisch-unterhaltsames Sommerfest!

Ebenso ergibt ein Informationsabend, der interessierten Eltern von Schulanfängern einen Einblick in die Pädagogik und das tägliche Schulleben mit seinen Problemen geben soll, ein vollständigeres und interessanteres Bild, wenn ihn Eltern aus ihrer Erfahrung heraus mitgestalten. Es geht eben nicht darum, daß allein die Lehrer als Hersteller ein Produkt anbieten, sondern um die Darstellung einer Erziehungs- und Bildungsalternative, die von Eltern und Lehrern gemeinsam verwirklicht wird.

Eine Schulverfassung, die einerseits das Lehrerkollegium (das seinerseits auch eine Aufgabenaufteilung vornimmt) als ein in eigener Sache entscheidendes und sich verwaltendes Gremium, andererseits einen von Eltern und Lehrern gebildeten Vorstand mit seiner zentralen Zuständigkeit und Verantwortung vorsieht, verwirklicht die gemeinsame Trägerschaft von Eltern und Lehrern in einer überschaubaren Form. Das Mitspracherecht der Eltern auf einer breiteren Basis kann sich in der beratenden Menschengruppe um den Vorstand verwirklichen (erweiterter Vorstand), wobei die interne Absprache darüber entscheidet, welches Gewicht die Stimme der Berater hat.

Etwa drei Viertel der Waldorfschulen haben einen Geschäftsführer. Hier liegt der Fall vor, daß der Vorstand einen Teil seiner Zuständigkeiten und seiner Verantwortung abgegeben hat, die nun vom Geschäftsführer übernommen werden. Dieser kann seinen Aufgaben sinnvollerweise nur dann gerecht werden, wenn er in seiner Tätigkeit ein hohes Maß an Selbständigkeit eingeräumt erhält; jedoch bleibt er dem Vorstand verantwortlich.

Gemeinsame Trägerschaft durch Eltern und Lehrer

In gleicher Weise ist es nun vorstellbar, daß mehrere Bereiche der Vorstandstätigkeit in die breite Basis der Elternschaft ausgelagert werden. Es bilden sich dann Gruppen, die ein bestimmtes Ressort (»Ministerium«) betreuen. Die Orientierung am Dreigliederungsgedanken verbietet dabei einen hierarchischen Strukturaufbau. Eine Informationshierarchie ist jedoch unverzichtbar, denn irgendwo müssen die Aktivitäten der Ressorts aufeinander abgestimmt werden, muß der Schulorganismus geordnet ablaufen.

Noch immer trägt der Vorstand nach dem Gesetz die Verantwortung für das ganze Unternehmen; seine Zuständigkeiten und seine Verantwortlichkeiten sind jedoch nach interner Absprache an die Arbeitsgruppen der Eltern und Lehrer delegiert worden. So ergibt sich nun für die Vorstandsmitglieder, die für jede außenwirksame Aktivität der Ressorts mit ihrer Unterschrift verantwortlich zeichnen, die Möglichkeit einer Vertrauens-Rückkoppelung dadurch, daß sie an der Spitze der Informationshierarchie stehen. Die Informationen müssen von Abgesandten der Ressorts zusammengetragen werden, so daß der Vorstand – unterstützt von den Abgesandten – die Tätigkeit der Ressorts koordinieren kann.

Es könnte sich dann folgendes Bild ergeben:

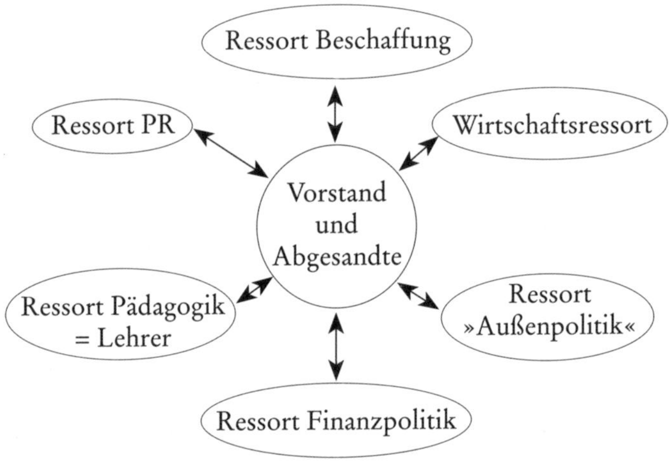

Die Mitarbeiter in den Ressorts unterscheiden sich aber nur dann von einem Kreis von Beratern um den Vorstand, wenn sie in eigener Verantwortung tätig sein können, d. h. wenn sie letztlich wieder der gesamten Schulgemeinschaft gegenüber verantwortlich sind.

Löst man sich nun von dem von außen vorgegebenen Vorstandsgedanken (Vereinsrecht), so könnte die Selbstverwaltung der Schule gänzlich in die Hände von Eltern und Lehrern gelegt werden. Das Bestimmende und Einigende ist der gemeinsame Wille, die Bedingungen zu schaffen, die Voraussetzung für die Unterrichtung und Erziehung der Kinder nach der Pädagogik Rudolf Steiners sind. In der gemeinsamen Arbeit sollen die Gedanken der Dreigliederung und der Republikanischen Verfassung berücksichtigt werden. Elternschaft und Lehrerschaft bilden Arbeitskreise, die alle Felder der Selbstverwaltung abdecken. Jeder Kreis bestimmt einen Abgesandten (Sprecher), der in einem Gremium (Ressort), das aus allen Abgesandten gebildet wird, die Aktivitäten der Kreise abstimmt und koordiniert. Dieses Koordinationsorgan hat die Befugnis, Entscheidungen der Kreise zur erneuten Beratung zurückzuverweisen. Die Kreise sind in eigener Verantwortung tätig.

Aus den Reihen der Sprecher der Kreise, die vor allem im vereinsrechtlichen Sinne nach außen wirken, werden die Vereinsvorstände gewählt. Dies stellt sicher, daß sie die Entscheidungen vertreten und verantworten, an denen sie weitgehend selbst mitgewirkt haben.

Eine solche Struktur, die einen so hohen Anspruch an die Disziplin und das Verantwortungsbewußtsein stellt, fordert die Entwicklung des einzelnen zum selbständig handelnden Individuum – aus Erkenntnis und damit in bewußter Verantwortung handelnd. Sie ist konsequentes Spiegelbild des Organismus, der da verwaltet wird, der Schule, die den aus Erkenntnis handelnden Menschen in der Erziehung veranlagen will. Insofern begibt sich eine Schulgemeinschaft selbst auf einen Erziehungs- und Bildungsweg und versucht zumindest auf ihrem Gebiet den Gedanken der Dreigliederung zu verwirklichen: Das Rechts-, Wirtschafts- und Geistesleben der Schule soll sich jeweils frei entfalten können und nicht durch Einmischung gegenseitig behindern.

Wie die Erfahrung zeigt, läßt sich eine Waldorfschule jedoch ganz konventionell zum Besten der Erziehung der Schüler in einer Vorstandsverfassung organisieren. Der Versuch einer Selbstverwaltung in Selbstverantwortung darf nicht dazu führen, daß die hergestellten, die sich ergebendenen Bedingungen das eigentliche pädagogische Vorhaben eher behindern als fördern.

Grundsätzlich muß bedacht werden:

Die Selbstverwaltung wird sich zwischen zwei Extremen einpendeln

Republikanische Verfassung

Alle verwalten, bearbeiten, verantworten alles »Basisdemokratie«	Alle beauftragen einige mit der Wahrnehmung der »Selbstverwaltung«	Einer verwaltet, bearbeitet, verantwortet alles »Monarchie«

Tendenzen

Eine große Gruppe ist schwerfälliger, langsamer, unentschiedener viele Zuschauer geringe Aktivität des einzelnen = sich auf andere verlassen – Diffusion der Verantwortung – Diffusion der Macht – Ohnmacht – Diffusion der Information	Eine kleine Gruppe arbeitet (bei gleicher Kompetenz) schneller und entschiedener wenig Zuschauer höhere Aktivität des einzelnen = sich auf sich selbst verlassen – Konzentration der Verantwortung – Konzentration der Macht – Machtmißbrauch – Konzentration der Information

Will sich eine Schulgemeinschaft auf einen solchen Übungsweg in ihrer Selbstverwaltung begeben, vom keineswegs konfliktfreien

Vorstandsmodell zum oft konfliktreicheren Modell der Selbstverantwortung hinbewegen, so ist zu prüfen, wie die Nachteile der basisdemokratischen und der monarchischen Form ausgeglichen werden können.

Zunächst spricht vieles für die Beteiligung der Eltern und Lehrerschaft in einer noch überschaubaren Gruppe. Die Frage ist immer, welche Verbindlichkeit in der persönlichen Mitarbeit des einzelnen herstellbar ist – und damit auch, welche Basis für verantwortliches Handeln gelegt wird.

- Jeder einzelne muß sich über einen langen Zeitraum zur Mitarbeit verpflichten und regelmäßig an den Sitzungen seiner Gruppe teilnehmen. Ist ihm die Teilnahme einmal nicht möglich, so muß er sich selbst um den aktuellen Stand der Problemlösungen – um Informationen – bemühen.

- Höhere Verantwortung heißt, sich ganz persönlich einer Sache annehmen, neben allem privaten Familienleben und neben dem Berufsleben.

- Seine Anwesenheit in der Gruppe dient nicht dem eigenen Informationsbedürfnis, sondern der aktiven Mitgestaltung im disziplinierten Gespräch.

- Bei allen Informationen, die er erhält, muß er prüfen, welchem anderen Kreis diese Informationen zukommen müssen, damit dieser seiner Aufgabe besser gerecht werden kann.

- Jedes Gruppenmitglied muß dafür Sorge tragen, daß der Sprecher der Gruppe seine wechselseitige Informationsaufgabe zwischen eigenem Kreis und Koordinationsgruppe sorgfältig wahrnimmt. Dies kann er vor allem durch konkrete Nachfrage bewerkstelligen.

- Jedes Gruppenmitglied muß bereit sein, sich in einem konkreten Problemfall, zur Bewältigung einer Aufgabe, sachkundig zu machen, d. h. es muß sich auf jede Sitzung konkret vorbereiten.

- Es hat keinen Sinn, Dinge, die man nicht verstanden hat, oder Kritik, die einem nötig erscheint, im Privatgespräch später zu klären bzw. anzubringen. (Privatgespräche können aber durchaus zur Meinungsbildung beitragen, müssen aber dann wieder in die Gruppe zurückfließen).

- Jedes Gruppenmitglied nimmt seine Aufgabe als Amt wahr, im Auftrag der ganzen Gemeinschaft, also nicht als Privatperson. Seine Mitgestaltungskraft liegt jedoch gerade in seiner individuellen Ansicht zur Sache. Deswegen kann es keine Privatmeinung neben einer amtlichen Verlautbarung geben.

- Der/die Sprecher/in einer Gruppe ist dafür verantwortlich, daß das Koordinierungsgremium über die zu bearbeitenden Aufgaben seiner Gruppe informiert ist, und muß im Koordinationsgremium die Arbeitsergebnisse der eigenen und anderer Gruppen auf ihre Förderlichkeit für das Gesamtunternehmen Schule überprüfen. Vor allem hat die Sprecherin oder der Sprecher für eine zügige und termingerechte Bearbeitung der anstehenden Probleme zu sorgen.

Einer Machtkonzentration und einem Machtmißbrauch kann dadurch entgegengewirkt werden, daß die Gemeinschaft Aufgaben nur auf Zeit delegiert.

Wir alle lassen uns in unseren Einschätzungen zunächst von unseren Alltagserfahrungen lenken. Auf dem Felde der Selbstverwaltung vergleichen wir das Geschehen mit dem politischen Alltag. Schon das Signalwort »Macht« berührt uns negativ. Also glauben wir, der Machtansammlung einer kleineren Gruppe dadurch begegnen zu müssen, daß wir eine Vergrößerung der Gruppe oder gar die Beteiligung aller Betroffenen (der ganzen Schulgemeinschaft) verlangen. Wir vergessen allerdings, daß Macht ja auch eine positive Bedeutung hat, die besagt, daß ein Mensch oder eine Gruppe einer Sache mächtig ist, – und daß wir vor lauter Mißtrauen in unserer Selbstverwaltung schließlich auch den Zustand der Ohnmacht herbeiführen können.

Machtmißbrauch kann niemals hingenommen werden; er muß jedoch erst einmal sachlich begründet festgestellt werden.

Zuständigkeiten und Verantwortlichkeiten müssen klar geregelt sein, sonst stellt sich die Frage der Verantwortung in einer freiheitlichen Selbstverwaltung in jedem Konfliktfall aufs neue – und erneut muß dann festgestellt werden, daß eigentlich niemand für eine Fehlentscheidung oder eine ungünstige Entwicklung verantwortlich ist.

In drei Fällen sind die Verantwortlichkeiten klar geregelt:

- der Vorstand steht per Gesetz in der Verantwortung

- der Geschäftsführer ist dem Vorstand verantwortlich (der Teile seiner Aufgabe an ihn abgegeben hat)

- der Lehrer ist dem Kollegium gegenüber verantwortlich, das ein Gremium mit »Aufsichts«-funktion bildet – und in vertragsrechtlicher Hinsicht dem Vorstand.

Vorstände, Geschäftsführer und Lehrer sind gewissermaßen von Berufs wegen für ihr Handeln verantwortlich. Werden sie ihrer Aufgabe nicht gerecht, so müssen sie von ihrer Tätigkeit entbunden werden.

Ein solches »In-die-Pflicht-Nehmen« gibt es in der Selbstverwaltung durch die Eltern nicht, an die Stelle der Außenkontrolle tritt hier die Selbstkontrolle – ein außerordentlich hoher Anspruch, dem nur schwer gerecht zu werden ist.

Vom Geschäftsführer (zumindest in Teilbereichen seiner Tätigkeit) und von den Lehrern darf und muß erwartet werden, daß sie für ihre Aufgabe qualifiziert sind. Darüber wacht (was die fachliche Kompetenz betrifft) bei den Lehrern die staatliche Schulaufsicht, was die spezifische, nach und nach zu erringende waldorfpädagogische Kompetenz betrifft), das Lehrerkollegium.

Wie stellt sich nun die Frage der Kompetenz in der übrigen Selbstverwaltung dar?

Zwar sind wir es aus dem öffentlichen Leben gewohnt, daß Ministerämter wie Hemden gewechselt werden – aber wie können wir für unsere Selbstverwaltung in der Elternschaft/Lehrerschaft kompetente Menschen finden und dann auch noch für die anstehenenden Aufgaben begeistern? Manchmal wird dies gelingen: Ein Bankkaufmann kann sich um die finanziellen Probleme der Schule bemühen, eine Rechtsanwältin kann in Rechtsfragen beratend tätig werden, ein Baufachmann arbeitet im Baukreis mit. Sonst wird es aber häufig darum gehen, daß die Mitarbeiter in einem Selbstverwaltungskreis sich die nötige Kompetenz nach und nach erarbeiten, um für die Aufgabenstellung mündig zu werden, d. h. sie verantwortlich übernehmen zu können. Wo eine Gruppe nicht zu einer solchen Mündigkeit kommen kann, bleibt nichts anderes übrig, als fachliche Beratung von außen einzuholen.

Das Bemühen um neue Formen in der Verwirklichung der gemeinsamen Erziehung der Kinder durch Eltern und Schule darf nicht das zentrale Anliegen aus dem Auge verlieren, menschengemäße Bedingungen für die Entwicklung des Kindes und Heranwachsenden zu schaffen.

Gelingt es einer Schulgemeinschaft, aus eigener Kraft eine Selbstverwaltung mit hoher Selbstverantwortung zu verwirklichen, so erscheinen doch verschiedene Menschengruppen, die eine unterschiedliche Nähe zum Geschehen in der Schule haben und die mit unterschiedlicher Intensität dieses Geschehen mitgestalten und mitbestimmen.

Dies gilt vor allem für das Lehrerkollegium, das, in sich nochmals mit unterschiedlichen Aufgaben betraut, einen entscheidenden Einfluß auf das pädagogische Geschehen, aber auch auf das Schulleben hat.

Aber auch die in den Arbeitskreisen der Selbstverwaltung tätigen Eltern sind stärker mit der Schule verbunden, können das Geschehen in vielen Bereichen intensiver mitgestalten. So bleibt die Mehrzahl der Eltern in ihrem empfindungsmäßigen Bewußtsein stärker an der Peripherie – oft auch dann, wenn sich einzelne Eltern gerne stärker an dieser Trägerschaft der Schule beteiligt hätten, jedoch durch ihre Lebensumstände daran gehindert werden.

Hier gilt es nun für alle Gruppen, die anderen, die an den Entscheidungsprozessen des eigenen Kreises nicht teilgenommen haben, durch sorgfältige Information in das Geschehen mit einzubinden. Am wichtigsten ist dies für die große Gruppe der Eltern, die nicht direkt an der Selbstverwaltung beteiligt sind. Sie müssen bei regelmäßig abgehaltenen Vollversammlungen der Schulgemeinschaft umfassend über die in den Selbstverwaltungsorganen bearbeiteten Vorgänge informiert werden. Bei ihnen stellt sich trotzdem die Empfindung ein, die Dinge würden an ihnen vorüberlaufen, es würde über ihren Kopf hinweg entschieden. Dies ergibt sich oft schon aus der Tatsache, daß alle, die nicht dabei waren, die Vorgänge nicht vollständig nachvollziehen können.

Über eines müssen sich allerdings alle Mitglieder der Schulgemeinschaft klar sein: In diesem Selbstverwaltungsorganismus gibt es aufgrund der Aufgabenteilung und der Koordinationsnotwendigkeit immer ein Informationsgefälle: Wer am intensivsten mitarbeitet, ist auch am besten informiert.

Der Sinn der Arbeitsteilung und Verantwortungsteilung wird aufgehoben, wenn alle Eltern und Lehrer, die nicht selbst in den Selbstverwaltungsressorts tätig sind, von diesen bei der Vollversammlung einen Rechenschaftsbericht verlangen, die getroffenen

Entscheidungen in Frage stellen und so letztlich an den republikanischen Prozeß einen basisdemokratischen anhängen wollen. Dies ist ein kontraproduktives Geschehen, denn der verantwortliche Kreis hat dann seine Arbeit vergebens investiert. Für die selbstverantwortlich arbeitenden Gremien muß daher gelten:

- Hat die ganze Gemeinschaft eine Gruppe mit der Wahrnehmung bestimmter Aufgaben betraut, so muß sie diese auch vertrauensvoll arbeiten lassen, solange diese Beauftragung gilt.

- Jeder, der in der Selbstverwaltung mitarbeiten will, muß sich einem Ressort, einem Kreis anschließen, der Aufgaben dieser Selbstverwaltung übernommen hat. Diese Mitarbeit ist das »Dabeisein«. Sie kann nicht durch das Verlangen nach totaler Information ersetzt werden.

Aus der Tatsache, daß sich das Gefühl, dabeizusein, nur einstellen kann, wenn man tatsächlich Mitarbeiter in einem Kreis mit bestimmter Aufgabenstellung ist (und nur dann stellt sich kein Mißtrauen ein, ob das, »was die da machen«, auch richtig sei), ergibt sich für viele Eltern eine besondere Befindlichkeit gegenüber dem Lehrerkollegium.

Dies ist eine Gruppe, die bezüglich der Mitgliedschaft gegenüber der Elternschaft abgeschlossen ist, sie beharrt auf ihrer alleinigen Zuständigkeit im Rahmen der Schule. Zudem gibt es auch innerhalb dieser Gruppe eine Delegation von Aufgaben und Verantwortungsbereichen, die wiederum eine Informationshierarchie und eine unterschiedliche Machtverteilung zur Folge hat. Vor allem ist dies eine Gruppe, innerhalb derer manche Themen vertraulich behandelt werden müssen, bis eine Entscheidung herbeigeführt ist.

In der Atmosphäre persönlicher Nähe, im Bewußtsein, zu einer Schulgemeinschaft zu gehören, die wiederum zur Gemeinschaft der Freien Waldorfschulen gehört, in der Erwartung, daß hier alles viel offener und menschlicher, in der Verantwortung aller, gehandelt wird, haben viele Eltern Probleme mit dieser Besonderheit des Kollegiums. Vom Alltag sind sie durchaus gewohnt, daß es im Berufsleben selbstverständlich ist, daß man nicht über alle Vorgänge, z. B. bei einer Personalentscheidung, informiert ist. Vielleicht sind viele Menschen bereit, einem interessierten Laien ihre Tätigkeit zu erläutern, sie lehnen es jedoch sicher ab, sich in ihren Verantwortungsbereich hineinreden zu lassen. Der Chirurg wird nicht am Operationstisch mit den Eltern diskutieren, welche Technik bei der Operation ihres Kindes die richtige ist.

In ihrer Schule nun – so glauben sie – sei alles anders. Sicher, vieles ist anders, aber vieles läßt sich auch in einer Selbstverwaltung, in der Gemeinschaft aller, nicht mit der geforderten »totalen Offenheit« handhaben.

Die Stellung des Lehrerkollegiums

Das Kollegium hat die Aufgabe, in Selbstverantwortung die notwendigen Entscheidungen und Maßnahmen zu treffen. Natürlich kann es eine Weile dauern, bis die in der republikanischen Manier verlangte Einmütigkeit zustandekommt. Erst dann ist es aber sinnvoll, die Elternschaft über die Ergebnisse zu informieren.

Gerade wenn es um pädagogische Probleme geht, kann das Kollegium oft nur generalisierende Ergebnisse von Gesprächen mitteilen. Was welcher Schüler angestellt hat, welche familiären Probleme dahinterstehen, warum die Eltern des Kindes das nicht haben verhindern können ... Solche internen Probleme, bei deren Besprechung die familiäre, die persönliche Sphäre geachtet werden muß, bedürfen einer vertraulichen Behandlung, können nicht vor einem großen Publikum ausgebreitet werden.

Auch wenn sich Eltern (oder Lehrer) mit den besten Hilfsabsichten in die Diskussion einschalten, müssen sie zuerst einmal diese Vertraulichkeit der am Prozeß Beteiligten (Eltern, Lehrer, Kind) respektieren, sollten abwarten, ob überhaupt ihre Hilfe gewünscht wird.

Schließlich noch ein weiteres Beispiel. Ein Mitarbeiter der Schule wird gekündigt. Viele können nicht verstehen, warum diese Kollegin, die doch bei den Kindern so beliebt war, gehen soll.

Die Vollversammlung versucht, dem Kollegium Informationen abzutrotzen, warum diese Kündigung ausgesprochen wurde. Das Kollegium sieht sich nicht in der Lage, die Gründe der Kündigung öffentlich mitzuteilen. Wieder: Was wir alle in der Öffentlichkeit tagtäglich akzeptieren und erleben – im eigenen Betrieb wird ein Mitarbeiter gekündigt, oder wir lesen solche Dinge in der Zeitung – über die Gründe wird Stillschweigen bewahrt –, hier und jetzt können wir nicht damit leben, daß wir nicht informiert wurden.

Auch im Falle einer Kündigung, die ja eigentlich immer darin begründet ist, daß der betreffende Mitarbeiter seinem Auftrag nicht gerecht werden kann, muß die persönliche Sphäre geschützt bleiben. Höchstens im Falle von Verfehlungen, die von einem Gericht im Urteil öffentlich festgestellt werden, könnte anders verfahren werden.

Selbst wenn Teile der Elternschaft nicht aus eigener Wahrnehmung sehen können, daß eine Lehrerin oder ein Lehrer seiner Aufgabe nicht gewachsen ist, müssen sie die Entscheidung des Kollegiums, das in ihrem Auftrag arbeitet, akzeptieren. Sachlich betrachtet: Es gehört genau zu den Aufgaben eines Teils des Kollegiums – nämlich der Schulführungskonferenz oder Internen Konferenz – die Tätigkeit der Kollegen zu begleiten, zu überwachen, zu beurteilen und z. B. auch Klagen von Eltern über Lehrer nachzugehen. Diese Kollegen haben eine deutliche Wahrnehmung von den pädagogischen Fähigkeiten eines Lehrers oder von seinen Qualitäten als Lehrer für eine Waldorfschule. Sie urteilen im Auftrage des Kollegiums und der Elternschaft und ziehen zur endgültigen Entscheidung den Vorstand hinzu.

Eine darüber hinausgehende Beteiligung an den Selbstverwaltungsaufgaben des Kollegiums ist nicht denkbar. Sie hat keinen Sinn, da Eltern nicht die Voraussetzungen haben, die nötig sind, um die Arbeit eines Lehrers zu beurteilen. Darüber hinaus sind sie nicht in das tägliche Unterrichtsgeschehen eingebunden. Vielleicht entsteht ein solches Bedürfnis überhaupt nur aufgrund der Erfahrungen, die Eltern in ganz anderen Lebensbereichen gemacht haben.

Im öffentlichen Schulwesen kennen wir solche Vorstöße, den Eltern mehr Mitsprache in Schulangelegenheiten zu verschaffen. Dieser Wunsch ist erklärlich, denn tatsächlich beschränkt sich dort die Mitwirkungsmöglichkeit der Eltern mehr oder weniger auf die Gestaltung von Festen. Ansonsten wird häufig von oben herab entschieden und gehandelt. An einer Waldorfschule kann das Kollegium einen Teil der Entscheidungen nur in Absprache mit der Elternschaft treffen (z. B. beim Fächerangebot).

Um die Vorgänge innerhalb der Selbstverwaltung besser verfolgen, einordnen und beurteilen zu können, muß die Struktur und Funktionsweise allen Mitgliedern der Gemeinschaft durchschaubar gemacht werden. Dies gilt besonders für das Lehrerkollegium. Ist den Eltern die Arbeitsaufteilung und Arbeitsweise des Lehrerkollegiums bekannt – warum gibt es verschiedene Konferenzen, welche Aufgaben haben sie, welche Kollegen arbeiten aus welchen Gründen in diesen Konferenzen, welche Gremien gibt es außerdem? –, so können viele Mißverständnisse vermieden werden. Mißtrauen muß sich oft gar nicht erst ausbreiten.

Entwicklungsphasen der Schule

Allerdings macht jede Sache auch besondere Entwicklungsstadien durch, die sich in der Selbstbefindlichkeit der Lehrer wie der Eltern deutlich niederschlagen:

Auf die bereits geschilderte Pionierphase durch eine Menschengruppe, die die Schulgründung intensiv, mit großem persönlichen

Engagement vorantreibt, folgen immer wieder Prozesse der Ausweitung, die erst einer Konsolidierung bedürfen, bis ein neuer Entwicklungschritt beginnen kann.

Alle, die neu hinzukommen, seien es Eltern oder Lehrer, sehen das Unternehmen und die bisher daran Beteiligten mit ihren Absichten, mit neuen Augen, bringen selbst neue Impulse hinzu. Die sich neu bildenden Menschengruppen müssen sich erst aufeinander einstellen, müssen erst einen gemeinsamen Blick für ihr Zielprojekt Schule entwickeln. Die »Neuen« haben oft den Eindruck, sie dürften sich nicht an der Gestaltung, dem Aufbau der Schule und ihrer Selbstverwaltung beteiligen, die »Alten« haben immer wieder das Erlebnis, alles müsse bei Adam und Eva neu begonnen werden, alle Probleme erneut aufgerollt und nochmals bewältigt werden, alle Argumentationsketten neu geknüpft werden.

So steht es den »Neuen« an, erst einmal beobachtend am Geschehen teilzunehmen und sich erst nach und nach aktiver einzumischen – in dem Maße, wie sie mit den Grundlagen der Pädagogik, wie auch mit den Grundlagen der sozialen Gestaltung der Zusammenarbeit vertraut werden. Die »Alten« müssen sich mit Geduld wappnen, die »Neuen« aufzunehmen – immer auf der Hut vor dem »Das-haben-wir-schon-immer-so-gemacht«-Effekt.

Ein solches Aufeinanderabstimmen ist nötig, sobald die Schulgründung in eine konkrete Phase eintritt und Eltern und Lehrer aufeinandertreffen. Nach Jahren eines genial-improvisatorischen Betriebes mit höchster Eigenaktivität, wo jeder sofort zu tun bereit ist, was der Sache dienen kann, nimmt das Unternehmen im dritten, vierten, fünften Jahr Dimensionen an, die Spielregeln, Richtlinien, konkrete Absprachen verlangen. Eine gewisse Bürokratisierung muß stattfinden.

Die Gründungsgruppe muß auch diese Phase bedenken und einleiten, gleichzeitig aber auch um die Einbindung der Nachrückenden bemüht sein. Die Fahrstunden finden sozusagen während der Ernstfall-Fahrt statt, einschließlich der Erkundung der Infrastruktur. Die Fahrgäste des Dampfers müssen gleich als Personal mitgeschult werden und auch mit Frachtverkehr, Personenverkehr und Hafenbetrieb vertraut gemacht werden.

Es ist notwendig, in bestimmten Zeitabständen (eigentlich zu Beginn jeden Schuljahres) alle neuen Lehrer und Eltern mit dem Stand der Schulentwicklung bekannt zu machen. In einer schon bis zur Mittelstufe gewachsenen Schule ist es gar nicht mehr so selbstverständlich für die neu hinzukommenden Eltern, sich ganz persönlich und tatkräftig für den weiteren Selbstaufbau (oder später Schulerhalt) einzusetzen. Wenn in den Anfangsjahren ein Klassenraum nicht rechtzeitig in Gemeinschaftsarbeit hergerichtet war, so konnte der Unterricht eben nicht beginnen. Jetzt ist das Bewußtsein nicht mehr so deutlich für die Tatsache geschärft, daß dies »unsere« Schule ist, an der dann etwas im Schulleben außerhalb des Unterrichtes passiert, wenn »wir« es in die Hand nehmen.

Gruppenbildung – Entscheidungsprozesse

Die Arbeit der Selbstverwaltungsgruppen soll zwar einerseits durch längere Verpflichtung des einzelnen Verbindlichkeit, Zuverlässigkeit und Kontinuität erhalten, andererseits kann nicht von immer den gleichen Eltern eine jahrelange Verpflichtung, die mehrere Abende im Monat umfassen kann, verlangt werden, nur der engagierte Einsatz immer neuer Eltern und auch Lehrer sichert die Zukunft der Selbstverwaltung in Selbstverantwortung.

Die hierarchische Entscheidungsfindung ist uns ebenso wie die demokratische Abstimmung zwecks Entscheidung bekannt und geläufig. Wie nun innerhalb der republikanischen Selbstverwaltung eine Gruppe gleichberechtigter Mitarbeiter zu möglichst einmütigen Entscheidungen in einem hygienischen Prozeß (was den sozialen Umgang und den Zeitaufwand betrifft) kommen kann, darüber lassen sich sehr wertvolle Erfahrungen nutzen, die der niederländische Pädagoge B. C. Lievegoed in Vorträgen und Veröffentlichungen mitgeteilt hat.[21]

Drei Gesichtspunkte seien hier herausgegriffen:

1) Ziele und Inhalte bestimmter Gruppentypen
2) Entscheidungsprozeß in einer Gruppe
3) Führerschaft in einer Gruppe

1) Lievegoed unterscheidet drei Gruppentypen und beschreibt sie folgendermaßen:

a) *Die Studiengruppe*
Ihre Mitglieder kommen zusammen, um sich mit einer bestimmten Thematik in einem bestimmten Sachgebiet zu beschäftigen. Die Mitglieder tragen Informationen zusammen, um sich zu bilden, gegenseitig anzuregen. Die Gruppe könnte ein Literatur-Studium betreiben, sie könnte pflanzenkundliche Wanderungen planen, durchführen und auswerten, sie könnte dem Tauchsport nachgehen usw.

b) *Die Selbsterfahrungsgruppe*
Dies ist gewissermaßen ein Spezialfall der Studiengruppe. Ein Kreis von Menschen betrachtet sich selbst in seinem Gesprächsverhalten, seinem aktiven und passiven Kritikverhalten, in seinem Wahrnehmungsvermögen, in seinen Seelenkräften des Denkens, Fühlens und Wollens. Die Gruppe hat zum Ziel, die sozialen Fähigkeiten jedes Teilnehmers in Wahrnehmung, Reflexion und Aktion zu schulen.

c) *Die Initiativgruppe*
In ihr finden sich Menschen zusammen, die ein bestimmtes praktisches Handlungsziel erreichen oder die in einem fest umrissenen Bereich auftretende Probleme lösen wollen. Eine Gruppe setzt sich z. B. zum Ziel, einen Raum für den Werkunterricht auszubauen und einzurichten (also Planung – Finanzierung – Durchführung).

2) Entscheidungsprozeß in einer Gruppe

Je mehr Mitglieder eine Gruppe umfaßt, um so größer wird der Zeitaufwand in einem gemeinsamen Entscheidungsprozeß. Besonders wichtig ist es daher, die gemeinsame Arbeit in geordnete Bahnen zu lenken. Lievegoed beschreibt drei Phasen eines Arbeitsprozesses, der in einer Initiativgruppe beachtet werden sollte:

a) *Die Bildgestaltung*
Sorgfältig wird ein Problem von allen Seiten beschrieben. Die Mitglieder der Gruppe teilen ihre Beobachtungen einander mit. Es soll z. B. eine Beleuchtungsanlage für die Bühne des Festsaales installiert werden. Welche Veranstaltungen finden dort statt? Welche Möglichkeiten bietet der Raum, die Technik unterzubringen? Welche Finanzmittel können aufgewendet werden? In der Phase der Bildgestaltung ist eigentlich nur nötig, daß jeder *seine* Sicht der Dinge vorträgt. Zum besseren Verständnis des Sachverhaltes können Fragen gestellt werden. Eine Auseinandersetzung zwischen den Gruppenmitgliedern bezüglich ihrer Ansichten muß oder soll gar nicht stattfinden.

b) *Die Urteilsbildung*
In einem zweiten Schritt werden die verschiedenen Sichtweisen verglichen, überprüft und gewertet, Vor- und Nachteile bestimmter Lösungsvorschläge werden gegeneinander abgewogen. Schließlich muß sich die Gruppe für eine bestimmte Lösung entscheiden, sie muß als Gruppe ein abschließendes Urteil fällen, einen konkreten Vorschlag machen.

c) *Die Beschlußfassung*
In der dritten Phase wird ein Beschluß gefällt, der nicht nur

ein bestimmtes Vorgehen festlegt, sondern auch konkrete Schritte der Durchführung beinhaltet. Wer macht wann was und wie wird der Fortgang der Dinge kontrolliert.

Lievegoed macht auf die Gefahr der Scheinbeschlüsse aufmerksam, die entstehen können, wenn einzelne Gruppenmitglieder mit der vorgeschlagenen Lösung nicht einverstanden sind, ihre Einwände jedoch nicht aussprechen. Eine Beschlußfassung wurde zwar durchgeführt, aber es ergeben sich daraus keine Handlungskonsequenzen, vielleicht auch, weil versäumt wurde, die konkrete Durchführung festzulegen.

3) Führerschaft in einer Gruppe

Die Arbeit in einer Gruppe muß in ihrem Ablauf und in ihrer Zielstrebigkeit überwacht und gelenkt werden – ein Leiter ist notwendig, die Frage der Führerschaft stellt sich. Lievegoed bezieht sich in seiner Unterscheidung auf Max Weber:

charismatisches	
traditionelles	Führertum
bürokratisches	

In der Geschichte läßt sich eine Entwicklung hin zum bürokratischen Führertum ablesen. Während das charismatische und traditionelle noch an den Menschen gebunden ist, gilt das bürokratische Führertum nur in bezug auf ein Sachgebiet. Die Kompetenz ist darauf beschränkt.
Nach heutiger Auffassung ist das Führertum jedoch an die jeweilige Situation gebunden. Lievegoed spricht sich für ein »freies, herumwanderndes« Führertum aus. Aufgabe des Führers einer Gruppe ist es auch, seine Fähigkeiten so in die Gruppe wirken zu lassen, daß diese selbst befähigt wird, so daß sein Wirken sich immer stärker zurückziehen kann.

Lievegoed schöpft aus einer reichen praktischen Lebenserfahrung und gibt uns Hilfen an die Hand, wie wir als Alltagsmenschen aus den verschiedensten Lebensbereichen und Berufen, geprägt von den unterschiedlichsten Überzeugungen und Lebensgewohnheiten, in einer Gruppe zusammenfinden können, um gemeinsam ein Ziel zu erreichen. Je weniger menschliche Konflikte dabei auftreten, um so glücklicher kann die Sache befördert werden, und je besser sachliche Konflikte bewältigt werden können, um so größer ist das Wohlbefinden des Individuums in der Gruppe.

Menschliche Unverträglichkeiten können dazu führen, daß auch die sachliche Zusammenarbeit Schaden nimmt, sachliche Konflikte können die menschliche Harmonie empfindlich stören. In der Arbeit einer Gruppe liegen Gefühl und Denken immer im Widerstreit, können die Willenskräfte, die das Arbeitsergebnis der Gruppe verwirklichen wollen, lähmen oder beflügeln.

Individuelles Handeln und Gemeinschaft

Wir leben in einer von technischer und ökonomischer Realität bestimmten Welt und erleben sie als unmenschlich. Viele Felder des menschlichen Zusammenlebens sind so zweckrational durchorganisiert, daß wir vor deren kühler Funktionalität zurückschrecken. Die Menschlichkeit scheint aus vielen Lebensbereichen zu verschwinden. Solche Defizite werden im Krankenhaus, in der Schule, im Überlebenskampf in der von Arbeitslosigkeit geprägten Berufswelt, im sprachlosen Familienleben vor dem Fernseher registriert und beklagt. Deutlich spüren wir, daß unser individuelles Menschsein mit seinem Denken (wir sehen ja ein, daß Apparatemedizin sein muß, daß an der Schule auch Leistung erbracht werden muß, daß Kündigungen bei sinkender Produktivität und zu hohen Personalkosten sein müssen, daß wir selbst unser Familienleben beleben müßten ...); in Widerstreit steht. Wir sind es leid, immer nur vernünftig zu handeln, zu denken, unser richtiges menschliches Empfinden will sich Bahn brechen, unsere Gefühle sind das Wichtigste, was wir haben. In Gesprächen muß es endlich auch wieder erlaubt sein, Gefühle zu äußern, auch Männer sollen Gefühle zeigen dürfen.

Wir wollen die logischen Gedankengänge bei Diskussionen gar nicht mehr hören, viel eher müssen wir erst einmal am menschlichen Beziehungsgefüge arbeiten, schlagen gemeinsame Unternehmungen vor, einen »Betriebsausflug«, bei dem man in entspannter Atmosphäre die Menschen von einer anderen Seite kennenlernen kann, beginnen eine Sitzung mit gemeinsamem Gesang oder eurythmischen Übungen, betreiben künstlerische Dinge wie Sprachgestaltung und Malerei.

Beglückt können wir erleben, daß tatsächlich manche Gegensätze sich vermindern, daß wir im Privatgespräch unseren bevorzugten Kontrahenten plötzlich besser verstehen, ihm auch sympathische Seiten abgewinnen können ... Und trotzdem bleibt die Frage, ob es nicht auch noch andere Möglichkeiten gibt, das Problem anzugehen.

Welche Rolle spielt eigentlich unser Fühlen, unser Denken? Ist es tatsächlich so, daß wir uns im Fühlen mit dem Mitmenschen vereinen können, daß uns das Denken trennt? Was bestimmt unser individuelles Gesondertsein hin bis zur Empfindung des Nichtverstanden-Werdens, der Einsamkeit? Wann haben wir aber das Gefühl, uns mit dem anderen zu verstehen, der Gemeinschaft anzugehören?

Rudolf Steiner äußert sich zur Frage der Verbindung von Mensch zu Umwelt und Mensch zu Mensch folgendermaßen:[22]

»Wir fühlen uns zuerst als Daseiende; und im Laufe der allmählichen Entwickelung ringen wir uns erst zu dem Punkte durch, wo uns in dem dumpfgefühlten eigenen Dasein der Begriff unseres Selbst aufgeht. Was für *uns* erst später hervortritt, ist aber ursprünglich mit dem Gefühl unzertrennlich verbunden. Der naive Mensch gerät durch diesen Umstand auf den Glauben: in dem Fühlen stelle sich ihm das Dasein unmittelbar, in dem Wissen nur mittelbar dar. Die Ausbildung des Gefühlslebens wird ihm daher vor allen anderen Dingen wichtig erscheinen. Er wird den Zusammenhang der Welt erst erfaßt zu haben glauben, wenn er ihn in sein Fühlen aufgenommen hat. Er sucht nicht das Wissen, sondern das Fühlen zum Mittel der Erkenntnis zu machen. Da das Gefühl etwas ganz Individuelles ist, etwas der Wahrnehmung gleichkommendes, so macht der Gefühlsphilosoph ein Prinzip, das nur innerhalb seiner Persönlichkeit eine Bedeutung hat, zum Weltprinzipe. Er sucht die ganze Welt mit seinem eigenen Selbst zu durchdringen... Die hiermit gekennzeichnete Richtung, die Philosophie des Gefühls, wird oft als *Mystik* bezeichnet. Der Irrtum einer bloß auf das Gefühl gebauten mystischen Anschauungsweise besteht darinnen, daß sie *erleben* will, was sie wissen soll, daß sie ein Individuelles, das Gefühl, zu einem Universellen erziehen will.«

Unser Denken, das sich auf höhere Ziele richtet, das nach einer übergeordneten Orientierung sucht, das Erkenntnis möglich machen soll von einem Berggipfel über den Niederungen des schmerzlich erlebten Alltags – dieses kann uns mit den Menschen einigen; so können wir gleichen Sinnes werden und deswegen dann auch in der Sphäre der Empfindung zum Nächsten ein anderes Verhältnis finden. Die Begeisterung für die Idee, für das Ideal, kann die Atmosphäre der zwischenmenschlichen Beziehungen anders gestalten und dauerhaft erwärmen.

Wie aber können wir zu einem wahrhaft individuellen Handeln kommen, das uns gleichzeitig mit anderen Individuen zusammenschließt?

Rudolf Steiner beschreibt vier Stufen des individuellen Lebens bzw. Handelns:[22]

1) Eine Wahrnehmung veranlaßt uns unmittelbar – ohne nachzudenken – zu einer Willensaktion. Sie ist einer Reizreaktion gleichzusetzen. Körperliche Bedürfnisse (Hunger) werden

ebenso unreflektiert wie geistige, die zur *Konvention* im menschlichen Umgang wurden (wir begrüßen uns mit Handschlag).

2) Ein *Gefühl* veranlaßt mich zur Handlung. Scham, Stolz, Enttäuschung, Reue, Mitleid, Rache, Zorn, Liebe, Pflicht... Aus Zorn und Enttäuschung schreibe ich einen Brief.

3) Denken und Vorstellung bestimmen mein Tun. Öfter wiederkehrende Situationen befähigen mich im Laufe der Zeit, aus einer bestimmten Lebenserfahrung heraus mir angemessene Reaktionen vorzustellen und danach zu handeln. (Ich beobachte, daß mein Kind oft seine Sachen vergißt, wenn es spät Hausaufgaben macht – ich kontrolliere in einem solchen unumgänglichen Fall die Sachen am nächsten Morgen). Das Tun ergibt sich aus der praktischen *Erfahrung*. Mein Handeln kann auch zur Reizreaktion (Punkt 1) werden.

4) Das begriffliche Denken, das Erarbeiten einer übergeordneten Idee, eine *Intuition*, d. h. das gedankliche Erfassen eines rein geistigen Inhaltes, wird zur Triebfeder unseres Handelns. Die Idee der Orientierung des Kindes an der Autorität des Erwachsenen läßt mich den Lehrer in einer Aktion unterstützen, wo ich selbst anders gehandelt hätte.

   Dieses an einem Ideal (einer ethischen Norm) orientierte Handeln nennt Rudolf Steiner die *praktische Vernunft*. Auch Moralprinzipien können so das Leben regeln, wir kümmern uns nicht um deren Ursprung, sondern sehen ihre Notwendigkeit ein. Wo dieses Moralprinzip in uns selbst seine Stimme erhebt, spricht Steiner vom Gewissen.

»Es bedeutet einen sittlichen Fortschritt, wenn der Mensch zum Motiv seines Handelns nicht einfach das Gebot einer äußeren oder inneren Autorität macht, sondern wenn er den Grund einzusehen bestrebt ist, aus dem irgendeine Maxime des Handelns als Motiv in ihm wirken soll. Dieser Fortschritt ist der von der autoritativen Moral zu dem Handeln aus sittlicher Einsicht. Der Mensch wird auf dieser Stufe der Sittlichkeit die Bedürfnisse des sittlichen Lebens aufsuchen und sich von der Erkenntnis derselben zu seinen Handlungen bestimmen lassen.«[22]

Hängen die Motive des Handelns auf den ersten drei Stufen sehr wesentlich von der individuellen Veranlagung, Erziehung des Menschen ab, so erreicht er auf der Stufe des Handelns aus Erkenntnis erst den Zustand des frei über sich bestimmenden Menschen.

»Während ich handle, bewegt mich die Sittlichkeitsmaxime, insofern sie intuitiv in mir leben kann; sie ist verbunden mit der *Liebe* zu dem Objekt, das ich durch meine Handlung verwirklichen will. Ich frage keinen Menschen und auch keine Regel: soll ich diese Handlung ausführen? – sondern ich führe sie aus, sobald ich die Idee davon gefaßt habe. Nur dadurch ist sie *meine* Handlung. Wer nur handelt, weil er bestimmte sittliche Normen anerkennt, dessen Handlung ist das Ergebnis der in seinem Moralkodex stehenden Prinzipien. Er ist bloß Vollstrecker. Er ist ein höherer Automat. Werfet einen Anlaß zum Handeln in sein Bewußtsein, und alsbald setzt sich das Räderwerk seiner Moralprinzipien in Bewegung und läuft in gesetzmäßiger Weise ab, um eine christliche, humane, ihm selbstlos geltende oder eine Handlung des kulturgeschichtlichen Fortschritts zu vollbringen. Nur wenn ich meiner Liebe zu dem Objekte folge, dann bin ich es selbst, der handelt. Ich handele auf dieser Stufe der Sittlichkeit nicht, weil ich einen Herrn über mir anerkenne, nicht die äußere Autorität, nicht eine sogenannte innere Stimme. Ich erkenne kein äußeres Prinzip meines Handelns an, weil ich in mir selbst den Grund des Handelns, die Liebe zur Handlung gefunden habe.«[22]

»Auf dem Wege zu diesem Ziele spielen Normen eine berechtigte Rolle. Das Ziel besteht in der Verwirklichung rein intuitiv erfaßter Sittlichkeitsziele. Der Mensch erreicht solche Ziele in dem Maße, indem er die Fähigkeit besitzt, sich überhaupt zum intuitiven Ideengehalt der Welt zu erheben. Im einzelnen Wollen wird zumeist anderes als Triebfeder oder Motiv solchen Zielen beigemischt sein. Aber Intuition kann im menschlichen Wollen doch bestimmend oder mitbestimmend sein. Was man *soll*, das tut man; man gibt den Schauplatz ab, auf dem das Sollen zum Tun wird; eigene Handlung ist, was man als solche aus sich entspringen läßt. Der Antrieb kann nur ein ganz individueller sein. Und in Wahrheit kann nur eine aus der Intuition entspringende Willenshandlung eine individuelle sein.«[22]

Die Wirklichkeit können wir nur erfassen, wenn wir das, was wir in der Welt registrieren oder was sich in uns selbst als Gefühlsreaktion bemerkbar macht, mit unserem Denken durchdringen und bearbeiten. Haben wir für uns ein Bild der Wirklichkeit auf diese Weise gewonnen, so können wir uns auf den Weg zur »praktischen Vernunft« machen.

»Die Natur macht aus dem Menschen bloß ein Naturwesen; die Gesellschaft ein gesetzmäßig handelndes; ein *freies* Wesen kann er nur *selbst* aus sich machen. Die Natur läßt den Menschen in einem gewissen Stadium seiner Entwickelung aus ihren Fesseln los; die Gesellschaft führt diese Entwickelung bis zu einem weiteren Punkte; den letzten Schliff kann nur der Mensch sich selbst geben.«[22]

Was in der Schule und im Elternhaus an dem Heranwachsenden bewirkt werden soll, ist diese Fähigkeit zur Selbsterziehung.

In der Selbstverwaltung ist diese Selbsterziehung der Lehrer und Eltern die conditio sine qua non. Entweder werden wir durch die uns umgebende Gesellschaft erzogen, durch Berufsleben und Vorgesetzte, oder wir übernehmen unsere Erziehung in eigener Verantwortung. Dieses bedeutet jedoch ein bewußtes Wahrnehmen aller Vorgänge, die uns beeinflussen, gesellschaftliche Prozesse (Beeinflussung durch Politik, Werbung, Medien) wie objektive Vorgänge der Wahrnehmungswelt: Vorherrschaft der Technik,

Zurückdrängung und Vernichtung der Natur, Abnahme der menschlichen Kontakte. Und es bedeutet die Entfaltung intensivster Aktivität als Individuum, um sich für ein Handeln aus Erkenntnis fähig zu machen.

Formen der Zusammenarbeit

Orientiert sich die Zusammenarbeit einer Menschengruppe auf die Eigenverantwortung des Individuums hin (der einzelne strebt also nach dem ethischen Individualismus, ist bemüht, das Richtige aus eigener Erkenntnis heraus zu tun), so ergibt sich die Gefahr des Gegenbildes: ein Gemeinwesen, in dem jeder tut, was er will. Um eine solche Fehlentwicklung auszuschließen, ist es notwendig, sehr präzise Absprachen darüber zu treffen, welche Aufgaben dem einzelnen zugeteilt sind, welche Ziele sich im zeitlichen Ablauf daraus ergeben, welche Mittel zum Erreichen dieser Ziele eingesetzt werden. Solche Absprachen werden am besten schriftlich niedergelegt und im Laufe der Zeit ergänzt und verfeinert.

So entsteht für jede Aufgabe (sei es für Lehrer oder Eltern) eine Beschreibung eines Mandates, das für einen begrenzten Zeitraum vergeben ist. Neben der Mandatsbeschreibung müssen auch genaue Abmachungen über den Ablauf einer Konferenz getroffen werden. Um die fristgerechte Erledigung einer Aufgabe sicherzustellen, muß vor allem auch auf die Ökonomie der Zeit geachtet werden. Beispielsweise sollten maximal zwei Beratungen vor einer Beschlußfassung vereinbart werden.

Daraus folgen bestimmte Pflichten für den Konferenzteilnehmer: kontinuierliche Teilnahme und sorgfältige Vorbereitung (Informationspflicht). Wer Sitzungen versäumt, zu spät kommt oder nicht vorbereitet ist, hat nicht das Recht, einen Entscheidungsprozeß erneut aufzurollen.

Gerade der Versuch, ein freies Geistesleben wirklich zu leben, setzt klare konturierte Formen der Zusammenarbeit voraus. Wo dagegen verstoßen wird, macht sich oft eine falsch verstandene »Menschlichkeit« breit: in der Lehrerkonferenz kann ein(e) Kollege(in) einen Beschluß nicht mittragen, weil er/sie wegen Krankseins an einer Sitzung nicht teilnehmen konnte. Voll Verständnis rollt der Konferenzleiter das ganze Verfahren neu auf – unmenschlich für alle anderen Kollegen, die in sorgfältigem Bemühen eine Lösung schon erarbeitet haben. Lösung: Wer eine Besprechung versäumt, informiert sich über das Geschehen, in Anerkenntnis des Grundsatzes: Wer nicht da ist, kann nicht mitgestalten.

Zweites Beispiel: In einem Arbeitskreis der Selbstverwaltung stellt sich nach einiger Zeit heraus, daß ein verantwortliches Mitglied (z. B. der Sprecher) seiner Aufgabe nicht gerecht wird (mangelnde Zusammenarbeit mit anderen Kreisen, Nichteinhaltung von Terminen usw.). Jedermann scheut sich – aus menschlichen Gründen – diesen Mißstand auszusprechen, den Verantwortlichen von seiner Aufgabe zu entbinden). Unmenschlich jedoch: Der Zeitaufwand aller anderen wächst und wächst.

Ein wirklich menschlicher Umgang gebietet es jedoch, einander rechtzeitig auf Probleme hinzuweisen und sich im Lernprozeß des selbstverantwortlichen Handelns gegenseitig zu stützen.

»*Leben* in der Liebe zum Handeln und *Lebenlassen* im Verständnisse des fremden Wollens ist die Grundmaxime der *freien Menschen*. Sie kennen kein anderes *Sollen* als dasjenige, mit dem sich ihr Wollen in intuitiven Einklang versetzt; wie sie in einem besonderen Falle wollen werden, das wird ihnen ihr Ideenvermögen sagen.«[22]

Eine Mandatsbeschreibung könnte in etwa so aussehen (entstanden in Zusammenarbeit mit Claudius Drewes/Zeist/Holland):

Koordinationsausschuß (KoAus)
Inhalte / Aufgaben / Geschäftsordnung

Koordinieren bedeutet:

- Bündeln der Aktivitäten der Kreise, Ausrichtung auf ein Ziel möglich machen. Daraus ergibt sich eine Lenkungsaufgabe
- Zukunftsperspektiven für die Weiterentwicklung der Selbstverwaltung zusammen mit dem Lehrerkollegium entwerfen (lang – und mittelfristige Planung)
- Schwachstellen aufspüren, Qualität der Selbstverwaltung verbessern (kritischer halbjährlicher Rückblick)
- Effizienz der Arbeitskreise steigern
- Rückkoppelung aus den Kreisen über die Sprecher sicherstellen
- termingerechte Abstimmung der Aktivitäten der Kreise sicherstellen
- gegebenenfalls den Kreisen im Rahmen ihrer Aufgabenstellung Aufgaben und Termine vorgeben
- Aufgaben, für die kein Kreis zur Verfügung steht, selbst übernehmen bzw. einer Bearbeitung zuführen
- Entscheidungen treffen:
- Verwendung von Spendengeldern
- Prioritäten bei der Mittelverwendung setzen (pädagogische Erfordernisse haben Vorrang)
- Beschlüsse in die Kreise zurückverweisen
- Entscheidungen treffen, die die alleinige Kompetenz eines Kreises überschreiten, auf der Grundlage der Beschlüsse der an der Problemlösung beteiligten Kreise

Der Sprecher eines Kreises, der Mitglied des Koordinationsorganes ist, könnte folgende Aufgaben haben:

Sprecher / Aufgabenbeschreibung

Der Sprecher
- sorgt für Information des KoAus über Kreisaktivitäten
- bringt alle den Kreis betreffenden Infos aus dem KoAus in den Kreis
- schickt im Verhinderungsfalle einen entscheidungsfähigen Vertreter in das Koordinationsorgan und informiert sich detailliert über die besprochenen Themen, die seinen Kreis betreffen
- erstellt die Tagesordnung für seinen Kreis
- sorgt für die Protokollführung
- stellt Abstimmung mit dem KoAus sicher
- setzt Termine und sorgt für deren Einhaltung
- stellt termingerechte Aufgabenerledigung sicher
- teilt Probleme sofort dem Kreis und dem Koordinationsorgan mit
- stellt die für die Arbeit notwendige Verbindung zu anderen Kreisen und Gremien her
- sorgt rechtzeitig für alle Informationen, die als Entscheidungsgrundlagen benötigt werden
- stellt geregelten Ablauf der Arbeit und der Entscheidungsprozesse sicher, ebenso die Einhaltung der Abmachungen in Satzung, Geschäftsordnung, Arbeits- und Mandatsbeschreibung

Mitarbeit in Kreisen

- Verbindliche Mitarbeit im Rahmen der vorgegebenen Aufgaben für mindestens zwei Jahre
- Wahrnehmungsphase von 1/2 Jahr für neue Mitarbeiter

- Die Mitglieder des Kreises sind dafür verantwortlich, daß der Sprecher seine Aufgaben erfüllt
- Kreis und/oder Sprecher können Mitglieder des Kreises mit der Erfüllung von Einzelaufgaben beauftragen
- Beschlüsse werden termingerecht möglichst einmütig gefällt
- Wahl und Abwahl des Sprechers in offener Aussprache oder in (geheimer) demokratischer Wahl

Für die Zusammenarbeit von Schule und Elternhaus gilt:
Nicht das Verhalten unseres Kindes, nicht die Erziehungsempfehlung von Freunden, nicht das Rezept aus dem Fachbuch, nicht das Rezept der Waldorfschule oder Rudolf Steiners soll auf der höchsten Stufe des individuellen Lebens unser Handeln bestimmen, sondern die von uns in Praktischer-Vernunft-Anstrengung gefundene Idee.
Die pädagogische Aufgabenstellung, die Anlagen, die im Kind vorhanden sind, sich ganz entfalten zu lassen, macht auch Klärungen und Entscheidungen notwendig! Zeigt sich beispielsweise, daß ein Kind vielleicht seine Stärken mehr auf dem künstlerischen Gebiet hat, Sprachen ihm jedoch größte Schwierigkeiten bereiten, so ist es in der Oberstufe sinnvoller, daß eine Konzentration der Kräfte einsetzt. Die Lehrer empfehlen, daß sich der Heranwachsende auf das Englische konzentriert und beschrankt, die Eltern reagieren mit der entsetzten Feststellung: »Dann kann unser Kind kein Abitur mehr machen.« Leitidee für den Lehrer: Alle Kräfte darauf konzentrieren, die Anlagen des Kindes zu fördern, auszubilden. Leitidee für die Eltern: »Unser Kind soll einmal Abitur machen.«

Elternrat

Der Elternrat (Elternvertrauenskreis) einer Waldorfschule trägt zwar oft den gleichen Namen wie ein Gremium einer staatlichen

Schule, hat aber zum größten Teil ganz andere Zielvorstellungen und damit auch Aufgaben. Vor allem ist er nicht bloß eine Eltern-Interessen-Vertretung, keine Organisation, die die Position der Eltern gegenüber der Lehrerschaft, der Schule oder einer Schulbehörde stärken soll. Vielmehr ist der Elternrat der Waldorfschule ein Bindeglied zwischen Eltern und Lehrern, das die gemeinsame Erziehungsaufgabe und die gemeinsame Trägerschaft der Schule verdeutlichen und befördern soll. Hier soll ein Feld der Begegnung geschaffen werden, wo Aufgaben und Probleme, die aus dem Blickwinkel der Lehrer und andererseits der Eltern oft unterschiedlich betrachtet und gewertet werden, einer gemeinsamen Bearbeitung im Gespräch zugänglich gemacht werden. Aus diesem Grunde ist es nötig, daß auch die Lehrerschaft im Elternrat mitarbeitet. Im Gespräch ist die Möglichkeit gegeben, einen Teil der jeweiligen Betriebsblindheit abzubauen, die naturgemäß vorhanden ist. Eine weitere, sehr wichtige Aufgabe ergibt sich wohl aus dem Begriff »Rat«. Die Elternräte, die sich intensiv mit dem Schulgeschehen, aber auch mit seinen Grundlagen – also der Waldorfpädagogik, Menschenkunde, bestimmten Fragestellungen der Anthroposophie – befassen, haben andere Möglichkeiten, ratsuchenden Eltern zur Seite zu stehen, als die Lehrer, die zunächst als »Vertreter der anderen Seite« empfunden werden. Schließlich können die Eltern dieses Kreises *ihre* Schule auch noch ganz anders bei Veranstaltungen vorstellen und in der Öffentlichkeit vertreten, denn sie sind die Nutznießer dieses pädagogischen Angebotes und sprechen aus einer anderen Erfahrung und Position heraus wie die Lehrer, die in der Öffentlichkeit eventuell als Anbieter, Produzenten verstanden werden, die im eigenen Interesse ihre Einrichtung Schule verstehen.

Somit ergeben sich für den Elternrat drei bedeutsame Tätigkeitsfelder:

1) Wahrnehmungsaufgabe
   Der Elternrat registriert sensibel die für die Schule wichtigen

Strömungen in der Lehrerschaft, Elternschaft und dem Umfeld der Schule. Geleitet von der *Idee* der gemeinsamen Erziehungsaufgabe von Eltern und Lehrern, die sich in der Waldorfpädagogik verwirklichen soll, bemüht er sich um ein *Verständnis* des fremden Wollens. Immer ist den Fragen nachzugehen: Wo gibt es Probleme in der Elternschaft? Eltern werden in ihren Erwartungen in bezug auf die Haltung der Schule, in bezug auf den Unterricht enttäuscht. Unterschiedliche Ansichten zwischen Lehrern und Eltern führen zu Konflikten, die zwischen den Beteiligten allein nicht lösbar scheinen. Wo liegen die Ursachen für solche Probleme? Haben die Eltern Erwartungen, die sich in der Waldorfschule nicht erfüllen lassen, weil sie ganz andere Ziele verfolgt? Gelingt es der Lehrerschaft nicht, ihr Anliegen verständlich darzulegen? Scheinen manche Vorstellungen der Lehrer der Elternschaft nicht durchführbar, weil wirklichkeitsfremd? Scheinen manche Lehrer in ihrem Handeln sich im Widerspruch zu den Grundsätzen der Waldorfpädagogik zu setzen? Schließlich kann es auch um Konflikte gehen, die sich zwischen einem Lehrer und den Eltern eines Kindes ergeben haben. War es nicht möglich, im persönlichen Gespräch der Beteiligten eine Lösung zu finden, konnten auch die hinzugezogenen weiteren Gesprächspartner nicht weiterhelfen, so ist eine Beteiligung von Elternratsmitgliedern sinnvoll.

Schon um der Wahrnehmungsaufgabe gerecht werden zu können, vor allem aber, um vermittelnd-beratend tätig zu werden, ist die intensive Beschäftigung mit den Grundlagen der Waldorfpädagogik notwendig. Das zweite Tätigkeitsfeld:

2) Vertiefende Beschäftigung mit den Grundlagen der Waldorfpädagogik
Die Selbstverwaltung der Schule stellt für alle Beteiligten erhöhte Anforderungen, sich für die selbstgewählten Aufga-

ben zu qualifizieren: eine Aufgabe der Selbsterziehung. Sie bezieht sich darauf, sich mit den Grundlagen der Erziehung und den Grundlagen der Selbstverwaltung vertraut zu machen.

Dies ist kein Grund, vor einer solchen Aufgabe zurückzuschrecken, sie sich nicht zuzutrauen. Lehrer wie Eltern brauchen lange Zeit, bis sie die Vorgänge im gesamten Schulorganismus zu überblicken beginnen, bis sie nach und nach zu erfassen beginnen, was dieses Gemeinsamkeitsunternehmen »Schule« für Eltern und Lehrer bedeutet und welchen persönlichen Einsatz aller es erfordert. Trotzdem ist ein langsames Hineinwachsen möglich, wobei im Elternrat die Mitarbeit von Eltern (Müttern *und* Vätern), die mit ihren Kindern schon einige Jahre praktischer Erfahrung sammeln konnten, sehr hilfreich ist. Immer wieder gibt es Situationen und Stationen auf dem Weg durch zwölf Waldorfjahre, wo manchen Eltern Bedenken kommen, wo immer wieder die gleichen Fragen auftauchen (Unterstufe: Mein Kind kann noch immer nicht schreiben/lesen, Mittelstufe: Mein Kind kann zu wenig in den Sprachen, Elternrat: Warum sind wir keine Interessenvertretung der Eltern?). Da ist es sehr beruhigend für sie, von anderen Eltern, die ähnliche Situationen durchgemacht haben, Rat und Hilfe zu erfahren und zu sehen, daß viele Probleme sich von selbst lösen und nur vorübergehend als solche erscheinen.

Bei schulinternen Veranstaltungen, die der Information und Fortbildung aller dienen, kann der Elternrat aus seiner Erfahrung und aus seiner vertieften Kenntnis des Organismus Waldorfschule sehr positiv mitwirken.

In den Beziehungen der Schule zum gesellschaftlichen und politischen Umfeld kommt dem Elternrat eine dritte, wichtige Aufgabe zu.

3) Mitgestaltung der Beziehungen der Schule in das Umfeld
Sowohl der Alltag in der Schule als auch ihre Besonderheiten lassen immer wieder Probleme entstehen, deren Bewältigung von Eltern allein oder zusammen mit den Lehrern besser angegangen werden können, als wenn sich die Lehrer allein der Sache annehmen.
So kommt es z. B. immer wieder mit der Nachbarschaft wegen der Verkehrs- und Lärmbelästigung zu Schwierigkeiten. Bekanntlich wechselt der Mensch beim Besteigen seines Autos nicht nur den Standpunkt, sondern zuweilen auch den Charakter. Er kann dann gar nicht einsehen, warum sein vor einer Einfahrt abgestellter Wagen (nur für zwei Minuten) ein Ärgernis für die Schulnachbarn darstellt. Bei Sommerfesten werden Wiesen als Parkplätze mißbraucht usw.
Anderes Beispiel: Die Schule möchte sich nach Jahren in verschiedenen Gebäuden endlich in einem bestimmten Stadtviertel niederlassen. Die Anwohner setzen sich zur Wehr. Wenn in den folgenden Gesprächen die Eltern als Einwohner der Stadt ihre Rechte gegenüber den anderen Bürgern geltend machen, wirkt dies anders, als wenn es die Lehrer täten.
Immer wieder wird der Konkurrenzdruck durch die Waldorfschule als so stark empfunden, daß sie in unsachlicher Weise von anderen Institutionen angegriffen wird. Da werden dann immer wieder ähnliche Argumente vorgebracht: Die Waldorfschule sei unchristlich, eine Schule nur für die vermögenden Volksschichten, sie sei eine Weltanschauungsschule, in der die Kinder mit Anthroposophie traktiert werden usw. Bei solchen Angriffen ist es viel richtiger und überzeugender, wenn die angeblich Geschädigten, die Betroffenen, in eigener Sache sich äußern, von ihren Erfahrungen berichten und so die Dinge richtigstellen – und nicht die Lehrer ihre Schule verteidigen.

Eine große Hilfe für die Arbeit im Elternrat ergibt sich auch durch den Erfahrungsaustausch mit den Eltern anderer Schulen. In einigen Bundesländern gibt es regelmäßige Zusammenkünfte der Elternräte der Waldorfschulen. Jährlich findet auch eine Elternratstagung des Bundes der Freien Waldorfschulen statt. Bei diesen Tagungen werden schwerpunktmäßig verschiedene Erziehungs- und Schulprobleme diskutiert, es wird an den Inhalten der Waldorfpädagogik gearbeitet. Dabei stellt sich gleichzeitig die gastgebende Schule vor. So haben die Eltern (und Lehrer) Gelegenheit, einmal über den eigenen Tellerrand hinauszuschauen und zu sehen, wie es die anderen machen, welche Probleme sie haben – denn es ist eine Erleichterung festzustellen, daß man mit seinen Unvollkommenheiten und Problemen an der eigenen Schule nicht allein dasteht.

Ganz unabhängig davon, welche Struktur die Selbstverwaltung einer Schule hat, immer ist der Elternrat ein sehr wichtiges Gremium, dessen Arbeit auf den genannten drei Feldern unverzichtbar ist. Natürlich kann diese Elterngruppe auch noch mit anderen Aufgaben von der Schulgemeinschaft betraut werden. So könnte der Elternrat z. B. neue Eltern an der Schule betreuen, könnte an der Arbeit anderer Gremien durch Delegation beteiligt sein, z. B. an einem Ausschuß, der in Fragen der Gehälter der Lehrer beratend mitwirkt, und vieles mehr.

Das Lehrerkollegium und seine Aufgaben

Voraussetzungen für die Unterrichtsgenehmigung

Was sind das für Lehrer, die an einer Waldorfschule unterrichten?

Die Waldorfschulen sind in das Bildungssystem der Bundesrepublik Deutschland durch Gesetze eingebettet. Während die staatlich anerkannten Schulen nach dem Lehrplan der öffentlichen Schulen unterrichten, orientieren sich die staatlich genehmigten Schulen an eigenen Vorstellungen der Bildungsinhalte. Um aus der Sicht der Aufsichtsbehörden genehmigungsfähig zu sein, müssen jedoch bestimmte Anforderungen erfüllt werden. Dies betrifft die Lehrinhalte, vor allem wenn es um Prüfungen geht, betrifft die Qualifikation der Lehrkräfte und betrifft die Unterrichtsräume und ihre Ausstattung.

Die Waldorfschulen stellen einen eigenen Schultypus dar, haben aber eine explizite Anerkennung dieses Schultypus bisher ebensowenig erreicht wie die Anerkenntnis eigener Prüfungen. Das Erziehungs- und Bildungskonzept umfaßt zwölf Schuljahre. Die Vorbereitung auf die Realschul-Abschlußprüfung (Mittlere Reife) und das Abitur findet in eigens dafür eingerichteten Klassen statt (in manchen Bundesländern kann auch die Fachhochschulreife erreicht werden).

Diese zwölfjährige Waldorfschule kann – wenn man sie mit dem öffentlichen Schulsystem vergleichen will – auch als »Einheitliche Volks- und Höhere Schule« betitelt werden. Sie umfaßt somit die Primarstufe, Orientierungsstufe, Sekundarstufe I und II oder Grund- und Hauptschule sowie Realschule und Gymnasium.

An der Waldorfschule werden folgende Bezeichnungen für die Lehrer verwendet:

Klassenlehrer(in):	Unterricht im Idealfall einer Klasse von der 1. bis inklusive 8. Jahrgangsstufe im Hauptunterricht
Fachlehrer(in):	Unterricht im Fachunterricht in den künstlerischen Fächern, handwerklichen Fächern, Sprachen sowie Deutsch, Geschichte, Mathematik, Physik, Chemie, Kunsterziehung, Eurythmie, Heileurythmie, Sport, Sprachgestaltung. Dabei ist zu unterscheiden der Bereich der Unter-/Mittelstufe Klasse 1–8 und Oberstufe Klasse 9–13
Oberstufenlehrer(in):	Unterricht in den Klassen 9–13 (oder darunter).

Die Voraussetzungen für die Genehmigung, an Waldorfschulen zu unterrichten, differieren in den einzelnen Bundesländern etwas, in der Regel gilt jedoch:

Klassenlehrer(in):	Studium für das Lehramt an (Volksschulen) Grund- und Hauptschulen bzw. Klassen 1–9
Fachlehrer(in):	Entsprechendes Lehramtsstudium für z. B. Sport, Werken, Musik
Oberstufenlehrer(in):	Studium für das Höhere Lehramt (Lehrer, die mit dem Examen für das Lehramt an Realschulen abgeschlossen haben, können in der entsprechenden Altersstufe eingesetzt werden).

Von seiten der Waldorfschulen besteht die Notwendigkeit, daß der einzelne Kollege(in) sich intensiv in die Waldorfpädagogik einarbeitet und sich im Laufe seiner Tätigkeit mit der Geisteswissenschaft Rudolf Steiners auseinandersetzt.

Dies kann durch eine spezielle Lehrerausbildung an verschiedenen Seminaren geschehen (z. B. Stuttgart, Witten-Annen, Mannheim, Nürnberg, Kassel, München). Die Möglichkeiten der Weiterbildung reichen von einwöchigen Kursen, berufsbegleitenden Kursen hin bis zur mehrjährigen Ausbildung. Die Eurythmieausbildung umfaßt ein Studium von 4–5 Jahren (1 Jahr Heileurythmie, die Ausbildung zum Sprachgestalter dauert 3 Jahre).

Für die Einstellung eines neuen Kollegen sind folgende Gesichtspunkte maßgeblich:

- Wie ist seine Ausbildung geartet, kann der oder die Kollegin im jeweiligen Bundesland für den Unterricht genehmigt werden?
- Welche pädagogische Erfahrung konnte in der bisherigen Tätigkeit an einer anderen Schule gesammelt werden?
- Welche Vorkenntnisse, Zusatzausbildung und Erfahrungen liegen für das Gebiet der Waldorfpädagogik vor?
- Welche Offenheit und Bereitschaft ist erkennbar, sich mit der Menschenkunde und der Anthroposophie auseinanderzusetzen?
- Ist ein Interesse an einer permanenten Fortbildung auf päd agogischem Gebiet und an einer engagierten Beteiligung an der Selbstverwaltung erkennbar?

Nach einer Probezeit im ersten Jahr blickt das Kollegium auf die gemeinsame Arbeit zurück. Nun wird von beiden Seiten geprüft, ob sich die jeweiligen Vorstellungen erfüllt haben, ob eine dauerhafte Zusammenarbeit gewünscht wird.

Bedenkt man den für eine Probezeit üblicherweise vorgesehenen Zeitraum von einem halben (!) Jahr, so wird deutlich, daß eine solche Entscheidung nicht leicht zu fällen ist. Neue Kollegen oder Kolleginnen haben nicht nur die Aufgabe, sich um eine gänzlich andere Orientierung zu bemühen, sie müssen auch einen Weg zu den Schülern der verschiedenen Altersstufen finden, sie müssen sich mit einer ganz anderen, inneren Schulstruktur vertraut machen. Nur langsam klärt sich für sie, welches »Betriebsklima« sie an der Schule finden.

So ist es erklärlich, daß die Trennung von einem Kollegen nicht nur nach dem ersten Schuljahr, sondern durchaus auch zu einem späteren Zeitpunkt als notwendig erscheinen kann.

Für die Waldorfschule richtete Rudolf Steiner eine Selbstverwaltung durch die Lehrer ein. Nachdem die Schulen nach 1945 ihre Arbeit wieder aufnehmen konnten, wuchs das Interesse der Eltern an der gemeinsamen Trägerschaft der Schule durch Lehrer und Eltern. Heute gestalten Lehrer und Eltern den Organismus ihrer Schulen weitgehend gemeinsam.

Den Lehrern kommt dabei die Aufgabe zu, den pädagogischen Bereich und die damit zusammenhängende Organisation in Selbstverwaltung zu gestalten. Dies bedeutet, daß das Lehrerkollegium alle Aufgaben, die sonst von einem Direktor, Konrektor, weitgehend auch Schulrat, Schulamt, der Schulbehörde usw. übernommen werden, erledigen muß.

– Organisation des Unterrichtes	Lehrbeauftragung (Deputat)
– Beratung (Lehrer u. Eltern)	Stunden- u. Epochenplan
– Beaufsichtigung, Kontrolle	Vertretungen
– Beurteilung	Ausflüge
– Fortbildung	Projekte
– Lehrplanung	Praktika

Die pädagogische Konferenz

Diese Vielfalt von Aufgaben wird in verschiedenen Konferenzen und Ausschüssen wahrgenommen. Die Teilnahme an den jeweiligen Konferenzen ist für die Kollegen und Kolleginnen verpflichtend. An fast allen Waldorfschulen finden die drei Hauptkonferenzen donnerstags etwa zwischen 16.00 und 20.00 Uhr statt.

Die *Pädagogische Konferenz* hat pädagogische Fragestellungen zum Inhalt. Sie dient der Weiterbildung und dem Erfahrungsaustausch und der gegenseitigen Beratung. Sie ist somit eine zentrale Aufgabe der Selbstverwaltung der Schule. Hier werden Probleme und Lösungsmöglichkeiten diskutiert, die Klassen, Schülergruppen oder auch einzelne Schüler betreffen (Schülerbesprechung). Die körperliche, seelische, geistige Entwicklung der Schüler wird angeschaut, auch unter Einbeziehung des Schularztes. Wo es um Schwierigkeiten einzelner Kinder geht (z. B. Entwicklungsverzögerungen, besondere seelische Belastungen, körperlich-seelisch-geistige Einschränkungen und Behinderungen), werden die Wahrnehmungen der Kollegen in verschiedenen Bereichen gehört. Wie verhält sich ein Kind in der Eurythmie, beim Schnitzen, in Englisch, in der Musik? Wo sind zusätzliche Fördermaßnahmen nötig? Was kann der Schularzt aus seiner Sicht zur Behandlung des Problems beitragen? – Die Entwicklungsphasen ganzer Klassen werden in Klassenbesprechungen in bestimmten Zeitabständen betrachtet. Vielleicht wird dabei der Übergang in die Oberstufe ins Auge gefaßt.

Wie hat sich eine erste Klasse im Laufe des Jahres entwickelt? Welchen Stand hat eine 8. Klasse in ihren seelisch-geistigen Fähigkeiten erreicht? Wie hat eine 9. Klasse den Übergang in die Oberstufe mit vielen neuen Lehrern verkraftet? Wie steht eine 12. Klasse nach Abschluß der Waldorfschuljahre da? Dabei sind folgende Gesichtspunkte von Bedeutung:

Anregungen für eine Klassenbesprechung

Die Klassenbesprechung kann das Kollegium – insbesondere die unterrichtenden Kollegen – über ein aktuelles Problem in der Klasse, oder aber in bestimmten zeitlichen Abständen über den Entwicklungszustand der Klasse informieren. Denkbar sind solche Besprechungen im ersteren Falle, wenn eine Klasse unter disziplinären Gesichtspunkten »aus dem Ruder läuft«, wenn auf einer Klassenreise besondere (soziale) Probleme sichtbar werden, wenn ein Schüler oder eine Gruppe in der Klasse zum Problemfall wird etc.

In bestimmten *zeitlichen Abständen* erscheint eine *Klassenbesprechung* sinnvoll:

Nach dem ersten Schuljahr:

- hat sich die Erwartung der Schulreife für die Klasse als solche erfüllt?
- Sind besondere entwicklungsfördernde oder therapeutische Maßnahmen nötig?
- Welche besonderen Eigenheiten zeigen sich in dieser Klassenpersönlichkeit (Nachahmungskräfte, Empfindungskräfte, Willenskräfte, Phantasie, Seelenreichtum, Temperamentsfärbung)?
- Welche Art von Klassengemeinschaft hat sich entwickelt?
- Gibt es Kinder, die noch nicht in die Klasse integriert sind, sich nicht integrieren lassen etc.?
- Wie gestaltet sich die Zusammenarbeit mit der Elternschaft?

Nach dem dritten Schuljahr
sollte die Frage im Mittelpunkt stehen, ob die Kinder die Neuorientierung gegenüber Mensch und Umwelt vollzogen haben, welches Ich / Du-Verhältnis sie zu Mitschülern und Lehrern gewonnen haben, ob sie den »Rubikon« überhaupt hinter sich gebracht haben.

- Welche ichzentrierte Betrachtungsweise zeigt sich nun im Unterricht?
- Welche Gruppe von Kindern lebt noch ganz im Weltgeschehen darinnen, leistet noch keine Distanzierung?
- Welche Gruppe zeigt eine verfrühte verstandesmäßige Betrachtungsweise?
- Welche Begabungen, Charaktereigenschaften, Temperamente treten hervor?
- Welche körperlichen, seelischen und geistigen Entwicklungsschritte sind zu beobachten?

Nach dem sechsten Schuljahr:
- Welche Wirkungen hat der beginnende naturwissenschaftliche Unterricht gezeigt? (»Denken lernen« an der Betrachtung der objektiven Weltzusammenhänge, Lösen von der gefühlsmäßigen, ich-bezogenen Betrachtungsweise.)
- Zeigen sich Ansätze zu einem selbständigen, kausalen Denken, zu einem problemlösenden Denken?
- Welch sachorientiertes Verhältnis bahnt sich zum Lehrer an? (Wie viele Kinder duzen den Lehrer – noch immer –?)
- Welchen Wirkungsgrad haben noch die Klassenkasper, welchen Einfluß noch die kindischen Humoristen?
- Welche sprachlichen Fähigkeiten zeigen sich im Unterrichtsgespräch (Sprache als Instrument der Diskussion) – zu früh, zu zögerlich?

Nach der 8. Klasse:
- Hauptfrage: Ist eine Oberstufenreife erreicht?
  Wie entlassen wir die Schüler in einen neuen Lebensabschnitt (früher: Eintritt in die Berufslehre. Konfirmation)?
- Welchen Grad von Selbständigkeit, Urteilsfähigkeit (Gefühlsurteil) hat die Klasse erreicht?
- Welche Gruppierungen sind zu charakterisieren, und welche

Gruppe oder welche Gruppen bestimmen maßgeblich die Klassenpersönlichkeit?

- Welche Entwicklungs-Nachzügler und -Vorauseiler gibt es, welche Individualisten?
- Wo liegen die Stärken und Schwächen dieser Klasse?
- Inwieweit ist eine Abhängigkeit von Sympathie und Antipathie vom Lehrer vorhanden, welche Sachorientierung ist erreicht? Haben sich die Kinder vom Klassenlehrer »abgenabelt«?
- Welche geistigen, seelischen und körperlichen Entwicklungsmerkmale werden deutlich?
- Erneut und dringlich die Frage: Welche Problemkinder gibt es bezüglich der Seeleneigenschaft des Denkens, Fühlens und Wollens?
- Kann die Klasse ohne den Mittler Klassenlehrer in der Weltbegegnung auskommen? Welche Motivationsgrundlage, welche Leistungsbereitschaft ist folglich vorhanden?
- Welche Disposition liegt vor bezüglich einer gedächtnismäßigen Erarbeitung oder eigenständigen, gedanklichen Durchdringung der Unterrichtsgegenstände?
- Welche Bereiche des Unterrichts konnten nicht mit der nötigen Intensität bearbeitet werden (Normalzustand in einem 8. Schuljahr!)?
- Auf welche dispositionellen Defizite muß der gesamte Unterricht der 9./10. Klasse besonders eingehen? Was kann durch Intensivierung des künstlerischen, intellektuellen, bewegungsmäßigen Unterrichtes ausgeglichen werden (therapeutischer Aspekt)?
- Welche charakterlichen Merkmale treten positiv/negativ in dieser Klasse hervor?

etc.

Allgemeine Gesichtspunkte einer Klassenbesprechung bis zum Ende des zweiten Jahrsiebtes

Menschenkundliche Betrachtung
Entwicklungszustand

Denken	(Gedächtniskräfte, Verstandeskräfte)
Fühlen	(empfindende Verbindung zur Welt, Entfaltung des moralischen Urteils – Nichtübernahme intellektueller Vorurteile) Sympathie / Antipathie / Objektivität
Wollen	Wachsen des Willens an der Leibesschwere Aktivität, Motivation, Durchhaltevermögen, Leistungsbereitschaft, Beherrschung des Temperamentes

Charakterliche Eigenschaften
geprägt durch Kunst, Religion, Wissenschaft

Wahrheit	Aufrichtigkeit, Offenheit, Verhaltensnorm
Schönheit	Schönheitssinn, Gestaltungsvermögen
Güte	Anspruchsdenken, Altruismus, Hilfsbereitschaft, moralische Dimension: Gewissen

Soziale Reife

Verantwortungsbewußtsein, Rücksicht,
Selbstbewußtsein,
Urteilsvermögen, Toleranz, Hilfsbereitschaft

Begabungen

künstlerische:	Musik, Sprache, Bewegung, darstellende Kunst soziale Kunst
bewegungsmäßige:	Körperbeherrschung, handwerkliche Fähigkeit (praktisches Denken)
intellektuelle:	sprachliche, mathematische Fähigkeiten

Praktische Gesichtspunkte:
Die Klassenbesprechung ist keine Schülerbesprechung. Eine differenzierte Betrachtungsweise kann aber die Charakterisierung einzelner Kinder nötig machen. Die Erfassung der Klassenpersönlichkeit macht die übergreifende Betrachtung in Gruppen notwendig. Jede Klasse hat ihre Stärken und Schwächen. Zeitliche Begrenzung!

Kritische Zielvorstellung:
Mit welchen Ratschlägen, welchen Bitten, welchen dringenden Empfehlungen übergebe ich meine Klasse den Oberstufenkollegen? Wo habe ich den Eindruck, daß ich meine Erziehungs- und Bildungsintentionen in dieser speziellen Konstellation von Klassenlehrer und Schülergemeinschaft nicht habe erfüllen können? Was muß noch verstärkt geschehen, um dem Ziel der Menschenbildung nahezukommen?

Sehr aufschlußreich für die pädagogische Arbeit sind auch die Berichte, die von einzelnen Kollegen aus ihrer Arbeit gegeben werden. Dies kann die Schilderung des Ablaufes einer Physikepoche der Oberstufe sein, es kann der Bericht über Beobachtungen bei einem Landwirtschaftspraktikum oder beim Feldmessen sein. Gerade bei Unternehmungen solcher Art entsteht in den Darstellungen der beteiligten Kollegen ein sehr deutliches und charakteristisches Bild einer Klasse, das Aufschluß über den

Gemeinschaftsgeist, die Hilfsbereitschaft, Selbständigkeit, ihr Arbeitsverhalten gibt. Bei solchen Berichten läßt sich auch manche Schüler- oder Klassenbesprechung ergänzen, denn gerade die Klassenreisen und Praktika sind für die Schüler und Schülerinnen Erprobungsfelder des sozialen Lernens.

Fortbildung

Ein zweiter Teil der Pädagogischen Konferenz ist der Fortbildung gewidmet. Die tägliche Arbeit bringt oft Probleme mit sich, die eine intensive Grundlagenarbeit auslösen können. In einer Unterstufenklasse fallen dem Lehrer einige Kinder auf, die besonders mit der Rechtschreibung zu kämpfen haben. Sein Bericht wirft die Problematik der Legasthenie auf. Ein Gespräch und Erfahrungsaustausch der Kollegen über zwei, drei Konferenzen läßt den Plan einer seminaristischen Arbeit entstehen. Heilpädagogen, Ärzte werden zu Rate gezogen. Schließlich ergibt sich eine gemeinsame Arbeit von Eltern und Lehrern: ein Vortrag zum Problem der Lese- und Rechtschreibschwäche mit anschließender Fragenbeantwortung und Diskussion.

Immer wieder wendet sich das Kollegium grundlegenden Werken Rudolf Steiners zu. Jedes Jahr kommen neue Lehrer(innen) an die Schule. Sie müssen nicht nur von Mentoren (Betreuungslehrern) in ihrer Unterrichtsarbeit begleitet werden, sondern es muß auch in der Konferenz gemeinsam mit ihnen pädagogisch gearbeitet werden. So beschäftigt sich ein Kollegium immer wieder mit der »Allgemeinen Menschenkunde«, den »Seminarbesprechungen« und anderen Vorträgen und Kursen, die Rudolf Steiner im Rahmen seiner Lehrerbildung (z. B. in Basel, Ilkley, Torquai) gehalten hat. Hier findet sich ein schier unerschöpflicher Quell für die Orientierung des Lehrers in seiner Erziehungs- und Bildungsarbeit als Waldorfpädagoge. Während die Menschenkunde als natur- und geisteswissenschaftliche Basis nach wie vor Gültigkeit hat und es neben der Erarbeitung dieser Anschauung des Menschenwesens um das Auffinden von Querverbindungen in anderen Disziplinen (Medizin, Biologie, Psychologie, Soziologie usw.), um Überprüfung, Bestätigung und Festigung geht, sind die Lehrer in anderen Bereichen der Pädagogik dazu aufgerufen, ihr Handeln auf die konkrete zivilisatorische (z. B. Umgang mit der Technik) und menschliche Situation (z. B. Akzeleration der körperlichen Entwicklung) abzustimmen. Das Selbststudium der Lehrer wird auch durch die »Pädagogische Forschungsstelle« beim Bund der Freien Waldorfschulen und durch die Zeitschrift »Erziehungskunst« unterstützt.[23]

Wie behandelt die Schule das Thema Computer heute? Für Rudolf Steiner galt die Forderung 1920, daß jeder Mensch, der Straßenbahn fährt, mit den Grundprinzipien der Elektrizität und des Elektromotors vertraut sein müsse. Das heißt, sich nicht gegen die Technik zu stellen, aber zu durchschauen, wie man sich ihrer bedient. So ist es heute unumgänglich, den Computer in das tägliche Leben einzubeziehen. Wie weit aber ist er zu durchschauen, und soll er in der Schule überhaupt eingesetzt werden? Und wenn ja, ab wann?

Immer wieder wird in der pädagogischen Arbeit auch das Thema Strafe bewegt. Welche Aussagen macht Steiner zu seiner Zeit über deren Bedeutung in der Erziehung, wie hat sich ihre Rolle verändert und welchen Stellenwert hat sie heute bzw. müßte sie heute haben?

Die Fortbildungsarbeit dient auch der Vorbereitung der jährlich stattfindenden Lehrertagungen (seit Jahrzehnten in Stuttgart, später auch im Ruhrgebiet, in Hamburg und Prien), die als eine Pädagogische Gesamtkonferenz aller Waldorfschulen verstanden werden kann. Hier werden übergreifende Themen bearbeitet wie z. B. die Bedeutung des künstlerischen Unterrichts in der Oberstufe, Möglichkeiten der Willenserziehung im zweiten Jahrsiebt, die Bedeutung des Moralischen in der Erziehung. Davon kann die Arbeit eines ganzen Schuljahres immer wieder aufs neue impulsiert werden.

Die Pädagogische Konferenz dient aber auch der Vorbereitung öffentlicher Veranstaltungen in der eigenen Schule. Vorträge und Gespräche sollen die Schulgemeinschaft mit aktuellen Themen bekanntmachen – wie Schul- und Erziehungsprobleme in der Pubertät, Umgang mit den Medien, Möglichkeiten der Gestaltung des Erlebnisraumes der Heranwachsenden in der Freizeit – und Impulse für die Erziehungsaufgabe von Eltern und Lehrern setzen.

Schließlich ist die Pädagogische Konferenz auch das Übungsfeld für das soziale Lernen des Kollegiums im eigenen Kreise. Da in dieser Runde meist alle Mitarbeiter der Schule vertreten sind, ist dies der richtige Rahmen, um sich mit eigenen Fragestellungen der Selbstverwaltung zu befassen, was besonders für junge Schulen, die noch im Aufbau begriffen sind, häufig notwendig ist. Dies geschieht dann oft auch in Form einer Sonderkonferenz, um die laufende pädagogische Arbeit nicht einzuengen.

Die innere Struktur eines Lehrerkollegiums hängt von der Fähigkeit seiner einzelnen Mitglieder zu selbstverantwortlichem Handeln ab. Der Verzicht auf eine hierarchische, direktorale Gliederung, das weitgehende Freisein von einer Fremdbestimmung stellt hohe Forderungen an die Mitglieder eines Kollegiums. Je größer die Verantwortungsfähigkeit des einzelnen ist, um so weniger hierarchische Ausprägung ist nötig. Die Selbstverwaltung des Kollegiums schließt immer den Auftrag zur Selbsterziehung ein, das Streben nach *praktischer Vernunft*. Es muß das Bestreben der Lehrerin, des Lehrers sein, sich im Rahmen der republikanischen Verfassung mit dem anderen in der Idee einig fühlen zu können, Gemeinsamkeit im Erfassen der Idee durch eigene, intensive gedankliche Bearbeitung der eigenen Wahrnehmung und Empfindungen herzustellen. Jeder muß um seine eigene Befreiung kämpfen, um der Grundmaxime des *freien Menschen* gerecht werden zu können. »Sie kennen (dann) kein anderes Sollen als dasjenige, mit dem sich ihr Wollen in Einklang versetzt: wie sie in einem besonderen Falle wollen werden, das wird ihnen ihr Ideenvermögen sagen.«[24]

Es lohnt sich, sich bei dem Ringen um den eigenen Standpunkt immer wieder Steiners Gedanken klarzumachen.

»Wie aber ist ein Zusammenleben der Menschen möglich, wenn jeder nur bestrebt ist, seine Individualität zur Geltung zu bringen? Damit ist ein Einwand des falsch verstandenen Moralismus gekennzeichnet. Dieser glaubt, eine Gemeinschaft von Menschen sei nur möglich, wenn sie alle vereinigt sind durch eine gemeinsam festgelegte sittliche Ordnung. Dieser Moralismus versteht eben die Einigkeit der Ideenwelt nicht. Er begreift nicht, daß die Ideenwelt, die in mir tätig ist, keine andere ist als die in meinem Mitmenschen. Diese Einheit ist allerdings nur ein Ergebnis der Welterfahrung. Allein sie *muß* ein solches sein. Denn wäre sie durch irgend etwas anderes als durch Beobachtung zu erkennen, so wäre in ihrem Bereich nicht individuelles Erleben, sondern allgemeine Norm geltend. Individualität ist nur möglich, wenn jedes individuelle Wesen vom anderen nur durch individuelle Beobachtung weiß. Der Unterschied zwischen mir und meinem Mitmenschen liegt durchaus nicht darin, daß wir in zwei ganz verschiedenen Geisteswelten leben, sondern daß er aus der uns gemeinsamen Ideenwelt andere Intuitionen empfängt als ich. Er will *seine* Intuitionen ausleben, ich die *meinigen*. Wenn wir beide wirklich aus der Idee schöpfen und keinen äußeren (physischen oder geistigen) Antrieben folgen, so können wir uns nur in dem gleichen Streben, in denselben Intuitionen begegnen. Ein sittliches Mißverstehen, ein Aufeinanderprallen ist bei sittlich *freien* Menschen ausgeschlossen. Nur der sittlich unfreie, der dem Naturtrieb oder einem angenommenen Pflichtgebot folgt, stößt den Nebenmenschen zurück, wenn er nicht dem gleichen Instinkt und dem gleichen Gebot folgt.«[24]

Und: »Der Freie verlangt von seinen Mitmenschen keine Übereinstimmung, aber er erwartet sie, weil sie in der menschlichen Natur liegt. Damit ist nicht auf die Notwendigkeiten gedeutet, die für diese oder jene Einrichtungen bestehen, sondern auf die *Gesin-*

nung, auf die *Seelenverfassung*, durch die der Mensch in seinem Sich-Erleben unter von ihm geschätzten Mitmenschen der menschlichen Würde am meisten gerecht wird.«[20]

Natürlich stößt das Bestreben dieses Ideals der Einigung in der Idee im Verwirklichen auf große Probleme. Zum einen sind sie schon durch die von außen gegebenen Bedingungen gegeben, zum andern ergeben sie sich durch Konflikte in der Person des einzelnen Lehrers.

Wie die Eltern wachsen die Lehrer in diesen Schulorganismus erst langsam hinein, können diese Gesinnung vielleicht erst nur erahnen. Oft erleben sie diese Haltung als eine konservative. Was in die Schule Eingang finden darf, muß erst mehrere Kontrollen durchlaufen. Von außen betrachtet könnte man sagen: Was in dieser Schule aus Erfahrung pädagogisch angestrebt wird, ergibt sich aus den von Rudolf Steiner erarbeiteten Grundlagen. Wohin sich die Schule weiter entwickeln wird, das ist auf dem Boden der Waldorfpädagogik, der Menschenkunde, der Anthroposophie zu diskutieren, nur so kann die Waldorfschule ihre Identität wahren. Jedoch ist dieser Grundsatz ergänzungsbedürftig.

Geisteswissenschaftliche Orientierung der Lehrer

Die Waldorfschule erhebt keineswegs den Anspruch, die bessere, die einzig richtige Pädagogik zu vertreten. Sie sieht sich oft einig mit dem pädagogischen Umfeld in der Beurteilung der Lage mit ihren Problemen und sie betrachtet mit großer Hochachtung den Idealismus und das große persönliche Engagement all derer, die sich mit der Erziehungsaufgabe an Schulen und Hochschulen und pädagogischen Einrichtungen, in politischen Gremien befassen. Jedoch hat sie in ihrer pädagogischen Provinz einen vom Staat eingeräumten Freiraum, den sie in ihrem Sinne zu nutzen vermag. Diesen Freiraum für die Waldorfpädagogik zu nutzen, das ist das Angebot an die Eltern ebenso wie an die Lehrer, die in einer solchen Erziehungsgemeinschaft gemeinsam Waldorfpädagogik in die Tat umsetzen wollen.

Für viele Menschen ist es ein weiter Weg von der Entscheidung, ihr Kind auf eine Waldorfschule zu tun bzw. an einer solchen unterrichten zu wollen, bis zum tragenden Gedanken dieser Unternehmung, die bedeutet, aus einer bestimmten Gesinnung heraus zu handeln.

Die Eltern können ihre Kinder an der Schule auf der Stufe der *praktischen Erfahrung* begleiten oder auf der Basis eines positiven und konstruktiven *Empfindens* für die Sache. Was sie sich fühlend oder denkend und vorstellend mit ihren Kindern an der Schule konkret wahrnehmend erarbeiten, kann zur Trägerschaft der Schule werden. Es besteht keine Notwendigkeit, sich mit der Anthroposophie auseinanderzusetzen oder das Familienleben nach dieser Weltanschauung auszurichten.

Ein Lehrer, der in die Aufgabe des Waldorflehrers hineinwachsen will, muß jedoch die Stufen der Sphäre des »*Fühlens*« und die der »*praktischen Erfahrung*« – wie sie Rudolf Steiner beschreibt –, die ihm für den Anfang eine große Hilfe sein können, hinter sich lassen, um die Selbsterziehungsaufgabe zur *praktischen Vernunft* hin anzugehen. Er kann letztlich nicht umhin, sich auch mit der Geisteswissenschaft Steiners zu befassen, um zu der Ideenwelt vorzudringen, die der Nährboden für die Waldorfpädagogik ist. Diese Entwicklungsschritte sind für ihn unabdingbar in seiner Erziehungsaufgabe – denn als Mensch unseres von der Vernunft geprägten Zeitalters wird er sein pädagogisches Tun auch kompetent begründen und vertreten wollen. In der Selbstverwaltung muß er sich ebenfalls nach bestem Vermögen um ein Handeln aus Erkenntnis aus seiner Intuition (Idee) heraus bemühen.

Kompetenz im Fachgebiet der Waldorfpädagogik

Es ist ein langwieriger, oft schmerzlicher Prozeß, bis ein Kollegium zu einer einmütigen Entscheidung kommt; manchmal ist dies auch nur möglich, indem einzelne Kollegen zwar ihre Bedenken aufrechterhalten, dem gemeinsamen Vorhaben jedoch nichts mehr in den Weg legen wollen. Eine Entscheidung setzt eine gemeinsame Betrachtung des Problems voraus, die Erarbeitung eines Konzeptes, die Einigung in einer Idee. Fragen der Differenzierung (unterschiedliches Fächerangebot in der Oberstufe) müssen natürlich mit der Elternschaft abgesprochen werden und müssen auch für lange Zeit gültig bleiben, damit neue Eltern ein verläßliches und durchschaubares Schulkonzept vor sich haben. Gelingt es dem Kollegium nicht, zu einmütigen Lösungen zu gelangen, und wird zudem die Uneinigkeit noch in die Elternschaft hineingetragen, so ist ein Vertrauensschwund der Eltern unausweichlich. Versuchen dann noch Lehrer, Teile der Elternschaft für die Verwirklichung ihrer Vorstellungen zu gewinnen, sind schwere Konflikte nicht zu vermeiden, kann es zu einer Spaltung der ganzen Schulgemeinschaft kommen. Die Lehrerschaft hat die Aufgabe, klare Konzepte des pädagogischen Angebotes in ihren Kreisen zu diskutieren und auszuarbeiten, bevor sie damit an die Öffentlichkeit der Elternschaft herantritt. Sie hat die berufliche Pflicht, sich auf ihrem Fachgebiet der Waldorfpädagogik kompetent zu machen und kompetent zu erhalten. Nur so kann sie sich von der Elternschaft das für die Erziehungsaufgabe so unverzichtbare Vertrauen erhoffen.

Oft kommt es gerade an Schulen, die sich noch im Aufbau befinden, zu solchen Zerwürfnissen in der Schulgemeinschaft – aus erklärlichen Gründen.

Hier besteht das Kollegium häufig zum großen Teil aus jungen Lehrern, die mit viel Idealismus an ihre Aufgabe herangehen, aber noch wenig Erfahrung haben – vor allem was eine Waldorfschule betrifft. Sie suchen nach Alternativen zum staatlichen Schulwesen, mit dem sie nicht zurechtkommen, und haben sich vom Wesen einer Waldorfschule noch kaum einen Begriff gemacht. Endlich möchten sie vieles von dem, was ihnen in der Tätigkeit, die sie ausübten, bevor sie an eine Waldorfschule kamen, verwehrt war, nun verwirklichen – und wieder müssen sie erleben, daß ihre Vorschläge zur Liberalisierung der Schule nicht akzeptiert werden (z. B. Klassensprecher, Schülerparlament, Teilnahme der Eltern an Konferenzen, Unterrichtsbesuch durch die Eltern, Verwendung von Medien im Unterricht). Da sie die Erziehungssituation aus der ihnen gewohnten Perspektive betrachten, können sie nicht verstehen, daß ein Teil des Kollegiums an einer *freien Schule* ihren Vorschlägen nicht beipflichten kann. Erst später, wenn sie mit den pädagogischen Grundlagen der Schule vertrauter geworden sind, ist ihnen eine verständnisvollere Betrachtungsweise möglich. Können sie sich jedoch nicht damit anfreunden, entstehen große Probleme. Wenn dann der entsprechende Ausschuß des Kollegiums sich zu der schweren Entscheidung gezwungen sieht, dem Kollegen zu empfehlen, er möge seine pädagogischen Vorstellungen, die nicht mit den Grundlagen der Waldorfpädagogik übereinstimmen, andernorts verwirklichen, kommt es zu heftigen Auseinandersetzungen. Unter Umständen sind die Kinder – und folglich auch die Eltern – von diesem Lehrer sehr angetan und begeistert. Ein Bündnis zwischen diesem Lehrer und einem Großteil der Elternschaft reißt tiefe Gräben auf. Erst viel später können die Eltern nach langen Gesprächen vielleicht verstehen und nachvollziehen, warum eine Trennung von diesem Lehrer notwendig war.

Technische Konferenz

In einer zweiten Konferenz, an der ebenfalls alle Lehrer der Schule (meist auch der Hausmeister und der Geschäftsführer) beteiligt sind, wird der organisatorische Ablauf des Schullebens geregelt. Die Tagesordnung dieser »Technischen Konferenz« könnte in etwa so aussehen:

- An- und Abmeldungen von Schülern
- Beurlaubungen von Schülern (über einen Tag entscheidet der Klassenlehrer oder -betreuer selbst)
- Bekanntgabe der Beurlaubungen von Lehrern (Gründe)
- Berichte aus den verschiedenen Gremien der Schule
- Bekanntgabe der Informationen von Behörden
- Rückblicke auf Schulveranstaltungen (Ausflüge, Vorträge
Vorblicke auf " Elternabende,
Organisation von " Monatsfeiern usw.)
- Technische Fragen: Änderung von Stundenplan
Raumplan
Vertretungen
- Bekanntgabe von Hospitationen
- Disziplinarische Probleme, Ordnungspunkte, Pausenaufsicht etc. (auffällige Kinder)
- Mitteilungen des Geschäftsführers
- " des Hausmeisters
- Beschaffungsfragen
- Ordnung im Erhalt des Gebäudes
- Fehler im technischen Ablauf
- Unfälle
- Besondere Probleme zu Beginn und Ende des Schuljahres
- Weitergabe von Informationen an Institutionen, Kollegen, Eltern.

Von der umfassenden Information in der Technischen Konferenz hängt der reibungslose Ablauf, hängt das Funktionieren des Schulalltags ab. Nur in der genau geplanten und sorgfältig durchgeführten äußeren Form kann das eigentliche Geschehen »Erziehung« sinnvoll seine Wirkung entfalten.

Interne Konferenz, Schulführungskonferenz

Der dritten Konferenz kommt die Aufgabe zu, sich mit allen Fragen zu befassen, die im öffentlichen Schulwesen einer Aufsichtsbehörde und ihren Vertretern vorbehalten sind – also Aufgabenbereiche, die sonst in die Kompetenz eines Direktors und Arbeitgebers fallen. Die Selbstverwaltung des Kollegiums muß auch den Bereich einer Schulverwaltung abdecken, der sonst von den Verwaltungsgremien der Schule, der Ämter bis hin zu einem Ministerium betreut wird.

An dieser Schulführungskonferenz oder auch »Internen Konferenz« (intern, weil sie eine Selbstverwaltung des Kollegiums im engeren Sinne darstellt) können Kollegen teilnehmen, die aufgrund ihrer Erfahrung eine konkrete Vorstellung dessen, was die Schule verwirklichen will, entwickelt haben, die den ganzen Schulorganismus in seiner Komplexität überschauen können und die zudem noch in der Lage sind, neben ihrer Tätigkeit als Klassen-, Fach- oder Oberstufenlehrer eine weitere Aufgabe verantwortungsvoll zu betreuen.

Die Schulführungskonferenz beschäftigt sich mit folgenden Themenbereichen und trifft die notwendigen Entscheidungen:

- Personalfragen:
  - Suche nach neuen Lehrern, Vorstellungsgespräch, Entscheidung über eine Einstellung
  - Beantragung der Genehmigung durch das Ministerium
  - Vertragsgestaltung
  - Lehrbeauftragung (welche Kollegen unterrichten in welchem Fach mit welcher Stundenzahl, welche Kollegen werden mit der Klassenführung/-betreuung betraut?)

- Beratung und Betreuung von neuen Kollegen
- Beurteilung von Kollegen, Entscheidung über dauerhafte Zusammenarbeit bzw. über eine Beendigung der Probezeit durch Kündigung
- Beurlaubungen (Fortbildung, besondere familiäre, private Gründe)
- Beauftragung einzelner Kollegen zur Mitarbeit in Gremien der Schule, in überregionalen Gremien

- Unterrichtsorganisation und -qualität
  - Welche Fächer, Epochen werden aufgrund der Erziehungs- und Bildungskonzeption und aufgrund der Personalplanung unterrichtet?
  - Welche Bildungsgänge können in der Schule mit welchen Abschlüssen angeboten werden?
  - Andauernde Wahrnehmung:
    Welche Ziele sind angestrebt, werden sie erreicht, warum werden sie nicht erreicht?
  - Werden die Kollegen ihren Aufgaben gerecht, was kann zur Unterstützung eines Kollegen getan werden, welche Konsequenzen sind aus seinem Fehlverhalten zu ziehen (hält Unterrichtszeiten nicht ein, behandelt Kinder ungerecht, vergreift sich im Ton usw.)?
    Den Beschwerden von Eltern muß nachgegangen werden.

– Grundsätzliche Fragen:	– Welche neuen Forderungen seitens der Veränderungen der Gesellschaft müssen von der Schule berücksichtigt werden?
	– Welche individuelle Gestalt der Schule ergibt sich aus dem Zusammenwirken von gesellschaftlich-kulturellem Umfeld, der Elternschaft, der Lehrerschaft?
	– Wie kann die Schule ins öffentliche Schulwesen eingegliedert werden, wie lassen sich Ansprüche des Staates und eigene pädagogische Zielsetzungen vereinbaren?
	– Wie kann die Verwaltungsstruktur der Schule weiterentwickelt werden, welche Formen der Zusammenarbeit haben sich bewährt, welche können verbessert werden?
	– Identitätsfrage: Wie kann die Schule den Forderungen der Zeit gerecht werden, welche Impulse kann sie aufnehmen, weil sie dem eigenen erzieherischen Vorhaben förderlich sind, wo sind Grenzen zu ziehen, welchen Strömungen verschließt sich die Schule?
– Zusammenarbeit mit den Gremien anderer Schulen:	– der Landesarbeitsgemeinschaft (Teilnahme an Konferenzen)
	– den Gremien der Waldorfschulen Abstimmung mit anderen Waldorfschulen, konkrete Zusammenarbeit in verschiedenen Fachbereichen, Verhandlungen auf politischer Ebene.

– Grundlagenarbeit: – Welche geisteswissenschaftliche Grundlagenarbeit (Pädagogik, Menschenkunde, Dreigliederung, Soziale Gemeinschaft, Erkenntnistheorie) könnte für die gemeinsame Arbeit aller Kollegen oder in der Zusammenarbeit mit den Eltern förderlich sein?

Die Schulführungskonferenz ist bezüglich ihrer Entscheidungen angewiesen auf die gestaltende Zusammenarbeit mit anderen Gremien der Schule. Auch hier gilt der Grundsatz, daß sie im republikanischen Sinne vom Vertrauen aller getragen sein muß. Sie stellt einen Kreis von Kollegen dar, der im Auftrag der gesamten Lehrerschaft seine Aufgabe erfüllen soll.

Um ein der Sache förderliches Wirken entfalten zu können, müssen sich die Mitglieder dieser Runde ganz in den Dienst der *res publica* stellen:

- Sie müssen bereit sein, sich persönlich aktiv an der Lösung der Probleme zu beteiligen.
  Die Gruppe ist eine Initiativgruppe. Die Mitgliedschaft dient nicht der persönlichen Rundinformation, sondern dem konkreten Einsatz der persönlichen Kräfte. Jeder muß bereit sein, eine der anfallenden Aufgaben verantwortlich zu übernehmen und sie zu erledigen.
- Die Schulführungskonferenz muß innerhalb bestimmter Fristen Lösungen erarbeiten. Dies bedeutet für ihre Mitglieder, daß sie bereit und in der Lage sein müssen, auch an außerordentlichen Konferenzen teilzunehmen, Termine durch persönliche Opfer zu ermöglichen.
- Eine Einschränkung des Privatlebens muß daher hingenommen werden.
- Die Runde muß beschlußfähig sein. Dies setzt das ganz konkrete Bemühen um *praktische Vernunft*, um Selbstlosigkeit,

um Kompromißfähigkeit voraus. Es macht Entscheidungsfähigkeit des einzelnen unabdingbar: Aktivität und Genauigkeit in der Wahrnehmung, Sachlichkeit in der gedanklichen Bearbeitung.

Auch wenn der einzelne einmal eine Entscheidung nicht mitverantworten möchte, so muß er sie doch mittragen können.

- Die Intimität vieler Problemsituationen, die (besonders bei personellen Entscheidungen) zu beachten ist, verpflichtet die Mitglieder der Runde zur Vertraulichkeit. Die Gruppe gibt zum richtigen Zeitpunkt ihre Überlegungen und Entscheidungen bekannt. Sie hat keine Heimlichkeiten vor Außenstehenden, sondern sie braucht ungestörten Raum für die Behandlung der Probleme, für die unbeeinflußte Arbeit an Lösungen, für persönliche Entscheidungsfindung aus der eigenen *Intuition* im *Verständnis des fremden Wollens.*
- Das Bemühen um die *richtige Gesinnung* setzt eine permanente Selbsterziehung auf der Grundlage des Studiums der Anthroposophie voraus.

Im Sinne eines selbstverwalteten Organismus, der die Aufgaben an selbstverantwortliche Gruppen delegiert, kann auch eine Schulführungskonferenz so aufgefaßt werden, daß eine kleine Gruppe von Lehrern auf Zeit, aber doch mit einer längeren Mitgliedschaft des einzelnen mit dieser Aufgabe betraut wird.

An den meisten Waldorfschulen besteht die Schulführungskonferenz aus den Kollegen, die sich zu einer dauernden Mitarbeit an der Schule entschlossen haben und die eine gewisse Zeit der Eingewöhnung (1–2 Jahre) hinter sich gebracht haben. Dies ist dann eine sehr große Gruppe, in der die Aktivität des einzelnen geringer ist, die Zahl der Zuschauer groß, der Weg bis zu einer Entscheidung besonders lang. Um den Zeitaufwand in vertretbaren Grenzen zu halten, wird häufig ein vorbereitendes Gremium (Verwaltungsrat) eingesetzt, das auf der Hut sein muß, Entscheidungen nicht durch sein eigenes Wirken zu beeinflussen oder vorwegzunehmen.

Wenn sich nun die Schulführungskonferenz durch Kooption (Zuwahl) erweitert (neue Kollegen werden zur Mitarbeit aufgefordert), entsteht plötzlich ein Zweiklassensystem von Kollegen, denen man die Verantwortung für das Schulganze zutraut, und solchen, die dazu nicht »reif« sind. Die Mitgliedschaft in dieser Konferenz wird so zur Sache der Ehre. Erst jetzt stellt sich das Gefühl ein, wirklich dazuzugehören.

Ein Gefühl der Teilhabe, das konkrete Erleben der Zusammenarbeit kann jedoch ebenso in den anderen Konferenzen sich einstellen, vor allem in der Pädagogischen Konferenz, die das lebendige Zentrum der Zusammenarbeit der Lehrer sein sollte.

Neben den drei Konferenzen, die mehr oder weniger in der beschriebenen Weise arbeiten, können auch noch weitere Kreise eingerichtet werden, so z. B. eine Klassenkonferenz, in der ad hoc Probleme in einer bestimmten Klasse von den dort unterrichtenden Lehrern beraten werden. Es kann ein Ausschuß gebildet werden, der sich mit speziellen Fragen der Bezahlung der Kollegen befaßt (finanzielle Unterstützung bei besonderer Belastung usw.), oder ein Ausschuß, der zusammen mit Geschäftsführer und Hausmeister die Pflege des Gebäudes im Auge hat usw.

Von dem Verantwortungsbewußtsein eines Kollegiums, wie es mit den Problemen umgeht, in welchem Maße es bereit und fähig ist, sich der selbst gegebenen Form anzupassen, die eigenen Regeln des sozialen Miteinanders zu akzeptieren und zu befolgen, hängt es ab, welches Vertrauen es in seiner Elternschaft genießt.

Präsentiert sich das Kollegium beim Steuern eines pädagogischen Zick-Zack-Kurses als herumstreitende diensthabende Mannschaft auf der Brücke des Schulschiffes, breiten sich Angst und Sorge unter der mitfahrenden Elternschaft aus, oder es finden sich viele kundige Passagiere, die sich lebhaft an der Diskussion der Mannschaft beteiligen. Schließlich kann gar das Ziel der Reise und ihr Zweck gänzlich aus den Augen verloren werden.

Zeigt sich das Kollegium jedoch als eine Menschengruppe, die trotz unterschiedlicher Meinungen in der Lage ist, einen klaren

Kurs zu steuern und zum Wohle der Kinder zusammenzuarbeiten, die Probleme nicht verbirgt, sondern in verantwortlicher Selbstkontrolle bearbeitet, so kann eine Elternschaft auch zu einem vertrauensvollen Zusammenwirken mit dem Kollegium finden.

Der Lehrer im Blickpunkt

Auch Waldorflehrer sind Menschen – mit Unvollkommenheiten und Schwächen. Zu Recht wird die Waldorfschule an ihrem konkreten Erscheinungsbild gemessen, ist für die Kinder und Eltern entscheidend, wie der einzelne Lehrer das Menschenbild Rudolf Steiners in die erzieherische Tat umzusetzen versucht. Vielleicht aber wird im Zweifels- und Konfliktfall nicht sorgfältig genug unterschieden zwischen dem geistigen Entwurf von Menschenbildung und dem Vertreter dieser Idee in seiner Unvollkommenheit. Dieses Unterschieds war sich die Spiegelserie »Anthroposophie in Deutschland« (1982) sehr verantwortungsvoll und deutlich bewußt, indem sie ihr kritisches Augenmerk teilte: Der eine Untersuchungsgegenstand war die Anthroposophie, der andere der Mensch, der sie zu verwirklichen sucht.

In seiner Tätigkeit muß sich der Lehrer drei Gruppen von Beurteilern stellen:

– den Schülern:
  Den Kindern, die ihren Lehrer lieben wollen – das setzt die Liebe-Fähigkeit des Lehrers zu den Kindern voraus;
  den Jugendlichen, das setzt voraus, daß diese ihn als Persönlichkeit achten können;

– den Eltern:
  Sie versuchen, das Bild, das sie von der Waldorfpädagogik haben, im Wirken des Lehrers wiederzufinden. Sie müssen bemüht sein, den Lehrer an den Maßstäben dieser Pädagogik

(also in seinem anthroposophisch begründeten Streben, Menschenkunde anzuwenden) zu messen, können aber nicht erwarten, daß er ihre Impulse, die sie von außen an die Waldorfschule herantragen – und die erst noch einer menschenkundlichen Überprüfung bedürfen –, ohne weiteres verwirklicht. Sie dürfen jedoch immer von ihm erwarten, daß er sich als ein Mensch erweist, der als Lernender, von Kindern und Eltern Lernender, ihnen den Zugang zur Pädagogik Rudolf Steiners zu ermöglichen versucht und bemüht ist, als »Zeitgenosse« (Rudolf Steiner) Waldorfpädagogik zeitgemäß zu verwirklichen.

– dem Lehrerkollegium:
Aufgabe des Lehrerkollegiums ist es, den neuen Kollegen tatkräftig bei seiner Einarbeitung in die Waldorfpädagogik zu unterstützen. Gleichzeitig muß es aber auch über seine fachliche und menschliche Qualifikation wachen. In seiner Verantwortung als Organ der Selbstverwaltung ist es den Eltern – und sich selbst – verpflichtet, die Maßstäbe zu setzen und durchzusetzen, die Erziehung nach der Pädagogik Rudolf Steiners möglich machen. Dabei kann es durchaus zu Konflikten zwischen Elternschaft und Kollegium kommen – entweder, weil ein Kollege die Schule aufgrund des Urteils der Lehrerschaft verlassen muß, die Eltern diese Entscheidung zunächst jedoch nicht nachvollziehen können, oder weil ein Kollegium zu lange zögert, sich von einem ungeeigneten Kollegen zu trennen.

Fragen zur Waldorfschule

Was heißt »Freie« Waldorfschule?

Wovon soll sie »frei« sein, wofür soll sie frei sein?

(Ansprache zum Elternabend am 13. Januar 1921 in »Rudolf Steiner in der Waldorfschule«)[25]:

»Wir brauchen in dieser Schule, wenn wir in der richtigen Weise vorwärts kommen wollen, mehr als in einer anderen ein vertrauensvolles Zusammenwirken mit den Eltern. Unsere Lehrer sind durchaus darauf angewiesen, dieses vertrauensvolle Zusammenwirken mit den Eltern der Kinder zu finden. Denn unsere Schule ist durch und durch auf geistige Freiheit gebaut – womit ich natürlich nicht irgendeine phantastische geistige Freiheit der Kinder meine. Unsere Schule stellt sich in das allgemeine Kulturleben hinein als im besten Sinne des Wortes freie Schule. Bedenken Sie doch nur, wie sonst das Schulleben heute in die Öffentlichkeit hineingestellt ist durch den Zwang, durch die öffentliche Autorität. Es ist ganz aus den Einrichtungen des Staates gedacht, es soll nur den Einrichtungen des Staates dienen, soll vor allen Dingen dem Staate solche Menschen liefern, wie er sie braucht. Daß dies nicht zugleich im Interesse einer wirklich gesunden menschlichen Entwickelung liegt, das ist die Erkenntnis, aus der heraus die Waldorfschule gegründet ist. Sie soll vor allem einer gesunden menschlichen Entwickelung dienen. Auf die gesunde menschliche Entwickelung soll aller Unterricht und alle Erziehung in der Waldorfschule aufgebaut sein.«

In einer Ansprache am 11. Mai 1920 befaßte sich Rudolf Steiner mit dem Thema »Die Schulgewohnheiten der niedergehenden Zeit und die Schulpraxis des kommenden Tages«. Werden die Kinder heute in die Schule geschickt, so begegnet ihnen ein festgefügtes System, in der Form eines ausgeklügelten Lehrplanes, einer bestimmten Methode unter der Wahrung einer bestimmten Disziplin. »Und alles dieses ist so ausgestattet worden, daß man leider nicht sagen kann, die eigentlich treibenden Kräfte der Gegenwart, namentlich die tieferen Strömungen des sozialen Werdens der unmittelbaren Vergangenheit und Gegenwart, wären in diesen Gestaltungen ausgeflossen.«

Schule wird auch heute ministeriell vorgeschrieben. Die dem Schulalltag entfremdeten Beamten, Menschen, die nicht im praktischen Erziehungsbemühen um die Kinder stehen, befinden über die »Schulgewohnheiten«. Schon der um Liberalisierung des Schulwesens bemühte »Strukturplan für das Bildungswesen 1979« sah die bestimmenden Kräfte für das Bildungswesen in den sozialrelevanten Gruppen und konnte sich nicht für eine den menschlichen Entwicklungsbedürfnissen und -notwendigkeiten verpflichtete Pädagogik entscheiden. Trotz allen Bemühens um Praxisnähe gilt auch heute noch für die staatlich projektierte und organisierte Schule und die staatlich anerkannte Schule, was Rudolf Steiner 1920 formulierte:

»Etwas derart Fertiges lag vor, etwas, das so gemacht worden war, daß man nicht sagen konnte, die tätige Schulerfahrung ist da hineingeflossen, denn jene Menschen, die diese Feststellung von Amts wegen zu machen hatten, hatten vielleicht in der ersten Zeit ihrer Entwickelung eine gewisse Beziehung zur Schule gehabt. Sehr bald war diese Beziehung gelöst worden, nicht vielleicht vermöge ihrer hervorragenden Lehrerqualität, sondern vermöge der Tatsache, daß sie sehr geschickt sich erweisen konnten, sich ins ganze Verwaltungssystem des Schulwesens als Hoffnung erweckende angehende Beamte hineinzustellen. Diese Beamten verwalteten dasjenige, was man Aufstellung des Lehrplanes nennt ...

Diesem Lehrplan sah sich das Kind vom ersten Tag an bereits gegenübergestellt: Etwas Fremdes, Kaltes, was mit unerbittlicher

Strenge alles zu bestimmen haben wird, was seelisch-geistiges Leben des Kindes bedeutet, von dem ersten Tage ab. Nicht nur das ganze Ziel des Lehrens war festgesetzt, sondern es war namentlich in den letzten Jahrzehnten bestimmt worden, von Klasse zu Klasse, von Woche zu Woche, an welcher Stelle der Unterricht zu stehen hat, an dem und dem Datum.

Und es wurde die Erreichung des Zieles bis ins Einzelste vorgeschrieben durch das, was man die staatlich approbierte Methode nennen könnte. Diese Methode war von einer solchen Art, daß es dem einzelnen Lehrer nicht möglich gewesen wäre, in Freiheit von ihr abzusehen. Es wäre ihm nur kurze Zeit möglich geworden, dann hätte er sich in Konflikt befunden mit den Beamten, die das zu verwalten hatten.«

So kann nicht auf die Entwicklung der Kinder eingegangen werden, mit den freiwerdenden organischen Kräften (z. B. der Nachahmung, des Gedächtnisses) gearbeitet werden. Vor allem aber kann die Erziehungsarbeit sich nicht in einem schöpferischen Vorgang täglich im Unterricht entwickeln, wenn der Lehrer durch solche »Schulgewohnheiten« festgelegt wird.

Rudolf Steiner fordert einen Freiraum für die Waldorfschule und den Waldorflehrer und umreißt die damit verbundene besondere Verantwortung:

»Und dann muß der ganze Unterricht durchdrungen sein von einem gewissen Erziehungsprinzip. Das läßt sich nur dadurch gewinnen, daß der Lehrer selber ganz im geistigen Leben drinnen steht. Das kann er nicht, wenn er nicht auch die Verantwortlichkeit kennt gegenüber dem geistigen Leben. Aber, meine sehr verehrten Anwesenden, die große Verantwortlichkeit gegenüber dem geistigen Leben, die hat man nur dann, wenn sie einem nicht ersetzt werden soll durch ein bloß äußerliches Verantwortlichkeitsgefühl. Wenn man sich bloß richtet nach dem, was Verordnung ist für jedes Schuljahr, dann glaubt man sich auch frei von der Notwendigkeit, von Woche zu Woche erlebend darüber nachzuforschen, was man mit Bezug auf den einzelnen Gegenstand in der Schule vorzunehmen hat und wie man es vorzunehmen hat. Dieses immer fort und fort aus dem lebendigen geistigen Quell Herausschöpfen, das ist das, was unseren Lehrern eigen sein soll. Da muß man sich dem geistigen Leben gegenüber verantwortlich fühlen. Dann muß man das geistige Leben frei wissen, dann muß die Schule Selbstverwaltung haben, dann darf nicht der Lehrer ein Beamter sein; er muß vollständig sein eigener Herr sein; denn er erkennt einen erhabeneren Herrn an als eine äußere Instanz, das geistige Leben selber, zu dem er in einer unmittelbaren Beziehung steht, nicht durch Schulbehörden, durch Rektoren oder Schulinspektoren, oder Oberschulräte, Studienräte usw. hindurch. Ein wirklich freies Schulleben hat dieses direkte Inbeziehungstehen zu den Quellen des geistigen Lebens notwendig. Denn nur wenn man dieses in sich hat, kann man auch den geistigen Quell im Schulzimmer den Kindern vermitteln. Das streben wir immer und mehr an, das wollen wir.«

Wenn Eltern und Lehrer – jede Menschengruppe auf ihre Weise – für sich beschließen, aus der Bestimmung durch den Staat herauszutreten, um ihr erzieherisches Handeln selbst in die Hand zu nehmen, so verpflichten sie sich in der Waldorfschule in ihrem verantwortlichen erzieherischen Handeln einer geistigen Welt. Sie streben durch Selbsterziehung zum Handeln aus Erkenntnis, suchen in der *praktischen Vernunft* die Freiheit.

Hier wird deutlich, warum ein Lehrerkollegium auf seiner Unabhängigkeit besteht, in seiner auf die Erziehung bezogenen Selbstverwaltung ebenso wie in seiner Gestaltung des Unterrichtes.

Wo Eltern in den engeren Bereich der Schule hineinregieren wollen, Mitbestimmung verlangen, verstehen sie die Freiheit nicht, die Rudolf Steiner meinte. Es kann nicht darum gehen, daß an die Stelle der staatlichen Aufsicht über die Lehrer die Aufsicht durch die Eltern tritt. Es kann nur darum gehen, daß Eltern und Lehrer sich in freiem Streben um Einklang in der Erziehung bemühen.

Die Forderung, in der Waldorfschule das erzieherische Tun auf die Geisteswissenschaft Rudolf Steiners zu gründen, läßt sofort die Frage entstehen, ob die Waldorfschule *Weltanschauungsschule* sei.

Oder anders gefragt: »Verfolgen die Anthroposophen mit ihren Schulen (Rudolf Steiner und die Waldorfschule) das Ziel, die Anthroposophie in der Menschheit zu verbreiten? Will die Waldorfschule die Schüler zu Anthroposophen erziehen?«

Rudolf Steiner äußert sich dazu bei der Eröffnung der ersten Waldorfschule in Stuttgart am 7. 9. 1919.[20]

»Innerlich müssen wir verstehen können den werdenden Menschen. Können wir das heute noch? Nein, sonst würden wir uns nicht hineinsetzen in Laboratorien und experimentelle Psychologie treiben, um Regeln aufzustellen, wie der menschliche Verstand und das menschliche Gedächtnis arbeiten. Der Lehrer, der als Wesentliches das Durchgehen durch diese äußerlichen Methoden ansieht, um den Menschen kennenzulernen, der ertötet in sich die lebendige, intuitive Beziehung, das lebendige, intuitive Verhältnis zum Menschen. Ich weiß, nach welcher Richtung ihm Experimental-Pädagogik und Experimental-Psychologie nützlich sind. Ich weiß aber, daß sie für das, wofür sie heute am nützlichsten gelten, nur Symptom sind, daß wir den unmittelbaren Seelenweg von Mensch zu Mensch verloren haben und ihn durch äußere Anschauung im Laboratorium wieder suchen . . . Wir brauchen nicht eine Pädagogik, die auf Experimental-Psychologie gebaut ist, wir brauchen als Erzieher eine Erweckung der lebendigen Menschennatur, die in sich das ganze Kind wieder erlebt, indem sie mit ihm in geistige Beziehung tritt.

So, meine sehr verehrten Anwesenden, möchten wir aus einem neuen Geiste heraus diese Waldorfschule gestalten. Und Sie werden bemerkt haben auch, was diese Schule nicht werden soll. Jedenfalls soll sie nicht eine Weltanschauungsschule werden. Derjenige, der da sagen wird: die anthroposophisch orientierte Geisteswissenschaft gründet die Waldorfschule und wolle nun ihre Weltanschauung hineintragen in diese Schule – ich sage das jetzt am Eröffnungstage –, der wird nicht die Wahrheit sprechen. Uns liegt gar nichts daran, unsere ›Dogmen‹, unsere Prinzipien, den Inhalt unserer Weltanschauung dem werdenden Menschen beizubringen. Wir streben nicht danach, eine dogmatische Erziehung zu bewirken. Wir streben danach, daß dasjenige, was wir haben gewinnen können durch die Geisteswissenschaft, lebendige Erziehungstat werde. Wir streben an, in unserer Methodik, in unserer Didaktik dasjenige zu haben, was aus der lebendigen Geisteswissenschaft als seelische Menschenbehandlung hervorgehen kann.«

Es ist die Aufgabe des Lehrers, mit den von ihm erarbeiteten Möglichkeiten der Geisteswissenschaft seinen Unterricht in der Beziehung von Mensch zu Mensch zu gestalten. Dabei stützt er sich auf die Erkenntnisse der Menschenkunde. Das Wie des Unterrichtes, das Methodisch-Didaktische wird aus der Geisteswissenschaft heraus gestaltet. Das Was des Unterrichtes entscheidet sich aus der Fragestellung heraus: Welcher Unterrichtsgegenstand vermag in einem bestimmten Alter eine Entwicklung günstig zu beeinflussen, sie voranzutreiben? Welche Unterrichtsinhalte sind der geistig-seelischen oder körperlichen Entwicklung angemessen? Vergleicht man die zeitliche Abfolge und Gewichtung von Unterrichtsinhalten (Lehrplan) der Waldorfschule mit den Lehrplänen der öffentlichen Schule, so stellt man – eben – eine unterschiedliche zeitliche Abfolge und Gewichtung fest (neben der Tatsache, daß einige Fachgebiete bei der Waldorfschule zusätzlich berücksichtigt sind), jedoch kann man wahrlich keine weltanschaulichen Fächer oder organisatorischen Zielsetzungen finden, die dazu dienen könnten, zum Anthroposophen zu erziehen.

Was an religiös-weltanschaulichen Inhalten im Unterricht gepflegt wird, findet sich im Religionsunterricht. Diesen beschrieb Rudolf Steiner als ein exterritoriales Geschehen. Die Konfessionen unterrichten in eigener Verantwortung in der Waldorfschule. Dies gilt für den katholischen und evangelischen Religionsunterricht ebenso wie für den Unterricht der Christengemeinschaft oder den freien, christlichen Religionsunterricht, der von Lehrkräften der Waldorfschule erteilt wird.

Immer wieder werden von kritischen Betrachtern der Waldorfschule bestimmte Unterrichtsthemen als Beleg dafür, die Waldorfschule sei doch eine Weltanschauungsschule, ins Feld geführt. So etwa die Beschäftigung mit der sagenumwobenen Atlantis oder die Berücksichtigung von Goethes Farbenlehre im naturwissenschaftlichen Unterricht. Nun wären diese Themen (auch wenn sie vielleicht noch durch andere ergänzt würden) wahrlich ein sehr schütteres Fundament für eine Weltanschauung. Diese Themen sind Bestandteil unserer Kulturgeschichte und können als solche auch im Unterricht betrachtet werden. Dabei ist nicht entscheidend, ob ein Sachverhalt der Physik, der Erdkunde oder Geschichte zu den beweisbaren Tatsachen zählt, sondern sein Bausteincharakter in der Entwicklung des Menschen in seinen verschiedenen Lebensbezügen ist bestimmend.

Diese Weltanschauung, die in einem Zusammenhang mit der Schule steht, trägt den Namen »*Anthroposophie*«. Rudolf Steiners Geisteswissenschaft ist auf verschiedenen Feldern menschlichen Lebens fruchtbar geworden: Auf ihr fußt neben der Pädagogik und Heilpädagogik auch die anthroposophische Medizin, die biologisch-dynamische Landwirtschaft, ein neuer Ansatz im Wirtschaftsleben (Bankwesen, Unternehmensführung etc.). Die Anthroposophie hat auch die Künste, die Architektur beeinflußt. In anthroposophischen Bauten, wie z. B. Krankenhäusern, Altersheimen und Schulen, wird versucht, Rudolf Steiners Idee vom organischen Bauen umzusetzen.

Von seiten einer Erneuerungsbewegung, die durch evangelische Geistliche initiiert war, ergab sich vor einem geisteswissenschaftlichen Hintergrund die Begründung der Christengemeinschaft. All diese anthroposophisch orientierten Aktivitäten arbeiten und wirken unabhängig voneinander.

In der »Anthroposophischen Gesellschaft« finden sich viele Menschen zusammen, die sich mit der Geisteswissenschaft Rudolf Steiners befassen; in ganz unterschiedlicher Weise wird die Anthroposophie für ihre Lebensführung, ihre berufliche Tätigkeit bestimmend. Die Mitgliedschaft in der Anthroposophischen Gesellschaft geschieht aus völlig freiem Entschluß. Voraussetzung für die Mitgliedschaft ist, daß in den Zielsetzungen der Anthroposophischen Gesellschaft ein berechtigtes Anliegen gesehen wird, das durch die Mitglieder unterstützt wird. Aus diesem Grund werden die meisten Waldorflehrer im Laufe der Zeit Mitglieder der Anthroposophischen Gesellschaft.

Durch die Begegnung mit den verschiedenen Arbeitsfeldern der Anthroposophie (Medizin, Landwirtschaft, Architektur usw.) werden viele Menschen erst auf die Waldorfschule aufmerksam. Manchmal schließen sie sich dann auch im Laufe der Zeit der Anthroposophischen Gesellschaft an. Die Kinder besuchen dann zumeist den freichristlichen oder den Religionsunterricht der Christengemeinschaft. Weder bei der Schulaufnahme noch bei späteren schulischen Entscheidungen ist die Mitgliedschaft bei der Anthroposophischen Gesellschaft oder Christengemeinschaft von gewichtiger Bedeutung.

Zur Kritik an der Waldorfschule

Stellungnahme zu den wichtigsten Fragen

Das Interesse an der Waldorfpädagogik hat sich in den letzten Jahren deutlich verstärkt. Aus grundsätzlichen Erwägungen heraus ebenso wie aus Gründen der Konkurrenz wird manches kritisch ins Auge gefaßt. Die wichtigsten Fragen sollen hier kurz vorgestellt und kommentiert werden.

»Die Waldorfschule betreibt eine Gewächshaus-Pädagogik, die nicht für das Leben ertüchtigen kann.«

Es ist durchaus zutreffend, daß dem heranwachsenden Kind in der Waldorfschule ein Entwicklungsraum geboten wird, der den Charakter einer Schutzzone, eines Glashauses hat. Dieses Bild ist sogar treffend gewählt: Geschützt vor den rauhen Winden des Lebens und den abschottenden Wirkungen mancher technischer Einflüsse, ist die Möglichkeit gegeben, in Ruhe die Seelenkräfte des Heranwachsenden zu entwickeln, zu bilden, zu stärken. Frei vom Einfluß fremder Kräfte (aus dem politischen, rechtlichen, wirtschaftlichen Leben) kann nach menschenkundlichen Gesichtspunkten unterrichtet werden (um im Bild zu bleiben: Erst wenn die erforderliche Stabilität und Belastbarkeit erreicht ist, verläßt das Bäumchen die Baumschule und wird dem Leben in der freien Natur ausgesetzt, wo es nun den Stürmen standhalten kann).

»Die Waldorfschule ist technik-feindlich.«

Die Waldorfpädagogik möchte den Menschen am Menschen und an seiner natürlichen Umgebung bilden. Alles, was sich als Medium zwischen Mensch und Mensch (Schüler, Lehrer, Mitschüler, Eltern) oder zwischen Mensch und Natur schiebt, soll erst einmal fortgelassen werden. Man kann den Menschen Kaspar Hauser in seinem Verlies vor den Fernseher setzen (oder in eine totale Kommunikationsmaschine, die alle Sinne des Menschen bedient und ihm ein perfektes Plagiat des Lebens liefert als Super-virtual-reality). Oder man kann ihn aus seinem Gefängnis befreien und ihm das Leben und die Natur zeigen, ihm davon lebendig erzählen. Primäre und sekundäre Erfahrungen werden bevorzugt!

Die Grundlage der Technik als notwendige Voraussetzung für ein kompetentes Verständnis werden selbstverständlich im Unterricht vermittelt.

Platons Höhlenwand wollen wir wenigstens doch selbst betrachten: In seinem Gleichnis von der Höhle beschreibt Platon den Menschen als ein Wesen, das mit seinen Sinnen in der Welt nur den matten Abglanz der Wirklichkeit wahrnehmen könne, so sei ihm wahre Erkenntnis nicht möglich. Er sitzt der Rückwand der Höhle zugewandt und betrachtet die Vorgänge vor der Höhle nur als Schattenspiel an der Felswand. Diese Schattenspiele hält er für die Wirklichkeit. – *Wir* sind inzwischen in eine noch tiefere, modernst ausgestattete weitere Höhle umgezogen und betrachten Platons Höhlenwand über die Videokamera.

»Die Waldorfschule ist zu konservativ und zeigt wenig Innovationskraft.«

Dieser Eindruck muß natürlich entstehen, wenn man die Reformfreude der öffentlichen Schule betrachtet. Sieht man diese Schulwirklichkeit als einen Regelkreis an, wo der Schüler (input) durch optimierte Verfahren (black box) zu einem möglichst effizient zu verwertenden Produkt (output) verwandelt wird, ist es erklärlich, daß viel Energie auf diese Optimierung gewendet wird.

Schneller, besser, spezialisierter, Einsparung von Kapital- und Kräfteeinsatz, Eliminierung der wirtschaftlich unproduktiven Bildungselemente heißt die Devise. Bis in unsere jüngsten Tage: Zur Sicherung des Wirtschaftsstandortes soll die Schulzeit gekürzt, sollen die Studiengänge gestrafft werden (kein Kommentar nötig). Eine Pädagogik, die die Entwicklung des Menschen in ihren Rhythmen und Gesetzmäßigkeiten zum Maß ihres Handelns macht, reagiert mit längerem Atem. Schon wenn ein Klassenlehrer nach acht Jahren wieder eine neue erste Klasse übernimmt, findet er ganz andere Kinder vor als bei seiner vorhergehenden Klasse. Das zivilisatorische Umfeld hat sich stark verändert. Nun muß auch ganz anders auf das Wollen, Fühlen und Denken über den Unterricht eingewirkt werden. Heute ist es notwendig, vieles in der Schule an die Kinder heranzutragen, was sie früher in der Familie oder beim Spiel »lernen« konnten.

So erwachte das Bewußtsein für die Tätigkeiten ihres Leibes, ihrer Glieder völlig selbstverständlich bei vielerlei Tätigkeiten im Haushalt und beim Spiel unter freiem Himmel.

Heute muß der Lehrer diesen leiblichen Aufwachprozeß in der Grob- und Feinmechanik viel umfassender durch Spiele, durch rhythmische Bewegung, durch Eurythmie fördern und unterstützen.

Die menschliche Entwicklung hat sich seit 1919 nicht so stark verändert, daß pädagogisch anders auf die Entwicklungsphasen eingegangen werden müßte. Unser Leben jedoch hat sich stark verändert, und hier reagiert die Waldorfschule auch durchaus deutlich.

»Die Waldorfschule ist weltfremd und erzieht zur Weltfremdheit.«

Dieses Eindrucks kann sich der Betrachter, der erstmals der Waldorfschule begegnet, oft nicht erwehren, aus verständlichen Gründen, trifft er doch hier auf ganz andere, ihm oft fremde

Schulgewohnheiten. Vieles ist inzwischen nicht mehr ganz so fremd. So ist es selbstverständlich geworden, daß Buben und Mädchen gemeinsam unterrichtet werden. Schon ungewöhnlicher ist der Anblick von Mädchen beim Schnitzen, Metalltreiben, Steinbehauen, bei der Arbeit am Theodoliten – oder von Buben beim Stricken, Spinnen, Weben, Schneidern. Sehr ungewohnt ist sicher auch das Erlebnis, eine ganze Klasse ein Gedicht oder eine Ballade im Chor sprechen zu hören, eine Gruppe von Schülern Musik und Sprache in der Eurythmie in Bewegung umsetzen zu sehen. Alle diese Tätigkeiten übermitteln den Schülern ganz konkrete Weltbegegnung und Welterfahrungen.

Die Welt jedoch, in der wir täglich von Technik umgeben leben, sie spiegelt sich weniger im Erziehungscharakter der Waldorfschule wider. Warum auch sollte die Schule die Schüler mit dem in Kontakt bringen, was ihre Umwelt ohnehin an sie heranträgt? Ist es nicht bildsamer, das Werden der Schrift in der Geschichte der Menschheit über die Keilschrifttafel, die Papyrus-Bilderschrift, die klösterliche Schriftkultur bis in unsere Tage zu verfolgen? Die wenigen Aktionen, die den Computer-Benutzer dazu befähigen, unter Windows eine Time-type Schrift auf das Papier zu zaubern, sind schnell nachgeholt. Es ist aber durchaus ein Erlebnis, sich mit dem Gänsekiel um ein schönes Schriftbild zu bemühen. Unsere heutige Zivilisation, die der »Brave New World« schon erstaunlich nahegekommen ist, erscheint per se als weltfremd. Wir haben uns der Welt als unserem Lebensraum im Kosmos entfremdet, und wir haben uns dem Menschen selbst entfremdet, haben das Bild vom Menschen als Schöpfungsereignis aus dem Auge verloren. Wer also ist weltfremd? Eine Frage des Standpunktes. Dabei darf nicht vergessen werden die immer wieder von Rudolf Steiner erhobene Forderung, *Zeitgenosse* zu sein – vor allem als Erzieher. Wir müssen den Kontakt nach beiden Seiten haben:

Zur Schöpfungswelt ebenso wie zu der vom Menschen gestalteten Welt!

»Die Waldorfschule zeigt zu wenig Toleranz gegenüber den Eltern (Kindern).«

Die Waldorfpädagogik ist ein in sich schlüssiges Konzept in ihrem Gebundensein an die körperliche, geistige und seelische Entwicklung des jungen Menschen. Sie macht ein konkretes Erziehungsangebot, dem sich die Eltern anschließen können. Widersprüche von irgendeiner Seite einfach hinzunehmen, ist nicht sinnvoll. Die Schule wird also immer auf die Probleme hinweisen, die entstanden sind.

Natürlich gibt es in unseren Gewohnheiten des täglichen Lebens Vorgänge und Tätigkeiten, die der beabsichtigten Entwicklungshilfe förderlich sind oder ihr sogar entgegenwirken. Mancher Beschäftigung geht ein Kind – von diesem Standpunkt aus betrachtet – zu früh nach, manche sollte ganz vermieden werden. Grundsätzlich ist es beispielsweise ein Widerspruch, wenn ein Kind gewohnheitsmäßig fernsieht, wenn gleichzeitig die Schule versucht, dem Kind lebendige Begegnungen und Erfahrung mit der Welt, in die es hineinwächst und zu der es eine starke gefühlsmäßige Verbindung haben soll, zu ermöglichen. Die praktische Folge ist oft, daß Kinder sich nicht mehr von der Erzählung des Lehrers gefangennehmen lassen, daß sie dauernd ihre sehr speziellen Kenntnisse zu einem Thema loswerden wollen (von Dingen reden, die sie nicht wirklich erlebt haben), daß sich Sensationslust in ihnen bemerkbar macht. Dazu kommen alle anderen Nachteile wie der hohe Zeitaufwand, die einseitige Beanspruchung des Hörens und Sehens, die Bewegungslosigkeit vor dem Gerät usw. – von den Inhalten ganz zu schweigen. Wenn es um Kontraste dieser Art in Erziehungsvorstellungen von Schule und Elternhaus geht, geht es nicht um Toleranz; die Eltern müssen sich für ein konsequentes Verhalten entscheiden.

Deutlicher stellt sich die Frage der Toleranz im Verhalten von Eltern und Lehrern: Mangelnde Toleranz seitens der Lehrer wird häufig dann festgestellt, wenn Eltern Auseinandersetzungen mit ihren Kindern aus dem Wege gehen wollen. Zwar stimmen sie eigentlich mit der Ansicht des Lehrers überein, sie gegen ihr Kind aber auch durchzusetzen, ist unangenehm. Fünftkläßler bekommen auf diese Weise ihren Computer, wenn sie nur lange genug darauf beharrt haben.

Oft ist es für den Lehrer schwierig, eine angemessene Entscheidung darüber zu treffen, was noch erlaubt ist, auch deswegen, weil sich Schüler vor allem in der Pubertät langsam an diese Grenzen des Erlaubten herantasten. Ganz abgesehen davon, daß der Unsinn mit den beliebten bedruckten T-Shirts die erstaunlichsten Blüten treibt (was doch nicht alles der Verkaufsförderung dient!), hier bietet sich ein sehr geeignetes Feld an, um Toleranzgrenzen auszutesten. Sie müssen nicht erst beim Aufdruck »fuck the teacher« erreicht sein.

Der Lehrer kann den Eltern keine Vorschriften machen, wie sie ihre Kinder zu erziehen haben. Ebensowenig können dies die Eltern dem Lehrer gegenüber tun (extreme Verhaltensweisen seien hier außer acht gelassen). Beide Seiten müssen auf die Verständigung bauen. Toleranz da zu üben, wo die Hoffnung auf Einigkeit erhalten werden soll, ist sicher immer hilfreich. Der Eindruck mangelnder Toleranz kommt schließlich auch deswegen zustande, weil der Waldorflehrer seine Überzeugung auch auf Feldern engagiert vertritt, wo sich unsere Gesellschaft (mit schlechtem Gewissen) arrangiert hat.

Zudem scheuen sich die Schulen oft auch nicht, Verbote auszusprechen, zumindest auf dem eigenen Schulgelände (z. B. Fußball, Walkman) oder bei Ausflügen.

Der Lehrer kann die Eltern letztlich nur auf negative Einflüsse aufmerksam machen, die sich in unserer nicht sonderlich kind gerechten Umwelt bemerkbar machen und einen Angriff auf Sinne und Gesinnung darstellen können (z. B. Schock- bzw. Leuchtfarben, laute Musik-Berieselung).

Die schon skizzierte »Weltfremdheit« ist gekennzeichnet durch eine andere Einstellung zu vielen Bereichen des täglichen Lebens.

Hierbei müssen wir uns jedoch darüber klar sein, daß viele Sitten und Gebräuche, über die wir gar nicht nachdenken, sich nach und nach in unser Alltagsleben geschlichen haben. Wären sie unvermittelt über uns hereingebrochen, hätten wir im Kontrast sicher sehr schnell den Unsinn erkannt, hätten bemerkt, daß man mit uns Geschäfte macht.

Zwei Beispiele: Warum eigentlich lassen wir uns in einem Gasthof, wo wir uns nach einer schönen Wanderung niederlassen, um gut zu schmausen und uns zu unterhalten, pausenlos per Lautsprecher von einer Musik berieseln, die wir nicht mögen und die auch noch von verdrießlichen Staumeldungen im Verkehrsfunk unterbrochen wird? Das dauernde Konsumieren solcher Hintergrundsmusik inflationiert den Genuß, den wir beim Hören von Musik haben könnten. Das kostbare Erlebnis, beim Entstehen der musikalischen Klänge dabei zu sein, haben Kinder selten genug. Ihrer Erfahrung nach ist Musik etwas, das man sich bei jeder Gelegenheit mühelos verschaffen kann. Wieder ein Stück von Wirklichkeitsplagiat.

Zweites Beispiel: Obwohl wir beim Zuschauen immer wieder feststellen können, wie einseitig der beliebte Fußballsport ist – sowohl was die körperliche Beanspruchung als auch was die Anregung der Phantasie betrifft –, dämmen wir diese verhältnismäßig stumpfsinnige Beschäftigung nicht ein. Dieser Sport ist dem Kind auch deswegen nicht sonderlich förderlich, weil er in seiner kämpferischen Zielgerichtetheit und der Aggressivität, die im Gegeneinanderspielen aufkommt, sich sehr negativ auf die Gemeinschaft auswirken kann. Aus dem Fußballstadion kennen wir sogar ein Übergreifen der Aggressivität der Zuschauer. Wut und Haß entfalten sich unter den Fans zu nackter Gewaltanwendung.

Wenn man den Versuch, auf negative Erziehungseinflüsse aufmerksam zu machen, als konservative Haltung und mangelnde Toleranz seitens der Waldorfschule begreift, wird man dem Problem nicht gerecht. Dies zeigt sich auch immer wieder in Gesprächen mit Eltern. Die schädliche Wirkung vieler Medien, die Unterschätzung von Suchtgefahren – diese Probleme kann man nicht durch »Toleranz« lösen, durch Gewährenlassen, durch Resignation (»Wenn ich das verbiete, geschieht es eben heimlich.«) Mit all diesen in unserer Gesellschaft schon hingenommenen Gefährdungen müssen wir uns aktiv zum Besten der Heranwachsenden auseinandersetzen.

»Der Waldorflehrer verschanzt sich hinter seiner Ideologie, wenn er mit den Eltern in Auseinandersetzungen über die ›richtige‹ Art der Erziehung gerät.«

Sicher gehört es auch zu den Aufgaben des Waldorflehrers, nicht nur sich auf dem Felde der Waldorfpädagogik weiterzubilden, sondern dabei auch die Eltern mitzunehmen. Diesem Zweck, die Eltern mit der Menschenkunde und der auf ihr gegründeten Pädagogik bekannt zu machen und das pädagogische Handeln zu erläutern, dienen die Informationsveranstaltungen in der Schule, die Elternabende und Elternbesuche. Im Gespräch ist es für den Lehrer nicht immer einfach, sich verständlich zu machen. Nicht zuletzt liegt dies auch an dem Begriffsinstrumentarium, das dem Lehrer vielleicht schon lange geläufig ist, das aber bei den Eltern nicht vorausgesetzt werden kann.

Solche Gespräche können in ganz unterschiedlicher Intensität auf verschiedensten Ebenen geführt werden. Manche Eltern begnügen sich mit einer ungefähren Vorstellung des pädagogisch didaktischen Vorgehens. Was sie an ihren Kindern an Entwicklungsschritten ablesen können, vermittelt ihnen ein selbstverständliches Vertrauen in die Schule und die Arbeit der Lehrer (zumindest solange keine gewichtigen Probleme auftauchen).

Andere Eltern sind so stark am Geschehen in Unterricht und Erziehung interessiert, daß sie sehr viel detaillierter informiert sein wollen, das Geschehen nachvollziehen können wollen. Dann erreicht das Gespräch auch geisteswissenschaftliche Fragestellungen. Dann wird es nötig sein, über Gespräche hinaus die Schriften Rudolf Steiners selbst zu studieren. Ein Lehrer müßte also zumindest solche Hinweise geben können, wo Eltern Antworten auf ihre Fragen finden, wenn sie der Lehrer nicht ohne weiteres beantworten kann.

Anhang

Literaturverweise

1 A. Neill, »Theorie und Praxis der antiautoritären Erziehung«, Reinbek 1969
2 R. Steiner, »Die geisteswissenschaftliche Behandlung sozialer und pädagogischer Fragen«, GA 192, Dornach 1964
3 A. Mitscherlich, »Die Unwirtlichkeit unserer Städte«, Heidelberg 1965
4 R. Steiner, »Grundlinien einer Erkenntnistheorie der Goetheschen Weltanschauung mit besonderer Rücksicht auf Schiller«, GA 2, Dornach 1960
5 R. Steiner, »Erziehung und Unterricht aus Menschenerkenntnis«, GA 302 a, Dornach 1977
6 R. Steiner, »Theosophie«, GA 9, Dornach 1973
7 R. Steiner, »Soziales Verständnis aus geisteswissenschaftlicher Erkenntnis«, GA 191, Dornach 1972
8 U. Stave, »Die Umwelt des kleinen Kindes«, Stuttgart 1992
9 J. Prekop, »Der kleine Tyrann. Welchen Halt brauchen unsere Kinder?«, München 1993
10 E. Bock, »Der Kreis der Jahresfeste«, Stuttgart 1981
11 H. v. Hentig, »Die Schule neu denken«, München 1993
12 D. Riesman, »Die einsame Masse«, Reinbek 1958
13 E. Gabert/G. Kniebe, »Die Strafe in der Selbsterziehung und in der Erziehung des Kindes«, Stuttgart 1994
14 »Die ZEIT«, August 1993
15 R. Steiner, »Grundlinien einer Erkenntnistheorie der Goetheschen Weltanschauung mit besonderer Rücksicht auf Schiller«, a.a.O.
16 R. u. H. Hauf, »Darstellung des Fremdsprachenunterrichts« in »Mitteilungen« der Freien Waldorfschule Pforzheim
17 »Stern«, Nr. 51/93
18 W. Aeppli, »Wesen und Ausbildung der Urteilskraft«, Stuttgart 1963
19 »Rudolf Steiner in der Waldorfschule«, Stuttgart 1958
20 H.v. Hentig, a.a.O.
21 B. Lievegoed, »Soziale Gestaltung am Beispiel heilpädagogischer Einrichtungen«, Frankfurt 1988

22 R. Steiner, »Die Philosophie der Freiheit«, GA 2, Dornach 1978
23 »Erziehungskunst«, Monatsschrift zur Pädagogik
Rudolf Steiners, Stuttgart
24 R. Steiner, »DiePhilosophie der Freiheit«, a.a.O.
25 »Rudolf Steiner in der Waldorfschule«, a.a.O

Weiterführende Literatur

Barz, Brigitte, »Feiern der Jahresfeste mit Kindern«, Stuttgart, 5. Aufl. 1994.

Bohnsack; Fritz / Kranich, Ernst Michael (Hrsg.), »Erziehungswissenschaft und Waldorfpädagogik. Der Beginn eines notwendigen Dialogs«, Weinheim / Basel 1990

Britz-Crecelius, »Kinderspiel – lebensentscheidend«, Stuttgart, 6. Aufl. 1993.

Buck, Peter / v. Mackensen, Manfred, »Naturphänomene erlebend verstehen. Über Physik- und Chemieunterricht an Waldorfschulen und ihre erkenntnismethodische und didaktische Grundlegung«, Köln, 2. Aufl. 1988.

Buddemeier, Heinz, »Illusion und Manipulation. Die Wirkung von Film und Fernsehen auf Individuum und Gesellschaft«, Stuttgart 1987.

– : »Die unhörbare Suggestion. Forschungsergebnisse zur Beeinflussung des Menschen durch Rockmusik und subliminale Kassetten«, Stuttgart, 2. Aufl. 1990.

– : »Leben in künstlichen Welten. Cyberspace, Videoclips und das tägliche Fernsehen«, Stuttgart 1993.

Carlgren, Frans / Klingborg, Arne, »Erziehung zur Freiheit«, Stuttgart, 5. Aufl. 1986, Sonderausgabe 1990.

Dühnfort, Erika, »Rechtschreibung – welchen pädagogischen Wert kann sie haben?«, Stuttgart 1992.

– : »Der Sprachbau als Kunstwerk. Grammatik im Rahmen der Waldorfpädagogik«, Stuttgart, 2. Aufl. 1987.

– :/ Kranich, Ernst Michael, »Der Anfangsunterricht im Schreiben und Lesen in seiner Bedeutung für das Lernen und die Entwicklung des Kindes«, Stuttgart, 4. Aufl. 1992.

Edding, Friedrich / Mattern, Cornelia / Schneider, Peter (Hrsg.), »Praktisches Lernen in der Hibernia-Pädagogik. Eine Rudolf-Steiner-Schule entwickelt eine neue Allgemeinbildung«, Stuttgart 1985.

Fintelmann, Klaus J., »Studie über die Integrierbarkeit von beruflicher und allgemeiner Bildung.« Schriftenreihe Bildungsplanung des Bundesministeriums für Bildung und Wissenschaft, Bde. 26 und 27, München 1979

– : »Hibernia. Modell einer anderen Schule«, Stuttgart 1990.

– :/ Schneider, Peter, »Die Rudolf-Steiner-Schulen: Menschenbildung auf der Grundlage der Anthroposophie.« In: Hermann Röhrs (Hrsg.), »Die Schulen der Reformpädagogik heute«, Düsseldorf 1986.

Freie Pädagogische Vereinigung Bern (Hrsg.), »Waldorfpädagogik in öffentlichen Schulen«, Freiburg 1976.

Fucke, Erhard, »Berufliche und allgemeine Bildung in der Sekundarstufe II. Ein Modell«, Stuttgart 1976.

– : »Grundlinien einer Pädagogik des Jugendalters. Zur Lehrplankonzeption der Klassen 6 bis 10 an Waldorfschulen«, Stuttgart 1991.

– : »Die Bedeutung der Phantasie für Emanzipation und Autonomie des Menschen. Die ›sinnige Geschichte‹ als ein Beispiel für die Phantasiepflege in den ersten Volksschuljahren«, Stuttgart, 1. Aufl. 1981.

Gabert, Erich / Kniebe, Georg, »Strafe in der Selbsterziehung und in der Erziehung des Kindes«, Stuttgart 1994.

Glöckler, Michaela, »Elternfragen heute. Erziehung aus Verantwortung«, Stuttgart 1992.

– : »Elternsprechstunde. Erziehung aus Verantwortung«, Stuttgart, 3. Aufl. 1993.

– : (Hrsg.), »Das Schulkind – gemeinsame Aufgaben von Arzt und Lehrer«, Dornach 1992.

Goebel, Wolfgang / Glöckler, Michaela, »Kindersprechstunde. Ein medizinisch-pädagogischer Ratgeber«, Stuttgart, 10. erw. Auflage 1991.

Hentig, Hartmut von, »Die Schule neu denken. Eine Übung in praktischer Vernunft«, München 1993.

»Im Vorfeld des Dialogs. Erwiderung der Waldorfschulen auf kritische Darstellungen von kritischer Seite über Anthroposophie und Waldorfpädagogik«. Mit Beiträgen von G. Altehage, B. Sandkühler, G. Kniebe, L. Ravagli, U. Winter. Stuttgart 1992.

Kiersch, Johannes, »Die Waldorfpädagogik«, Stuttgart, 7. Aufl. 1990.

– : »Lebendige Begriffe.« In: Frietz Bohnsack / Ernst Michael Kranich (Hrsg.), »Erziehungswissenschaft und Waldorfpädagogik«, a. a. O.

– : »Fremdsprachen in der Waldorfschule«, Stuttgart 1992.

Koob, Olaf, »Drogensprechstunde. Ein pädagogisch-therapeutischer Ratgeber«, Stuttgart, 2. Aufl. 1992.

Kranich, Ernst Michael / Ravagli, Lorenzo, »Waldorfpädagogik in der Diskussion«, Stuttgart 1990.

Kügelgen, Helmut von (Hrsg.), »Plan und Praxis des Waldorfkindergartens«, Stuttgart, 7. Aufl. 1980.

Leber, Stefan, »Die Sozialgestalt der Waldorfschule«. Aktualisierte Neuausgabe Stuttgart 1991.

– : »Selbstverwirklichung – Mündigkeit – Sozialität. Eine Einführung in die Idee der Dreigliederung des sozialen Organismus«, Stuttgart 1978.

– : »Die Waldorfschule im gesellschaftlichen Umfeld«, Stuttgart 1981.

– : (Hrsg.), »Die Pädagogik der Waldorfschule und ihre Grundlagen«, 2. Aufl. Darmstadt 1985.

– : »Weltanschauung, Ideologie und Schulwesen. Ist die Waldorfschule eine Weltanschauungsschule?«, Stuttgart 1989.
– : »Die Menschenkunde der Waldorfpädagogik. Anthropologische Grundlagen der Erziehung des Kindes und Jugendlichen«, Stuttgart 1993.
Leist, Manfred, »Eltern und Lehrer. Ihr Zusammenwirken in den sozialen Prozessen der Waldorfschule«, Stuttgart, 2. bearb. u. erw. Aufl. 1988.
Lindenberg, Christoph, »Waldorfschulen: Angstfrei lernen, selbstbewußt handeln«, Reinbek 1975.
– : »Die Lebensbedingungen des Erziehens«, Reinbek 1981.
– : »Geschichte lehren. Thematische Anregungen zum Lehrplan«, 2. erw. Aufl. 1991.
Mander, Jerry, »Schafft das Fernsehen ab! Eine Streitschrift gegen das Leben aus zweiter Hand«, Reinbek 1980.
Müller-Wiedemann, Hans, »Mitte der Kindheit – das neunte bis zwölfte Lebensjahr. Eine biographische Phänomenologie der kindlichen Entwicklung«, Stuttgart, 2. Aufl. 1980, Tb. Frankfurt 1984.
Patzlaff, Rainer, »Bildschirmtechnik und Bewußtseinsmanipulation«, Stuttgart 1985.
Postman, Neil, »Wir amüsieren uns zu Tode«, Frankfurt, 5. Aufl. 1985.
Rauthe, Wilhelm, »Die Waldorfschule als Gesamtschule«, Stuttgart 1973.
Ravagli, Lorenzo, »Pädagogik und Erkenntnistheorie. Auseinandersetzungen um die Grundlagen der Waldorfpädagogik«, Stuttgart 1993.
Riess, Richard / Fiedler, Kristen (Hrsg.), »Die verletzlichen Jahre«, Gütersloh 1993.
Schmidt, L. R., »Freiheitspädagogik, Schulreform und Schulrevolution in Deutschland«, Reinbek 1973.
Schuberth, Ernst, »Erziehung in einer Computergesellschaft«, Stuttgart 1990.
Setzer, Waldemar, »Computer in der Schule? Thesen und Argumente«, Stuttgart 1992.
Sleigh, Julian, »Freiheit erproben. Das dreizehnte bis neunzehnte Lebensjahr. Verständnishilfen für Eltern«, Stuttgart, 2. Aufl. 1993.
Steiner, Rudolf, »Die Philosophie der Freiheit«, GA 4, Dornach 1987
– : »Die Erziehung des Kindes vom Gesichtspunkt der Geisteswissenschaft« (aus GA 34 und 36), Dornach 1988.
– : »Die pädagogische Grundlage und Zielsetzung der Waldorfschule« (aus GA 24), Dornach 1983.
– : »Die Waldorfschule und ihr Geist. Welche Gesichtspunkte liegen der Errichtung der Waldorfschule zugrunde«? (aus GA 297), Dornach 1990.
– : »Allgemeine Menschenkunde als Grundlage der Pädagogik«, GA 293, Dornach 1992.
– : Elemente der Erziehungskunst. Menschenkundliche Grundlagen.« Neun Vorträge, ausgew. und hrsg. v. Karl Rittersbacher, Stuttgart 1985.

– : »Erziehung und Unterricht aus Menschenkenntnis«, GA 302a, Dornach 1977.
– : »Grundlinien einer Erkenntnistheorie der Goetheschen Weltanschauung«, GA 2, Dornach 1960.
– : »Theosophie«, GA 9, Dornach 1973.
Stockmeyer, E. A. Karl, »Angaben Rudolf Steiners für den Waldorfschulunterricht.« Manuskriptdruck der Pädagogischen Forschungsstelle beim Bund der Freien Waldorfschulen, Stuttgart 1988.
Tautz, Johannes, »Die Freie Waldorfschule«, Stuttgart 1972.
Winn, Marie, »Die Droge im Wohnzimmer«, Reinbek 1979.

Hinweise

Waldorfschulen in Deutschland

Aachen	Freie Waldorfschule Aachen, Telefon (0241) 71044, Fax 71048 Aachener und Münchener Allee 5, D-52074 Aachen
Augsburg	Freie Waldorfschule Augsburg, Telefon (0821) 270960 Dr.-Schmelzing-Str. 52, D-86169 Augsburg, Fax (0821) 2709650
Bad Nauheim	Freie Waldorfschule Wetterau, Telefon (06032) 82350 An der Birkenkaute 8, D-61231 Bad Nauheim, Fax 8 33 91
Balingen	Freie Waldorfschule Balingen, Telefon (07433) 37676 Hurdnagelstraße 3, D-72336 Balingen-Frommern
Benefeld	Freie Waldorfschule Landschulheim Benefeld, Telefon (05161) 9461-0 D-29699 Bomlitz-Benefeld ub. Walsrode/Hann.
Bergisch-Gladbach	Freie Waldorfschule Bergisch-Gladbach, Telefon (02204) 22100, Fax 63112 Mohnweg 13 Refrath, D-51427 Bergisch-Gladbach,
Berlin-Dahlem	Rudolf Steiner Schule Berlin e. V., Telefon (030) 830091-0, Fax (030) 83009155 Auf dem Grat 3, D-14195 Berlin,
Berlin-Kreuzberg	Freie Waldorfschule Kreuzberg, Träger: Emil Molt Schule e.V., Ritterstr. 78, D-10969 Berlin, Telefon (030) 6151010
Berlin Märkisches Viertel	Waldorfschule Märkisches Viertel, Telefon (030) 4151058/59, Fax 4151050 Treuenbrietzenerstraße 28, D-13439 Berlin,

Berlin-Mitte	Freie Waldorfschule, Fax und Telefon (030) 2791394 An der Mauer, Dresdener Straße 113, D-10179 Berlin
Berlin-Südost	Freie Waldorfschule Berlin-Südost, Telefon (030) 6550723, Bruno-Bürgel-Weg 9-11, D-12439 Berlin
Berlin-Zehlendorf	Emil Molt Schule, Freie Waldorfschule, Telefon (030) 8155757 Claszeile 60-66, D-14165 Berlin (Zehlendorf)
Bexbach	Freie Waldorfschule Saar-Pfalz, Telefon (06826) 3260 Parkstraße, D-66450 Bexbach
Bielefeld	Rudolf Steiner Schule Bielefeld, Telefon (0521) 85908 An der Probstei 23, D-33611 Bielefeld 1, Fax 8 60 48
Bochum	Rudolf Steiner Schule Bochum, Telefon (0234) 922060 Hauptstraße 238, D-44892 Bochum, Fax (0234) 283158
Böblingen	Freie Waldorfschule BB/Sindelfingen e.V., Telefon (07031) 223144 Herdweg 163, D-71032 Böblingen
Bonn	Freie Waldorfschule Bonn, Telefon (0228) 66807-0, Fax (0228) 66807-30 Stettiner Str. 21 D-53119 Bonn (Tannenbusch),
Braunschweig	Freie Waldorfschule Braunschweig, Telefon (0531) 849031/32 Rudolf-Steiner-Straße 2, D-38120 Braunschweig
Bremen I	Freie Waldorfschule Bremen, Telefon (0421) 447802 Touler Straße 3, D-28211 Bremen
Bremen II	Freie Waldorfschule Bremen, Zweigschule, Telefon (0421) 411441, Parsevalstraße 2, D-28309 Bremen
Chemnitz	Freie Waldorfschule, Telefon und Fax (0371) 31618 Postadresse: Kaßbergstr. 36, D-09112 Chemnitz Sandstraße 102, Telefon (0371) 361611 Chemnitztalstraße 66, Telefon (0371) 361611
Chiemgau	Freie Waldorfschule, Telefon (08051) 4034, Fax 63945 Bernauer Straße 34, D-83209 Prien
Coburg	Rudolf Steiner Schule Coburg, Telefon (09561) 53077 Callenberg 12, D-96450 Coburg, Fax (09561) 54880

Cottbus	Freie Waldorfschule, Telefon (0355) 713121 Elisabeth-Wolf-Straße 73, D-03042 Cottbus
Darmstadt	Freie Waldorfschule, Telefon (06151) 54033, Fax 595141 Arndtstraße 6, D-64297 Darmstadt
Detmold	Freie Waldorfschule, Telefon (05231) 57679 0 Blomberger Straße 67, D-32760 Detmold
Dietzenbach	Rudolf-Steiner-Schule, Telefon (06074) 44083 An der Vogelhecke 1, D-63128 Dietzenbach
Dortmund	Georgschule, Telefon (0231) 7107-484 Mergelteichstraße 49, D-44225 Dortmund
Dortmund	Rudolf Steiner Schule Telefon (0231) 7107-336 u. 7107-480 Mergelteichstraße 51, D-44225 Dortmund
Dresden	FreieWaldorfschule, Telefon und Fax (0351) 51160 Wilder-Mann-Straße 11/13, D-01129 Dresden Postadresse: Jägerstraße 34, D-01099 Dresden
Düsseldorf	Rudolf Steiner Schule, Telefon (0211) 232069, Diepenstraße 15, D-40625 Düsseldorf
Duisburg	Freie Waldorfschule Niederrhein, Telefon (0203) 474866 Am Nünninghof 11, D-47178 Duisburg
Eckernförde	FreieWaldorfschule Eckernförde, Telefon (04351) 84317 Schleswiger Straße 112, D-24340 Eckernförde
Elmshorn	Freie Waldorfschule, Telefon (04121) 47750, Fax 477520 Adenauerdamm 2, D-25337 Elmshorn
Engelberg	Freie Waldorfschule Engelberg, Telefon (07181) 704-0 Rudolf-Steiner-Weg 4, D-73650 Winterbach, Fax (07181) 704222
Erftstadt-Liblar	Freie Waldorfschule Voreifel, Telefon (02235) 42091 Schlunkweg 1 c, D-50374 Erftstadt-Liblar
Erlangen	Freie Waldorfschule Erlangen, Telefon (09131) 65051 Rudolf-Steiner-Straße 2, D-91058 Erlangen, Fax 65053
Essen	Freie Waldorfschule, Telefon (0201) 473958, Fax 444240 Schellstraße 47, D-45134 Essen
Esslingen	FreieWaldorfschule, Tel. (0711) 385998/99, Fax 386534, Weilstraße 90, D-73734 Esslingen

Evinghausen	Freie Waldorfschule Evinghausen, Telefon (05468) 424 D-49565 Bramsche (Evinghausen), Fax (05468)1000
Filderstadt	Freie Waldorfschule auf den Fildern, Telefon (0711) 775063-64, Fax 7778602 Gutenhalde, D-70794 Filderstadt,
Flensburg	Freie Waldorfschule Flensburg, Telefon (0461) 97095 Valentiner Allee 1, D-24941 Flensburg, Fax (0461) 98379
Frankenthal	Freie Waldorfschule Vorderpfalz, Telefon (06233) 47047 Julius-Bettinger-Straße 1, D-67227 Frankenthal
Frankfurt/Main	Freie Waldorfschule, Telefon (069) 520091, Fax (069) 527834 Friedlebenstraße 52, D-60433 Frankfurt (Eschersheim)
Frankfurt/Oder	Freie Waldorfschule an der Oder, Telefon/Fax (0335) 542614 Wimpinastraße 7, D-15232 Frankfurt/Oder
Freiburg	Michael-Schule, Telefon (0761) 383278 Kartäuserstraße 55, D-79104 Freiburg
Freiburg-St. Georgen	Freie Waldorfschule St. Georgen, Telefon (0761) 4 12 14, Fax 4 76 49 40, Berg Isel Straße 11, D-79111 Freiburg
Freiburg-Wiehre	Freie Waldorfschule Freiburg-Wiehre, Telefon (0761) 77017, Schwimmbadstraße 29, D-79100 Freiburg i. Br.
Friedrichsthal-Bildstock	Johannesschule, Heilpädagogische Freie Waldorfschule, Telefon (06897) 840000 und 843913, Neunkircher Straße 70, D-66299 Friedrichsthal-Bildstock
Gladbeck	Freie Waldorfschule Gladbeck, Telefon (02043) 25075/76 Horsterstraße 82, D-45968 Gladbeck
Göppingen	Freie Waldorfschule Filstal, Telefon (07161) 27072 u. 27907 Ahornstraße 41, D-73035 Göppingen-Faurndau
Göttingen	Freie Waldorfschule Göttingen, Telefon (0551) 371042, Fax 82239 Arbecksweg 1, D-37077 Göttingen

Gütersloh	Freie Waldorfschule Gütersloh, Telefon (05209) 5584 Hermann-Rothert-StraBe 7, D-83335 Gütersloh (Friedrichsdorf)
Haan-Gruiten	Freie Waldorfschule Haan-Gruiten, Telefon (02104) 5466/67 Prälat Marschallstraße 84, D-42781 Haan
Hagen	Rudolf Steiner Schule Hagen, Telefon (02331) 403901 Enneper Straße 80, D-58135 Hagen-Haspe
Halle	Freie Waldorfschule, Telefon/Fax (0345) 609597 Frohe Zukunft 1a, D-06118 Halle/Saale
Hamburg-Altona	Rudolf Steiner Schule Hamburg-Altona, Telefon (040) 892993, Bleickenallee 1, D-22763 Hamburg, Fax 3907652
Hamburg-Bergedorf	Rudolf Steiner Schule Bergedorf, Telefon und Fax (040) 7212222 Am Brink 7, D-21029 Hamburg
Hamburg-Bergstedt	Rudolf Steiner Schule in den Walddörfern, Telefon (040) 6047090 Bergstedter Chaussee 207, D-22395 Hamburg
Hamburg-Bergstedt	Christophorus-Schule, Waldorfschule für Heilende Erziehung, Telefon (040) 6040903, Fax (040) 6047094 Bergstedter Chaussee 205, D-22395 Hamburg
Hamburg-Harburg	Rudolf Steiner Schule Harburg, Telefon (040) 797181-0 Ehestorfer Heuweg 32, D-21149 Hamburg, Fax (040) 797181-20
Hamburg-Nienstedten	Rudolf Steiner Schule Nienstedten, Telefon (040) 829917, Fax 821121 Elbchaussee 366, D-22609 Hamburg
Hamburg-Wandsbek	Rudolf Steiner Schule Wandsbek, Telefon (040) 6458950 Rahlstedter Weg 60, D-22159 Hamburg (Farmsen) Fax (040) 64589520
Hamm	Freie Waldorfschule Hamm, Telefon (02381) 40932 Kobbenskamp 23, D-59077 Hamm
Hannover-Maschsee	Freie Waldorfschule, Telefon (0511) 807090, Fax 8070950, Rudolf-von-Bennigsen-Ufer 70, D-30173 Hannover

Hannover-Bothfeld	Freie Waldorfschule Hannover-Bothfeld, Telefon (0511) 6490686, Fax (0511) 6478673 Weidkampshaide 17, D-30659 Hannover,
Heidelberg	Freie Waldorfschule Heidelberg, Telefon (06221) 82010, Fax 320199 Mittelgewannweg 16, D-69123 Heidelberg-Wieblingen
Heidenheim	Freie Waldorfschule, Telefon (07321) 41038/39 Ziegelstraße 50, Postfach 1340, D-89518 Heidenheim
Heilbronn	Freie Waldorfschule Heilbronn, Telefon (07131) 61012 Max-von-Laue-Straße 4, D-74081 Heilbronn
Herne	Hiberniaschule, Telefon (02325) 46080, Fax 4608232 Holsterhauser Straße 70, Postfach 2849, D-44652 Herne
Hildesheim	Freie Waldorfschule Hildesheim, Telefon (05121) 93620, Fax 9362-20 Am Propsteihof 63, D-31139 Hildesheim
Hof	Freie Waldorfschule Hof, Telefon (09281) 63107 Alte Helmbrechtser Straße 14, D-95030 Hof-Wöllbattendorf
Itzehoe	Freie Waldorfschule Itzehoe, Telefon (04821) 83333 Am Kählerhof 4, D-25524 Itzehoe, Fax 37044
Jena	Freie Waldorfschule, Telefon (03641) 831820 Hauptstraße 15, D-07745 Jena
Kakenstorf	Rudolf Steiner Schule Nordheide, Telefon (04186) 661 Lange Straße 2, D-21255 Kakenstorf, Fax (04186) 668
Kaltenkirchen	Freie Waldorfschule Kaltenkirchen, Telefon (04191) 2711 Oersdorfer Weg 2, D-24568 Kaltenkirchen
Karlsruhe	Freie Waldorfschule Karlsruhe, Telefon (0721) 685071 Königsberger Straße 85 a, D-76139 Karlsruhe, Fax 688400
Kassel	Freie Waldorfschule Kassel (einschl. Berufsbildendes Gemeinschaftswerk mit beruflichen Ausbildungsgängen), Telefon (0561) 30931, Hunrodstraße 17, D-34131 Kassel-Wilhelmshöhe
Kiel	Freie Waldorfschule Kiel, Telefon (0431) 53090 Hofholzallee 20, D-24109 Kiel, Fax 530951

Kirchheim/Teck	Rudolf Steiner Schule Nürtingen-Kirchheim, Telefon (07021) 49043 Fabrikstraße 9, 73230 Kirchheim/Teck
Kleinmachnow	Freie Waldorfschule Kleinmachnow, Telefon (033203) 28225 Am Hochwald 30, D-14532 Kleinmachnow
Klein Zastrow	Freie Waldorfschule Greifswald in Klein Zastrow »Schlößchen«, D-17498 Klein Zastrow, Telefon (03834) 5656
Köln	Freie Waldorfschule Köln, Telefon (0221) 5905137 Martinusstraße 28, D-50765 Köln (Esch), Fax (0221) 5902530
Krefeld	Freie Waldorfschule Krefeld, Telefon (02151) 53950 Kaiserstraße 61, D-47800 Krefeld
Leipzig	Freie Waldorfschule, Fax u. Telefon (0341) 4112152 Breisgaustraße 33, D-04209 Leipzig
Lörrach	Freie Waldorfschule Lörrach, Telefon (07621) 13927 Hauptstraße 27, D-79540 Lörrach
Loheland	Rudolf Steiner Schule Loheland, Telefon (0661) 89221, Fax 39219 D-36093 Künzell/Fulda
Ludwigsburg	Freie Waldorfschule Ludwigsburg, Telefon (07141) 96110 Fröbelstraße 16, D-71634 Ludwigsburg, Fax 9611-20
Lübeck	Freie Waldorfschule Lübeck, Telefon (0451) 601061/62 Dieselstraße 18, D-23566 Lübeck-Eichholz, Fax (0451) 606333
Lüneburg	Rudolf Steiner Schule Lüneburg, Telefon (04131) 56094 Dahlenburger Landstraße 151, D-21337 Lüneburg
Magdeburg	Freie Waldorfschule Magdeburg, Telefon (0391) 392423 Ferd.-von-Schill-Straße 62, D-39116 Magdeburg
Mainleus	siehe Wernstein
Mainz	Freie Waldorfschule Mainz, Telefon (06131) 472077/78 Merkurweg 2, D-55126 Mainz-Finthen
Mannheim	Freie Waldorfschule, Telefon (0621) 853006, Fax 855842 Neckarauer Waldweg 131, D-68199 Mannheim

Marburg	Freie Waldorfschule Marburg, Telefon (06421) 25256 Ockershäuser Allee 14, D-35037 Marburg/Lahn, Fax 21517
Minden	Freie Waldorfschule Minden, Telefon (05734) 7733 Haberbreede 17, D-32429 Minden
Mönchengladbach	Rudolf Steiner Schule in Mönchengladbach, Telefon (02161) 60742 Weiersweg 10, D-41065 Mönchengladbach, Fax 651701
Mülheim	Freie Waldorfschule in Mülheim an der Ruhr Telefon (0208) 498141, Fax 498275 Blumendellerstraße 29, D-45472 Mülheim a. d. Ruhr
Müllheim	Freie Waldorfschule im Markgräfler Land, Telefon (07631) 15255 Am Markusplatz 1, D-79379 Müllheim
München/Daglfing	Rudolf Steiner Schule München-Daglfing, Telefon (089) 993911-0, Fax 99391124 Max-Proebstl-Straße 7, D-81929 München,
München/Gröbenzell	Rudolf Steiner Schule Gröbenzell, Telefon (08142) 53045/46 Spechtweg 1, D-82194 Gröbenzell, Fax (08142) 54663
München/Ismaning	Freie Waldorfschule Ismaning, Telefon (089) 964758 Fraunhoferstraße 1, D-85737 Ismaning
München/Schwabing	Rudolf Steiner Schule, Telefon (089) 3 80 14 00 Leopoldstr. 17, D-80802 München, Fax (089) 33 17 54
Münster	Freie Waldorfschule Münster, Telefon (0251) 87000 Hensenstraße 101, D-48161 Münster
Neumünster	Freie Waldorfschule Neumünster, Telefon (04321) 72772 Schwabenstraße 1, D-24539 Neumünster
Neuwied	Rudolf Steiner Schule Neuwied, Telefon (02631) 96420 Augustentalerstraße 25, D-56567 Neuwied-Niederbieber
Nürnberg	Rudolf Steiner Schule, Telefon (0911) 593077 Steinplattenweg 25, D-90491 Nürnberg, Fax (0911) 593079
Nürtingen	Rudolf Steiner Schule, Telefon (07022) 33052 Erlenweg 1, D-72622 Nürtingen

Oberursel	Freie Waldorfschule Vordertaunus, Telefon (069) 571545 Oberurseler Weg, D-61440 Oberursel Postadresse: Alt Niederursel 51, D-60439 Frankfurt/M
Offenburg	Freie Waldorfschule Offenburg, Telefon (0781) 78687 Rheinstraße 3, D-77652 Offenburg
Oldenburg	Freie Waldorfschule, Telefon (0441) 13881/82 Blumenhof 9, D-26135 Oldenburg
Otterberg	Freie Waldorfschule Westpfalz, Telefon (06301) 32447, Fax 32449 Schulstraße 4, D-67697 Otterberg
Ottersberg	Freie Rudolf Steiner Schule, Telefon (04205) 2066 Amtshof 5, D-28870 Ottersberg
Pforzheim	Goetheschule – Freie Waldorfschule, Telefon (07231) 25971 Schwarzwaldstraße 66, D-75173 Pforzheim, Fax 25072
Potsdam	Freie Waldorfschule Potsdam, Telefon (0331) 972077 Geschwister-Scholl-Straße 54, D-14471 Potsdam
Remscheid	Rudolf Steiner Schule Remscheid, Telefon (02191) 667811 Schwarzer Weg 9, D-42897 Remscheid, Fax 666001
Rendsburg	Freie Waldorfschule Rendsburg, Telefon (04331) 5071 Nobiskrüger Allee 75/77, D-21768 Rendsburg, Fax (04331) 29690
Reutlingen	Freie Georgenschule, Telefon (07121) 22015-17 Moltkestraße 29, D-72762 Reutlingen
Rostock	Waldorfschule Rostock, Telefon und Fax (0381) 4923798 Augustenstraße 20, D-18055 Rostock
Saarbrücken	Freie Waldorfschule Saarbrücken, Telefon (06898) 80660 Großwaldstraße 2, D-66126 Saarbrücken
Schloß Hamborn	Rudolf Steiner Schule Schloß Hamborn Paderborn, Telefon (05251) 389210 und 389277 D-33178 Borchen, Fax (05251) 389268
Schondorf	Rudolf Steiner Schule Ammersee, Telefon (08192) 382, Fax 8101 St. Anna-Straße 15, D-86938 Schondorf/Ammersee

Schopfheim	Freie Waldorfschule Schopfheim, Telefon (07622) 7015 und 7020, Fax (07622) 5268 Schlierbachstraße 23, D-79650 Schopfheim,
Schwäbisch Gmünd	Freie Waldorfschule Schwäbisch Gmünd, Telefon (07171) 38369, Scheffoldstraße 136, D-73529 Schwäbisch Gmünd, Fax 30264
Schwäbisch Hall	Freie Waldorfschule Schwäbisch Hall, Telefon (0791) 97061-0, Teurenweg 2, D-74523 Schwäbisch Hall, Fax (0791) 9706122
Siegen	Rudolf Steiner Schule Siegen, Telefon (0271) 48859-0, Fax 4885950 Kolpingstraße 3, D-57072 Siegen,
St. Augustin-Hangelar	Freie Waldorfschule im Siegkreis, Telefon (02241) 202650, Graf-Zeppelin-Straße 7, D-53757 St. Augustin (Hangelar)
Stade	Freie Waldorfschule Stade, Telefon (04141) 45725, Seminarstraße 2, D-21682 Stade
Stuttgart	Freie Waldorfschule Uhlandshöhe, Telefon (0711) 240241 u. 240242, Fax (0711) 2360323 Haußmannstraße 44, D-70188 Stuttgart,
Stuttgart	Freie Waldorfschule am Kräherwald, Telefon (0711) 2573320, Fax 2567275 Rudolf-Steiner-Weg 10, D-70192 Stuttgart,
Stuttgart	Michael Bauer Schule, Freie Waldorfschule mit Förderklassenbereich, Tel. (0711) 6871636, Fax 683159 Othellostraße 5, D-70563 Stuttgart
Trier	Freie Waldorfschule Trier, Telefon (0651) 32021, Fax 309790, Montessoriweg 7, D-54296 Trier
Tübingen	Tübinger Freie Waldorfschule, Telefon (07071) 65118 Rotdornweg 30, D-72076 Tübingen-Waldhäuser-Ost
Überlingen	Freie Waldorfschule am Bodensee, Telefon (07551) 63077 u. 61346,Fax (07551) 66226 D-88662 Überlingen-Rengoldshausen,
Ulm I	Freie Waldorfschule Ulm und angeschlossene Sonder- klassen für Lernbehinderte, Tel. (0731) 37071, Fax 33711 Römerstr. 97, D-89077 Ulm

Ulm II	Freie Waldorfschule am Illerblick, Telefon (0731) 31887 Unterer Kuhberg 22, D-89077 Ulm
Vaihingen/Enz	Freie Waldorfschule Vaihingen/Enz, Tel. (07042) 6633, Steinbeisstraße 61, D-71665 Vaihingen/Enz
Villingen-Schwenningen	Rudolf-Steiner-Schule, Telefon (07720) 32037-38 Schluchseestraße 55, D-78054 VS-Schwenningen
Wahlwies	Freie Waldorfschule Wahlwies, Telefon (07771) 3183 Am Maisenbühl, D-78333 Stockach
Wangen	Freie Waldorfschule Wangen, Telefon (07522) 3069 Rudolf-Steiner-Straße 4, D-88239 Wangen i. Allgäu
Wanne-Eickel	s. Herne
Wattenscheid	Widar Schule Wattenscheid, Telefon (02327) 73830 Höntroper Straße 95, D-44869 Bochum
Weimar	Freie Waldorfschule, Fax u. Telefon (03643) 3234 Klosterweg 4, D-99425 Weimar
Wendelstein	Freie Waldorfschule Wendelstein, Telefon (09129) 28460, Fax 284615 In der Gibitzen 49, D-90530 Wendelstein
Werder	Freie Waldorfschule, Telefon (01611) 314951 Kesselgrundstraße, D-14542 Werder/Havel
Wernstein	Freie Waldorfschule Wernstein, Telefon (09229) 7052 Patersbergweg 5-7, D-95336 Mainleus
Wiehl	Freie Waldorfschule Oberberg, Telefon (02262) 92453 Hindelanger Straße 5, D-51674 Wiehl
Wiesbaden	Freie Waldorfschule, Telefon (0611) 69 2436, Fax 69 24 39, Albert-Schweitzer-Allee 40 D-65203 Wiesbaden-Biebrich
Witten I	Rudolf Steiner Schule Witten, Telefon (02302) 281830, Fax 2818313 Billerbeckstraße 2, D-58455 Witten-Heven
Witten II	Rudolf Steiner Schule Witten, Telefon (02302) 51153 Bochumer Straße 10a, D-58455 Witten-Heven
Wolfsburg	Freie Waldorfschule Wolfsburg e. V., Telefon (05361) 36901 u. 34858 Masurenweg 9, D-38440 Wolfsburg

Würzburg	Freie Waldorfschule Würzburg, Telefon (0931) 796550, Fax 7965540 Oberer Neubergweg 14, D-97074 Würzburg
Wuppertal	Rudolf Steiner Schule, Telefon (0202) 81233 u. 80969, Schluchtstr. 21, D-42285 Wuppertal (Barmen)
Wuppertal	Christian-Morgenstern-Schule, Waldorfschule für Erziehungshilfe, Telefon (0202) 83088, Fax 82901 Haderslebener Straße 14, D-42285 Wuppertal (Barmen)

Register

Michaela Glöckler

Elternsprechstunde

Erziehung aus Verantwortung
2.Auflage, 464 Seiten, gebunden

Dieses Buch ist ein vielseitiger pädagogischer Ratgeber, der sowohl auf Alltagssorgen eingeht als auch große Zusammenhänge darlegt, die ein Verständnis für das Einmalige einer jeden Biographie vermitteln. Dabei werden Themen aus dem Alltagsgeschehen ebenso behandelt wie Fragen nach den spirituellen Hintergründen der Phänomene: Welchen Sinn hat das Böse in der Entwicklung? Was gewinnen Medizin und Pädagogik durch Einbeziehung der Wiederverkörperungsidee? Wie sind Leib, Seele und Geist in Gesundheit und Krankheit verbunden? Zum Verständnis geistiger Behinderungen. Angst und Aggressivität. Der Vater in der Erziehung. Die alleinerziehende/berufstätige Mutter. Strafe, Belohnung, Gewissen. Altersentsprechendes Lernen. Und über allem: Erziehung zu Liebefähigkeit.

Michaela Glöckler

Elternfragen heute

Erziehung aus Verantwortung
464 Seiten, gebunden

Einiges aus dem Inhalt: Erziehung zur Freiheit im Kindes-, Jugend- und Erwachsenenalter · Tod und bedrohliche Krankheit – wie sprechen wir darüber mit Kindern ? · Gefühl und Emotion in Erziehung und Selbsterziehung · Identifikation als Problem der Erwartungen und Ansprüche · Vom Umgang mit der Sexualität · Temperamentbehandlung.

Urachhaus